Wörlen Familienrecht

Meinem »Doktorvater«

Prof. Dr. iur. Dr. h. c. Karl Kroeschell
zum 80. Geburtstag

in herzlicher Dankbarkeit zugeeignet

Familienrecht

Von Prof. Dr. iur. Rainer Wörlen
Fachbereich Wirtschaftsrecht
Fachhochschule Schmalkalden

unter Mitarbeit von

Dipl.-Wirtschaftsjuristin (FH) Sabrina Leinhas
Wissenschaftliche Mitarbeiterin
Fachbereich Wirtschaftsrecht
Fachhochschule Schmalkalden

Carl Heymanns Verlag 2008

Bibliografische Information der Deutschen Bibliothek

Die Deutsche Bibliothek verzeichnet diese Publikation in der Deutschen Nationalbibliografie, detaillierte bibliografische Daten sind im Internet unter http://dnb.ddb.de abrufbar.

Ein Unternehmen von Wolters Kluwer Deutschland

E-Mail: info@wolterskluwer.de
http://www.wolterskluwer.de

ISBN 978-3-452-26565-4

Satz: John + John, Köln
Druck und Verarbeitung: Drukkerij Wilco, NL-Amersfoort

Gedruckt auf säurefreiem und alterungsbeständigem Papier

Aphorismen*
zu Familie, Ehe und ihrem Recht

In einer friedlichen Familie
kommt das Glück von selbst.
(Aus China)

Der Reiz des Familienlebens ist das beste
Gegengift gegen den Verfall der Sitten.
(Rousseau, Emile 1*)*

Diejenigen Naturen, die sich schnell ergreifen
und wechselseitig bestimmen,
nennen wir verwandt.
(Goethe, Die Wahlverwandtschaften I, 4*)*

Fang nie `was mit der Verwandtschaft an,
sieh dir lieber die Landschaft an!
(Aus Deutschland = Uwe Wesel, S. 176*)*

Die Ehe ist deswegen so beliebt, weil sie das
Maximum der Versuchung mit dem
Maximum an Gelegenheit verbindet.
(G. B. Shaw)

Wenn die Ehegatten nicht beisammen lebten,
würden die guten Ehen häufiger sein.
(Nietzsche, Menschliches Allzumenschliches I*)*

Selbst der ehrlichste Richter vermag
in Familienangelegenheiten
kein Urteil zu fällen.
(Aus China)

* sind »prägnant und geistreich in Prosa formulierte Gedanken, die Erfahrungen, Erkenntnisse oder Lebensweisheiten enthalten« … (vgl. *Duden,* Fremdwörterbuch).
Der Aphorismus ist so etwas wie ein Edelstein, der durch Seltenheit an Wert gewinnt und nur in winzigen Dosen ein Genuss ist *(Hermann Hesse).*

Vorwort

In der Heymanns-Reihe »Basisstudium Recht« sind von mir bisher vier Bücher zum BGB (*BGB AT, Schuldrecht AT, Schuldrecht BT* und *Sachenrecht**) sowie je ein Buch über *Handelsrecht mit Gesellschaftsrecht* und *Arbeitsrecht* (seit der 6. Aufl. mit Koautor Kokemoor) erschienen. Nachdem der Heymanns-Verlag inzwischen zur Verlagsgruppe der Wolters Kluwer Deutschland GmbH gehört, erscheinen die Bücher in einer eigenen Reihe »Lernen im Dialog«. So vor kurzem die 8. Aufl. 2007 vom *Arbeitsrecht.*

Ursprünglich wurden meine Bücher in erster Linie für Studierende der Wirtschaftswissenschaften und verwandter Disziplinen geschrieben, deren Studienplan Grundkenntnisse in den genannten Bereichen des Privatrechts verlangt. Die Resonanz von Studierenden und Kollegen, die mir E-Mails (Auszüge finden Sie auf meiner Homepage) geschrieben haben, zeigt, dass auch juristische Studienanfänger an Universitäten sowie Dipl.-Wirtschaftsjuristen (FH) gerne auf diese **Bücher zum ersten Einstieg** zurückgreifen.

Die bisweilen von einigen Lesern geäußerte Bitte, doch einmal ein Buch über Mathematik und eines über Betriebswirtschaft zu schreiben

(»Das wäre einfach wunderbar und selbst ich würde dann vielleicht ein ganz klein wenig davon erlernen können.«),

konnte ich leider nicht erfüllen.

Mein Metier ist das Privatrecht, dessen Kernbereich das Bürgerliche Recht des BGB bildet. So erfülle ich gerne den Wunsch mancher Studierender, meine Reihe um je ein Buch über Familienrecht und Erbrecht zu ergänzen. Beide Materien gehören zum Pflichtstoff angehender Volljuristen, sind für Studierende des Wirtschaftsrechts (FH), der Wirtschaftswissenschaften und der Sozialwissenschaften aber eher Randgebiete, für die es keine vergleichbaren Bücher zum ersten Einstieg gibt. Diese Lücke möchte ich mit dem vorliegenden Band zum *Familienrecht* und einem später folgenden zum *Erbrecht* schließen.

Beide Fächer habe ich von 1986–1994 im Fachbereich Versicherungswesen der Fachhochschule Köln auftragsgemäß in wenigen Semesterwochenstunden »(vor)gelesen« und 1992 unter dem Titel »Grundbegriffe aus dem Sachenrecht sowie Überblick über das Familienrecht und das Erbrecht« in Band III meiner damaligen Reihe »Grundzüge des Privatrechts« veröffentlicht. Diese Kombination war nicht sehr glücklich, sodass ich auf Geheiß des Verlags in der 3. Auflage 2000 das Familien- und Erbrecht weggelassen und das Sachenrecht (derzeit: 7. Auflage 2007) »verdoppelt« habe.

Nun liegt also das erweiterte »Familienrecht« vor, in welches **das am 1.1.2008 in Kraft tretende** (bzw. getretene) **Unterhaltsrechtsänderungsgesetz** eingearbeitet ist. Zum Unterhaltsrecht finden Sie **im Anhang** am Ende des Buchs einen synoptischen Abdruck der **Vorschriften alter und neuer Fassung**.

Darüber hinaus wird die vom Gesetzgeber geplante **Reform des Güterrechts** unter Rdnr. 254a kurz angesprochen.

* Die (dort vermittelten) Grundkenntnisse der ersten drei Bücher des BGB werden in diesem Buch vorausgesetzt. Ebenso das »Know-how« der zivilrechtlichen Fallbearbeitung (siehe hierzu *meine* »Anleitung zur Lösung von Zivilrechtsfällen« im Literaturverzeichnis).

Das bewährte didaktische Konzept wurde beibehalten: »Lernen im Dialog«. Den Studierenden möchte ich das Gefühl vermitteln, das einige Leser so beschrieben haben:

»Oft kommt es mir vor, als ob ich Ihnen gegenüber sitze, und häufig sitze ich mit einem Schmunzeln im Gesicht, anstatt mit einem großen Fragezeichen über meinem Kopf über Ihre Bücher gebeugt…« »…Ich möchte mich bedanken… sehr übersichtlich, einfach und verständlich. So macht das Studieren Spaß.«

Um mit diesem Buch möglichst erfolgreich und mit »Spaß« zu arbeiten, sollten Studierende die nachfolgenden Auszüge »Aus dem Vorwort zur ersten Auflage* – zugleich eine Arbeitsanleitung« lesen!

Diesen Hinweis habe ich bisher immer **fett** drucken lassen. Da Studierende des Familienrechts, gleich welcher Fachrichtung, sich mit diesem Rechtsgebiet meist erst in höheren Semestern befassen, gehe ich davon aus, dass sie diese Arbeitsanleitung nicht unbedingt benötigen, doch schaden kann ihre Lektüre nicht.

Glückliche Umstände haben dazu geführt, dass ich Frau Dipl.-Wirtschaftsjuristin Sabrina Leinhas nicht nur als wissenschaftliche Mitarbeiterin für den Fachbereich Wirtschaftsrecht der Fachhochschule Schmalkalden werben, sondern auch als Mitarbeiterin an diesem Buch gewinnen konnte. Verfasst »Mann« ein Buch über Familienrecht, sind die weiblichen Sichtweisen einer geschulten und gescheiten Juristin sehr hilfreich. Für ihre Mitarbeit bin ich ihr besonders dankbar.

Darüber hinaus gilt mein Dank einmal mehr meiner Kollegin Prof. Dr. Karin Metzler-Müller von der VFH Wiesbaden für die kritische Durchsicht des Manuskripts und wertvolle Verbesserungshinweise.

Für Anregungen bin ich stets offen und dankbar. Die kleinen Fehler, die jedem hin und wieder unterlaufen, können nur beseitigt werden, wenn sie mir mitgeteilt werden.

Meine Anschrift lautet:

Hauptstr. 472
53639 Königswinter
Fax: 02223/900170
E-Mail: r.woerlen@t-online.de
Internet: www.r-woerlen.de

Königswinter/Schmalkalden, im November 2007 *Rainer Wörlen*

* Meines »BGB-AT – Einführung in das Recht, Allgemeiner Teil des BGB –«.

Aus dem Vorwort zur ersten Auflage von BGB AT – zugleich eine Arbeitsanleitung*

Meine Bücher zum Bürgerlichen Recht, Handelsrecht und Arbeitsrecht basieren auf meinen Arbeitsgemeinschaften für Studienanfänger an den Universitäten Würzburg und Freiburg sowie auf meinen Vorlesungen zum »Wirtschaftsprivatrecht« im ehemaligen »Fachbereich Versicherungswesen« an der Fachhochschule Köln.

»Einführungen«, »Grundrisse« und dergleichen haben gemeinsam, dass sie niemals vollständig sein können. So ist es nicht Ziel dieses Buchs, die Vielzahl der auf dem Markt befindlichen, zum Teil vorzüglichen und viel umfassenderen Einführungswerke nur um eine andersartige Stoffauswahl zu ergänzen. (Auf einige dieser Werke wird bisweilen unter der Überschrift »Literatur zur Vertiefung« ebenso verwiesen wie auf speziellere Lehrbücher.)

Der Zweck dieses Buchs ist vornehmlich ein »didaktisch-pädagogischer«:

Den Studierenden soll der Stoff nicht in einem vortragsähnlichen Monolog nahe gebracht werden, sondern in Form eines **»Lehrgesprächs«**. Ihnen soll anhand von zur Thematik hinführenden Fragen oft Gelegenheit gegeben werden, sich **zunächst eigene Gedanken** zu machen, bevor sie die Antworten lesen, die den Stoff lehrbuchartig darbieten.

Bei der Darstellung des Stoffs wird weitgehend die »Fall-Methode« angewandt: »Das Recht« wird in der Praxis des täglichen Lebens von Rechtsfällen (Rechtsstreitigkeiten) beherrscht. Ein Fall endet regelmäßig mit einer Frage, und zu dieser Frage sollten die Studierenden bei der Durcharbeitung dieses Buches wiederum – *auch ohne besondere Aufforderung* - **zunächst eigene Überlegungen** anstellen, bevor sie weiterlesen.

Erfolgreiches Lernen bedeutet schließlich nicht nur **Lesen** und **Nachdenken,** sondern immer und immer wieder: **Wiederholen!** Um den Studierenden Gelegenheit zu geben, zu überprüfen, was von dem zuvor im Lehrgespräch Erarbeiteten (bzw. hier Gelesenen) im Gedächtnis haften geblieben ist, werden am Ende von Teilabschnitten Stoffgliederungsübersichten, bisweilen auch Merksätze und Prüfungsschemata dargeboten. Sollte man bei der Lektüre dieser Übersichten feststellen, dass man der zusammenfassenden »Übersicht« nicht ohne Schwierigkeiten folgen kann, sollte man tunlichst zurückblättern, um den Stoff nachzuarbeiten! Gegebenenfalls mache man sich Notizen, um einem »Problem« anhand von »Literatur zur Vertiefung« nachzugehen.

Juristische »Probleme« werden in diesem Buch ohnehin bewusst nicht erörtert – dies bleibe den Juristen »unter sich« überlassen! Wer sich an einer Hochschule als Wirtschaftswissenschaftler mit »Recht« befassen muss, soll nur einen Blick über die Grenze seiner (Wirtschafts-) Wissenschaft werfen! Der künftige Volljurist, der einen *ersten Einstieg* in ein Rechtsgebiet sucht, wird erst in höheren Semestern von der Diskussion über Rechtsprobleme profitieren. In einem juristischen Einführungswerk, das sich in erster Linie an Wirtschaftswissenschaftler wendet – aber auch angehenden Juristen einen ersten Einstieg geben will –, haben daher Zitate wie »BGHZ« oder »BGH NJW« grundsätzlich ebenso wenig zu suchen wie solche von umfangreichen »Klassiker«-Lehrbüchern oder dickleibigen Kommentaren!

* Mit notwendigen Aktualisierungen.

Um Missverständnisse dieser »Kritik« zu vermeiden: Solche Zitate haben *dann* in Einführungswerken wie dem vorliegenden »nichts zu suchen«, wenn sie dazu dienen sollen, die Studierenden zu animieren, einen angesprochenen »Meinungsstreit« zu einem juristischen »Problem« durch die Lektüre dieser Zitate (z. B.: »vgl. dazu Palandt/*Brudermüller*, Einl v § 1297, Rdnr. 21, m. w. N.«) *nachzuarbeiten*! Das trägt meist eher zur Verwirrung als zur Klärung bei. Zur Nacharbeitung des dargebotenen Stoffs dienen die konkreten Literaturhinweise zur Vertiefung am Ende von Abschnitten innerhalb des *Textes*.

Wenn z. B. »Palandt«, ein sog. »Lehrbuchklassiker«, ein BGH-Urteil, ein ganz spezieller Zeitschriftenaufsatz u. Ä. in *meinen* Fußnoten manchmal dennoch erscheinen, dann nur, um – der Zitierwahrheit entsprechend – zu *belegen*, dass die eine oder andere Passage den Formulierungen dieser zitierten Werke nachempfunden wurde (weil man es selbst treffender nicht mehr ausdrücken kann).

[*Einschub 2007:*
Studierende des Familienrechts sind i. d. R. (vgl. soeben »Vorwort«), einerlei an welchem Typ Hochschule/Akademie sie studieren, keine Anfänger mehr, die man mit Meinungsstreitigkeiten »verwirren« kann. In diesem Buch werden daher hin und wieder Meinungen und Gegenmeinungen angesprochen, die zum Nachdenken anregen sollten.]

Damit die Studierenden durch die Fußnoten in diesem Buch nicht unnütz vom Lernen abgelenkt werden, empfehle ich, wie folgt zu verfahren:

Betrachten Sie nur die fett gedruckten Fußnotentexte als Pflichtlektüre!

Den *kursiv gedruckten Fußnotenzahlen* sollten Sie nur nachgehen, wenn Sie Zeit und Interesse haben, etwas *mehr* zu erfahren, als in den Prüfungen von Ihnen verlangt wird.

Die mager gedruckten Fußnotentexte brauchen Sie überhaupt nicht zu lesen (= »Belege«/Zitierwahrheit).

Schließlich soll dieses Buch bei der Stoffvermittlung auch schon ein wenig an die zivilrechtliche, *gutachtliche Denkweise* heranführen, deren Beherrschung für die Anfertigung von Prüfungsklausuren geboten ist. Bisweilen wird der Stoff, den ein Fall vermitteln soll, daher in gutachtenähnlicher Form »klausurmäßig« aufbereitet.

Es ist kein Zufall, dass in diesem Vorwort so häufig vom **»Arbeiten«** (**Durch**arbeiten, **Nach**arbeiten – auch **Vor**arbeiten kann nicht schaden!) die Rede ist. Es soll ja zugleich eine *Arbeits*anleitung sein!

»Ohne Arbeit kein Erfolg!« oder »Ohne Fleiß kein Preis!« sind keine Allgemeinplätze, sondern reine Wahrheit, »nichts als die Wahrheit!«

Das **Arbeiten** (Synonym: **Studieren**!) kann dieses Buch, wie auch andere, nicht ersetzen. Es kann und soll die Arbeit aber etwas erleichtern und auflockern!

Bevor Sie mit der Lektüre beginnen, noch ein letzter Ratschlag, der, obwohl eigentlich selbstverständlich, nicht oft genug wiederholt werden kann: **Lesen Sie jede zitierte Vorschrift (= §!) sorgfältig durch;** wenn Sie dieses Buch durcharbeiten, ist die ständige Benutzung (Lektüre) eines Textes des BGB unerlässlich.

Ausreichend und empfehlenswert ist die Anschaffung der jeweils neuesten Auflage der Gesetzessammlung »BGB – Bürgerliches Gesetzbuch«, der Reihe »Beck-Texte im dtv«, Nr. 5001 mit einer hervorragenden und verständlichen Einführung von *Köhler* oder die »NWB-Textausgabe: Wichtige Gesetze des Wirtschaftsprivatrechts« mit einer gelungenen Einführung von *Güllemann*. Beide Einführungen sind zum Einstieg sehr lesenswert.

Den Hinweis »**Lesen!**« werden Sie im Text dieses Buches immer wieder finden. Wenn ich die Wichtigkeit der Gesetzeslektüre in meiner »Anleitung zur Lösung von Zivilrechtsfällen« noch mit dem Satz »Die halbe Juristenwahrheit steht im Gesetz« betont habe, so möchte/muss ich dem noch hinzufügen:

»Die Hälfte aller Fehler in juristischen Anfängerklausuren könnte vermieden werden, wenn die Bearbeiter die zitierten Vorschriften (genauer) lesen würden.«

[Köln, im Mai 1990 *Rainer Wörlen*]

Inhalt

(Die Zahlen rechts beziehen sich auf die Seiten.)

Verzeichnis der Übersichten

(Die Zahlen rechts beziehen sich auf die Seiten.)

Verzeichnis der »Abbildungen«

Hinweis
Die Abbildungen vor Teil 1, 2, 3 und 4 entstammen dem Buch von *Schmidt/Hanel*, Frauen haben immer Recht, 3. Aufl. 1986, Verlag Dr. Otto Schmidt KG, mit dessen freundlicher Genehmigung der Abdruck erfolgen konnte. Abbildungen 1 und 2 sind Originale; Abbildungen 3 und 4 sind Kompositionen von Originalen mit meiner Collagenphantasie, deren Veröffentlichung mir freundlicherweise vom Urheber *Peter Hanel* gestattet wurde!

Abkürzungen

a. A.	anderer Ansicht
a. a. O.	am angegebenen Ort
Abs.	Absatz
Abschn.	Abschnitt
AcP	Archiv für die civilistische Praxis (Z)
AdVerm(i)G	Adoptionsvermittlungsgesetz
a. E.	am Ende
a. F.	alte Fassung
AG	Amtsgericht
AnwK	Anwaltskommentar
AöR	Archiv des öffentlichen Rechts (Z)
arg.	argumentum (lat.: Argument)
Art.	Artikel
AT	Allgemeiner Teil
Aufl.	Auflage
Bd.	Band
BfA	Bundesversicherungsanstalt f. Angestellte
BGB	Bürgerliches Gesetzbuch
BGBl.	Bundesgesetzblatt
BGH	Bundesgerichtshof
BGHZ	Entscheidungen des BGH in Zivilsachen
BR	Bürgerliches Recht
BRD	Bundesrepublik Deutschland
BT	Besonderer Teil/Bundestag
BtÄndG	Betreuungsrechtsänderungsgesetz
BVerfG	Bundesverfassungsgericht
BVerfGE	Entscheidungen des Bundesverfassungsgerichts
bzw.	beziehungsweise
CISG	Übereinkommen der Vereinten Nationen über Verträge über den internationalen Warenkauf (Convention on Contracts for the International Sale of Goods)
ders./dies.	derselbe/dieselben
DDR	Deutsche Demokratische Republik
d. h.	das heißt
Dipl.	Diplom
DNotZ	Deutsche Notarzeitung (Z)
DÖV	Die Öffentliche Verwaltung (Z)
dtv	Deutscher Taschenbuch-Verlag
EGBGB	Einführungsgesetz zum BGB
EheG	Ehegesetz
EheschlRG	Eheschließungsrechtsgesetz
Einl	Einleitung
EL	Eingetragene Lebenspartnerschaft
1. EheRG	Erstes Gesetz zur Reform des Ehe- und Familienrechts
EStB	Der Ertragssteuerberater (Z)
EStG	Einkommensteuergesetz
f.	folgende (Seite/Rdnr.)/für
FamNamRG	Familiennamenrechtsgesetz
FamR	Familienrecht
FamRB	Der Familien-Rechts-Berater (Z)
FamRK	Familienrecht kompakt (Z)
FamRZ	Zeitschrift für das gesamte Familienrecht
FamRZ-Buch	Schriftenreihe der FamRZ, – zitiert mit Buchnummer
ff.	fortfolgende
FF	Forum Familien- und Erbrecht (Z)
FGB	Familiengesetzbuch (der DDR)
FGG	Gesetz über die Angelegenheiten der freiwilligen Gerichtsbarkeit
FH	Fachhochschule
Fn.	Fußnote
FPR	Familie-Partnerschaft-Recht (Z)
FS	Festschrift
FuR	Familie und Recht (Z)
GBO	Grundbuchordnung
gem.	gemäß
GewSchG	Gewaltschutzgesetz
GG	Grundgesetz
ggf.	gegebenenfalls
GKG	Gerichtskostengesetz
GleichberG	Gleichberechtigungsgesetz
GoA	Geschäftsführung ohne Auftrag
GVG	Gerichtsverfassungsgesetz
HausratsV(O)	Hausratsverordnung
Hk	Handkommentar
h. M.	herrschende Meinung
HR	Handelsrecht
Hrsg.	Herausgeber
hrsg.	herausgegeben
HS.	Halbsatz
IPR	Internationales Privatrecht
i. S. d.	im Sinn des/der
i. S. v.	im Sinn von
ital.	italienisch
i. V. m.	in Verbindung mit
JA	Juristische Arbeitsblätter (Z)
JAmt	Das Jugendamt (Z)
JURA	Juristische Ausbildung (Z)
JuS	Juristische Schulung (Z)
JVEG	Justizvergütungs- und Entschädigungsgesetz
JZ	Juristenzeitung (Z)
Kap.	Kapitel
KindPrax	Kindschaftsrechtliche Praxis (Z)
KindRG	Kindschaftsrechtsreformgesetz

KindRVerbG	Kinderrechteverbesserungsgesetz
KindUG	Kindesunterhaltsgesetz
KJ	Kritische Justiz (Z)
KRABl.	Amtsblatt des Alliierten Kontrollrates
lat.	lateinisch
LPartG	Lebenspartnerschaftsgesetz
LPart(G)ÜG	Gesetz zur Überarbeitung des Lebenspartnerschaftsrechts
LVA	Landesversicherungsanstalt
Mio.	Million(en)
MüKo	Münchener Kommentar
m. w. N.	mit weiteren Nachweisen
NÄG	Namensänderungsgesetz
NEheG	Gesetz über die Stellung nichtehelicher Kinder
n. F.	neue Fassung
NJW	Neue Juristische Wochenschrift (Z)
Nr.	Nummer
NRW	Nordrhein-Westfalen
NWB	Neue Wirtschafts-Briefe (Verlag)
OLG	Oberlandesgericht
o. w. N.	ohne weitere Nachweise
PK	Praxiskommentar
PStG	Personenstandsgesetz
Rdnr(n).	Randnummer(n)
RelKErzG	Gesetz über die religiöse Kindererziehung
RGBl.	Reichsgesetzblatt
Rpfleger	Der deutsche Rechtspfleger (Z)
RVG	Rechtsanwaltvergütungsgesetz
s.	siehe
S.	Satz/Seite(n)
SachR	Sachenrecht
SchR	Schuldrecht
SGB	Sozialgesetzbuch
s. o.	siehe oben
sog.	so genannt(e/r)
SorgeRG	Gesetz zur Neuregelung der elterlichen Sorge
StAG	Staatsangehörigkeitsgesetz
StAZ	Das Standesamt (Zeitschrift für Standesamtswesen)
StGB	Strafgesetzbuch
StPO	Strafprozessordnung
u.	und/unten/unter
u. a.	unter anderem
u. Ä.	und Ähnliche/s
UÄndG/ UnterhR ÄndG	Unterhaltsrechtsänderungsgesetz
usw.	und so weiter
v.	von/vor
VAHRG	Gesetz zur Regelung von Härten im Versorgungsausgleich
Var.	Variante
VAÜG	Versorgungsausgleichsüberleitungsgesetz
VFH	Verwaltungsfachhochschule
vgl.	vergleiche
VV	Vergütungsverzeichnis
Z	Zeitschrift
z. B.	zum Beispiel
ZEuP	Zeitschrift für Europäisches Privatrecht
ZEV	Zeitschrift für Erbrecht und Vermögensnachfolge
ZFE	Zeitschrift für Familien- und Erbrecht
ZNotP	Zeitschrift für die Notar-Praxis

Literatur

Aufsätze	werden mit *Titel* nur in der *»Literatur zur Vertiefung«* am Ende der dargestellten Themenbereiche und in den Fußnoten nur mit Verfasser und Fundstelle zitiert.
*Alpmann/Brockhaus**	Fachlexikon Recht, 2. Aufl. 2005
*Alpmann/Schmidt***	Familienrecht, 15. Aufl. 2007 (von *Roßmann*)
*dies.***	Grundlagen Fälle Familienrecht, 2007 (von *Roßmann*)
*Bamberger/Roth***	Kommentar zum Bürgerlichen Gesetzbuch, Band 3, §§ 1297–2385, EGBGB, CISG, 2. Aufl. 2008 (zit.: Bamberger/Roth/*Bearbeiter*)
*Benner***	Klausurenkurs im Familienrecht, 2005
Bergerfurth	Das Eherecht, 10. Aufl. 1993 [leider nicht mehr aufgelegt]
*ders./Rogner****	Der Ehescheidungsprozess und die anderen Eheverfahren, 15. Aufl. 2006 [Handbuch]
Borth	Unterhaltsrechtsänderungsgesetz (UÄndG), FamRZ-Buch 24, 2007
*Brambring****	Ehevertrag und Vermögenszuordnung unter Ehegatten, 5. Aufl. 2003
*Brudermüller/Schürmann**	Tabellen zum Familienrecht – TzFamR, 28. Aufl. 2007
*Conrad***	Deutsche Rechtsgeschichte, Band I, Frühzeit und Mittelalter, 2. Aufl. 1962 (zit.: *Conrad* I)
*ders.***	Deutsche Rechtsgeschichte, Band II, Neuzeit bis 1806, 1966 (zit.: *Conrad* II)
*Creifelds**	Rechtswörterbuch, 19. Aufl. 2007
*Däubler**	BGB kompakt – Systematische Darstellung des Zivilrechts [Teil VI. Familienrecht], 2. Aufl. 2003
Duden	Das große Fremdwörterbuch, 4. Aufl. 2007
ders.	Deutsches Universalwörterbuch, 6. Aufl. 2007
*Erman***	Handkommentar zum Bürgerlichen Gesetzbuch, Band II, §§ 854–2385, 12. Aufl. 2008 (zit.: Erman/*Bearbeiter*)
*Fricke/Märker/Otto**	Eherecht und Familienrecht für jedermann von A (»Adoption«) bis Z (»Zugewinnausgleich) – Eine Darstellung ohne Juristendeutsch, 3. Aufl. 2005
*Gernhuber/Coester-Waltjen****	Familienrecht, 5. Aufl. 2006 [das eine »Große Lehrbuch« = 1028 Seiten]

Hausmann/Hohloch (Hrsg.)*** — Das Recht der nichtehelichen Lebensgemeinschaft, 2. Aufl. 2004 [Handbuch]

*Heine** — Standardfälle Familien- und Erbrecht, Niederle Media 2007

*Hentschel-Heinegg, von*** — Das Verfahren in Familiensachen, 8. Aufl. 2006

*ders.*** — Materielles Scheidungsrecht, 8. Aufl. 2006

Höland/Sethe/Notarkammer Sachsen-Anhalt (Hrsg.)*** — Eheverträge und Scheidungsfolgenvereinbarungen, FamRZ-Buch 22, 2007

*Hohloch*** — Familienrecht, 2002

Jauernig (Hrsg.)** — Bürgerliches Gesetzbuch, Kommentar, 12. Aufl. 2007 (zit.: Jauernig/*Bearbeiter*)

*Johannsen/Henrich**** — Eherecht, Kommentar, 4. Aufl. 2003

Kaiser/Schnitzler/Friederici (Hrsg.)*** — Familienrecht, Band 4 von Anwaltkommentar BGB (hrsg. von *Dauner-Lieb/Heidel/Ring*), 2005 (zit.: AnwK-BGB/*Bearbeiter*)

*Kirchner/Butz** — Abkürzungsverzeichnis der Rechtssprache, 6. Aufl. 2007

*Kroeschell*** — Deutsche Rechtsgeschichte, Band 3: Seit 1650, 3. Aufl. 2001

*Kropholler** — Studienkommentar BGB, 10. Aufl. 2007

*Liebs*** — Lateinische Rechtsregeln und Rechtssprichwörter, 2. Aufl. 2007

*Lipp*** — Examens-Repetitorium Familienrecht, 2. Aufl. 2005

ders./Schumann/Veit (Hrsg.)*** — Reform des Unterhaltsrechts, 5. Göttinger Workshop zum Familienrecht, 2007

*Löhnig*** — Fälle zum Familien- und Erbrecht, 2007

*Lüderitz/Dethloff*** — Familienrecht, 28. Aufl. 2007

*Medicus*** — Allgemeiner Teil des BGB, 9. Aufl. 2006 (zit.: BGB AT)

*ders.*** — Bürgerliches Recht, 21. Aufl. 2007 (zit.: BR)

*Metzler-Müller**** — Das Betreuungsgesetz in der Praxis, 1993

*Meyer** — Juristische Fremdwörter, Fachausdrücke und Abkürzungen, 12. Aufl. 2004 [sollte jeder »Jurist«, vor allem als Nichtlateiner, im Bücherregal haben]

*Münchener Kommentar**** — zum Bürgerlichen Gesetzbuch, Band 7, Familienrecht I, §§ 1297–1588, VAHRG, VAÜG, HausratsV, 4. Aufl. 2000; Band 8, Familienrecht II, §§ 1589–1921, SGB VIII, 4. Aufl. 2002 (zit.: MüKo/*Bearbeiter*)

*Münder**** — Familienrecht – Eine sozialwissenschaftlich orientierte Darstellung, 5. Aufl. 2005

*Muscheler*** — Familienrecht, 2006 (zit.: FamR)

*ders.**** — Das Recht der Eingetragenen Lebensgemeinschaft, 2. Aufl. 2004 (zit.: EL)

Palandt (Hrsg.)** — Bürgerliches Gesetzbuch, Kommentar, 66. Aufl. 2007 (zit.: Palandt/*Bearbeiter*)

*Rauscher**** — Familienrecht, 2. Aufl. 2008 [das andere »Große Lehrbuch« = 1000 Seiten]

*Schlüter*** — BGB-Familienrecht, 12. Aufl. 2006

Schmidt/Hanel — Frauen haben immer Recht, 3. Aufl. 1986

*Schreiber**** — Die nichteheliche Lebensgemeinschaft, 2. Aufl. 2000

*Schröder/Bergschneider**** — Familienvermögensrecht, 2003 [Handbuch]

*Schulze/Dörner/Ebert/Eckert/Hoeren/Kemper/Saenger/Schulte-Nolke/Staudinger*** — Bürgerliches Gesetzbuch – Handkommentar, 5. Aufl. 2007 (zit.: Hk-BGB/*Bearbeiter*)

*Schwab*** — Familienrecht, 15. Aufl. 2007

*ders.**** — Handbuch des Scheidungsrechts, 5. Aufl. 2004 (zit.: *Schwab/Bearbeiter*)

*Schwolow**** — Von der Trennung bis zur Scheidung, 2. Aufl. 2006

*Seidl*** — Familienrecht, 6. Aufl. 2003

*Simon/Werner*** — 22 Probleme aus dem Familien- und Erbrecht, 3. Aufl. 2002 [Klausurfälle]

*Simrock** — Die deutschen Sprichwörter, 1846 [Reclam-Nachdruck 1995]

*Soergel**** — Bürgerliches Gesetzbuch, Kommentar, Band 7: Familienrecht I, §§ 1297–1588, VAHRG, 12. Aufl. 1988; Band 8: Familienrecht II, §§ 1589–1921, (EheRG), HausratsVO, 12. Aufl. 1987 (zit.: Soergel/*Bearbeiter*)

Statistisches Bundesamt (Hrsg.) — Statistisches Jahrbuch 2006 – Für die Bundesrepublik Deutschland/Statistical Yearbook 2006 – For the Federal Republic of Germany, 2006

*Staudinger***** — Kommentar zum Bürgerlichen Gesetzbuch, 1993 bis 2007 ff. [*der* Großkommentar, der auf rund 90 Bände angelegt und gut zur Anfertigung von Dissertationen und Höherem geeignet ist] (zit.: Staudinger/*Bearbeiter*)

*Thielmann/May/Benner**** — Praktikum des Familienrechts – Das Verfahren in Familiensachen mit materiell-rechtlichen Grundlagen, 5. Aufl. 2006

*Vetter**** — Selbstbestimmung am Lebensende - Patientenverfügung und Vorsorgevollmacht, 2005

*Viefhues*** — Familienrecht – Ein Leitfaden für steuer- und wirtschaftsberatende Berufe, 2004

ders. (Hrsg.)*** — juris Praxiskommentar BGB, Bd. 4, Familienrecht, 3. Aufl. 2007 (zit.: jurisPk/*Bearbeiter*)

Weinrich/Klein (Hrsg.)**	Familienrecht – Kompaktkommentar, 3. Aufl. 2007, (zit.: KompaktKom-FamR/*Bearbeiter*)
*Wellenhofer-Klein****	Die eingetragene Lebenspartnerschaft, 2003
*Wesel**	Fast alles, was Recht ist – Jura für Nichtjuristen, 8. Aufl. 2007 [zum Schmunzeln und Nachdenken, besonders empfehlenswert auch für Volljuristen!]
*Wörlen**	BGB AT – Einführung in das Recht, Allgemeiner Teil des BGB – Lernbuch, Strukturen, Übersichten –, 10. Aufl. 2008 (zit.: BGB AT)
*ders.**	Schuldrecht AT – Lernbuch, Strukturen, Übersichten –, 9. Aufl. 2008 (zit.: SchR AT)
*ders.**	Schuldrecht BT – Lernbuch, Strukturen, Übersichten –, 8. Aufl. 2006 (zit.: SchR BT)
*ders.**	Sachenrecht – Lernbuch, Strukturen, Übersichten –, 7. Aufl. 2007 (zit.: SachR)
*ders.**	Handelsrecht – mit Gesellschaftsrecht, – Lernbuch, Strukturen, Übersichten –, 9. Aufl. 2008 (zit.: HR)
*ders.**	Anleitung zur Lösung von Zivilrechtsfällen – Methodische Hinweise und 20 Musterklausuren (zum Bürgerlichen Recht – mit Handelsrecht und Arbeitsrecht), 8. Aufl. 2007 (zit.: Anleitung) [Familienrechts- und Erbrechtsklausuren folgen in der 9. Aufl.!
*ders./Kokemoor**	Arbeitsrecht, 8. Aufl. 2007
*ders./Metzler-Müller**	Zivilrecht – 1000 Fragen und Antworten – Bürgerliches Recht, Handelsrecht, Arbeitsrecht, 6. Aufl. 2007 (zit.: am Ende dieses Buchs mit Hinweis auf Fragen 727–755 zum Familienrecht!)
*Wunsch**	Einführung in das Familienrecht – Mit Beispielen und Schemata für den leichten Einstieg –, Niederle Media 2006 [ein verständlicher Schnelldurchgang auf 95 Seiten]
*Ziegler/Mäuerle***	Familienrecht, 2. Aufl. 2000

Zusätze:
Verfasser, denen kein Zitierhinweis hinzugefügt wurde, werden nur mit Namen zitiert. Die Sternchen sollen den Eignungs- und Schwierigkeitsgrad der Werke andeuten:

- * Zum Einstieg für Anfangssemester besonders geeignet.
- ** Zur Prüfungs-(Hausarbeits-) und Examensvorbereitung für fortgeschrittene Studierende geeignet.
- *** Wie zwei Sternchen + Vorbereitung auf das 2. juristische Staatsexamen, von Dissertationen, Habilitationsschriften und kürzeren Lehrbüchern; zur Vertiefung von Einzelproblemen.
- **** Zur Kundgebung höchster juristischer Gelehrsamkeit.

Einleitung: Entwicklung und Rechtsquellen des Familienrechts

I. Entwicklung

Seit dem Inkrafttreten des BGB* am 1.1.1990 wurde das Familienrecht wie kein anderes Teilgebiet dieses Gesetzes in fast allen Bereichen mehrfach tiefgehend umgestaltet. Da die Darstellung aller familienrechtlichen Änderungs- und Reformgesetze den Rahmen dieser kurzen Einführung sprengen würde, sollen hier nur einige davon besonders hervorgehoben werden. 1

Aus »neuerer« Zeit ist zunächst das *Gleichberechtigungsgesetz* vom 18.6.1957[1] zu nennen, das mit der Gleichstellung der Frau in ehelichen Angelegenheiten (§§ 1353 ff.), mit der Ersetzung der unter Verwaltung des Mannes stehenden sog. »Errungenschaftsgemeinschaft« durch den gesetzlichen Güterstand der *Zugewinngemeinschaft* sowie mit der Neuregelung des Verwandtenunterhalts und des Eltern-Kind-Verhältnisses die Abkehr von dem bis dahin vorherrschenden *Patriarchat* (des Ehemanns) einläutete.

Besonderer Erwähnung bedarf auch das *Gesetz über die rechtliche Stellung der nichtehelichen Kinder* (NEhelG) vom 19.8.1969[2], das eine grundlegende Reform der Vorschriften über die nichteheliche Abstammung und ihre Folgen, insbesondere des Unterhalts, enthielt. So wurde beispielsweise die »Zahlvaterschaft« beseitigt und das Familiennamensrecht, das Erbrecht des nichtehelichen Kindes sowie (durch das SorgeRG vom 18.7.1979[3]) die elterliche Gewalt (jetzt: »elterliche Sorge«) geändert, die seither grundsätzlich der nichtehelichen Mutter zusteht.

Durch das *Gesetz zur Neuregelung des Volljährigkeitsalters* vom 31.7.1974[4] wurde dieses ab 1.1.1975 vom 21. auf das 18. Lebensjahr herabgesetzt.

Das umfangreichste Reformwerk ist das *Erste Gesetz zur Reform des Ehe- und Familienrechts* (1. EheRG) vom 14.6.1976[5], das u. a. die eheliche Lebensgemeinschaft und das Ehescheidungsrecht neu regelte, indem Letzteres vor allem den *Wechsel vom Verschuldens- zum Zerrüttungsprinzip* mit sich brachte.

Dies führte dazu, dass das seit 1938[6] geltende Ehegesetz (EheG) (das durch das Kontrollratsgesetz Nr. 16 vom 20.2.1946[7] ersetzt wurde) nur noch fragmentarische Bedeutung für die Ehe*schließung* hatte und durch das »Eheschließungsrechtsgesetz« mit Wirkung zum 1.7.1998 aufgehoben und wieder in das BGB (§§ 1303–1320) integriert wurde.

Zuvor fand bereits eine weitere verfassungsrechtlich geforderte, tief greifende Reform des Namensrechts durch das am 1.4.1994 in Kraft getretene *Familiennamens-*

* §§ ohne nähere Bezeichnung sind in diesem Buch sind solche des BGB.
1 BGBl. I, S. 609.
2 BGBl. I, S. 1243.
3 BGBl. I, S. 1061.
4 BGBl. I, S. 1713.
5 BGBl. I, S. 1421.
6 RGBl. I, S. 807.
7 KRABl. 77, 294.

rechtsgesetz (FamNamRG) vom 16.12.1993[8] statt. Danach steht es, im Sinne einer zu Recht angestrebten völligen Gleichberechtigung, den Ehepartnern frei, den Geburtsnamen von Frau oder Mann als Ehe- und Familiennamen zu bestimmen, ihren früheren Namen jeweils beizubehalten oder in beliebiger Reihenfolge einen Doppelnamen mit zu wählen (vgl. § 1355).

Viele zwischenzeitlich reformierte Vorschriften wurden durch das *Gesetz zur Reform des Kindschaftsrechts* (KindRG) zum 1.7.1998[9] erneut geändert. U. a. wurde die unterschiedliche Behandlung von ehelichen und nichtehelichen Kindern beseitigt und mit dem ebenfalls zum 1.7.1998[10] in Kraft getretenen *Kindesunterhaltsgesetz* (KindUG) der *Kindesunterhalt* von ehelichen und nichtehelichen Kindern gleichgestellt.

Die Modernisierung des Familienrechts wurde sodann mit der Regelung der Lebenspartnerschaft zwischen gleichgeschlechtlichen Partnern durch das zunächst umstrittene *»Gesetz über die Eingetragene Lebenspartnerschaft (Lebenspartnerschaftsgesetz – LPartG)«*[11] vom 16.2.2001 fortgesetzt, das durch das *Gesetz zur Überarbeitung des Lebenspartnerschaftsrechts* vom 15.12.2004[12] und das *Gesetz zur Änderung des Ehe- und Lebenspartnerschaftsnamensrechts* vom 6.2.2005[13] eine weit reichende Novellierung erfahren hat.

Weitere Reformgesetze sind das sog. *Gewaltschutzgesetz* (GewSchG) vom 11.12.2001[14], das *Adoptionsvermittlungsgesetz* (AdVermiG) i. d. F. vom 22.12.2001[15] und das *Kinderrechteverbesserungsgesetz* (KindRVerbG) vom 9.4.2002[16].

Die aktuellste Reform des Familienrechts betrifft das Unterhaltsrecht im Scheidungsrecht. Durch das am 1.1.2008 in Kraft getretene *Gesetz zur Änderung des Unterhaltsrechts*[17] wurde das Unterhaltsrecht an die geänderten gesellschaftlichen Verhältnisse und den eingetretenen Wertewandel angepasst (mehr dazu unter Rdnrn. 336 ff.).

Als nächstes gesetzgeberisches Vorhaben steht die *Reform des Güterrechts* an (vgl. dazu den Exkurs Rdnr. 254a).

2 Alle Vorschriften des Familienrechts des BGB sind wie die des Sachenrechts und des Erbrechts überwiegend *zwingend*, d. h. es gibt *keine allgemeine Vertragsfreiheit* wie im Schuldrecht, sondern die Wahlmöglichkeit beschränkt sich eng auf die vom Familienrecht zur Verfügung gestellten Verträge, die keine modifizierbaren Vertragstypen sind: Wer nicht im gesetzlichen Güterstand der *Zugewinngemeinschaft* (§§ 1363–1390) leben will, kann die »Vertragsfreiheit« von §§ 1408 ff. nutzen und entweder *Gütertrennung* (§ 1414) oder *Gütergemeinschaft* (§§ 1415–1518) vereinbaren.

8 BGBl. I, S. 2054.
9 BGBl. I, S. 2442.
10 BGBl. I, S. 666.
11 Beck-Texte im dtv 5001, Nr. 11.
12 BGBl. I, S. 3396.
13 BGBl. I, S. 203.
14 Beck-Texte im dtv 5001, Nr. 9.
15 BGBl. I (2002), S. 354.
16 BGBl. I, S. 1239.
17 Vgl. Übersicht 33 im *Anhang* dieses Buchs.

II. Rechtsquellen

1. Materielles Recht: Bürgerliches Gesetzbuch und Nebengesetze

Das Familienrecht umfasst die Gesamtheit der Normen, welche die rechtlichen Beziehungen der Mitglieder einer Familie untereinander und zu Dritten regeln. Das *materielle Familienrecht* ist in seinen wichtigsten Teilen *in Buch 4 des BGB* in drei Abschnitten enthalten. Abschnitt 1 regelt in den §§ 1297–1588 die »Bürgerliche Ehe«, Abschnitt 2 (§§ 1589–1772) die »Verwandtschaft« und Abschnitt 3 (§§ 1773– 1921) die »Vormundschaft, rechtliche Betreuung, Pflegschaft«. 3

Daneben gelten grundsätzlich auch der Allgemeine Teil des BGB (§§ 1–240) und mittelbar der Allgemeine Teil des Schuldrechts (§§ 241–432) für das Familienrecht, wobei verschiedene familienrechtliche Normen als Spezialgesetze einige allgemeine Vorschriften verdrängen (*»lex specialis derogat legi generali«*[18]). Dies gilt beispielsweise für die §§ 1303 ff. über die »Eingehung der Ehe«, die Vorrang vor den Vorschriften der §§ 106 ff. über die Geschäftsfähigkeit und den Anfechtungsregeln der §§ 119 ff. haben. Die Stellvertretungsvorschriften der §§ 164 ff. finden keine Anwendung bei typisch familienrechtlichen Rechtsgeschäften wie etwa der Eheschließung nach § 1311 S. 1 (lesen![19]) und der Anerkennung der Vaterschaft gem. § 1596 Abs. 4. Auch beim Verlöbnis (§§ 1297 ff.) soll nach h. M. unter analoger Anwendung von § 1311 S. 1 keine Vertretung i. S. d. §§ 164 ff. möglich sein, und neben dem Rücktritt vom Verlöbnis nach §§ 1298 f. ist eine Anfechtung nach §§ 119 ff. nicht möglich. Beschränkt Geschäftsfähigen, die das 14. oder 16. Lebensjahr vollendet haben, verleiht das Familienrecht für höchstpersönliche Rechtsgeschäfte und Willenserklärungen eigene Rechte (z. B. in den §§ 1303, 1516 Abs. 2, 1596 Abs. 1 S. 1 und 1746)[20]. 4

Vorschriften des Allgemeinen Teils des Schuldrechts sind im Familienrecht anwendbar, wenn es um familienrechtliche *Ansprüche* geht. Aber auch hier können familienrechtliche Besonderheiten der allgemeinen schuldrechtlichen Regelung entgegenstehen. So weist *Muscheler*[21] darauf hin, dass § 397 über den Erlassvertrag für einen zukünftigen Verzicht auf Verwandtenunterhalt wegen § 1614 Abs. 1 nicht anwendbar ist und dem auf Kindesherausgabe gerichteten personenrechtlichen Anspruch aus § 1632 Abs. 1 nicht das Zurückbehaltungsrecht aus § 273 wegen Unterhaltskosten entgegengehalten werden kann.[22] 5

Die Beispiele verdeutlichen, dass die Vorschriften des Allgemeinen Teils des BGB und des allgemeinen Schuldrechts im Familienrecht nur *subsidiär* gelten. 6

■[23] Was »subsidiär« bedeutet, sollten Sie wissen, wenn Sie sich an die Entstehungsgeschichte des BGB und die Stichworte »gemeines Recht« *(ius commune)* und »Partikularrechte« erinnern? (Überlegen Sie erst, bevor Sie weiterlesen!)

18 S. *Meyer*, unter L.

19 **Die Aufforderung, jeden zitierten Paragrafen im Gesetz sofort zu lesen, erfolgte bereits im »Auszug aus dem Vorwort zur ersten Auflage – zugleich eine Arbeitsanleitung«. Dennoch werde ich hin und wieder bzw. »immer wieder« daran erinnern!**

20 Vgl. *Muscheler*, FamR, Rdnr. 13.

21 FamR, Rdnr. 13.

22 Vgl. auch *Gernhuber/Coester-Waltjen*, § 3, Rdnr. 36.

23 »■« bedeutet im Folgenden, auch wenn das nicht immer ausdrücklich erwähnt wird: »Achtung! Erst nachdenken, dann weiterlesen!« Der Pfeil (»▷«) weist dann auf die Antwort hin.

▷ »Subsidiär« bedeutet soviel wie »zweitrangig«, d. h., das gemeine Recht wurde nur angewendet, wenn keine einzelstaatliche Regelung der jeweiligen Partikularrechte vorhanden war bzw. eine solche dem gemeinen Recht widersprach.[24]

2. Formelles Recht (Verfahrensrecht)

7 ■ *Zwischenfrage:* Was ist der Unterschied zwischen materiellem und formellem Recht?

▷ Vgl. *mein* BGB AT, Rdnr. 23![25]

Das Verfahrensrecht in Familien-, Kindschafts-, Unterhalts- und Lebenspartnerschaftssachen ist im 6. Buch der *ZPO* in den §§ 606–661 geregelt, das teilweise durch das Kindschaftsreformgesetz und Kindesunterhaltsgesetz wesentlich umgestaltet worden ist.[26]

8 Des Weiteren werden Familien-, Vormundschafts-, Betreuungs- und Unterbringungssachen von den §§ 35–70n des *Gesetzes über die Angelegenheiten der freiwilligen Gerichtsbarkeit* (FGG) vom 17.5.1898[27] erfasst, die ebenfalls durch das Kindschaftsreformgesetz wesentliche Änderungen[28] erfahren haben.

Aufgrund des *Personenstandsgesetzes* i. d. F. vom 8.8.1957 (mit späteren Änderungen)[29] führt der Standesbeamte zum Nachweis des *familienrechtlichen Verhältnisses zweier Personen zueinander* (Personenstand) sog. Personenstandsbücher bzw. -register (Familienbuch, Geburtenbuch, Heiratsbuch und Sterbebuch).

9 Von familienrechtlicher Bedeutung sind weiterhin die *Verordnung über die Behandlung der Ehewohnung und des Hausrats* (HausratsVO) vom 21.10.1944[30] und das *SGB VIII – Kinder- und Jugendhilfe* vom 26.6.1990[31]. Nach den Vorschriften der HausratsVO werden auf Antrag der Hausrat und die eheliche Wohnung im Zusammenhang mit der Ehescheidung durch das Familiengericht geteilt, falls die Ehegatten sich nicht einigen.

Das SGB VIII hat das Jugendwohlfahrtsgesetz abgelöst und regelt in seinem 4. Abschnitt die Stellung des Jugendamtes in Vormundschaftssachen.

3. Gesetz über religiöse Kindererziehung

10 Das »Gesetz über religiöse Kindererziehung« (RelKErzG) vom 15.7.1921[32] bestimmt u. a., dass dem Kind nach Vollendung des 14. Lebensjahres die Entscheidung über sein religiöses Bekenntnis freisteht. Bis zur Vollendung des 14. Lebensjahres bestim-

24 Vgl. *mein* BGB AT, Rdnr. 33 f.
25 *Als materielles Recht bezeichnet man die Rechtsnormen, die den Inhalt des Rechts festlegen und ordnen. Insbesondere das im BGB geregelte Bürgerliche Recht ist Bestandteil des materiellen Rechts. Als formelles Recht bezeichnet man dagegen die Vorschriften, die der Durchsetzung des Rechts dienen. Dazu gehören sämtliche Verfahrensvorschriften, die in Prozessordnungen und ähnlichen Gesetzen (z. B. ZPO, StPO, FGG, GBO) geregelt sind.*
26 *Schlüter*, Rdnr. 9.
27 RBGl., S. 771.
28 Zuletzt geändert durch das Gesetz vom 22.9.2005 (BGBl. I, S. 2809).
29 Gesetzessammlung *Schönfelder*, Nr. 113.
30 **Beck-Texte im dtv, Nr. 8.**
31 BGBl. I, S. 1163.
32 RGBl., S. 939, geändert durch Gesetz vom 12.9.1990 (BGBl. I, S. 2002, 2023).

men also die Eltern im Rahmen der *Personensorge* (vgl. § 1626 Abs. 1) über das Glaubensbekenntnis des Kindes. Ob dies dem Wohle des Kindes dient, mag dahingestellt sein.

4. Lebenspartnerschaftsgesetz

Am 1.8.2001 trat das *LPartG* in Kraft. Durch dieses Gesetz wurde für gleichgeschlechtliche Partner ein völlig neues familienrechtliches, der Ehe weitgehend angenähertes Rechtsinstitut geschaffen: Die »Eingetragene Lebenspartnerschaft«.[33] Durch das am 1.1.2005 in Kraft getretene *LPart(G)ÜG* hat der Gesetzgeber die Lebenspartnerschaft noch stärker an die Ehe angeglichen, sodass die Vorschriften des LPartG vielfach auf die entsprechende Anwendung der eherechtlichen Vorschriften verweisen. 11

5. Verfassungsrecht

Wegen ihrer großen soziologischen Bedeutung stehen Ehe und Familie nach Art. 6 Abs. 1 GG unter dem besonderen Schutz der staatlichen Ordnung. Art. 6 GG (ganz lesen!) ist die zentrale Grundrechtsvorschrift für den Bereich des deutschen Familienrechts.[34] 12

In Art. 6 Abs. 2–5 GG wird der Schutz der Privatsphäre von Ehe und Familie bezüglich der Pflege und Erziehung der Kinder konkretisiert und der Gesetzgeber verpflichtet, den nichtehelichen Kindern die gleichen Bedingungen für ihre Entwicklung und ihre Stellung in der Gesellschaft zu verschaffen wie den ehelichen Kindern.

■ *Zwischenfrage:* Wie würden Sie, als Mensch mit bereits juristischer Phantasie, den Begriff »Familie« definieren? (Stop! Erst nachdenken ...!)

▷ Wenn in Art. 6 GG vom Schutz von »Ehe«, »Familie« und »Kindern« die Rede ist, ist mit »Familie« die sog. *Kleinfamilie*, also »Papi, Mami« und Geschwister gemeint. Versteht man unter »Familie« aber die Gesamtheit der durch Ehe und Verwandtschaft verbundenen Personen (»Blutsverwandte«), ist die *Großfamilie* gemeint. Von dieser gehen die §§ 1589 f. und §§ 1601 ff.[35] (und auch das Erbrecht in den §§ 1924 ff.) aus. Wie Art. 6 GG[36] beziehen sich aber die meisten familienrechtlichen Vorschriften des BGB auf die Kleinfamilie.
Wenn Sie mehr über den Begriff »Familie« erfahren möchten, schlagen Sie einfach im Stichwortverzeichnis umfangreicher(er) Familienrechts-Lehrbücher nach, von denen die meisten in der »Literatur zur Vertiefung« zitiert sind. Dieses Buch soll als *erster Einstieg* dienen, sodass hier auf den »soziologischen Familienbegriff« und die »Vielfalt von Familienformen«[37] nicht eingegangen werden kann.

Art. 3 GG regelt u. a. die Gleichberechtigung von Männern und Frauen (dazu sogleich, Rdnrn. 15 ff.). Art. 4 GG [»Glaubens-, Gewissens- und Bekenntnisfreiheit«] und Art. 7 GG [»Schulwesen«] i. V. m. dem RelKErzG (vgl. Rdnr. 11) betreffen mittelbar auch das Familienrecht. Näheres können Sie bei Interesse in der »Literatur zur Vertiefung« nachlesen. 13

33 Vgl. *Schlüter*, Rdnr. 10a; *Muscheler*, FamR, Rdnr. 832.
34 *Schlüter*, Rdnr. 2.
35 Dazu unten, Rdnrn. 322 ff. und 336 ff.
36 Vgl. schon BVerfG NJW 1978, 2289.
37 Vgl. z. B. *Gernhuber/Coester-Waltjen*, Rdnrn. 1–7.

Literatur zur Vertiefung (Rdnrn. 1–13):

Derleder, Das Jahrhundert des deutschen Familienrechts, KJ 2000, 1; *Gernhuber/Coester-Waltjen*, §§ 1, (3) *und* 5; *Kirchhoff*, Der besondere Schutz der Familie in Art. 6 I GG, AöR 129 (2004), 542; *Köbler*, Familienrecht im geschichtlichen Wandel, FS Holzhauer 2005, 355; *Lipp*, §§ 1 f.; *Lüderitz/Dethloff*, § 1; *Muscheler*, FamR, §§ 1, 2 und 8; *Papier*, Ehe und Familie in der neueren Rechtsprechung des BVerfG, NJW 2002, 2129; *Schlüter*, § 1; *Schwab*, §§ 1–4; *Welti*, Rechtsgleichheit und Gleichheit von Frauen und Männern, JA 2004, 310.

14 **Übersicht 1**

Rechtsquellen des Familienrechts

Bürgerliches Recht

Buch 1: Allgemeiner Teil (§§ 1–240)
Buch 2: Schuldrecht, Allgemeiner Teil (§§ 241–432) } *subsidiär*

Buch 4: Familienrecht

§§ 1297–1921

Abschnitt 1	Abschnitt 2	Abschnitt 3
Bürgerliche Ehe (§§ 1297–1588) (inklusive Verlöbnis)	Verwandtschaft (§§ 1589–1772) (inklusive Kindschaftsrecht)	Vormundschaft (§§ 1773–1895) Rechtliche Betreuung (§§ 1896–1980k), Pflegschaft (§§ 1909–1921)

Verfahrensrecht

- Zivilprozessordnung Buch 6: §§ 606–661 ZPO
- Gesetz über die freiwillige Gerichtsbarkeit : §§ 35–70n FGG
- Personenstandsgesetz
- Hausratsverordnung
- SGB VIII – Kinder und Jugendhilfe

Gesetz über die religiöse Kindererziehung

Lebenspartnerschaftsgesetz

Verfassungsrecht

Art. 3, 4, 6, 7 GG

Erster Teil: Eherecht

§ 1353 Eheliche Lebensgemeinschaft. (1) [1]Die Ehe wird auf Lebenszeit geschlossen. [2]Die Ehegatten sind einander zur ehelichen Lebensgemeinschaft verpflichtet; sie tragen füreinander Verantwortung.

(2) Ein Ehegatte ist nicht verpflichtet, dem Verlangen des anderen Ehegatten nach Herstellung der Gemeinschaft Folge zu leisten, wenn sich das Verlangen als Missbrauch seines Rechts darstellt oder wenn die Ehe gescheitert ist.

1. Kapitel: Grundgedanken

I. Gleichberechtigung der Ehepartner

15 Bei Inkrafttreten des BGB war das Eherecht noch stark von patriarchalischen Zügen geprägt (vgl. oben Rdnr. 1). Nach germanischem Vorbild sah es den Mann als einziges Oberhaupt der Familie an, der durch seine Arbeit den Unterhalt verdiente, während die Frau alleine für den Haushalt zuständig war.

So lautete z. B. § 1354 bis 1975 wie folgt: »Dem Manne steht die Entscheidung in allen das gemeinschaftliche eheliche Leben betreffenden Angelegenheiten zu; er bestimmt insbesondere Wohnort und Wohnung.« Ähnlich diskriminierend war bis dahin auch § 1358 a. F.: »Hat sich die Frau einem Dritten gegenüber zu einer von ihr in Person zu bewirkenden Leistung verpflichtet, so kann der Mann das Rechtsverhältnis kündigen, wenn er auf seinen Antrag von dem Vormundschaftsgericht dazu ermächtigt worden ist. Das Vormundschaftsgericht hat die Ermächtigung zu erteilen, wenn sich ergibt, dass die Tätigkeit der Frau die ehelichen Interessen beeinträchtigt.«

■ Was bedeutet das – im Klartext – für die Frau, die einen Beruf ausüben wollte?

▷ Die »ehelichen Interessen« wurden durch den Mann bestimmt. Mit anderen Worten: Der Frau war jede Berufstätigkeit verboten; es sei denn, ihr Mann hätte sie erlaubt.[38]

Aufgrund des Gleichberechtigungsgesetzes von 1957 und vor allem durch das Erste Gesetz zur Reform des Ehe- und Familienrechts vom 14.6.1976[39] erfuhr das Eherecht des BGB maßgebliche Änderungen, die dem Partnerschaftsgedanken und dem in Art. 3 GG verankerten Grundsatz der Gleichberechtigung von Mann und Frau Rechnung tragen. Statt wie früher rechtlich zwischen »Mann« und »Frau« zu differenzieren, verwendet der Gesetzgeber nunmehr jeweils den Begriff »Ehegatten«.

16 Zwischenzeitlich ist das Eherecht des BGB moderner geworden als das Bewusstsein unserer Gesellschaft, in der durchaus auch nach 1957 noch lange in manchen Bereichen eine Diskriminierung der Frau bestanden hat (und bisweilen leider noch besteht), die mit den modernen Formulierungen des Gesetzes nicht im Einklang steht. Ein Beispiel dafür ist das Namensrecht. Lesen Sie zur ersten Information § 1355 ganz durch – wir kommen später darauf zurück[40]. Dieser Vorschrift können Sie entnehmen, dass die Ehe*partner* (ein Ausdruck übrigens, den das Gesetz dem biologisch gefärbten Begriff Ehe*gatten* m. E. aus sprachästhetischen Gründen hätte vorziehen sollen) ihren Ehe- bzw. Familiennamen frei bestimmen können. Früher (d. h. in diesem Fall bis zur Änderung des § 1355 durch das oben genannte Gesetz zur Reform des Ehe- und Familienrechts vom 14.6.1976) war die Vorschrift wesentlich einfacher gefasst. Damals lautete § 1355 kurz und bündig: »Die Frau erhält den Familiennamen des Manns.« »Basta!« (ital.: »Das reicht«) - mochte man hinzufügen.

Wie sehr die gesellschaftliche Realität zumindest im Bewusstsein der Generation unserer Mütter und Väter (bzw. Ihrer Großeltern?) an den modernen Regelungen des BGB manchmal noch vorbeiging, konnte ich nach meiner Heirat selbst erleben: Meine Ehefrau wollte 1984 gern ihren Geburtsnamen beibehalten und hatte daher von § 1355 Abs. 3 in der bis 31.3.1994 gelten-

38 Vgl. *Wesel*, S. 167.
39 S. o. Rdnr. 1.
40 Rdnrn. 162 ff.

den Fassung[41] Gebrauch gemacht; sie führt seither also einen Doppelnamen. Als sie sich kurz nach unserer Hochzeit am Telefon gegenüber meinem seligen Vater mit diesem Doppelnamen meldete, fragte mich »Papi« später erzürnt, was denn der »Unsinn« solle, dass »meine«[42] Frau sich nicht mit ihrem *richtigen* Namen (= *Wörlen*) melde …!

»Unser Kopf ist rund, damit das Denken die Richtung wechseln kann!«[43] habe ich ihm damals geantwortet.[44]

Die Gleichberechtigung der Ehegatten ist, wie angedeutet, in Art. 3 GG manifestiert: **17**
Das Grundgesetz ist dabei geradezu akribisch formuliert; denn eigentlich hätte zur Feststellung der Gleichberechtigung von Männern und Frauen Art. 3 Abs. 1 GG genügt. Dieser bestimmt, dass »alle Menschen vor dem Gesetz gleich« sind. Art. 3 Abs. 2 S. 1 GG stellt dann klar (?), dass sowohl Männer als auch Frauen »Menschen« sind, die gleichberechtigt sind.

Art. 3 Abs. 2 S. 2 GG regelt sodann, dass der Staat die tatsächliche Durchsetzung dieser Gleichberechtigung fördert und auf die Beseitigung bestehender Nachteile hinwirkt. Nach Art. 3 Abs. 3 S. 1 GG darf schließlich niemand wegen seines Geschlechts, seiner Abstammung, seiner Rasse, seiner Sprache, seiner Heimat und Herkunft, seines Glaubens, seiner religiösen oder politischen Anschauungen benachteiligt oder bevorzugt werden. Gem. Art. 3 Abs. 2 S. 2 GG darf niemand wegen seiner Behinderung benachteiligt werden. Liest man das im Zusammenhang mit der Gleichberechtigung von »Mann« und »Frau«, drängt sich die Frage auf: »Ist es eine Behinderung, wenn man »Mann« oder »Frau« ist? Nein: »Der Grundsatz der Gleichberechtigung von Mann und Frau gilt selbstverständlich auch für die gesetzliche und gerichtliche Ausgestaltung von Ehe und Familie«[45].

Muscheler stellt fest, dass dieser Grundsatz für das Familienrecht der letzten Jahr- **18**
zehnte eine regelrechte Sprungkraft entwickelt und die Beseitigung der Ungleichbehandlung der Frau fast zu einer Ungleichbehandlung und Benachteiligung des Mannes geführt hat. Als Beispiele hierfür nennt *Muscheler* die den Unterhalt der geschiedenen Ehegatten regelnden §§ 1569 ff., sofern diese über den Ausgleich ehebedingter Nachteile hinausgehen. Weiterhin weist er zu Recht darauf hin, dass der nicht verheiratete Vater (anders als die gebärende, nicht verheiratete Mutter) nicht automatisch rechtlicher Elternteil i. S. d. §§ 1591 ff. wird, dass § 1626a Abs. 2 die Mutter zur allein Sorgeberechtigten macht (wenn es nicht zu beidseitigen Sorgeerklärungen kommt), dass die subsidiäre elterliche Sorge in §§ 1678 ff. väterfeindlich geregelt ist und dass § 1748 Abs. 4 die Ersetzung der Einwilligung eines nicht verheirateten Vaters in die Adoption im Vergleich zur Position der nicht verheirateten Mutter in § 1748 Abs. 1 erleichtert.

41 *Jetzt § 1355 Abs. 4 S. 1.*

42 *Ein unschöner Ausdruck übrigens (ebenso »mein« Mann), der das juristische Ausdrucks- und Besitzdenken widerspiegelt, das gegenüber Sachen gerechtfertigt sein mag, gegenüber Menschen indessen fehl am Platz ist.*

43 Weisheit von Francis Picabia, französischer Maler, Grafiker und Schriftsteller (1879–1953)

44 *Das BVerfG hat weiter nachgedacht und mit Beschluss vom 5.3.1991 (NJW 1991, 1602) entschieden, dass zukünftig beide Ehepartner ihren zur Zeit der Eheschließung geführten Namen behalten können und sich nicht auf einen gemeinsamen Familiennamen einigen müssen! Auf der Grundlage dieses Beschlusses ist das Familiennamensrecht mit Wirkung vom 1.4.1994 geändert worden. Durch eine Entscheidung des BVerfG vom 18.2.2004 wurde § 1355 Abs. 2 erneut geändert.* Dazu Näheres unten, Rdnrn. 162 ff.

45 So wörtlich und zutreffend *Muscheler*, FamR, Rdnr. 204.

19 Im Kindschaftsrecht habe die rechtliche Aufwertung der Frau und Mutter allerdings nur positive Folgen, da sie zum Vorbild für die rechtliche Aufwertung des Kindes geworden sei.[46]

II. Ehe- und andere Partnerschaftsformen

20 Die *Ehe* (der Begriff ist im BGB nicht definiert) ist eine auf freiem Beschluss beruhende, rechtlich anerkannte, grundsätzlich[47] auf Lebenszeit (vgl. § 1353 Abs. 1 S. 1) ausgerichtete Lebensgemeinschaft zwischen Mann und Frau. Die Ehe wird durch einen Vertrag begründet und erlangt durch die besondere Form der Eheschließung[48] den gesetzlich näher festgelegten Inhalt als familienrechtliches Gemeinschaftsverhältnis. Die Partner der Ehe nennt der Gesetzgeber, wie schon erwähnt, Ehegatten.

21 Die *Lebenspartnerschaft* wird gem. § 1 Abs. 1 S. 1 LPartG durch zwei Personen gleichen Geschlechts begründet, die miteinander eine Partnerschaft auf Lebenszeit führen wollen. Die Partner dieser Lebensgemeinschaft heißen »Lebenspartnerinnen« oder »Lebenspartner«.[49]

22 Eine andere Partnerschaftsform ist die *eheähnliche Gemeinschaft,* die gesetzlich nicht geregelt ist. Nach einer Definition des BVerfG[50] ist die eheähnliche Gemeinschaft (auch »nichteheliche Lebensgemeinschaft«, »Ehe ohne Trauschein« oder volkstümlich »wilde Ehe« genannt) die »Lebensgemeinschaft zwischen Mann und Frau, die auf Dauer angelegt ist, daneben typischerweise keine weitere Lebensgemeinschaft gleicher Art zulässt und sich durch innere Bindungen auszeichnet, die ein gegenseitiges Einstehen der Partner füreinander begründen, also über die Beziehungen in einer reinen Haushalts- und Wirtschaftsgemeinschaft hinausgehen«[51]. Diese Definition ist mit *Muscheler*[52] korrekturbedürftig, da eine »eheähnliche Gemeinschaft« nur dann vorliegt, wenn die Lebensgemeinschaft keine weitere eheähnliche und keine (andere) lebenspartnerschaftsähnliche Gemeinschaft zulässt.

Es gibt nach alledem also verschiedene Partnerschaftsformen, seien sie heterosexuell oder homosexuell, die vom »Recht« betroffen bzw. anerkannt werden. Die allein rechtlich voll anerkannte Lebensgemeinschaft zwischen »Frau und Mann«, ist, wie gesagt, die *Ehe.* Bisweilen geht einer Ehe auch heute noch ein antiquiert erscheinendes *Verlöbnis* voraus, das im BGB seit dem 1.1.1900 offiziell »geregelt« ist, während manche Rechtsordnungen dem Verlöbnis gleichgültig gegenüber stehen.[53]

46 *Muscheler*, FamR, Rdnr. 511.
47 *Andernfalls gäbe es kein Scheidungsrecht?*
48 Dazu unten Rdnrn. 94–102.
49 Mehr dazu unten, Rdnrn. 452 ff.
50 BVerfGE 87, 234 (264) = NJW 1993, 643 (645).
51 Dazu unten, Rdnrn. 480 ff.
52 FamR, Rdnr. 49.
53 Vgl. *Gernhuber/Coester-Waltjen*, § 8, Rdnr. 8, mit Hinweis auf das ehemalige DDR-Recht.

Übersicht 2 23

Eherecht

- **Gesetzliche Regelung:** §§ (1297–1302), 1303–1588

Grundgedanken

- Gleichberechtigung der Ehepartner, insbesondere durch Art. 3 GG (»Partnerschaft statt Patriarchat«).
- Rechtliche Aufwertung des Kindes (ob ehelich oder nichtehelich)

Ehe- und andere Partnerschaften

- Die *Ehe* ist die allein rechtlich anerkannte, grundsätzlich auf Lebenszeit (§ 1353 Abs. 1) ausgerichtete Lebensgemeinschaft zwischen Mann und Frau.
- Die *Lebenspartnerschaft* wird durch zwei Personen gleichen Geschlechts begründet, die miteinander eine Partnerschaft auf Lebenszeit führen wollen (§ 1 Abs. 1 LPartG)
- Die *eheähnliche Gemeinschaft (= nichteheliche Lebensgemeinschaft)* ist eine Lebensgemeinschaft zwischen Mann und Frau, die nicht verheiratet sind [genauer: BVerfGE 87, 234 (264)]

Literatur zur Vertiefung (Rdnr. 15–23):

Gernhuber/Coester-Waltjen, §§ 5, 6; *Lüderitz/Dethloff,* § 1; *Muscheler,* FamR, Rdnrn. 46–52, 204, 511; *Sanders,* Eheleitbilder, Ehemotive und Eheverträge im Spiegel der Literatur, FS für Groß 2004, 39; *Schlüter,* § 1; *Schwab,* §§ 1–7; vgl. auch die Literatur zur Vertiefung unter Rdnr. 13.

2. Kapitel: Verlöbnis

I. Begriff und Rechtsnatur

24 Das »Verlöbnis« ist in den §§ 1297–1302 geregelt.

■ Bevor Sie diese Vorschriften lesen, überlegen Sie, was man rechtlich unter diesem Begriff verstehen könnte, bzw. was *Sie* darunter verstehen?

▷ Als Nichtjurist kennt man diesen Begriff eigentlich gar nicht? »Verlobung« ist volkstümlicher? Wenn man/frau sich verlobt, verspricht man der anderen Person, sie irgendwann einmal zu heiraten, juristisch: die Ehe einzugehen.

Ebenso wie der Begriff der Ehe, wird auch der Begriff des Verlöbnisses im BGB nicht definiert, sondern der Gesetzgeber setzt offenbar die Kenntnis dieser Begriffe voraus.[54]

■ Lesen Sie nun die §§ 1207–1302 ganz durch und versuchen Sie dann, mit Ihrem Rechtsverständnis die Rechtsnatur des Verlöbnisses zu beschreiben, bevor Sie weiterlesen!

▷ Das ist gar nicht so einfach? Wenn Sie aus den genannten Paragrafen heraus gelesen haben, dass das Verlöbnis zum einen das gegenseitig gegebene *Versprechen*[55] *künftiger Eheschließung* ist, zum anderen das durch dieses Versprechen begründete *familienrechtliche Verhältnis* bedeutet, hatten Sie ein gutes Rechtsgefühl. Sie hätten auch auf die Idee kommen können, dass das Verlöbnis ein *Vertrag* ist, durch den Mann und Frau sich versprechen, die Ehe miteinander einzugehen[56].

25 Letzteres ist die h. M. von den verschiedenen Ansichten über die Rechtsnatur des Verlöbnisses, die sog. **Vertragstheorie [1]**.[57] Betrachtet man danach das Verlöbnis als Vertrag, der auf Eingehung der Ehe (= Eheschließung) gerichtet ist, kommt das Verlöbnis als Rechtsgeschäft (insofern passt der Ausdruck »Verlobung« besser[58]) durch zwei übereinstimmende Willenserklärungen beider Partner zustande[59]. Es gelten also die Vorschriften des Allgemeinen Teils des BGB für das Zustandekommen eines wirksamen Vertrags.

■ Welche sind das außer den §§ 145 ff.? Was ist grundsätzlich Voraussetzung dafür, dass jemand einen Vertrag schließen kann?

▷ *Grundsätzlich* können nur voll Geschäftsfähige einen Vertrag schließen (arg. aus §§ 106–113). Außerdem sind die §§ 116 ff., 119 ff., 134 und 138 zu berücksichtigen!

26 ■ Test: Was ist in §§ 116 ff., 119 ff., 134 und 138 geregelt? (Nachdenken!)

▷ Antwort: Fußnote[60]!

54 Vgl. *Muscheler*, FamR, Rdnr. 223.
55 *Muscheler*, a. a. O.
56 *Creifelds*, »Verlöbnis«.
57 Vgl. *Creifelds*, a. a. O.; *Muscheler*, FamR, Rdnr. 226; *Gernhuber/Coester-Waltjen*, § 8, Rdnr. 3. Weitere Theorien vgl. Rdnrn. 30 ff.
58 Vgl. *Gernhuber/Coester-Waltjen*, § 8, Rdnr. 3
59 Vgl. *mein* BGB AT, Rdnrn. 287 f.
60 **Lesen Sie dazu die Überschriften der zitierten Paragrafen!**

Besondere Bedeutung hat die *Vertragstheorie* für das Verlöbnis Minderjähriger. 27

■ Warum?

▷ Wenn Minderjährige einen Vertrag schließen, gelten bekanntlich (vgl. soeben Rdnr. 25) die §§ 106 ff. Das bedeutet, dass Minderjährige zur Verlobung der Einwilligung ihres gesetzlichen Vertreters bedürfen (§ 107[61]). Die Wirksamkeit der Verlobung hängt also von dessen Genehmigung gem. § 108 Abs. 1 ab.

Wegen des höchstpersönlichen Charakters des Eheversprechens i. S. v. § 1297 ist andererseits der *gesetzliche* Vertreter nicht berechtigt, im Namen von Minderjährigen ein Verlöbnis einzugehen[62].

Aus demselben Grund (Höchstpersönlichkeit des Verlöbnisses) finden auch die Regeln über die *rechtsgeschäftliche* Stellvertretung (§§ 164 ff.) keine Anwendung.

Minderjährige können ohne Zustimmung des gesetzlichen Vertreters vom Verlöbnis zurücktreten. Eine Anfechtung i. S. d. §§ 119 ff. wird von der h. M.[63] abgelehnt, da die §§ 1298 ff. als *leges specialis*[64] vorgehen. 28

Dazu ein Fall:

Übungsfall 1	
Die 17-jährige Tanja (T) hat sich ohne Einwilligung[65] ihrer Eltern mit dem aus reichem Elternhaus stammenden volljährigen Viktor (V) verlobt. Viktor (23 Jahre) ist ein Siegertyp. Nachdem er eines Nachts in der Piano-Bar die reife Kleopatra (30 Jahre) kennen- und mehr von ihr -gelernt hat, verlässt er T ohne Angabe von ernsthaften Gründen. Die Eltern der T, was V wusste, hatten bereits für die bevorstehende Hochzeit von T und V einen Saal in einem Gourmet-Restaurant gemietet sowie der T für die geplante zweiwöchige Hochzeitsreise in die Toskana 5.000 € für den Aufenthalt in einem Nobelhotel mit Meeresblick geschenkt. T hatte die Hochzeitsreise bereits gebucht und bezahlt. T verlangt von V (wie in einem TV-Film?) 5.000 € Schadensersatz. Zu Recht?	

■ Welche Anspruchsgrundlage kommt für T gegen V in Betracht?

▷ Wenn Sie, die »Vertragstheorie« im Sinn, an einen Anspruch wegen Pflichtverletzung nach §§ 280 ff.[66] gedacht haben, war das nicht ganz fern liegend, doch das Verlöbnis ist in §§ 1297 ff. geregelt. Es gilt daher die Spezialvorschrift § 1298.

Der erste Satz eines Gutachtens zur Lösung von Übungsfall 1 könnte daher lauten:
»T könnte gegen V einen Anspruch auf Schadensersatz gem. § 1298 Abs. 1 haben«.

■ Versuchen Sie, die Voraussetzungen für diesen Anspruch aus § 1298 selbst herauszulesen! 29

▷ Wenn Sie die *ganze* Vorschrift (nochmals) sorgfältig gelesen haben, könnten Sie *sieben* Voraussetzungen gefunden haben.

Voraussetzungen für den Anspruch aus § 1398 Abs. 1 sind:
(1) Ein *wirksames Verlöbnis* zwischen V und der Minderjährigen T.

61 Vgl. ggf. *mein* BGB AT, Rdnrn. 108 f.
62 Vgl. *Schwab*, Rdnr. 37.
63 Vgl. AnwK-BGB/*Limbach*, § 1297, Rdnr. 7 mit Hinweis auf Staudinger/*Strätz*, Vorbem. zu § 1297, Rdnr. 79.
64 S. o., Rdnr. 4.
65 **= Vorherige Zustimmung (vgl. § 183 S. 1)!**
66 Vgl. dazu ggf. *mein* SchR AT, Rdnrn. 107 ff.

Nach der herrschenden Vertragstheorie ist das Verlöbnis ein Vertrag, für den die Vorschriften des Allgemeinen Teils des BGB gelten.
Die nach § 107 erforderliche Einwilligung der Eltern als gesetzliche Vertreter (vgl. §§ 1626, 1629) lag nicht vor.
Eine Genehmigung[67] i. S. v. § 108 Abs. 1 ist aber darin zu sehen, dass die Eltern durch die Reservierung des Festsaals und das 5.000 €-Geschenk an T dem Verlöbnis (konkludent) nachträglich zugestimmt haben. Somit ist das Verlöbnis wirksam.

(2) Weitere Voraussetzung ist der *Rücktritt* des (anderen) Verlobten. Indem V die T verlassen hat, ist er (konkludent) zurückgetreten.

(3) Es muss ein *Rücktritt ohne wichtigen Grund* vorliegen (arg. aus § 1298 Abs. 3). Als wichtige Gründe kommen z. B. solche in Betracht, die zur Anfechtung wegen Eigenschaftsirrtums (§ 119 Abs. 2) berechtigen würden, etwa das Vorhandensein von schweren Charakterfehlern, unbehebbaren Krankheiten oder Treulosigkeit[68] auf Seiten des Rücktrittsgegners. Somit hatte V keinen wichtigen Grund, auch wenn ihm Kleopatra sehr »wichtig« war. Sein Verhalten wäre vielmehr umgekehrt ein wichtiger Grund für T gewesen, vom Verlöbnis zurückzutreten.

(4) T bzw. ihre Eltern müssen *Aufwendungen* gemacht haben. Hier: Saalmiete sowie Hotel- und Reisekosten.

(5) *Während des Verlöbnisses* müssen die *Aufwendungen* gemacht worden sein. Auch diese Voraussetzung ist erfüllt.

(6) Die *Aufwendungen* wurden in diesem Fall auch in *Erwartung der Ehe* gemacht.

(7) Schließlich waren diese *Aufwendungen den Umständen nach* auch *angemessen* (§ 1298 Abs. 2).

Der Anspruch auf Schadensersatz der T gegen V gem. § 1298 Abs. 1 ist somit begründet.

30 Nach der **Theorie des familienrechtlichen Vertrags [2]** handelt es sich bei dem Verlöbnis um einen *Vertrag sui generis,* auf den die allgemeinen Vorschriften des Vertragsrechts wegen des besonderen personellen Charakters des Verlöbnisses nur sehr vorsichtig analog anzuwenden sind[69]. Die Verfechter dieser Theorie[70] verlangen vor allem *Verlöbnisfähigkeit,* für die die geistige Reife der Verlöbnispartner gefordert wird. Bei Minderjährigen reicht dazu deren Einsichtsfähigkeit[71], ein Begriff der eigentlich zum Deliktsrecht gehört (vgl. § 828 Abs. 3).

31 Nach der **Tatsächlichkeitstheorie [3]** kommt das Verlöbnis weder durch einen allgemeinen, rechtsgeschäftlichen Vertrag oder einen familienrechtlichen Vertrag sui generis zustande, sondern es handelt sich dabei um einen *»rein sozialen Vertrag«*[72], auf den die Vorschriften über Willenserklärungen und Rechtsgeschäfte nicht anwendbar sind[73]. Nach dieser Meinung haben die §§ 1298 ff. deliktischen Charakter.

32 Die **Theorie des gesetzlichen Schuldverhältnisses** (auch: **Vertrauenshaftungstheorie) [4]** sieht in dem Verlöbnis ein *eigenständiges gesetzliches Rechtsverhältnis*, das unabhängig vom Willen der Parteien entsteht. Durch die erkennbare Bereitschaft der Partner zur Eheschließung entsteht ein Vertrauensverhältnis, nicht aufgrund von

67 **= Nachträgliche Zustimmung (vgl. § 184 Abs. 1).**
68 Hk-BGB/*Kemper*, § 1298, Rdnr. 3.
69 Vgl. *Muscheler*, FamR, Rdnr. 226; *Alpmann/Schmidt*, S. 1.
70 Staudinger/*Strätz*, Vorbem. zu §§ 1297 ff., Rdnrn. 30 ff.
71 *Alpmann/Schmidt*, S. 1, unter Hinweis auf Erman/*Heckelmann*, vor § 1297, Rdnr. 6.
72 *Gernhuber/Coester-Waltjen*, § 8, Rdnr. 4.
73 *Schwab*, Rdnr. 35.

Willenserklärungen, sondern durch reine Tathandlungen. Die §§ 1298–1301 erscheinen danach als Sonderfall der vorvertraglichen Vertrauenshaftung (vgl. § 311 Abs. 2, früher *culpa in contrahendo*).[74]

33 Wie so oft ist die Bedeutung des Theorienstreits[75] relativ gering und wirkt sich hier lediglich beim Verlöbnis von beschränkt Geschäftsfähigen aus.

■ *Beispiel:* Wandeln wir Übungsfall 1 insofern etwas ab, als die Eltern von T sich noch nicht zu dem Verlöbnis mit V geäußert haben und T von V andere Aufwendungen »in Erwartung der Ehe« gemacht hat, die sie nun nach dem Rücktritt des V gem. § 1298 Abs. 1 zurückverlangt. Wie ist diese Fallabwandlung nach den vier genannten Theorien zu lösen?

34 ▷ Nach Theorie [1] ist mangels Einwilligung (§ 107) und nicht vorhandener Genehmigung (vgl. § 108 Abs. 1) der Eltern kein wirksames Verlöbnis zustande gekommen. Somit ist auch § 1298 Abs. 1 nicht anwendbar.

35 Nach Theorie [2] sind die allgemeinen rechtsgeschäftlichen Vorschriften (wie z. B. §§ 106 ff.) »vorsichtig« analog anzuwenden. Zum Schutz der Minderjährigen wird man daher von der analogen Anwendung von § 107 und § 108 Abs. 1 absehen und das Zustandekommen des Verlöbnisses als »familienrechtlichen Vertrag sui generis« bejahen, sodass § 1298 Abs. 1 anwendbar ist.

36 Nach Theorie [3] ist das Verlöbnis ebenfalls, nun als »rein sozialer Vertrag«, zustande gekommen, sodass § 1298 Abs. 1 auch hier anzuwenden ist.

37 Nach Theorie [4] ist § 1298 Abs. 1 im Rahmen der vorvertraglichen Vertrauenshaftung anwendbar.

II. Rechtsfolgen

38 Die wichtigste Rechtsfolge eines bestehenden Verlöbnisses ist eigentlich eine »Nicht-Rechtsfolge«: Zwar trifft die Verlobten nach h. M.[76] die Pflicht, die Ehe einzugehen, doch kann aus einem Verlöbnis gem. § 1297 Abs. 1 nicht auf Eingehung der Ehe geklagt werden. Eine Verurteilung zur Eheschließung gibt es also seit Inkrafttreten des BGB am 1.1.1900 nicht mehr[77].

39 In den §§ 888 Abs. 3 und 894 Abs. 2 ZPO (vom 30.1.1887) wird indessen angesprochen, dass die Vollstreckungsvorschriften »im Falle der Verurteilung zur Ehe« nicht anzuwenden sind. Angesichts der zahlreichen Novellierungen, welche die ZPO inzwischen erfahren hat, ist das zumindest erstaunlich. Offenbar geht der Gesetzgeber davon aus, dass ein Gericht Verlobte versehentlich zur Eheschließung verurteilt?[78] Merkwürdig, nicht wahr?

40 Das Versprechen einer Vertragsstrafe (vgl. § 339) für den Fall, dass die Eingehung der Ehe unterbleibt, ist nach § 1297 Abs. 2 nichtig.

Ein *bestehendes Verlöbnis* hat sowohl *privatrechtliche* als auch *öffentlich-rechtliche Folgen*, insbesondere genießen die Verlobten bereits bestimmte Eheprivilegien.

74 Vgl. *Muscheler*, FamR, Rdnr. 226; *Schwab*, Rdnr. 35; zum Begriff der *culpa in contrahendo* vgl. ggf. *mein* SchR AT, Rdnr. 247.

75 Zur Bewertung der Theorien vgl. ggf. *Muscheler*, FamR, Rdnrn. 227 ff.

76 Vgl. *Muscheler*, FamR, Rdnr. 224.

77 Vgl. *Schwab*, Rdnr. 33.

78 Vgl. *Muscheler*, FamR, Rdnr. 224: »Erlässt das Gericht gleichwohl« (obwohl auf Eingehung der Ehe nicht geklagt werden kann…) »ein Ehe-Eingehungsurteil…«.

41 So können sie nach h. M.[79] z. B. schon einen Ehevertrag i. S. v. § 1408 schließen, der allerdings erst dann Rechtswirkungen entfaltet, wenn die Ehe tatsächlich geschlossen wurde. Dass ein Ehevertrag zwischen Verlobten ebenso zulässig ist wie ein Erbvertrag (vgl. § 2275 Abs. 3), folgt aus dem Wortlaut von § 2276 Abs. 2. Auch ein Erbverzichtsvertrag unter Verlobten ist möglich (§ 2347 Abs. 1 S. 1). Diesen Verträgen kommt ebenfalls erst dann rechtliche Bedeutung zu, wenn die Ehe geschlossen wird.[80]

42 Öffentlich-rechtliche Wirkungen ergeben sich aus dem (materiellen) Strafrecht des StGB und aus (formellen) Verfahrensvorschriften. So sind die Verlobten »Angehörige« i. S. v. § 11 Abs. 1 Nr. 1a StGB. Aus dem Verlöbnis kann eine Garantenstellung mit Beistandspflicht folgen, z. B. die Pflicht, den Selbstmord des Partners zu verhindern[81]. Im Zivil- und Strafprozess sowie in FGG-Sachen haben Verlobte ein Zeugnisverweigerungsrecht (§ 383 Abs. 1 Nr. 1 ZPO, § 52 Nr. 1 StPO, § 15 FGG). Außerdem haben sie ein Auskunftsverweigerungsrecht (nach § 384 Nr. 1 und 2 ZPO sowie gem. § 55 StPO), ein Eidesverweigerungsrecht (gem. § 61 StPO) sowie ein Gutachtenverweigerungsrecht (nach § 408 Abs. 1 S. 1 ZPO und § 76 Abs. 1 S. 1 StPO).

43 Auf die Rechtsfolgen bei *Auflösung des Verlöbnisses* wurde bereits (Rdnrn. 28 ff.) bei der Darstellung seiner Rechtsnatur eingegangen, insbesondere auf den Schadensersatzanspruch aus § 1298 bei grundlosem Rücktritt eines Partners.

Für den Rücktritt aus Verschulden des anderen Teils gilt § 1299:

Hätte T in Übungsfall 1 den Rücktritt des V aus »wichtigem Grund«, der nicht vorlag, verschuldet, wäre sie gem. § 1299 nach Maßgabe des § 1298 Abs. 1 und 2 zum Schadensersatz verpflichtet.

44 Der eher Schmunzeln erweckende[82] § 1300 ist »weggefallen«, d. h. er wurde durch das EheschlRG mit Wirkung zum 1.7.1998 aufgehoben. Er gab der »unbescholtenen« Verlobten, die ihrem Verlobten die »Beiwohnung« gestattet hatte, unter den Voraussetzungen der §§ 1298, 1299 auch wegen eines Schadens, der nicht Vermögensschaden ist, das Recht, als Ausgleich für die geminderten Heiratschancen eine billige Entschädigung in Geld zu verlangen. »Der Anspruch ist nicht übertragbar…« (!) bestimmte § 1300 Abs. 2 damals. Wie auch? Schließlich ist er höchstpersönlich. Der »Kranzgeldanspruch«[83], moderner auch »Deflorationsanspruch« genannt, war verfassungswidrig, da er gegen Art. 3 Abs. 2 und 3 verstoßen hatte. (So AG Münster, NJW 1993, 1720 – sehr lesenswert und vom BVerfG[84] bestätigt).

45 Schließlich kann jeder der Verlobten, wenn es nicht zur Eheschließung kommt, von dem anderen gem. § 1301 die Herausgabe der gegenseitigen Verlobungsgeschenke verlangen.

46 Gem. § 1302 verjähren die Ansprüche aus einem aufgelösten Verlöbnis nach zwei Jahren.

Anmerkung: Hier hat der Gesetzgeber m. E. versäumt, die Verjährungsfrist zu verkürzen! Durch die Schuldrechtsreform[85] zum 1.1.2001 wurde die allgemeine »regelmäßige Verjährungsfrist« von Ansprüchen in § 195 von 30 Jahren auf drei Jahre verkürzt. In § 438 wurde die Verjährungsfrist für Ansprüche wegen Mängeln von Kaufsachen (zu Recht) von sechs Monaten auf zwei Jahre (§ 438 Abs. 1 Nr. 3) verlängert. Hätte man die Verjährung nach § 1302 nicht einfach von zwei Jahren auf zwei Monate verkürzen können? Dies hätte der rechtlichen Bedeutung des

79 Vgl. nur Palandt/*Brudermüller*, § 1408, Rdnr. 1.
80 Vgl. *Alpmann/Schmidt*, S. 2.
81 *Muscheler*, FamR, Rdnr. 224.
82 *Däubler*, Kap. 36, Rdnr. 3.
83 Benannt »nach dem Kranz, der früher besonders der Jungfrau als Schmuck zukam« (Duden, Deutsches Universalwörterbuch, »Kranzgeld«).
84 BVerfGE FamRZ 1993, 662.
85 Hinweise zu diesem »Stichwort« in *meinen* BGB AT, SchR AT und SchR BT.

Verlöbnisses, aus dem nach § 1297 Abs. 1 nicht auf Eingehung der Ehe geklagt werden kann, ausreichend Genüge getan.

Eine weitere erbrechtliche Rechtsfolge nach Auflösung des Verlöbnisses ergibt sich aus § 2077 Abs. 2: Danach ist eine letztwillige Verfügung, durch die der Erblasser (das ist der Verstorbene) seinen Verlobten bedacht hat, unwirksam, wenn das Verlöbnis vor dem Tod des Erblassers aufgelöst ist. 47

»Erben« kommt immer »am Ende«. Auch das Kapitel über das Verlöbnis ist hiermit am Ende.

Übersicht 3 48

Verlöbnis (V)

Gesetzliche Regelung: §§ (1297–1302)

Begriff und Rechtsnatur

- Das V. ist ein *Vertrag*, durch den Mann und Frau sich versprechen, die Ehe miteinander einzugehen (**Vertragstheorie** = h. M.). → Anwendung allgemeiner Vorschriften, die für alle Verträge gelten; insbesondere: §§ 106–113, 116 ff., 119 ff., 134, 138, 145 ff. Wenn Vertrag unwirksam ist, gelten §§ 1297 ff. nicht.
- **Theorie des familienrechtlichen Vertrags:** V. ist ein *Vertrag sui generis.* → Vorsichtige analoge Anwendung allgemeiner Vertragsvorschriften. §§ 1297 ff. gelten »grundsätzlich«.
- **Tatsächlichkeitstheorie:** V. ist ein *rein sozialer Vertrag.* → Keine Anwendung der allgemeinen Vertragsvorschriften. §§ 1297 ff. gelten.
- **Theorie des gesetzlichen Schuldverhältnisses** (*Vertrauenshaftungstheorie*): V. ist ein *eigenständiges gesetzliches Rechtsverhältnis.* → Keine Anwendung der allgemeinen Vertragsvorschriften. §§ 1297 ff. gelten als Sonderfall der vorvertraglichen Vertrauenshaftung (*culpa in contrahendo:* § 311 Abs. 2).

Rechtsfolgen

- Bei *bestehendem* V.:
  - Ehe ist nach § 1297 Abs. 1 nicht einklagbar.
  - Keine Vertragsstrafe (§ 339) zulässig (§ 1297 Abs. 2).
  - *Privatrechtliche Folgen:* Verlobte können schon Ehevertrag nach § 1408 schließen, ebenso Erbvertrag (§§ 2275 Abs. 3, 2276 Abs. 2), Erbverzichtsvertrag (2347 Abs. 1 S. 1) → Alle Verträge sind nur wirksam, wenn Ehe geschlossen wird!
  - *Öffentlich-rechtliche Folgen:* §§ 11 Abs. 1 Nr. 1a StGB; 383 Abs. 1 Nr. 1, 384 Nr. 1 und 2, 408 Abs. S. 1 ZPO; 52 Nr. 1, 55, 61 und 76 Abs.1 S. 1 StPO; 15 FGG.
- Bei *Auflösung* von V.:
  - Schadensersatz nach § 1298 bei grundlosem Rücktritt des Partners.
  - Bei Verschulden des Rücktritts des anderen Partners: § 1299.
  - § 1301: Rückgabe der gegenseitigen Verlobungsgeschenke.
- Verjährung aller Ansprüche aus V. zwei Jahre nach Auflösung: § 1302.

Übersicht 4

Prüfungsschema für Anspruch aus § 1298	
Voraussetzungen	
(1) *Wirksames Verlöbnis* (2) *Rücktritt* eines der Verlobten	§ 1298 Abs. 1 S. 1
(3) Rücktritt *ohne wichtigen Grund* (arg. aus § 1298 Abs. 3)	
(4) *Aufwendungen* (des Rücktrittsgegners) (5) Aufwendungen *während* des Verlöbnisses (6) Aufwendungen *in Erwartung der Ehe*	§ 1298 Abs. 1 S. 2
(7) Den Umständen nach *angemessene* Aufwendungen: § 1298 Abs. 2	
Rechtsfolgen	
• *Schadensersatzpflicht* des Zurückgetretenen → Ersatz aller Aufwendungen oder eingegangenen Verbindlichkeiten (§ 1298 Abs. 1 S. 1) sowie des Schadens, den der Rücktrittsgegner in Erwartung der Ehe durch sonstige sein Vermögen oder seine Erwerbsstellung berührende Maßnahmen getroffen hat (§ 1298 Abs. 1 S. 2).	

Literatur zur Vertiefung (Rdnrn. 24–49):

Alpmann/Schmidt, 1. Teil, 1. Abschn.; *Gernhuber/Coester-Waltjen,* § 8; *Lüderitz/Dethloff,* § 2; *Muscheler,* FamR, § 9; *Schwab,* §§ 8–11; *Röthel,* Rückgewähr von Zuwendungen durch Verlobte, Ehegatten, Lebenspartner, JURA 2006, 641.

3. Kapitel: Eheschließungsrecht

Vorbemerkung

Für die »Eingehung der Ehe«[86] gelten seit Inkrafttreten des »Gesetzes zur Neuordnung des Eheschließungsrechts« (EheschlRG) am 1.7.1998 die §§ 1303–1312, die sowohl die materiellen Voraussetzungen als auch die Form der Eheschließung regeln. 50

Ursprünglich (seit 1.1.1900) war das Eherecht im BGB in den §§ 1303–1352 und 1564–1587 geregelt, die durch das vom nationalsozialistischem Gedankengut geprägte Ehegesetz vom 6.7.1938[87] aus dem BGB herausgelöst wurden. Das Ehegesetz wurde, wie bereits oben (Rdnr. 1) erwähnt, durch das Kontrollratsgesetz vom 20.2.1946 ersetzt. Durch das 1. EheRG vom 14.6.1976 (vgl. Rdnr. 1) wurden zunächst das Scheidungs- und Scheidungsfolgenrecht wieder in das BGB integriert. Mit der Reform des Eheschließungsrechts 1998 durch das EheschlRG vom 4.5.1998[88] wurde zum 1.7.1998 auch das Eheschließungsrecht und das Recht der Eheaufhebung erneut in das BGB aufgenommen und das EheG von 1946 ganz aufgehoben.

I. Materielle Voraussetzungen der Eheschließung

1. Zwei Personen verschiedenen Geschlechts

Gleichgeschlechtliche Partner können keine *Ehe* eingehen. Dies erschien dem Gesetzgeber offenbar so selbstverständlich, dass es im BGB nicht ausdrücklich geregelt ist. Zwei Personen gleichen Geschlechts können aber gem. § 1 Abs. 1 LPartG eine *Lebenspartnerschaft* begründen, mit der wir uns unten (Rdnrn. 452 ff.) befassen. 51

Bestrebungen, auch *Ehen* zwischen gleichgeschlechtlichen Partnern zuzulassen, sind mit dem geltenden Verfassungsrecht (noch) unvereinbar.[89]

Was *der Begriff »Ehe«* eigentlich bedeutet, und dass sie nur zwischen »Mann und Frau« möglich ist, wird aus den Formulierungen im Familienrecht des BGB nicht ersichtlich, da dort immer von den »Ehegatten« die Rede ist. In § 1353 Abs. 1 S. 1 wird zwar »bestimmt«, dass die *Ehe* auf Lebenszeit geschlossen wird. Da die *Ehe* indessen nicht nur durch den Tod eines Ehepartners, sondern auch durch ein Scheidungsurteil (vgl. § 1564) aufgelöst werden kann, ist § 1353 Abs. 1 S. 1 nicht »zwingend«. Eine Definition der *»Ehe«* oder eine Aussage über ihren Sinn und Zweck sucht man im BGB vergeblich. Hier war das Familiengesetzbuch (FGB) der DDR aufschlussreicher[90]: Nach § 5 Abs. 1 FGB begründeten *»Mann und Frau* eine für das Leben geschlossene Gemeinschaft, die auf gegenseitiger Liebe, Achtung und Treue, auf Verständnis und uneigennütziger Hilfe füreinander beruht.« Und nach § 5 Abs. 2 FGB sollte »aus der Ehe … eine Familie erwachsen, die ihre Erfüllung im gemeinsamen Zusammenleben, in der Erziehung der Kinder und in der gemeinsamen Entwicklung der Eltern und Kinder … findet …«. Dagegen scheint § 1353 Abs. 1 S. 2 (lesen!) sehr abstrakt und inhaltsarm. Das hat aber auch sein Gutes; denn in dem Fehlen einer detaillierten Beschreibung der Ehe und ihres Sinns und 52

86 Vgl. Überschrift von Titel 2 in Abschnitt 1 von Buch 4 des BGB.
87 RGBl. I, S. 807.
88 BGBl. I, S. 833.
89 Vgl. *Schlüter*, Rdnr. 11.
90 Vgl. *Schlüter*, Rdnr. 11

Zwecks (den nur die Ehepartner, nicht aber der Gesetzgeber, bestimmen können!) »kommt zum Ausdruck, dass der Staat des Bonner Grundgesetzes religiös und weltanschaulich neutral ist«[91].

2. Ehefähigkeit

53 ■ Erinnern Sie sich an den Allgemeinen Teil des BGB sowie das Recht der Willenserklärung und überlegen Sie, was wohl die Mindestvoraussetzung dafür ist, dass jemand eine Ehe eingehen kann? Eine Hilfe gibt mittelbar die Lektüre von § 1310 Abs. 1 S. 1 (lesen!).

▷ Die in § 1310 Abs. 1 S. 1 verlangte Erklärung, die Ehe miteinander eingehen zu wollen, ist eine Willenserklärung. Gem. § 105 Abs. 1 BGB ist die Willenserklärung eines Geschäftsunfähigen nichtig. Also ist die Mindestvoraussetzung für die Eingehung einer Ehe die beschränkte Geschäftsfähigkeit der Eheschließenden.

54 Konsequenterweise bestimmt § 1304 daher, dass *Geschäftsunfähige keine Ehe* eingehen können. Nach § 1303 Abs. 1 *»soll«*[92] eine Ehe nicht vor Eintritt der Volljährigkeit (= Vollendung des 18. Lebensjahres, § 2) eingegangen werden. Diese Regelung (»soll«) ist also nicht zwingend, sondern dispositiv[93].

■ Was bedeutet es grundsätzlich, wenn ein Geschäftsunfähiger zwingend keine Ehe eingehen *darf*, die oder der Eheschließende aber nicht volljährig sein *muss*?

▷ Grundsätzlich können beschränkt Geschäftsfähige i. S. v. § 106 eine Ehe schließen!?

Stimmt! Aber eben nur »grundsätzlich«, d. h., wenn keine Sonderregelung eingreift (*lex specialis* ... vgl. oben, Rdnr. 4). »Beschränkt geschäftsfähig« i. S. v. § 106 ist man »von 7–17«, aber wohl kaum »ehefähig«?

55 Lesen Sie daher § 1303 ganz durch! Zur Ehefähigkeit gehört danach vor allem die *Ehemündigkeit*, die gem. § 1303 Abs. 1 grundsätzlich die Volljährigkeit beider Eheschließender voraussetzt.

Wie Sie eben gelesen haben, kann das Familiengericht gem. § 1303 Abs. 2 auf Antrag vom Erfordernis der Volljährigkeit Befreiung erteilen, wenn der Antragsteller das 16. Lebensjahr vollendet hat und sein künftiger Ehegatte volljährig ist.

Maßstab für die Entscheidung des Familiengerichts ist dabei ausschließlich das Wohl des Antragstellers, also weder das öffentliche Interesse noch das Interesse der Eltern oder des potenziellen Eheschließungspartners[94]. Steht die Eheschließung dem Wohl des Antragstellers nicht entgegen, muss das Familiengericht die Befreiung[95] erteilen. Auf das *Verfahren der Ehemündigkeitserklärung* gehe ich in diesem Einführungswerk nicht näher ein, sondern verweise auf die »Literatur zur Vertiefung«[96].

56 Gem. § 1303 Abs. 3 kann der gesetzliche Vertreter des Antragstellers, im Regelfall die Eltern (vgl. §§ 1626 Abs. 1, 1629 Abs. 1 S. 1 und S. 2 – lesen!), der Entscheidung des

91 Ebenda.
92 Vgl. zu »Kann-, Soll- und Mussbestimmungen« *mein* BGB AT, Rdnr. 156.
93 Zu »zwingendem und dispositivem Recht« vgl. *mein* BGB AT, Rdnrn. 283–285.
94 *Muscheler*, FamR, Rdnr. 240; vgl. auch *Schlüter*, Rdnr. 14; *Gernhuber/Coester-Waltjen*, § 9 Rdnr. 16.
95 *Muscheler*, FamR, Rdnr. 240.
96 Vgl. z. B. *Gernhuber/Coester-Waltjen*, § 9 Rdnrn. 12 ff.

Familiengerichts auf Befreiung von § 1303 Abs. 1 widersprechen, wenn er (= der gesetzliche Vertreter) triftige Gründe hat.

Triftige Gründe können sich aus der Person des Antragstellers ergeben (z. B. Drogensucht, Vorstrafen, Altersunterschied) oder auch aus dem Familieninteresse.[97]

■ Was für ein »Familieninteresse« könnte das sein? (Überlegen Sie, bevor Sie weiterlesen!)

▷ Wenn Sie sich vorstellen, dass die Eltern des Antragstellers sowie dessen volljähriger potenzieller Partner (und seine Familie) nicht besonders wohlhabend sind, wird das Familieninteresse vor allem dadurch beeinträchtigt, dass die Eheleute nicht in der Lage sein werden, für sich selbst zu sorgen. Dem Familieninteresse kann auch entgegenstehen, dass sich der minderjährige Ehepartner in vollständige Abhängigkeit zu dem anderen begeben könnte.[98]

Nach § 1303 Abs. 4 bedarf der Antragsteller zur Eingehung der Ehe nicht mehr der 57
Einwilligung des gesetzlichen Vertreters, wenn die Befreiung nach § 1303 Abs. 2 durch das Familiengericht erteilt wird. Somit bedeutet die Regelung des § 1303 Abs. 4, dass es keinen Fall gibt, in dem der gesetzliche Vertreter (oder ein anderer Personensorgeberechtigter) der Eheschließung positiv zustimmen müsste. Vielmehr erschwert sein Widerspruch nur die Befreiung[99].

Auf § 1303 sind wir gekommen, nachdem wir oben (unter Rdnr. 53) festgestellt 58
hatten, dass die Mindestvoraussetzung für die Ehemündigkeit »beschränkte Geschäftsfähigkeit« sein muss, da ein Geschäfts*un*fähiger nach § 1304 eine Ehe nicht eingehen *kann*.

■ Wer aber ist geschäftsunfähig? Das steht ja nicht in § 105, dessen Abs. 1 in Rdnr. 53 kurz erwähnt wurde. Lesen Sie daher § 104 einmal ganz durch, der die auf die Frage beantwortet und verkürzen Sie diese Antwort.[100]

▷ Geschäftsunfähig sind Kinder unter sieben Jahren (§ 104 Nr. 1) und *dauernd* Geistesgestörte bzw. –kranke (§ 104 Nr. 2).

Ihre Willenserklärungen (wie z. B. die Erklärung i. S. v. § 1310 Abs. 1 S. 1) sind nich- 59
tig (§ 105 Abs. 1). § 1304 erscheint insofern überflüssig? Überflüssig ist er nicht, zumindest aber missverständlich[101]; denn es ist eine *»Kann«*-Vorschrift. Es heißt dort nicht: »*darf* eine Ehe nicht eingehen«[102]! Aus § 1303 Abs. 1 und 2 ergibt sich indessen, dass § 1304 für Geschäftsunfähige nach § 104 *Nr. 1* nicht von Bedeutung ist.

■ Warum nicht? Lesen Sie § 1303 Abs. 1 und § 104 Nr. 1 nochmals!

▷ Wenn § 1303 Abs. 1 »Volljährige« (§ 2) anspricht und § 1303 Abs. 2 Ausnahmen von der Sollvorschrift des Abs. 1 nur 16jährigen Antragstellern gestattet, *dürfen* Kinder unter sieben (bzw. 16 Jahren) nicht heiraten.

Somit ist ein Fall i. S. v. § 1304 nur denkbar, wenn es sich um einen Geschäftsunfähi- 60
gen gem. § 104 *Nr. 2* handelt.[103]

97 Hk-BGB/*Kemper*, § 1303 Rdnr. 3.
98 Ebenda.
99 Hk-BGB/*Kemper*, § 1303 Rdnr. 3.
100 Zur Auffrischung Ihrer Kenntnisse über »Geschäftsfähigkeit« vgl. *mein* BGB AT, Rdnrn. 105–117.
101 Vgl. *Muscheler*, FamR, Rdnr. 238; *Schwab*, Rdnr. 63.
102 S. oben Rdnr. 54 mit Hinweis in Fn. 92.
103 Vgl. Hk-BGB/*Kemper*, § 1304 Rdnr. 1.

Ein volljähriger Erwachsener, sei er nun *dauernd* geisteskrank i. S. v. § 104 Abs. 2 (ob definitiv erwiesen oder »unerkannt«[104]) *kann* tatsächlich eine Ehe eingehen, obwohl er es eigentlich rechtlich gem. § 1304 nicht »kann«. Somit ist § 1304 nicht nur missverständlich, sondern er »täuscht«[105] eine anfängliche Nichtigkeit der von einem Geschäftsunfähigen geschlossenen Ehe vor. In Wirklichkeit ist aber eine Ehe eingegangen, die nicht (von Anfang an = *ex tunc*) nichtig, sondern nur *aufhebbar* mit der üblichen *ex-nunc-Wirkung*[106] nach §§ 1313 ff. (Vorschriften jetzt noch nicht lesen!) ist.

Dazu ein *Beispiel*[107]:

61 Der *unerkannt* Geisteskranke M heiratet die F. Sofern die Krankheit des M so schwer ist, dass seine freie Willensbestimmung ausgeschlossen ist (§ 104 Nr. 2), erfüllt M nicht die Voraussetzungen, unter denen eine Person heiraten kann (§ 1304). Dennoch ist die Eheschließung wirksam. Die Ehe kann allerdings gem. § 1314 Abs. 1 aufgehoben werden, sei es auf Antrag von F, sei es auf Antrag des gesetzlichen Vertreters von M (§ 1316 Abs. 2 S. 1) oder auf Antrag der Verwaltungsbehörde (§ 1316 Abs. 1 Nr. 1 bzw. Abs. 3).

Lesen Sie die im Beispiel zitierten Vorschriften zur ersten Information. Wir kommen später (Rdnrn. 90–93) darauf zurück.

3. Kein Verstoß gegen Eheverbote

62 Gem. Art. 6 Abs. 1 GG stehen Ehe und Familie unter dem besonderen Schutz der staatlichen Ordnung. Daraus folgt eine grundsätzliche Garantie der Freiheit der Eheschließung, sodass der Gesetzgeber bei der Festlegung von Eheverboten nur einen geringen Spielraum hatte[108]. Das BGB regelt daher in den §§ 1306–1308 nur wenige Eheverbote, wobei *trennende* und *aufschiebende Eheverbote* zu unterscheiden sind.

Während die Nichtbeachtung trennender Eheverbote (auch: Ehehindernisse) die Unwirksamkeit der Ehe durch ihre Aufhebung (§§ 1313 ff. – dazu sogleich) zur Folge hat, lassen aufschiebende Ehehindernisse den Bestand der Ehe zunächst unberührt.

a) Trennende Eheverbote

aa) Doppelehe (Bigamie)

63 Gem. § 1306 darf eine Ehe nicht geschlossen werden, wenn zwischen einer der Personen, die eine Ehe miteinander eingehen wollen, und einer dritten Person eine Ehe oder Lebenspartnerschaft besteht. Ein Verstoß gegen § 1306 macht die Ehe *nicht* nichtig (vgl. »Nichtehe«), sondern stellt einen *Aufhebungsgrund* nach § 1314 Abs. 1 dar. Gem. § 1313 S. 1 hat dem Aufhebungsurteil ein Antrag auf Aufhebung vorauszugehen.

104 Der »unerkannt Geisteskranke« geistert durch viele Lehrbücher (bisweilen auch durch *meine*, z. B. »Anleitung«, Fall 13), um juristische Probleme zu »klären«…, hier: vgl. nur *Schwab*, Beispiel Rdnr. 63.

105 So *Muscheler* und *Schwab*, oben Fn. 101.

106 *Muscheler*, FamR, Rdnr. 238.

107 Nach *Schwab*, Rdnr. 63.

108 Vgl. *Schlüter*, Rdnr. 17.

Antragsberechtigt ist jeder Ehegatte, die zuständige Verwaltungsbehörde[109] oder (im Fall des § 1306) der Partner der Erst-Ehe (bzw. -lebenspartnerschaft).

Auf das Aufhebungsverfahren kommen wir unten (Rdnrn. 112 ff.) zurück

bb) Verwandtschaft

Nach § 1307 S. 1 darf die Ehe nicht zwischen Verwandten in gerader Linie (vgl. § 1589 S. 1 – lesen!) sowie zwischen vollbürtigen und halbbürtigen Geschwistern geschlossen werden. **64**

Intermezzo (»Exkurs«): **65**
Zur Verwandtschaft (Rdnrn. 322 ff.) jetzt nur eine kurze »Aufklärung«, die notwendig erscheint, da dieser Begriff bisweilen missverstanden wird.

■ Was verstehen Sie unter Verwandtschaft? Stellen Sie sich vor, Sie sind schon verheiratet (vielleicht sind Sie es ja) und haben viele Verwandte. Zählen Sie diese nun nicht auf, sondern versuchen Sie als bereits juristisch geschulte/r Leser/in, eine möglichst abstrakte und kurze Definition des Begriffs »Verwandtschaft« zu formulieren (erst nachdenken, dann weiterlesen!)

▷ Das ist (war?) nicht einfach? Eine kurze und bündige Definition finden Sie z. B. bei *Creifelds*[110]: Verwandtschaft im eigentliche Sinn ist die auf *blutsmäßiger* Abstammung beruhende Verbindung mehrerer Personen (also z. B. *nicht Ehegatten*). Letzteres in Klammern kursiv hervorzuheben, scheint mir besonders wichtig, da ich vom »Volksmund« (zu dem auch juristische Studienanfänger gehören können) oft hören musste, dass »Verheiratete« miteinander verwandt seien.

§ 1589 S. 1 haben Sie soeben gelesen und sind mit dem Juristendeutsch des BGB mittlerweile so vertraut, dass Sie diesen Satz verstanden haben. »Personen, deren eine von der anderen abstammt«, zu Deutsch »Personen, die voneinander abstammen«, sind z. B. Großvater, Vater und Sohn, die in *gerader Linie* verwandt sind (auf die Ehelichkeit kommt es nicht an!). Personen, die gem. § 1589 S. 2 (lesen) in der *Seitenlinie* verwandt sind, sind Geschwister, auch Vettern und Kusinen, allerdings verschiedenen Grades (vgl. § 1589 S. 3!). »Vollbürtig« sind Geschwister derselben Eltern aus derselben Ehe. »Halbbürtig« sind Geschwister, die einer der Elternteile aus einer früheren Ehe in die neue Ehe und Familie mit hineingebracht hat.

Gem. § 1307 S. 2 darf eine Ehe nach S. 1 auch nicht geschlossen werden, wenn das Verwandtschaftsverhältnis durch »Annahme als Kind« (Adoption) erloschen ist. **66**

Spätestens jetzt mag es Ihnen genauso gehen wir mir? Wir lesen im Familienrecht von Anfang an immer wieder Begriffe (»Verwandtschaft«, »Annahme als Kind«), die zuvor noch nicht erläutert wurden. Das Familienrecht (Buch 4) des BGB lässt – anders als Buch 2 »Recht der Schuldverhältnisse«[111] – einen eigenen »Allgemeinen Teil« vermissen, sondern verwendet, wie hier in § 1307 S. 2, »vorne« Begriffe, die erst »hinten« näher behandelt werden. **67**

»Hinten« (im BGB) finden Sie »Titel 7. Annahme als Kind« (§§ 1741–1772). Diese Vorschriften brauchen Sie jetzt noch nicht alle lesen. Die »Annahme als Kind«, auch Adoption genannt, führt nach § 1755 Abs. 1 S. 1 (lesen) dazu, dass das Verwandtschaftsverhältnis zu den bisherigen Verwandten *erlischt*. Das Eheverbot nach § 1307 S. 1 bleibt gem. § 1307 S. 2 trotzdem bestehen[112]. **68**

109 In den meisten Bundesländern ist das die Bezirksregierung, vgl. MüKo/*Müller-Gindullis*, § 1316, Rdnr. 6.
110 »Verwandtschaft«.
111 Zum Aufbau des BGB und seiner Systematik vgl., ggf. zur Wiederholung, *mein* BGB AT, Rdnrn. 57–61.
112 *Schlüter*, Rdnr. 19.

b) Aufschiebendes Eheverbot: Adoption

69 Gem. § 1308 Abs. 1 S. 1 soll eine Ehe nicht geschlossen werden zwischen Personen, deren Verwandtschaft i. S. v. § 1307 durch Adoption *begründet* worden ist. Diese Regelung war nötig, da § 1307 nicht den Fall erfasst, dass die Verwandtschaft durch Adoption *entstanden* ist.

Um dies besser zu verstehen, müsste man eigentlich das Adoptionsrecht schon kennen. *Schlüter* erklärt den Zusammenhang verständlich so[113]:

»Nach dem Adoptionsrecht hat die Annahme als Kind zur Folge, dass das angenommene minderjährige Kind die rechtliche Stellung eines gemeinschaftlichen Kindes oder des einzelnen Annehmenden erhält« (§ 1754 Abs. 1). »Gleichzeitig erlischt das Verwandtschaftsverhältnis des Kindes zu seinen bisherigen Verwandten« (§ 1755 Abs. 1 S. 1). »Dieser Ausdehnung der Verwandtschaftsverhältnisse durch eine Adoption trägt § 1308« (Abs. 1) »Rechnung: Zwischen Personen, deren Verwandtschaft i. S. v. § 1307 durch Annahme als Kind begründet worden ist, soll eine Ehe nicht geschlossen werden.«

70 Bei § 1308 Abs. 1 S. 1 handelt es sich um ein nur *aufschiebendes Eheverbot*. Das bedeutet, dass der Standesbeamte (der nach § 1310 für die Eheschließung zuständig ist – dazu sogleich ...) es beachten muss. Tut er das nicht und ist dieses Verbot verletzt, stellt dies keinen Aufhebungsgrund i. S. v. § 1314 Abs. 1 S. 1 dar, da § 1308 dort nicht erwähnt wird[114]. Die Ehe ist dann also wirksam[115].

71 Was soll dann eigentlich dieses »Eheverbot« in der »Soll-Vorschrift« des § 1308 Abs. 1 S. 1 (lesen!)? Stellen wir uns vor, ein 45jähriger Mann, ein »Single«, lernt eine 20jährige, ledige, kinderlose (mit ihm nicht verwandte) Frau kennen. Er *könnte* sie, wenn beide einig wären, ohne jegliche Ehehindernisse sofort heiraten. Da sie 25 Jahre jünger ist, ist sie ihm wie eine Tochter ans Herz gewachsen. Er adoptiert sie nach §§ 1767 ff. (Annahme/Adoption Volljähriger). Obwohl er nach § 1308 Abs. 1 S. 1 nicht »soll«, heiratet er sie. Der Standesbeamte soll das Eheverbot beachten, tut das aber nicht! Die Ehe ist wirksam unter einem »aufschiebenden Eheverbot«. Ist ja auch gut so! Unsere Ehe wäre ja ohne Adoption ohnehin wirksam gewesen. § 1308 erscheint überflüssig, zumindest, wenn man Volljährige adoptiert? Eine Antwort finden Sie bei keinem der unter Fußnote 115 zitierten Autoren. Das scheint ein wissenschaftliches Problem zu bleiben.

72 Dass das »Eheverbot« des § 1308 Abs. 1 eigentlich überflüssig ist, erhellt § 1308 Abs. 2: Das Familiengericht kann auf Antrag davon *Befreiung* erteilen, wenn zwischen dem Antragsteller und seinem zukünftigen Ehegatten durch die Annahme als Kind eine Verwandtschaft in der Seitenlinie begründet worden ist.

Beispiel:[116] S wird als Minderjähriger von den Eheleuten F und M adoptiert. Diese haben schon eine Tochter T. S und T werden durch die Adoption Geschwister (vgl. § 1754 Abs. 1 – lesen), also Verwandte in der Seitenlinie i. S. v. § 1308 Abs. 2 S. 1, die nach § 1308 Abs. 1 S. 1 keine Ehe schließen *sollen*.

Die Befreiung, die sowohl von S als auch T beantragt werden kann, soll nach § 1308 Abs. 2 S. 2 versagt werden, wenn wichtige Gründe der Eingehung der Ehe entgegenstehen.

73 So steht es im Gesetz und in allen bisher zitierten größeren und großen Lehrbüchern. Was ein wichtiger Grund für die Versagung der Befreiung ist, steht dort nicht. Also schauen wir in eini-

113 *Schlüter*, Rdnr. 20.

114 *Muscheler*, FamR, Rdnr. 251; vgl. *Schlüter*, Rdnr. 20.

115 Vgl. *Schwab*, Rdnr. 87; *Muscheler*, FamR, Rdnr. 251; *Schlüter*, Rdnr. 20; *Gernhuber/Coester-Waltjen*, § 11, Rdnrn. 24 ff.

116 Nach *Muscheler*, FamR, Rdnr. 252.

gen Kommentaren[117] nach, um Beispiele zu finden. In keinem der zitierten Kommentare findet man ein konkretes Beispiel für einen *wichtigen Grund*. Man erfährt lediglich, dass es sich dabei um einen »unbestimmten Rechtsbegriff«[118] handelt. Eine ungünstige Eheprognose rechtfertigt die Versagung nicht[119]. In Betracht kommen nur Versagungsgründe, die mit dem Sinn und Zweck des Eheverbots im Zusammenhang stehen, also im Bereich der Sittenordnung liegen und ihm im Einzelfall ein besonderes Gewicht verleihen, so MüKo/*Müller-Gindullis*[120], der dann ein klein wenig konkreter wird: Zu denken ist insbesondere an eine bisherige familienmäßige Zusammengehörigkeit der Verlobten, an ein gelebtes Geschwisterverhältnis. Keine Rolle spielen, weil außerhalb des Eheverbots liegend, persönliche Eigenschaften oder eine ungünstige Eheprognose. Stets ist die gesamte familiäre Situation aufzuklären[121].

Nun wissen wir, was ein *wichtiger Grund* i. S. v. § 1308 Abs. 2 S. 2 ist.

Aus diesen Ausführungen zu den Eheverboten haben wir gelernt, dass das »Ehehindernisrecht« heute keine bedeutende Rolle mehr spielt[122]. Die herkömmliche Unterscheidung zwischen trennenden und aufschiebenden Eheverboten ist insofern korrekturbedürftig. Man unterscheidet daher besser[123] zwischen **74**

- Eheverboten, deren Nichtbeachtung zur Aufhebbarkeit der Ehe führt und
- Eheverboten, deren Nichtbeachtung den Bestand der Ehe völlig unberührt lässt.

Zur Aufhebbarkeit der Ehe führen nur die Verstöße gegen § 1306 (»Doppelehe«) und § 1307 (Verwandtschaft).

Eine weitere materielle Voraussetzung für die Eingehung der Ehe ist das

4. Fehlen von Willensmängeln

Wie jede Willenserklärung kann auch die Erklärung, die Ehe eingehen zu wollen, von einem Willensmangel betroffen sein. Während ein Willensmangel nach allgemeinem bürgerlichem Recht einen Anfechtungsgrund bilden kann, hat ein Willensmangel im Eherecht regelmäßig einen *Aufhebungsgrund* zur Folge. Obwohl auch die Eheschließung ein Rechtsgeschäft ist, das wie jeder Vertrag nur durch zwei sich deckende Willenserklärungen zustande kommt, gelten die Vorschriften des Allgemeinen Teils des BGB über die »Willenserklärung« (vgl. Buch 1, Abschnitt 3, Titel 2 = §§ 116–118 und insbesondere die §§ 119–124) im Familienrecht nicht, da sie von den Spezialvorschriften der §§ 1313–1318 (insbesondere §§ 1313, 1314 Abs. 2 und 3, 1315) verdrängt werden. Wenn wir die Anfechtungsgründe des Allgemeinen Teils mit den Aufhebungsgründen des Eherechts vergleichen, können wir wesentliche Unterschiede feststellen. **75**

Bevor wir dies tun, sollten wir uns die Anfechtungsgründe des Allgemeinen Teils nochmals in Erinnerung rufen: **76**

■ Welche Anfechtungsgründe sind das? Notieren Sie sich die (sechs) Anfechtungsgründe des BGB AT auf einem Blatt (Begriff und Paragraf!), bevor Sie weiter lesen!

117 Vgl. Literaturverzeichnis (z. B. Jauernig, Schulze u.a., Palandt, Münchener Komm. Bd. 7, Kaiser/Schnitzler u.a.)
118 Palandt/*Brudermüller*, § 1308, Rdnr. 3. – Ein *»unbestimmter Rechtsbegriff«* ist ein Begriff, dessen Inhalt und genaue Definition nicht feststehen … und der daher einer Auslegung bedarf (vgl. *Alpmann Brockhaus*).
119 Palandt/*Brudermüller*, § 1308, Rdnr. 3.
120 § 1308, Rdnr. 5.
121 MüKo/*Müller-Gindullis*, § 1308, Rdnr. 5.
122 *Schwab*, Rdnr. 78.
123 *Schwab*, Rdnr. 79.

▷ Haben Sie das wirklich getan? Damit Ihnen die Antworten, vor allem die Paragrafenzahlen nicht sofort ins Auge springen, lenke ich Sie hiermit optisch etwas ab, indem ich zunächst nur die Begriffe nenne und die Paragrafen erst in den Fußnoten angebe: Im BGB AT gibt es die Anfechtbarkeit wegen Irrtums, und zwar wegen Erklärungsirrtums (§ = Fn.[124]), Inhaltsirrtums (Fn.[125]) und Eigenschaftsirrtums (Fn.[126]), die Anfechtbarkeit wegen falscher Übermittlung (Fn.[127]) sowie wegen arglistiger Täuschung (Fn.[128]) oder widerrechtlicher Drohung (Fn.[129]).[130]

77 Die Willensmängel, die Anfechtungsgründe des BGB AT abgeben, sind im Eherecht grundsätzlich irrelevant[131]. Die im Eherecht relevanten Willensmängel führen ausnahmslos zur Aufhebbarkeit der Ehe und sind in § 1314 Abs. 2 abschließend aufgezählt[132].

Die (fünf) *Aufhebungsgründe* nach § 1314 Abs. 2 sind:

78 – *Bewusstlosigkeit oder vorübergehende Störung der Geistestätigkeit eines Partners bei Eheschließung (§ 1314 Abs. 2 Nr. 1):*
Dabei geht es um einen die freie Willensbestimmung ausschließenden Zustand eines der Partner, und zwar in Bezug auf die Eingehung der Ehe. Die Begriffe, die § 1314 Abs. 2 Nr. 1 verwendet, sind dieselben wie in § 105 Abs. 2. Bewusstlosigkeit ist schon bei hochgradiger Bewusstseinsstörung anzunehmen[133] (z. B. durch Drogen- oder übermäßigen Alkoholkonsum). Der Willensmangel kann jedoch durch *Bestätigung* gem. § 1315 Abs. 1 Nr. 3 (lesen) geheilt werden, wenn der betroffene Ehegatte nach Wegfall der Bewusstlosigkeit oder der Störung der Geistestätigkeit zu erkennen gegeben hat, dass er die Ehe fortsetzen will[134].

79 – *Unkenntnis auf Seiten eines Partners, dass es sich um eine Eheschließung handelt (§ 1314 Abs. 2 Nr. 2):*
Gründe für diese Unkenntnis können auf einem Tatsachen- oder Rechts*irrtum* beruhen (etwa wenn der oder die sich Irrende die standesamtliche Trauung nur für eine besonders feierliche Form des Verlöbnisses hält[135]), oder auf mangelnden Sprachkenntnissen usw.[136]. Insofern entspricht ein solcher Irrtum durchaus einem Inhaltsirrtum[137] i. S. v. § 119 Abs. 1, 1. Var. in Form eines »Geschäftsirrtums«[138]

80 – *Arglistige Täuschung über Umstände, die den Getäuschten bei Kenntnis der Sachlage und bei richtiger Würdigung des Wesens der Ehe von der Eingehung der Ehe abgehalten hätten (§ 1314 Abs. 2 Nr. 3):*
Diese Art der arglistigen Täuschung entspricht derselben Täuschung, die nach § 123 zur Anfechtung berechtigt, aber nicht uneingeschränkt, da § 1314 Abs. 2

124 § 119 Abs. 1, 1. Var.
125 § 119 Abs. 1, 2. Var.
126 § 119 Abs. 2.
127 § 120.
128 § 123 Abs. 1, 1. Var.
129 § 123 Abs. 1, 2. Var.
130 Falls Sie das nicht (mehr) gewusst haben, vgl. *mein* BGB AT, Rdnrn. 199–208 und 216–224.
131 Vgl. *Muscheler*, FamR, Rdnr. 254.
132 Vgl. *Schwab*, Rdnr. 68; *Schlüter*, Rdnr. 28.
133 Palandt/*Brudermüller*, § 1314, Rdnr. 7.
134 Vgl. *Gernhuber/Coester-Waltjen*, § 14, Rdnr. 38.
135 *Schlüter*, Rdnr. 28.
136 Palandt/*Brudermüller*, § 1314, Rdnr. 8; vgl. auch *Gernhuber/Coester-Waltjen*, § 14, Rdnr. 39.
137 Vgl. *mein* BGB AT, Rdnrn. 200 f.
138 *Muscheler*, FamR, Rdnr. 254.

Nr. 3 (lesen!!) nicht eingreift, wenn die Täuschung nur die Vermögensverhältnisse betrifft (§ 1314 Abs. 2 Nr. 3 HS 2). Arglist bedeutet »hier« (also in § 1314 Abs. 2 Nr. 3) subjektiver Vorsatz und liegt in dem Bewusstsein, dass es gerade dieser Täuschung bedurfte, um den anderen zur Eheschließung zu veranlassen oder um zu verhindern, dass der andere von dieser Abstand nimmt[139]. Obwohl § 1314 Abs. 2 Nr. 3 nicht eingreift, wenn die Täuschung nur die Vermögensverhältnisse betrifft, ist der Tatbestand der arglistigen Täuschung besonders praxisrelevant (Stichwort: »Heiratsschwindler«)[140].

- *Widerrechtliche[141] Drohung, um zur Eingehung der Ehe zu bestimmen (§ 1314* **81**
  Abs. 2 Nr. 4 - lesen!):
  Ein *Beispiel* (endlich – nach all dieser wissenschaftlichen, abstrakten Theorie) dazu bringt *Schwab*[142], der betont, dass es gleichgültig ist, ob der andere Ehepartner oder ein Dritter die Drohung verübt hat:
  »Hans hat eine Liebschaft mit Grete. Gretes Vater droht Hans, ihn umzubringen, wenn er Grete nicht sofort heirate. Die Ehe ist aufhebbar, auch wenn Grete von den Drohungen ihres Vaters nichts gewusst hat.«
- *Beide Eheschließenden waren sich darüber einig, dass sie keine Lebensgemein-* **82**
  schaft i. S. v. § 1353 Abs. 1 (lesen!) begründen wollen (§ 1314 Abs. 2 Nr. 5 – lesen!):
  Wenn Sie beide Vorschriften gelesen haben, könnten Sie auf die Idee gekommen sein, dass es sich hier um eine sog. »Scheinehe« handelt, der in vielen Familienrechtslehrbüchern ein eigener Abschnitt[143] gewidmet wird.

5. Ehefähigkeitszeugnis für Ausländer

Wer hinsichtlich der materiellen Voraussetzungen der Eheschließung vorbehaltlich **83**
des Art. 13 Abs. 2 EGBGB[144] ausländischem Recht unterliegt, soll nach § 1309 Abs. 1 S. 1 vor Eingehung der Ehe ein Zeugnis der inneren Behörde seines Heimatstaates darüber beibringen, dass der Eheschließung nach dem Recht dieses Staates kein Ehehindernis entgegensteht (sog. »Ehefähigkeitszeugnis«).

Mit der Bezugnahme auf Art. 13 EGBGB verweist § 1309 auf das deutsche *Internationale Pri-* **84**
vatrecht (IPR), das in den Art. 3–46 EGBGB geregelt ist. Das IPR[145] (eines jeden Staates) beantwortet, vereinfacht ausgedrückt, die Frage, welches nationale Privatrecht im jeweiligen Fall mit Auslandsberührung anzuwenden ist. Die materiellen Voraussetzungen der Eheschließung von Ausländern, die in Deutschland heiraten wollen, unterliegen gem. Art. 13 Abs. 1 EGBGB (lesen!) für jeden Partner (entgegen dem Wortlaut dieser Vorschrift müssen die Eheschließungswilligen allerdings nicht »verlobt« sein) dem Recht des Staates, dem er (sie) angehört. Ausnahmen, die zur Anwendung deutschen Rechts führen, regelt Art. 13 Abs. 2 EGBGB (zur Information einmal lesen).

Von dem Erfordernis, ein Ehefähigkeitszeugnis beizubringen, kann der Präsident des **85**
zuständigen Oberlandesgerichts nach § 1309 Abs. 2 S. 1 Befreiung erteilen.

139 Vgl. Palandt/*Brudermüller*, § 1314, Rdnr. 9.
140 Ebenda.
141 *Widerrechtlich ist eine Drohung, wenn das angewandte Mittel oder der Zweck oder die Mittel-Zweck-Relation verwerflich (d. h., von der Rechtsordnung missbilligt) sind.* Vgl. *mein* BGB AT, Rdnr. 221; *Schlüter*, Rdnr. 28 unter cc).
142 Rdnr. 72.
143 Vgl. nur *Muscheler*, FamR, § 15; *Schwab*, § 17 sowie unten Rdnr. 88.
144 Beck-Texte im dtv, Band 5001 (BGB), Nr. 2.
145 Zum Begriff IPR - etwas ausführlicher als hier – vgl. *mein* BGB AT, Rdnr. 22b.

Sinn und Zweck von § 1309 liegen darin, dass das Ehefähigkeitszeugnis (aber auch die Befreiung von diesem Erfordernis) dem Standesbeamten die Prüfung erleichtern soll, ob das ihm regelmäßig nicht bekannte Heimatrecht des Ausländers die Eheschließung erlaubt[146]. Außerdem soll die Beibringung eines Ehefähigkeitszeugnisses eine dem ausländischen Recht widersprechende *hinkende Ehe* verhindern[147]. Unter einer hinkenden Ehe versteht man eine Ehe, die nach deutschem Recht anerkannt, nach ausländischem Recht aber nicht anerkannt wird (oder umgekehrt!).[148]

Einen raschen Überblick über die materiellen Voraussetzungen der Eheschließung gibt die folgende Zusammenfassung. Die dort genannten Paragrafen sollten Sie alle (nochmals?) lesen!

86 **Übersicht 5**

Eheschließung

Materielle Voraussetzungen

1. Zwei Personen verschiedenen Geschlechts (andernfalls statt Ehe *Lebenspartnerschaft* gem. § 1 Abs. 1 LPartG möglich)
2. Ehefähigkeit
   - setzt *Ehemündigkeit* voraus (§ 1303) und
   - besteht nicht bei Geschäftsunfähigkeit (§§ 1304, 104)
3. Kein Verstoß gegen *Eheverbote*
   - Doppelehe/Bigamie (§ 1306) } *Trennende Eheverbote*
   - Verwandtschaft (§ 1307) }
   - Adoption (§ 1308) → *Aufschiebendes Eheverbot*
4. Fehlen von *Willensmängeln*
   - Willensmängel sind *Aufhebungsgründe* nach § 1314 Abs. 2:
     - Bewusstlosigkeit oder vorübergehende Störung der Geistestätigkeit (§ 1314 Abs. 2 Nr. 1)
     - Unkenntnis über Eheschließung (§ 1314 Abs. 2 Nr. 2)
     - Arglistige Täuschung (§ 1314 Abs. 2 Nr. 3)
     - Widerrechtliche Drohung (§ 1314 Abs. 2 Nr. 4)
     - Übereinstimmende Ablehnung der Lebensgemeinschaft nach § 1353 Abs. 1 (§ 1314 Abs. 2 Nr. 5) - Scheinehe
5. Ehefähigkeitszeugnis für Ausländer (§ 1309)

Nach so viel Theorie wird es Zeit, dass wir diese auf einen praktischen Fall anwenden.

146 Vgl. Palandt/*Brudermüller*, § 1309, Rdnr. 2; *Muscheler*, FamR, Rdnr. 253.
147 *Ebenda*, Rdnrn. 2 bzw. 253.
148 Vgl. *Muscheler*, FamR, Rdnr. 253.

87

Übungsfall 2[149]	

Die 16jährige Schülerin Felicitas (F) und der 20jährige Student Markus (M), beide deutscher Staatsangehörigkeit, wollen heiraten, weil F ein Kind von M erwartet. Nach dem Motto »Erst der Beruf, dann das Vergnügen« möchten die Eltern des M die Eheschließung verhindern, da M seine Berufsausbildung noch nicht abgeschlossen hat. Die Eltern der F, die sich auf ein Enkelkind freuen, stimmen der Heirat ihrer Tochter zu. Dürfen F und M heiraten?

Abwandlung:
Die Eltern des M haben nichts gegen die Heirat ihres Sohnes, doch die Eltern der F meinen, dass ihre Tochter noch zu jung sei, um eine Ehe einzugehen.

Können die Eltern der F die Eheschließung verhindern?

■ Welche materielle Voraussetzung für die Eheschließung ist in diesem Fall und seiner Abwandlung angesprochen? (Überlegen Sie!)

▷ Da F und M offensichtlich verschiedenen Geschlechts sind, kein Eheverbot eingreift, Willensmängel nicht ersichtlich und beide Deutsche sind, geht es um die *Ehefähigkeit* von F und M.

■ Versuchen Sie, den Fall selbst zu lösen, indem Sie eine schriftliche Lösungsskizze anfertigen, bevor Sie weiterlesen!

▷ *Ausgangsfall*:

(1) Die Ehefähigkeit des M
M ist mit 20 Jahren volljährig (§ 2), mangels gegenteiliger Hinweise auch voll geschäftsfähig (kein Ehehindernis nach § 1304). Er besitzt somit die Ehemündigkeit nach § 1303 Abs. 1, sodass er die Zustimmung seiner Eltern nicht benötigt.

(2) Die Ehefähigkeit der F
F ist gem. § 1303 Abs. 1 nicht ehemündig. Das Familiengericht kann aber auf ihren Antrag gem. § 1303 Abs. 2 von Abs. 1 Befreiung erteilen, da F das 16. Lebensjahr vollendet hat und M volljährig ist.
Da die Eltern (die das Familiengericht gem. § 50a Abs. 1 FGG[150] vor Erteilung der Befreiung anhören muss) mit der Heirat ihrer Tochter F einverstanden sind, steht § 1303 Abs. 3 (lesen!) der Befreiung nicht entgegen.
Bei der Entscheidung über die Befreiung hat der Familienrichter das *Wohl des Minderjährigen*[151] zu berücksichtigen und zuvor das Jugendamt anzuhören (§ 49a Abs. 1 Nr. 1 FGG).
Da M und F sich beide noch in der Ausbildung befinden, fehlt es z. B. an ausreichend gesicherten finanziellen Verhältnissen, was grundsätzlich die persönliche Beziehung der Ehegatten belasten und auch die geordnete Erziehung des Kindes von M und F gefährden kann.[152] Das Familiengericht wird daher in unserem Fall die Befreiung nur erteilen, wenn es nach Anhörung des M und der F, deren Eltern und des Jugendamtes zu der Überzeugung gekommen ist, dass M und F aufgrund ihrer charakterlichen und geistigen Reife in der Lage sein werden, die schwierigen äußeren Verhältnisse zu bewältigen[153].

149 Ähnlich *Schlüter*, vor Rdnr. 12.
150 Gesetzessammlung *Schönfelder*, Nr. 112.
151 Palandt/*Brudermüller*, § 1303, Rdnr. 5.
152 Palandt/*Brudermüller*, a. a. O.; weitere Einzelheiten bei Interesse dort nachlesen.
153 *Schlüter*, Rdnr. 15.

Abwandlung:
(1) Ehefähigkeit des M
Hier ergeben sich keine Änderungen zum Ausgangsfall. M ist gem. § 1303 Abs. 1 ehemündig.
(2) Ehefähigkeit der F
F ist gem. § 1303 Abs. 1 nicht ehemündig. Da ihre Eltern gegen die Heirat ihrer Tochter sind, ist davon auszugehen, dass sie dem Antrag der F i. S. v. § 1303 Abs. 2 gem. § 1303 Abs. 3 *widersprechen* werden. Danach darf das Familiengericht die Befreiung nur erteilen, wenn der Widerspruch nicht auf triftigen Gründen[154] beruht. Angesichts der soeben erwähnten schwierigen äußeren (finanziellen) Verhältnisse und offenbar nicht zu erwartender Unterstützung durch die Eltern der F wird das Familiengericht in diesem Fall keine Befreiung erteilen.

Literatur zur Vertiefung (Rdnrn. 50–87):

Gernhuber/Coester-Waltjen, §§ 9–12; *Lipp,* § 3; *Moritz,* Eheschließungsrecht nach BGB und PStG, JA 2002, 77; *Muscheler,* FamR, §§ 10–14; *ders.,* Der Entwurf eines Gesetzes zur Neuregelung des Eheschließungsrechts, JZ 1997, 1142; *Schlüter,* § 2; *Schwab,* §§ 12, 13, 15, 16, 18.

II. Nichtehe – Scheinehe – aufhebbare Ehe

1. Nichtehe

88 Die »Nichtehe« geistert durch viele Lehrbücher, kommt aber in der Praxis fast nie vor. Sie erzeugt keinerlei Ehewirkungen und »liegt vor«, wenn
- die »Eheschließenden« gleichen Geschlechts sind, oder
- die willentliche Eheschließungserklärung (§ 1310 Abs. 1 S. 1) eines Beteiligten (»Ehewillenserklärung«[155]) oder
- die dabei erforderliche Mitwirkung des zuständigen Standesbeamten (vgl. § 1310 Abs. 1 S. 1) fehlt[156].

Um etwaige Zweifel zu beseitigen, ob eine »Nichtehe« vorliegt, kann Klage auf Feststellung des Bestehens oder Nichtbestehens einer Ehe erhoben werden, über die das Familiengericht entscheidet[157] (§ 606 Abs. 1 S. 1 ZPO – müssen Sie jetzt nicht lesen).

2. Scheinehe

89 Eine sog. *Scheinehe* (vgl. oben, Rdnr. 82) liegt vor, wenn beide Ehepartner sich bei der Eheschließung darüber einig waren, dass sie keine Verpflichtung gem. § 1353 Abs. 1 (nochmals – ? – lesen!) begründen wollen (§ 1314 Abs. 2 Nr. 5 – vgl. auch § 1310 Abs. 1 S. 2, HS. 2). Eine Scheinehe wird nur formal geschlossen und hat zum

154 Beispiele ggf. nachlesen bei Palandt/*Brudermüller*, § 1303, Rdnr. 8.
155 Vgl. *Schwab*, Rdnr. 51; *Alpmann/Schmidt*, S. 8.
156 *Muscheler*, FamR, Rdnr. 232.
157 Vgl. *Schwab*, Rdnr. 51.

Ziel, keine Verpflichtung zur ehelichen Lebensgemeinschaft zu begründen und auch nicht die gegenseitige Verantwortung der Ehepartner i. S. v. § 1353 Abs. 1 S. 2 füreinander zu übernehmen[158]. Solche Ehen werden relativ oft von Deutschen mit Ausländern geschlossen, um diesen die Einreise nach oder den Aufenthalt in Deutschland zu ermöglichen oder ihre Abschiebung zu verhindern. Dies soll durch § 1314 Abs. 2 Nr. 5 verhindert werden[159].

3. Aufhebbare Ehe

Außer in den Fällen der »Nichtehe« führt eine Eheschließung zunächst immer Ehe- 90
wirkungen herbei. Zu klären ist dann, ob die Wirkungen der Ehe für die Zukunft *(ex nunc)* beseitigt werden können. Es ist zu prüfen, ob die Ehe aufhebbar ist. Sie ist insbesondere dann aufhebbar, wenn Willensmängel (vgl. oben, Rdnrn. 75 ff.) vorliegen, die einen Aufhebungsgrund i. S. v. § 1314 darstellen. Die Aufhebungsgründe nach § 1314 Abs. 2 Nr. 1–5 haben Sie bereits kennen gelernt (Rdnrn. 78–82). Die vom Gesetz so nicht bezeichnete »Scheinehe« ist also auch eine »aufhebbare Ehe« (§ 1314 Abs. 2 Nr. 5).

Mit der Behandlung der Aufhebungsgründe nach § 1314 Abs. 2, denen »Willens- 91
mängeln« zugrunde liegen, haben wir das Pferd sozusagen von hinten aufgezäumt, da wir § 1314 Abs. 1 (lesen!) vernachlässigt haben. Danach »kann« eine Ehe auch aufgehoben werden, wenn

- einer der Partner keine Ehemündigkeit besaß (§ 1303),
- ein Geschäftsunfähiger eine Ehe eingegangen ist (§ 1304),
- eine Doppelehe geschlossen wurde (§ 1306),
- Verwandte geheiratet haben (§ 1307) oder
- einer der Partner bei der Eheschließung nicht persönlich anwesend war bzw. eine Bedingung gestellt (vgl. § 158) oder eine Zeitbestimmung (§ 163) vorgenommen hat (§ 1311)!

Nichtehe, Scheinehe und aufhebbare Ehe können wir unter den Oberbegriff »fehlerhafte Ehe« zusammenfassen und das Wichtigste dazu anhand folgender Übersicht wiederholen.

158 Palandt/*Brudermüller*, § 1314, Rdnr. 14.
159 Vgl. Palandt/*Brudermüller*, a. a. O.; *Muscheler*, FamR, § 15; *Schwab*, § 17.

92 **Übersicht 6**

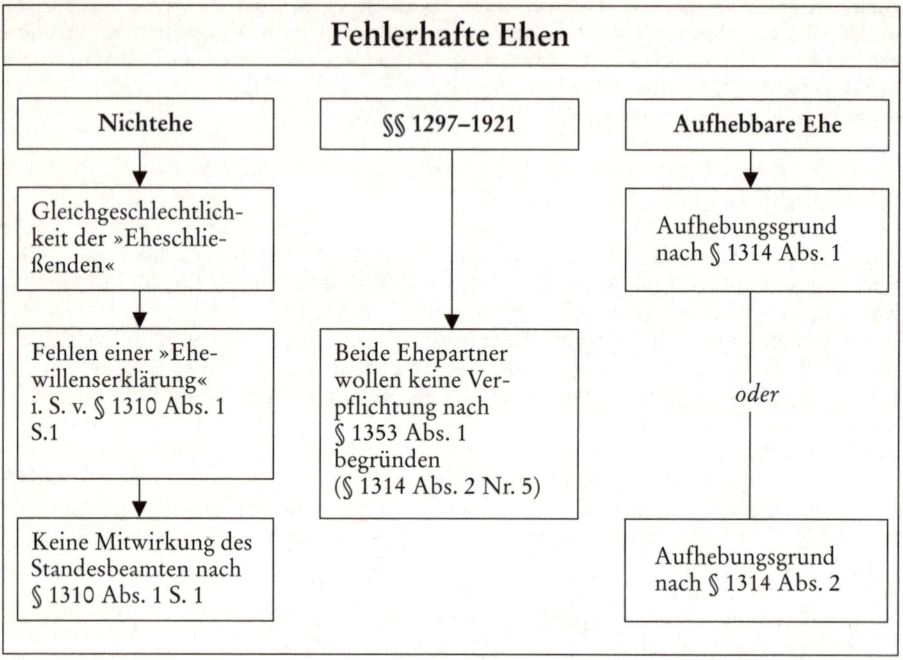

Literatur zur Vertiefung (Rdnrn. 88–92):

Gernhuber/Coester-Waltjen, §§ 13, 14; *Lipp*, § 4 Rdnr. 52–58; *Lüderitz/Dethloff*, § 3; *Muscheler*, FamR, § 15; *Oehlmann/Stille*, Antrag auf Aufhebung einer Ehe als unzulässige Rechtsausübung, FuR 2003, 494; *Schlüter*, § 3; *Schwab*, § 17.

III. Aufhebungsverfahren

93 Wie immer es auch zu einem der vielen Aufhebungsgründe von § 1314 Abs. 1 oder Abs. 2 im jeweiligen Fall gekommen sein mag, so muss der Antragsteller, der die Aufhebung der »Ehe« anstrebt,
- gem. § 1316 (lesen!) antragsberechtigt sein und
- gem. § 1317 (lesen!) die Antragsfrist einhalten, um die »Folgen der Aufhebung« nach § 1318 (lesen Sie davon jetzt nur Abs. 1) herbeizuführen.

IV. Form der Eheschließung

Die formellen Voraussetzungen für die »Vornahme der Eheschließung«[160] ergeben sich aus den §§ 1310–1312. Bevor sie zur Anwendung kommen, geht regelmäßig ein »vorbereitendes Verfahren« voraus.

1. Vorbereitendes Verfahren

Sowohl das BGB in § 1316 in seiner am 1. 1. 1900 in Kraft getretenen »Urfassung« als auch das zwischenzeitlich geltende (vgl. Rdnr. 1) EheG bestimmten, dass »der Eheschließung ein *Aufgebot*« vorhergehen soll. Das eherechtliche Aufgebot war die öffentliche Bekanntmachung einer beabsichtigten Eheschließung. Das Erfordernis eines Aufgebots ist mit der Eheschließungsrechtsreform von 1998 und der damit einhergehenden Aufhebung des EheG aufgegeben worden[161]. Nunmehr geht der Eheschließung ein vorbereitendes Verfahren vor dem Standesbeamten voraus, das außerhalb des BGB im *Personenstandsgesetz* (PStG)[162] geregelt ist. Das PStG regelt »das familienrechtliche Verhältnis zweier Personen zueinander, das rechtlich über den Tod hinaus bestehen bleibt« (= Personenstand)[163]. 94

Die Eheschließung bzw. deren Vorbereitung ist in § 4–9 PStG erfasst.

Nach § 4 PStG haben die »Verlobten« (richtiger wäre: die Eheschließungswilligen[164]) die beabsichtigte Eheschließung mündlich oder schriftlich bei einem der Standesbeamten anzumelden, die nach § 6 Abs. 2 oder 3 PStG für die Eheschließung zuständig sind.

Nach § 6 Abs. 2 PStG ist der Standesbeamte zuständig, in dessen Bezirk einer der Eheschließungswilligen seinen Wohnsitz oder gewöhnlichen Aufenthalt hat. Sind danach verschiedene Standesbeamte zuständig, haben die Eheschließungswilligen die Wahl. Falls beide ihren Wohnsitz oder gewöhnlichen Aufenthalt im Ausland haben, sind für die Eheschließung wahlweise das Standesamt I in Berlin oder die Hauptstandesämter in München, Baden-Baden oder Hamburg zuständig (§ 6 Abs. 3 PStG).

Bei der Anmeldung zur Eheschließung haben die potenziellen Ehepartner ihre Abstammungsurkunden, beglaubigte Abschriften des Familienbuchs[165] oder Auszüge aus diesem vorzulegen (§ 5 Abs. 1 PStG). Der Standesbeamte muss dann prüfen, ob der Ehe ein Ehehindernis entgegensteht und ggf. weitere Urkunden anfordern (§ 5 Abs. 2 PStG). Lehnt der Standesbeamte seine (gem. § 1310 Abs. 1 S. 1 erforderliche – dazu sogleich) Mitwirkung ab, weil eine Rechtsvorschrift (ausreichend ist schon eine »Soll-Vorschrift«) entgegensteht, können die Beteiligten (= »Verlobten« bzw. Eheschließungswilligen) oder die Aufsichtsbehörde auf Antrag beim Amtsgericht nach § 45 Abs. 1 PStG seine Mitwirkung erzwingen.

»Stellt der Standesbeamte ein Ehehindernis nicht fest, so teilt er ´den Verlobten` mit, dass *er die Eheschließung vornehmen kann*« (§ 6 Abs. 1 PStG).

160 *Schlüter*, vor Rdnr. 22; unschön wird die Vornahme der Eheschließung bisweilen (vgl. *Muscheler*, FamR, § 16; *Schwab*, § 14) als »Eheschließungs*akt*« bezeichnet, ein Begriff, der ähnlich dem der Ehe*gatten* (statt *Ehepartner*, vgl. oben Rdnr. 16) biologisch gefärbt ist.

161 Vgl. *Gernhuber/Coester-Waltjen*, § 11, Rdnr. 15.

162 Gesetzessammlung *Schönfelder*, Nr. 113.

163 *Creifelds*, »Personenstand«.

164 Der Tatsache, dass ein Verlöbnis keine zwingende Voraussetzung für eine Eheschließung ist, hat die Neufassung von § 1310 Rechnung getragen, indem der Begriff der »Verlobten« (von denen in § 13 Abs. 1 des alten EheG von 1946 noch die Rede war) durch den der »Eheschließenden« ersetzt wurde.

165 Vgl. dazu bei Interesse §§ 12–15e PStG.

■ Lesen Sie § 6 Abs. 1 PStG zum zweiten Mal oder mehrfach! Was fällt Ihnen an der Formulierung auf, wenn Sie Fett- und Kursivdruck realisiert und durchdacht haben?

▷ Nach § 6 Abs. 1 PStG kann der Standesbeamte die Eheschließung *vornehmen*? Nein; natürlich nicht: § 6 Abs. 1 PStG ist, worauf auch *Muscheler* und *Schwab*[166] hinweisen, terminologisch falsch bzw. ein Missgriff: Nicht *er*, sondern die Eheschließungswilligen können in diesem Fall, in dem keine Ehehindernisse vorliegen, die Eheschließung vornehmen. Außerdem *kann* der Standesbeamte die Eheschließung beim Fehlen von Ehehindernissen nicht verweigern, sondern er *muss* (unter den zwingenden Voraussetzungen von §§ 1310–1312) an ihr *mitwirken* (§ 1310 Abs. 1 S. 2 HS. 1).

2. Mitwirkung des Standesbeamten

95 Nach § 1310 Abs. 1 S. 1 kommt eine Ehe nur zu Stande, wenn die Eheschließenden ihre Erklärungen, die Ehe miteinander eingehen zu wollen, vor dem Standesbeamten abgeben (Grundsatz der »*obligatorischen Zivilehe*«[167]). Ein Verstoß gegen diesen Grundsatz führt zur Nichtehe (vgl. oben Rdnr. 88). Ein solcher Verstoß gegen § 1310 Abs. 1 liegt nicht nur vor, wenn die Eheschließenden ihre Erklärungen ohne Mitwirkung einer anderen Person abgeben, sondern auch, wenn sie ihre Erklärungen vor einer Person abgeben, die *nicht* Standesbeamter ist (z. B. Pfarrer)[168].

■ Was bzw. wer ist eigentlich ein (zuständiger) Standesbeamter?

▷ Die Antworten finden Sie (außer in § 6 Abs. 2 und 3 PStG – vgl. oben Rdnr. 94) in §§ 51–56 PStG! Nach § 51 PStG sind die den Standesbeamten aufgetragenen Aufgaben Angelegenheiten des Staates, die den Gemeinden übertragen werden. Nach § 53 Abs. 1 PStG werden für jeden Standesamtsbezirk Standesbeamte bestellt, die diese Funktion nur innerhalb ihres Bezirks ausüben können, außerhalb ihres Bezirks also keine Standesbeamten i. S. v. § 1310 sind[169]!

96 Wenn der Gesetzgeber etwas regeln will, was es eigentlich (noch) nicht gibt, greift er zum Mittel der *Fiktion*[170]. Durch die Formulierung »*gilt*« fingiert er einen Zustand, der in Wirklichkeit nicht vorliegt, den er aber regeln will und muss. Das noch nicht geborene, aber bereits gezeugte Kind *gilt* gem. § 1923 Abs. 2 als vor dem Erbfall geboren. Als Irrtum über den Inhalt der Erklärung *gilt* gem. § 119 Abs. 2 auch der sog. »Eigenschaftsirrtum« ... usw. Gem. § 1310 Abs. 2 *gilt* als Standesbeamter auch, wer ohne Standesbeamter zu *sein*, das Amt eines Standesbeamten ausgeübt und die Ehe in das Heiratsbuch (vgl. §§ 9–11 PStG) eingetragen hat. Wir haben es hier also mit einem sog. *Scheinstandesbeamten*[171] zu tun.

Beispiel[172] für diesen seltenen Fall: Die Ernennung eines Standesbeamten war aus Gründen des öffentlichen Rechts nichtig, was lange Zeit unerkannt blieb. Bis die Nichtigkeit seiner Ernennung bekannt wurde, fungierte der Betreffende als Standesbeamter und hat als solcher an mehreren Eheschließungen mitgewirkt. Die von ihm ins Heiratsbuch eingetragenen Ehen sind entgegen § 1310 Abs. 1 aufgrund von § 1310 Abs. 2 gültig und unaufhebbar.

166 Vgl. *Muscheler*, FamR, Rdnr. 268; *Schwab*, Rdnr. 55.
167 Vgl. *Schlüter*, Rdnr. 24; *Muscheler*, FamR, Rdnr. 271.
168 Vgl. *Muscheler*, FamR, Rdnr. 272.
169 Vgl. *Schwab*, Rdnr. 97.
170 Zum Begriff siehe *mein* BGB AT, Rdnrn. 45 f., 102, 112, 170.
171 MüKo/*Müller-Gindullis*, § 1310 Rdnr. 9.
172 *Ge*funden bei *Muscheler*, Rdnr. 272 und *Schwab*, Rdnr. 58; offen bleibt, wer das Beispiel *er*funden hat.

Außerhalb seines Bezirks (vgl. §§ 52, 53 PStG) ist der Standesbeamte mangels Zuständigkeit (vgl. § 6 Abs. 2) *nicht* Standesbeamter. Die vor einem nicht zuständigen Standesbeamten geschlossene Ehe ist demnach eine Nichtehe, sofern nicht eine der Fiktionen von § 1310 Abs. 3 (lesen!) heilend eingreift. Unter den Voraussetzungen von § 1310 Abs. 3 Nr. 1–3 *gilt* daher eine Ehe als geschlossen, obwohl die Erklärungen der Eheschließungswilligen nicht gem. § 1310 Abs. 1 S. 1 vor dem (zuständigen) Standesbeamten abgegeben wurden.

3. Erklärungen der Eheschließenden

Die Erklärungen der Eheschließenden vor dem Standesbeamten, dass sie die Ehe miteinander eingehen wollen (§ 1310 Abs. 1 S. 1) sind das wesentliche Element der Eheschließung und setzen einen Konsens der künftigen Ehepartner voraus. Die Eheschließung ist also ein *familienrechtlicher Vertrag*[173], der allerdings *nicht* als *Ehevertrag* bezeichnet werden darf, da dieser Begriff nach § 1408 Abs. 1 (lesen) dem Vertrag über die Regelung güterrechtlicher Verhältnisse vorbehalten ist. **97**

Um den Ehekonsens herbeizuführen, soll der Standesbeamte die Eheschließenden einzeln befragen, ob sie die Ehe miteinander eingehen wollen, und, nachdem die Eheschließenden diese Frage bejaht haben, aussprechen, dass sie nunmehr kraft Gesetzes rechtmäßig verbundene Eheleute sind (§ 1312 Abs. 1 S. 1). Ein Verstoß gegen diese Vorschrift stellt allerdings im Gegensatz zu einem Verstoß gegen § 1311 keinen Aufhebungsgrund i. S. v. § 1314 Abs. 1 dar. **98**

Gem. § 1311 S. 1 müssen die Eheschließenden ihre Erklärungen nach § 1310 Abs. 1 S. 1 *persönlich* und *bei gleichzeitiger Anwesenheit* abgeben. Eine Stellvertretung (vgl. § 164) ist – anders als bei der sachenrechtlichen Auflassung von Grundstücken nach § 925 Abs. 1 – bei der Eheschließung ebenso unzulässig wie eine Botenschaft (sog. »Handschuhehe«[174] – die Bezeichnung deutet auf die früher übliche Überreichung eines Handschuhs als Sinnzeichen der Vertreter- oder Botenbeauftragung hin[175]).

Gem. § 1311 S. 2 dürfen die Erklärungen der Eheschließenden nicht unter einer aufschiebenden oder auflösenden Bedingung (vgl. § 158) oder einer Zeitbestimmung (mit Anfangs- oder Endtermin – vgl. § 163) abgegeben werden. Das entspricht § 1353 Abs. 1 S. 1, der grundsätzlich bestimmt, dass die Ehe auf Lebenszeit geschlossen wird[176]. **99**

Weitere zwingende Vorschriften über die Erklärung des Eheschließungswillens enthält das Gesetz nicht[177].

Der Vorgang der *Trauung* ist in der Soll-Vorschrift des § 1312 Abs. 1 S. 1 geregelt, auf dessen Bedeutung soeben (Rdnr. 98) schon hingewiesen wurde. Nach § 8 PStG soll die »Feierlichkeit der Eheschließung« in würdiger Form vorgenommen werden.

173 MüKo/*Müller-Gindullis*, § 1310, Rdnr. 2.
174 Vgl. *Schlüter*, Rdnr. 23 (c).
175 Bei Interesse mehr dazu im Internet unter: »http://de.wikipedia.org/wiki/Handschuhehe«, wo u. a. darauf hingewiesen wird, dass eine »Handschuhehe« z. B. noch in Italien, Mazedonien, Mexiko, (bedingt) Holland, Polen, Portugal, Spanien sowie einigen islamischen und diversen US-amerikanischen Staaten möglich ist (Stand: 24. 10. 2007, abgerufen am 5. 11. 2007).
176 MüKo/*Müller-Gindullis*, § 1311, Rdnr. 6.
177 A. a. O., § 1310, Rdnr. 11.

Auch das, was Sie zur »Form der Eheschließung« erfahren haben, können Sie anhand einer zusammenfassenden Übersicht wiederholen, bevor wir zu den Rechtsfolgen der Aufhebung der Ehe kommen.

Literatur zur Vertiefung (Rdnrn. 93–102):

Coester, Standesbeamter und Eheschließung, StAZ 1996, 33; *Gernhuber/Coester-Waltjen,* § 11; *Lipp,* § 3; *Muscheler,* FamR, § 16; *Schlüter,* § 2; *Schwab,* § 14.

Übersicht 7

100 **Form der Eheschließung**

Vorbereitendes Verfahren

Gesetzliche Regelung: §§ 4–7 PStG

- Anmeldung der beabsichtigten Ehe beim zuständigen Standesbeamten (§ 4 PStG)
- Voraussetzungen der Anmeldung: Vorlage von Urkunden nach § 5 Abs. 1 PStG und Prüfung der Unterlagen durch Standesbeamten (§ 5 Abs. 2 PStG)
- Feststellung durch zuständigen Standesbeamten, dass kein Ehehindernis vorliegt = Voraussetzung für die Vornahme der Eheschließung (§ 6 Abs. 1 PStG)
- Zuständigkeit des Standesbeamten (§ 6 Abs. 2–5 PStG)
- Sonderregelung (§ 7 PStG)

101 **Mitwirkung des Standesbeamten**

Gesetzliche Regelung: § 1310

- Bei Verstoß gegen § 1310 Abs. 1: »Nichtehe«
- Heilung durch *Fiktionen* nach § 1310 Abs. 2 und 3

102 **Erklärungen der Eheschließenden**

Gesetzliche Regelung: § 1310 Abs. 1 S. 1

- Erklärungen beruhen auf *Konsens*: Durch übereinstimmende Willenserklärungen kommt *familienrechtlicher Vertrag* zustande (kein »Ehevertrag« - vgl. § 1408 Abs. 1)
- *Persönliche* Erklärung der Eheschließenden nach einzelner Befragung durch Standesbeamten (§ 1312 Abs. 1 S. 1) bei *gleichzeitiger Anwesenheit* (§ 1311 S. 1) = keine »Handschuhehe« durch Stellvertreter oder Boten
- Keine Bedingung oder Zeitbestimmung (§ 1311 S. 2)

V. Aufhebung der Ehe und Rechtsfolgen der Aufhebung

1. Aufhebung der Ehe

Die Aufhebung der Ehe führt zur *Auflösung* der Ehe durch gerichtliches Urteil (§ 1313 S. 1 und S. 2). Wenn sie diese beiden Sätze gelesen haben, lesen Sie nun § 1564 S. 1 und S. 2, welche die Scheidung der Ehe betreffen! Sie werden gemerkt haben, dass die beiden Sätze von § 1313 und § 1564 fast wortgleich sind. Mit Rechtskraft des Aufhebungs- oder Scheidungsurteils ist die Ehe *aufgelöst*. Wegen der Ähnlichkeit der Auflösungsgründe »Aufhebung« und »Scheidung« bestimmt § 1318 (»Folgen der Aufhebung«) Abs. 1 (lesen!), dass sich die Folgen der Aufhebung teilweise (§ 1318 Abs. 1: »*nur*«) nach den Vorschriften über die Scheidung richten. **103**

■ Bevor wir darauf näher eingehen: Welcher *Auflösungsgrund* außer der *Eheaufhebung* und der *Ehescheidung* ist außerdem denkbar und möglich? (Kurz nachdenken!)

▷ Die Antwort ist so einfach, dass ich sie kaum geben mag. Der dritte Auflösungsgrund führt i. d. R. zur Anwendung von § 1931, der im Erbrecht angesiedelt ist (»Sterben gibt Erben«). Der dritte Auflösungsgrund einer Ehe ist also der Tod eines Ehegatten.

Da wir in diesem Buch nur einen *Einstieg* in das Familienrecht finden wollen, möchte und kann ich nicht so ausführlich (und die Kenntnis des Scheidungsrechts schon voraussetzend) wie z. B. *Muscheler*[178] auf die in § 1318 Abs. 2 genannten, entsprechend anzuwendenden §§ 1569–1586 und auf § 1318 Abs. 2–5 eingehen. Wenn Sie alle dort genannten Vorschriften jetzt nachlesen müssten, würden Sie »schwindelig«?

Ganz so einfach wie *Alpmann/Schmidt*[179] möchte ich es (Ihnen) indessen auch nicht machen, wenngleich dieser Satz dort allumfassend »genial« ist: »Das rechtskräftige Aufhebungsurteil bewirkt, dass die Ehe für die Zukunft« [also *ex nunc*] »aufgelöst wird. Die *Folgen der Aufhebung* der Ehe bestimmen sich in den genannten Fällen nach den Vorschriften über die Scheidung«.

Versuchen wir zum Einstieg also einen Mittelweg zwischen Simplifizierung und professoraler Wissenschaftlichkeit zu betreten.

Rufen wir uns nochmals kurz die *Voraussetzungen für die Aufhebung einer Ehe (= Aufhebungsgründe)* in Erinnerung, bevor wir einzelne *Folgen* der Aufhebung betrachten. **104**

Die Voraussetzungen für die Aufhebung der Ehe ergeben sich gem. § 1313 S. 3 »aus den folgenden Vorschriften«. Das sind namentlich die Vorschriften von § 1314 Abs. 1 (inklusive den dortigen Verweisungen – ggf. Vorschriften nochmals lesen) und von § 1314 Abs. 2 Nr. 1–5 (vgl. dazu oben Rdnrn. 78–82 und 93).

Will ein Ehepartner oder ein anderer Antragsberechtigter (vgl. § 1316) die Ehe aufheben lassen, muss ein *Antrag* auf Aufhebung (§ 1313 S. 1) gestellt werden. Bei der Prüfung des Antrags sind insbesondere folgende Voraussetzungen zu beachten[180]:

- Liegt ein Aufhebungsgrund nach § 1314 Abs. 1 oder Abs. 2 vor?
- Ist die Aufhebung ggf. nach § 1315 (lesen!) ausgeschlossen?
- Liegt Antragsberechtigung i. S. v. § 1316 vor?
- Wurde eine nach § 1317 bestehende Antragsfrist eingehalten?

Wenn diese Verfahrensvoraussetzungen vorliegen, kann die Ehe durch gerichtliches Urteil (§ 1313 S. 1) aufgehoben werden und ist mit Rechtskraft des Urteils *ex nunc* aufgelöst (§ 1313 S. 2).

178 FamR, § 17.
179 S. 8.
180 Vgl. *Schwab*, Rdnr. 89.

2. Folgen der Aufhebung

105 Mit der Auflösung der Ehe durch das rechtskräftige Aufhebungsurteil erlischt das eheliche Rechtsverhältnis für die Zukunft, also grundsätzlich ohne Rückwirkungen.

Wie bei einer Scheidung kann der Auflösung der Ehe aber ein *nacheheliches Rechtsverhältnis* folgen, auf das gem. § 1318 Abs. 1 einzelne Vorschriften über die Scheidung Anwendung finden, auf die zunächst § 1318 Abs. 2 Bezug nimmt.

a) Unterhaltsanspruch

106 Die in § 1318 Abs. 2 zitierten §§ 1569 bis 1586b betreffen den »*Unterhalt* des geschiedenen Ehegatten«. Ist die Ehe aufgehoben worden, kann dem Ehepartner, der die Aufhebbarkeit bei Eingehung der Ehe nicht gekannt hat oder der von dem anderen Ehepartner oder mit dessen Wissen getäuscht oder bedroht worden ist, gem. § 1318 Abs. 2 S. 1 Nr. 1 ein *Unterhaltsanspruch* (vgl. § 1569) zustehen. Gleiches gilt zugunsten beider Ehepartner gem. § 1318 Abs. 2 S. 1 Nr. 2 HS. 1 bei Verstoß gegen die §§ 1306 (Doppelehe bzw. -lebenspartnerschaft), 1307 (Verwandtschaftsehe) oder 1311 (Formmangel), wenn beide den Aufhebungsgrund bei der Eheschließung gekannt haben. Bei Verstoß gegen § 1306 gilt dies nicht, soweit der Unterhaltsanspruch eines Ehepartners den Unterhaltsanspruch einer dritten Person beeinträchtigen würde (§ 1318 Abs. 2 S. 1 Nr. 2 HS 2).

■ Welche »dritte Person« ist damit gemeint?

▷ Da es in § 1306 um die Doppelehe bzw. -lebenspartnerschaft geht, ist das der erste Ehe- bzw. Lebenspartner[181].

Gem. § 1318 Abs. 2 S. 2 kann ein Unterhaltsanspruch zugunsten des Ehepartners einer aufgehobenen Ehe, der ein gemeinschaftliches Kind betreut, begründet sein. Dies allerdings nur, wenn die Versagung des Unterhalts im Hinblick auf die Belange des Kindes grob unbillig wäre. Was grob unbillig ist, richtet sich nach dem Kindeswohl. Es ist zu prüfen, ob es sich für die Entwicklung des Kindes nachteilig auswirken würde, wenn der für das Kind sorgende Elternteil auf eine eigene Erwerbstätigkeit angewiesen wäre[182].

b) Zugewinnausgleich

107 Gem. § 1318 Abs. 3 (lesen) finden die Vorschriften der §§ 1363–1390, die den gesetzlichen Güterstand der sog. Zugewinngemeinschaft regeln, grundsätzlich (»soweit ...«) entsprechende Anwendung. Was eine Zugewinngemeinschaft ist, werden Sie im 6. Kapitel erfahren.

c) Versorgungsausgleich

108 Gem. § 1318 Abs. 3 finden auch die §§ 1587–1587p, die den Versorgungsausgleich nach der Scheidung regeln, bei Aufhebung der Ehe grundsätzlich entsprechende Anwendung. Was sich hinter dem Begriff Versorgungsausgleich verbirgt, erfahren Sie im 7. Kapitel.

181 Vgl. Palandt/*Brudermüller*, § 1318, Rdnr. 5.
182 MüKo/*Müller-Gindullis*, § 1318, Rdnr. 7.

d) Hausratsverteilung

Nach § 1318 Abs. 4 findet die Hausratsverordnung[183] (welche die Verteilung des Hausrats regelt, falls die Ehepartner sich anlässlich der Scheidung nicht darüber einigen) bei Aufhebung der Ehe ebenfalls entsprechende Anwendung. Auch dazu mehr im 7. Kapitel. 109

e) Erbrecht

Nach § 1318 Abs. 5 ist der Ehepartner, der bei den dort genannten Verstößen die Aufhebbarkeit der Ehe bei der Eheschließung gekannt hat, vom »gesetzlichen Erbrecht des Ehegatten« i. S. v. § 1931 (lesen!) ausgeschlossen. 110

Mit der Aufhebung der Ehe befasst sich der folgende Fall.

Übungsfall 3 111

Die 50jährige, reiche Unternehmerwitwe Frida (F) verbringt ihren Sommerurlaub auf Mallorca und lernt beim Sonnenbaden am Pool des Luxushotels den gut aussehenden 38jährigen Michael (M) kennen, der sich als erfolgreicher Rechtsanwalt ausgibt und die F mit Komplimenten überschüttet. F ist vom Charme und der raschen Einfühlsamkeit des M begeistert, verliebt sich Hals über Kopf und nimmt wenige Wochen danach seinen Heiratsantrag an, sodass es zur Eheschließung vor dem (zuständigen) Standesbeamten kommt. Sehr bald aber stellt sich heraus, dass es sich bei M um einen Schwindler handelt, der nicht als erfolgreicher Rechtsanwalt tätig ist, sondern sich als Kellner verdingt, während F ihn in seiner Anwaltspraxis wähnt. Außerdem muss F erfahren, dass M nicht nur sie mit Komplimenten, sondern auch seinen homosexuellen 25jährigen Freund Olaf mit Geschenken überschüttet, die er sich von dem Geld der F nun leisten kann.

Wie kann F sich von der Ehe mit dem Heiratsschwindler M lösen?

F könnte einen Antrag auf Aufhebung der Ehe i. S. v. § 1313 S. 1 stellen, um ein Aufhebungsurteil zu erreichen mit der Folge, dass die Ehe mit Rechtskraft des Urteils mit Wirkung für die Zukunft aufgelöst ist (§ 1313 S. 2). Die Voraussetzungen, unter denen die Aufhebung beantragt werden kann, ergeben sich nach § 1313 S. 3 aus den folgenden Vorschriften, also insbesondere aus § 1314.

■ Was also ist zunächst Voraussetzung, damit F einen Aufhebungsantrag stellen kann?

▷ F müsste einen Aufhebungsgrund haben!

■ Welcher der vielen Aufhebungsgründe von § 1314 Abs. 1 und 2 (Vorschrift nochmals ganz lesen) kommt hier in Betracht?

▷ (1) Es könnte ein *Aufhebungsgrund* gem. § 1314 Abs. 2 Nr. 3 vorliegen (vgl. oben Rdnr. 80). 112

Dann müsste die F zur Eingehung der Ehe durch *arglistige Täuschung* von M über solche Umstände bestimmt worden sein, die sie bei Kenntnis der Sachlage und bei richtiger Würdigung des Wesens der Ehe von der Eingehung der Ehe abgehalten hätten.

Als erhebliche Umstände i. S. v. § 1314 Abs. 2 Nr. 3 kommen zwar die Vermögensverhältnisse des Täuschenden nicht in Betracht, wohl aber seine *persönlichen* Eigenschaften und Verhältnisse wie etwa Beruf und berufliche Aktivitäten[184]. Dies gilt vor allem dann, wenn der getäuschte Ehepartner wegen

183 Beck-Texte im dtv Nr. 8.

184 Vgl. MüKo/*Müller-Gindullis*, § 1314, Rdnr. 19.

seiner gesellschaftlichen Position auf den Beruf des anderen besonderen Wert legt. Davon kann man im Fall der reichen Unternehmerwitwe ausgehen. Gegenstand der Täuschung war zudem nicht nur die falsche Berufsangabe des M, sondern auch das Verschweigen seiner Bisexualität. Eine Täuschung durch Verschweigen setzt grundsätzlich eine besondere Offenbarungspflicht des Täuschenden voraus. Eine solche Offenbarungspflicht ergibt sich vor allem aus dem Wesen der Ehe hinsichtlich solcher Umstände, die für die eheliche Gemeinschaft und das Familienleben von grundsätzlicher Bedeutung sind, z. B. Impotenz, unheilbar ansteckende oder erbliche Krankheiten, HIV-Infektion u. Ä. sowie homosexuelle Veranlagung[185]. *Zwischen* der *Täuschung und der Eheschließung* lag auch ein *ursächlicher Zusammenhang,* da die F bei Kenntnis der wahren Umstände die Ehe nicht geschlossen hätte. Dass F in ihrer Verliebtheit offenbar etwas »blind« bzw. »fahrlässig« gehandelt hat, steht der Aufhebung der Ehe nicht entgegen[186].

Die Täuschung durch M war auch *arglistig.* Er handelte vorsätzlich in dem Bewusstsein, dass es gerade der Täuschung über seine berufliche Stellung und die Bisexualität bedurfte, um die F zur Eheschließung zu veranlassen[187]. Ein Aufhebungsgrund i. S. v. § 1314 Abs. 2 Nr. 3 liegt somit vor.

113 (2) Ein Grund für den Ausschluss der Aufhebung nach § 1315 ist nicht gegeben; insbesondere ist *keine Bestätigung* der F zu erkennen, dass sie die Ehe fortsetzen will (§ 1315 Abs. 1 Nr. 4).

■ Welche weitere Voraussetzung muss erfüllt sein, damit der Antrag der F Erfolg haben wird? Überfliegen Sie die Überschriften der §§ 1313 ff., bevor Sie hier weiterlesen.

114 ▷ (3) Damit die Ehe auf Antrag der F durch Urteil gem. § 1313 S. 1 aufgehoben wird, muss F *antragsberechtigt* sein (§ 1316 – lesen).
Hier ergibt sich die Antragsberechtigung der F aus § 1316 Abs. 1 Nr. 2.

■ Beim Überfliegen der Überschriften von den §§ 1313 ff. haben Sie sicher entdeckt, welche Voraussetzung schließlich auch noch erfüllt sein muss, damit der Antrag der F Erfolg hat?

115 ▷ (4) Für einen Aufhebungsgrund nach § 1314 Abs. 2 Nr. 2 bis 4 muss die *Antragsfrist* nach § 1317 Abs. 1 S. 1 eingehalten werden. Sie beträgt ein Jahr und gleicht der Anfechtungsfrist von § 124 Abs. 2 S. 1, d. h. sie beginnt hier mit der Entdeckung der Täuschung (§ 1317 Abs. 1 S. 2).

Für einen Antrag auf Aufhebung einer Ehe können wir daher zur Wiederholung (vgl. schon oben Rdnr. 104) folgendes Prüfungsschema festhalten:

185 MüKo/*Müller-Gindullis*, § 1314, Rdnr. 20.
186 Palandt/*Brudermüller*, § 1314, Rdnr. 9.
187 Palandt/*Brudermüller*, a. a. O.

Übersicht 8 **116**

Aufhebung der Ehe	
Prüfungsschema	
Voraussetzungen:	• Vorliegen eines Aufhebungsgrundes nach § 1314 Abs. 1 oder Abs. 2 • Kein Ausschluss der Aufhebung nach § 1315 • Antragsberechtigung (§ 1316) • Einhaltung der Antragsfrist (§ 1317)
Rechtsfolgen:	• Auflösung der Ehe mit Rechtskraft des Aufhebungsurteils (§ 1313) • § 1318

Literatur zur Vertiefung (Rdnrn. 103–116):

Finger, Eheaufhebung nach §§ 1313 ff. BGB – Voraussetzungen und Rechtsfolgen, FamRB 2003, 361; *Gernhuber/Coester-Waltjen,* § 14; *Lipp,* § 4; *Muscheler,* FamR, § 17; *Schlüter,* § 4; *Schwab,* § 19; *Stille,* Antrag auf Aufhebung einer Ehe als unzulässige Rechtsausübung, FuR 2003, 494; *Wick*, Eheaufhebung, FamRK 2005, 98.

4. Kapitel: Personenrechtliche Wirkungen der Ehe

I. Eheliche Lebensgemeinschaft

1. § 1353 Abs. 1 S. 2 als »Generalklausel«

117 Lesen Sie zunächst § 1353 Abs. 1 S. 1 und 2. Eine »Generalklausel« wird vom Gesetzgeber häufig verwendet, um durch allgemein gehaltene Formulierungen möglichst viele Tatbestände zu erfassen[188]. § 1353 Abs. 1 S. 2 hat für das Eherecht eine ähnliche Bedeutung wie § 242 für das Schuldrecht[189]. Dass der Gesetzgeber mit gutem Grund die Verpflichtungen der Ehepartner zur ehelichen Lebensgemeinschaft in § 1353 Abs. 1 S. 2 nicht enumerativ (einzeln) aufgezählt hat, beruht auf der Einsicht, dass es ausgeschlossen ist, das, was eine Ehe fordert, im Detail zu formulieren[190].

Durch die Generalklausel des § 1353 Abs. 1 S. 2 wird den Ehepartnern all das zur *Rechtspflicht* gemacht, *was nach sittlicher Auffassung zum Wesen der Ehe gehört:* Treue, Achtung und Rücksichtnahme aufeinander, Geschlechtsgemeinschaft, Teilnahme an den Interessen des Anderen, Sorge für die gemeinschaftlichen Kinder und für die Person des anderen Ehegatten, häusliche Gemeinschaft[191].

Die inhaltliche Unbestimmtheit und Wertausfüllungsbedürftigkeit von § 1353 Abs. 1 S. 2 hat dazu geführt, dass Rechtsprechung und Lehre versucht haben, durch vorsichtige Konkretisierung dieser Vorschrift einen nicht abschließenden Katalog von Einzelpflichten herauszuarbeiten[192], die wir als Grundpflichten bezeichnen können.

2. Einzelne Grundpflichten aus der ehelichen Lebensgemeinschaft

a) Pflicht zu häuslicher Gemeinschaft

118 Soweit nicht individuelle Lebensverhältnisse, wie z. B. doppelte Erwerbstätigkeit an verschiedenen Orten, entgegenstehen, gehört dazu, dass die Ehepartner sich gegenseitig die *Benutzung der Ehewohnung und des Hausrats* i. d. R. als gleichberechtigte Mitbesitzer gestatten[193], unabhängig davon, wer von beiden Eigentümer ist[194].

b) Pflicht zur geistigen Gemeinschaft

119 Jeder Ehepartner soll am psychischen Wohlbefinden und den Interessen des anderen Anteil nehmen[195]. Dazu gehören *Verständnisbereitschaft,* die durch die *gegenseitige Achtung und Liebe*[196] bestimmt wird. Damit soll auch *Verständigungsbereitschaft* verbunden sein, die gebietet, alle wichtigen gemeinschaftlichen Angelegenheiten ein-

188 *Creifelds*, »Generalklausel«.
189 Palandt/*Brudermüller*, § 1353, Rdnr. 2; vgl. zu § 242 ggf. *mein* SchR AT, Rdnr. 64.
190 Vgl. MüKo/*Wacke*, § 1353, Rdnr. 12; *Schlüter*, Rdnr. 40.
191 So *Alpmann/Schmidt*, S. 9, o. w. N.
192 Vgl. *Schlüter*, Rdnr. 40.
193 Vgl. Palandt/*Brudermüller*, § 1353, Rdnr. 6.
194 *Muscheler*, FamR, Rdnr. 283.
195 *Ebenda.*
196 MüKo/*Wacke*, § 1353, Rdnr. 17.

vernehmlich zu regeln. Dabei haben das Familieninteresse, Rücksichtnahme und Toleranz im Vordergrund stehen und persönliche Wünsche zurückzutreten[197].

c) Pflicht zur körperlichen Gemeinschaft

Nach traditionellem Eheverständnis umfasst die Pflicht zur ehelichen Lebensgemeinschaft auch die Pflicht zur *Geschlechtsgemeinschaft* und die Pflicht zur ehelichen Treue, unabhängig davon, dass der Ehebruch als Scheidungsgrund (den er nach § 42 Abs. 1 des alten EheG noch darstellte) abgeschafft ist[198]. Die Pflicht zur Geschlechtsgemeinschaft – unter wechselseitiger Rücksicht auf die physische Gesundheit und psychische Disposition des anderen[199] – bewirkt im Umkehrschluss das Recht bzw. einen Anspruch auf Herstellung der Geschlechtsgemeinschaft. **120**

Dazu folgender Fall:

Übungsfall 4 **121**

Frauke (F) und Manfred (M) errichten einen »Ehevertrag«, in den sie u. a. folgende Vereinbarung aufnehmen: »Wir wollen eine Josefsehe führen, Intimverkehr findet keiner statt.« Eines Tages überkommen F aber dennoch Lustgefühle. M will jedoch seine Ruhe haben; er will nicht! Frage: Muss er, oder kann er auf Einhaltung des Ehevertrags pochen? (»Pacta sunt servanda«[200].)

Die Antwort ergibt sich aus § 1353 Abs. 1 S. 2: Zur ehelichen Lebensgemeinschaft gehören von alters her Tisch *und* Bett. Die Frage ist, ob man diese Bestimmung durch eine vertragliche Vereinbarung ausgestalten bzw. abändern kann.

■ Wenn Sie sich an das erinnern, was Sie über den Aufbau und den Geltungsbereich der verschiedenen Bücher des BGB gelernt haben[201], müssten Sie die Frage selbst beantworten können.
Was meinen Sie? (Überlegen Sie!)

▷ Die Antwort folgt zwingend aus System und Aufbau des BGB: Während alle Vorschriften des Allgemeinen Teils des BGB ausnahmslos für das zweite bis fünfte Buch gelten, sind die Vorschriften des *Allgemeinen Schuldrechts* für alle *besonderen* Schuldverhältnisse maßgeblich und nur mittelbar (ausnahmsweise) auf Rechtsverhältnisse der Bücher 3 bis 5 des BGB anwendbar. Spezialregelungen des Sachen-, Familien- und Erbrechts schließen (scheinbar) ähnliche Vorschriften des Allgemeinen Schuldrechts aus. Eine solche Vorschrift ist § 311 Abs. 1, aus dem der Grundsatz der Vertragsfreiheit, die sowohl Abschluss- als auch Gestaltungsfreiheit umfasst, hergeleitet wird.

Gestaltungsfreiheit von Verträgen gibt es deshalb *nur* im Schuldrecht. Andernfalls hätte der Gesetzgeber eine entsprechende Vorschrift in den Allgemeinen Teil (Buch 1) des BGB aufgenommen. **122**

Im Familienrecht wie auch im Sachenrecht und Erbrecht gilt das Prinzip der Gestaltungsfreiheit nicht. Im Sachen-, Familien- und Erbrecht beschränkt sich die »Vertragsfreiheit« (insofern ist die amtliche Überschrift von § 1408 - »Ehevertrag, Vertragsfreiheit« - etwas missverständlich) der Parteien darauf, dass sie nur zwischen den dort vom Gesetzgeber zur Verfügung gestellten Vertragstypen wählen können. Es gilt der Grundsatz, dass alle Verträge verboten sind, die der Gesetzgeber in den Büchern 3, 4 und 5 des BGB nicht ausdrücklich vorgesehen hat.

197 MüKo/*Wacke*, § 1353, Rdnr. 18.
198 Palandt/*Brudermüller*, § 1353, Rdnr. 7.
199 Vgl. *Muscheler*, FamR, Rdnr. 283.
200 Vgl. dazu *mein* BGB AT, Rdnr. 183, Fn. 143; *Liebs*, P, Nr. 3.
201 Vgl. z. B. *mein* BGB AT, Rdnrn. 57–61.

§ 1353 ist, im Gegensatz zu § 437 z. B., nicht abdingbar (dispositiv), sondern *zwingend*!

■ Wie lautet die Antwort auf unsere Fallfrage? Muss unser Ehepartner M »Lust« haben?

▷ Er muss! Jeder Ehepartner hat einen Anspruch auf Vollzug bzw. Herstellung der ehelichen Gemeinschaft, sofern dies keinen Rechtsmissbrauch (vgl. § 1353 Abs. 2) darstellt. Auf einem anderen Blatt steht natürlich die Frage, wie man diesen Anspruch durchsetzen kann.

■ Wie setzt man normalerweise zivilrechtliche Ansprüche durch?

▷ Man geht zum Gericht, wenn der Vertragspartner die Erfüllung eines Anspruchs verweigert; d. h., man klagt seinen Anspruch ein, und das Gericht ordnet seine Erfüllung zwingend an. Das könnte in diesem Fall den Richter bzw. Gerichtsvollzieher bei »Durchführung der Zwangsvollstreckung« durchaus in Verlegenheit bringen. Nach § 888 Abs. 3 ZPO[202] darf die Zwangsvollstreckung in diesem Fall nicht erfolgen!
Dem entspricht auch § 177 StGB, der Vergewaltigung in der Ehe unter Strafe stellt.

123 Insbesondere die Pflichten zur häuslichen und körperlichen Gemeinschaft führen nach *Muscheler*[203] auch zu einer *Pflicht zur Wahrung der Exklusivität,* nach der ein Ehepartner grundsätzlich keine häusliche oder körperliche Gemeinschaft mit einem Dritten pflegen darf. Diese Exklusivität im Hinblick auf die häusliche und körperliche Gemeinschaft ist m. E. so selbstverständlich, dass sie keiner Erläuterung bedarf. Besonders erwähnenswert erscheint indessen die

d) Pflicht zur Sorge um die gemeinschaftlichen Angelegenheiten.[204]

124 Zu den gemeinschaftlichen Angelegenheiten gehören namentlich Haushaltsführung und Berufsausübung[205], Kinderbetreuung sowie Freizeitgestaltung. Entscheidungen in diesen Bereichen sind in gegenseitigem Einvernehmen möglich (»*Konsensobliegenheit*«), wobei eine *Funktionsteilung* sinnvoll ist[206].

e) Pflicht zur Beistandsleistung

125 Die eheliche Lebensgemeinschaft verpflichtet jeden Ehepartner auch zu gegenseitigem *Beistand in persönlichen Angelegenheiten* des anderen. Aus dieser Pflicht folgt auch eine *strafrechtliche Garantenpflicht,* z. B. den Selbstmord des Partners oder strafbare Handlungen (zumindest) in der Ehewohnung zu verhindern[207]. Weiterhin gehört dazu die Pflicht, in *steuerlichen* Angelegenheiten im Sinne der für beide günstigsten Lösung zusammenzuwirken.

Alle genannten Pflichten (für weitere Einzelheiten und Untergliederungen verweise ich auf die Literatur zur Vertiefung) können Sie sich anhand der folgenden Übersicht nochmals einprägen.

202 § 888 Abs. 1 S. 1 ZPO bestimmt, dass der Schuldner zur Vornahme von »nicht vertretbaren Handlungen« durch Zwangsgeld oder durch Zwangshaft anzuhalten ist. Gem. § 888 Abs. 3 ZPO kommt Abs. 1 jedoch nicht zur Anwendung im Falle der Verurteilung zur Herstellung des ehelichen Lebens.

203 FamR, Rdnr. 283.

204 Vgl. *Schwab*, Rdnr. 100.

205 Dazu ausführlicher unten Rdnrn. 170 ff.

206 Palandt/*Brudermüller*, § 1353, Rdnr. 2.

207 Vgl. *Schwab*, Rdnr. 103; *Muscheler*, FamR, Rdnr. 283.

Übersicht 9 126

Eheliche Lebensgemeinschaft

§ 1353

§ 1353 Abs. 1 S. 1: »Die Ehe wird auf Lebenszeit geschlossen.«

Ausnahmen:

- §§ 1313–1318 → »*Aufhebung der Ehe*«
- §§ 1564–1588 → »*Scheidung der Ehe*«

§ 1353 Abs. 1 S. 2

»Die Ehegatten sind einander zur ehelichen Lebensgemeinschaft verpflichtet; sie tragen füreinander Verantwortung«.

Aus dieser *Generalklausel* haben Rechtsprechung und Lehre einen (nicht abschließenden) Katalog von Grundpflichten der Ehepartner hergeleitet. Dazu gehören u.a.:

- Pflicht zur *häuslichen* Gemeinschaft
  → Gemeinsame Benutzung von Ehewohnung und Hausrat
- Pflicht zur *geistigen* Gemeinschaft
  → Verständnis- und Verständigungsbereitschaft
- Pflicht zur *körperlichen* Gemeinschaft
  → Geschlechtsgemeinschaft: Tisch *und* Bett (ohne Vergewaltigung)
- Pflicht zur *Sorge um* gemeinschaftliche *Angelegenheiten*
  → Haushaltsführung, Berufsausübung, Kinderbetreuung, Freizeitgestaltung (*Konsensobliegenheit – Funktionsteilung*)
- Pflicht zur *Beistands*leistung
  → Persönliche Angelegenheiten; strafrechtliche Garantenpflicht; steuerliche Angelegenheiten

3. Rechtliche Durchsetzbarkeit von Ehepflichten

a) Eheherstellungsklage

127 Mit der Klage auf Herstellung des ehelichen Lebens beim Familiengericht (§ 606 Abs. 1 ZPO) kann ein Ehepartner vom anderen die Erfüllung der aus § 1353 Abs. 1 S. 2 folgenden persönlichen Ehepflichten verlangen. Die Klage kann sowohl auf ein positives Tun (z. B. Herstellung der häuslichen, geistigen oder körperlichen Gemeinschaft, Sorge um die gemeinschaftlichen Angelegenheiten oder Beistandsleistung) als auch auf ein Unterlassen (z. B. einer ehebrecherischen Beziehung) gerichtet sein.

Wie die Lösung von Übungsfall 4 gezeigt hat, wird dem klagenden Ehepartner aber ein stattgebendes Urteil wenig nützen, da dieses gem. § 888 Abs. 3 ZPO nicht vollstreckt werden kann. In der Praxis wird daher von der Herstellungsklage kaum Gebrauch gemacht[208], sodass ihr heute keine Bedeutung mehr zukommt[209].

b) Klage wegen anderer Ansprüche unter Ehepartnern

aa) Vermögensrechtliche Ansprüche

128 Ist eine auf § 1353 Abs. 1 S. 2 gestützte Klage ausnahmsweise – z. B. bei einer Verletzung der Beistandsleistungspflicht, indem ein Ehepartner seine dazugehörige Pflicht zur Mitwirkung bei der Steuererklärung[210] verletzt – auf einen *vermögensrechtlichen Anspruch* gerichtet, so wird aus der Herstellungsklage eine allgemeine *(vollstreckbare)* Leistungsklage. § 888 Abs. 3 ZPO gilt dann nicht, da diese Klage und das stattgebende Urteil *nicht den höchstpersönlichen Bereich*[211] bzw. den *persönlich-sittlichen Bereich*[212] des beklagten Ehepartners tangieren. Für eine derartige Klage ist nicht das Familiengericht, sondern das allgemeine Prozessgericht zuständig[213]. Die Vollstreckbarkeit ergibt sich aus § 890 ZPO.

bb) Beseitigungs- und Unterlassungsansprüche bei Ehestörungen

129 Die durch § 823 Abs. 1 geschützten Rechte (Leben, Körper, Gesundheit, Freiheit, Eigentum oder »ein sonstiges Recht«) sind bekanntlich[214] *absolute* Rechte. »Sonstige«, in § 823 Abs. 1 nicht näher bezeichnete, absolute Rechte sind z. B. das allgemeine Persönlichkeitsrecht und das in § 12 (lesen) geschützte Namensrecht. Die Verletzung eines von § 823 Abs. 1 geschützten Rechts führt unmittelbar zu Schadensersatzansprüchen. Die Verletzung des Namensrechts gibt dem Berechtigten gem. § 12 außerdem einen *Beseitigungs- und Unterlassungsanspruch.* Wird das Eigentum verletzt, kommt für den Eigentümer nicht nur ein Schadensersatzanspruch nach § 823 Abs. 1 in Betracht, sondern ebenfalls ein Beseitigungs- und Unterlassungsanspruch (§ 1004 Abs. 1 – lesen!). Aus diesem Grund gewähren Rechtsprechung und Lehre bei *Verletzung eines »sonstigen« Rechts* i. S. v. § 823 Abs. 1 dem Verletzten (neben einem eventuellen Schadensersatzanspruch) gem. §§ 1004, (12), 823 Abs. 1 *analog* ggf. auch einen Beseitigungs- und Unterlassungsanspruch, der mit der allgemeinen »quasinegatorischen Unterlassungsklage« durchgesetzt werden kann, für die nicht das Fa-

208 Vgl. *Schwab*, Rdnr. 127.
209 Vgl. *Rauscher*, Rdnr. 239; *Schlüter*, Rdnr. 43; MüKo/*Wacke*, § 1353, Rdnr. 44.
210 Palandt/*Brudermüller*, § 1353, Rdnr. 12.
211 A. a. O., Rdnr. 13.
212 *Gernhuber/Coester-Waltjen*, § 23, Rdnr. 2.
213 Vgl. MüKo/*Wacke*, § 1353, Rdnr. 50; *Schlüter*, Rdnr. 43.
214 Vgl. *mein* SchR BT, Rdnrn. 388 ff.

miliengericht, sondern das allgemeine Prozessgericht zuständig ist. Für die Vollstreckbarkeit gilt wiederum nicht § 888 Abs. 3 ZPO, sondern § 890 ZPO (lesen!).[215] Einen solchen Anspruch hat selbstverständlich auch ein Ehepartner gegen den anderen, wenn dieser ein von § 823 Abs. 1 geschütztes Rechtsgut des Ehepartners verletzt. So hat der Ehepartner gegen den anderen Ehepartner etwa einen Anspruch auf Unterlassung weiteren Schlagens (Körper, Gesundheit) oder einen Anspruch auf Unterlassung ehrenrühriger Behauptungen in der Öffentlichkeit (allgemeines Persönlichkeitsrecht)[216].

Wäre auch das aus § 1353 Abs. 1 folgende Recht zur ehelichen Lebensgemeinschaft 130
ein sonstiges, absolutes Recht[217], könnte man bei Störung der ehelichen Lebensgemeinschaft (z. B. durch Ehebruch) einen Beseitigungs- und Unterlassungsanspruch gem. §§ 1004, (12), 823 Abs. 1 analog geltend machen.

Absolute Rechte sind indessen solche Rechte, die gegenüber »jedermann« wirken. Die den aus § 1353 Abs. 1 hergeleiteten Pflichten (vgl. Rdnrn. 118–125) des einen Ehepartners resultierenden Rechte des anderen sind jedoch ganz *persönliche, relative* Rechte, die nicht durch § 823 Abs. 1 geschützt sind[218].

Bei Verletzung persönlicher ehelicher Pflichten können die §§ 1004, (12), 823 Abs. 1 mit der Begründung, dass mit dem »Recht zur ehelichen Lebensgemeinschaft« ein absolutes Recht verletzt wurde, *nicht* analog angewendet werden.

Um einen Beseitigungs- und Unterlassungsanspruch des betrogenen Ehepartners 131
gegen den ehebrechenden Partner begründen zu können, »brauchen wir« ein absolutes Recht, das verletzt wurde.

In einem Fall, in dem der Ehemann seine Geliebte in die Ehewohnung einziehen ließ, hat der BGH[219] ein absolutes Recht »gefunden«: Als sonstiges (absolutes) Recht i. S. v. § 823 Abs. 1 hat er den *»räumlich-gegenständlichen Bereich der Ehe«* anerkannt und einen Anspruch auf Beseitigung der Störung sowie Unterlassung künftiger Störungen gem. §§ 1004, 823 Abs. 1 analog gewährt.[220]

Zum selben Ergebnis (Anspruch gem. §§ 1004, 823 Abs. 1 analog) kommt die Mei- 132
nung, welche statt der Verletzung des räumlich-gegenständlichen Bereichs der Ehe als sonstiges Recht i. S. v. § 823 Abs. 1 *in diesem Fall* eine *Verletzung des allgemeinen Persönlichkeitsrechts* des anderen Ehepartners sieht[221]. Ausführlicher wollen wir in diesem Rahmen daher auf den Meinungsstreit nicht näher eingehen.

Exkurs: Die/der Geliebte als Dritte/r in der Ehewohnung

Wenn Sie nach dem Vorwort auch »Aus dem Vorwort zur ersten Auflage von BGB AT – 133
zugleich eine Arbeitsanleitung« (S. X–XII) gelesen haben, werden Sie sich nach der Lektüre von Rdnrn. 129–132 möglicherweise gewundert haben? Denn im Vorwort zur ersten Auflage weise ich darauf hin, dass juristische »Probleme« und Meinungsstreitigkeiten bewusst nicht erörtert werden. Dies vor allem, weil die Erstauflage sich zunächst nur an Studierende gerichtet hat, die »Recht« als Nebenfach studieren. Inzwischen wenden sich meine Bücher aber auch an Studierende der Rechtswissenschaften an Universitäten und an künftige Diplom-Wirtschaftsjuristen, die einen ersten Einstieg in die Materie suchen. Studierende, die sich mit »Familien-

215 *Schlüter*, Rdnr. 44.
216 Vgl. *Muscheler*, FamR, Rdnr. 312.
217 So Palandt/*Brudermüller*, Einf v § 1353, Rdnr. 5.
218 Vgl. *Schlüter*, Rdnr. 57.
219 BGHZ 6, 360.
220 Vgl. auch *Muscheler*, FamR, Rdnr. 312; *Schwab*, Rdnr. 133.
221 Vgl. *Schlüter*, Rdnr. 52.

recht« befassen, sind i. d. R. keine »Anfänger« mehr (vgl. »Einschub 2007 in das soeben genannte Vorwort zur ersten Auflage...«).

134 Die Antwort auf die Frage, ob das »Recht zur ehelichen Lebensgemeinschaft« i. S. v. § 1353 Abs. 1 ein absolutes »sonstiges Recht« ist, auf das die §§ 823 Abs. 1, 1004 Abs. 1, 12 analog anzuwenden sind, ist so umstritten, dass sie nicht mit einem Satz abgetan werden kann. Ich habe aber oben versucht, die Darstellung des Meinungsstreits auf ein Minimum zu reduzieren.

135 Etwas verwundert war ich bei der Lektüre der großen Lehrbücher und Kommentare, wenn unter Hinweis auf BGHZ 6, 360 immer wieder von *den Fällen,* in denen der Ehemann die Geliebte in die Ehewohnung aufgenommen hatte, die Rede ist. Das klingt fast so, als sei dies ein Fall des Ehebruchs, der Gang und Gäbe ist. Der häufigere Fall wird doch sicher sein, dass der Ehebrecher die Ehewohnung verlässt und mit der (oder dem) neuen Geliebten zusammenzieht? Es muss doch wohl einen ganz *besonderen* Grund geben, seine(n) neue(n) Geliebte(n) in die Ehewohnung einziehen zu lassen und die damit zwangsläufig verbundenen Streitigkeiten auszuhalten. Welcher normale Mensch zieht schon gerne freiwillig in den »Krieg«?

Die ungewöhnliche Situation, dass die/der ehestörende Dritte in die Ehewohnung eingezogen ist, wird verständlicher, wenn man den genauen Sachverhalt kennt, der in BGHZ 6, 360 ff. 1952 entschieden wurde. 1952 gab es noch das alte Ehe- und Scheidungsrecht, wobei letzteres vom sog. Verschuldensprinzip (dazu mehr im 7. Kapitel) beherrscht wurde. Der Ehebrecher war danach grundsätzlich »schuldig«. Wollte er sich scheiden lassen, war das nur schwer möglich, wenn der betrogene Ehepartner zur Scheidung nicht bereit war. Dem Fall, den der BGH damals zu entscheiden hatte, ging im Jahre 1947 eine Scheidungsklage des Ehemannes voraus, der bereits seit mehreren Jahren ein »ehebrecherisches Verhältnis« mit einer anderen Frau unterhielt. Seine Scheidungsklage wurde rechtskräftig abgewiesen!

Das also war der »besondere« Grund: Daraufhin ließ der Ehemann 1948 seine Geliebte in die Ehewohnung einziehen, in der er mit ihr zusammen ein gemeinschaftliches Zimmer bewohnte, während die Ehefrau mit der (damals fünfjährigen) Tochter im ehelichen Schlafzimmer verblieb und die übrigen Räume in der Wohnung gemeinsam benutzt wurden.

Kennt man diese Umstände, dann versteht man zwar nicht unbedingt das Verhalten der Beteiligten, aber zumindest den Sachverhalt besser.

cc) Schadensersatzansprüche bei Ehestörungen

136 Auch hierzu sind die Meinungen in Rechtsprechung und Lehre durchaus kontrovers. Sie entsprechen im Wesentlichen jeweils den zum Beseitigungs- und Unterlassungsanspruch vertretenen Ansichten bezüglich der Einordnung des Rechts zur ehelichen Lebensgemeinschaft als (absolutes) sonstiges Recht i. S. v. § 823 Abs. 1, sodass wir uns hier mit der h. M. des BGH[222] und dem ihm folgenden Schrifttum begnügen wollen. Danach sind Schadensersatzansprüche wegen Verletzung von *persönlichen* Pflichten oder Rechten aus der ehelichen Lebensgemeinschaft grundsätzlich abzulehnen, weil es keine geeignete Anspruchsgrundlage gibt.

137 So scheidet § 1353 Abs. 1 S. 2 aus, da sich aus dem Wortlaut der Vorschrift kein Anspruch auf Schadensersatz wegen Verletzung persönlicher ehelicher Pflichten herleiten lässt[223].

Begeht ein Ehepartner einen »normalen« Ehebruch (= ohne seine/n Geliebten in die gemeinsame Ehewohnung zu holen), verletzt er durchaus ein Recht des anderen Ehepartners.

■ Welches Recht ist gemeint?

▷ Das aus § 1353 Abs. 1 S. 2 folgende *persönliche* Recht zur ehelichen Lebensgemeinschaft.

222 BGHZ 23, 215 (217 ff.).
223 *Muscheler*, FamR, Rdnr. 313; *Schlüter*, Rdnr. 57.

■ Nehmen Sie folgendes *Fallbeispiel*, das immer wieder zitiert wird[224]:

Ehefrau F hat mit D ein Liebesverhältnis und verlässt alsbald ihren Ehemann M. Dieser erleidet daraufhin einen Nervenzusammenbruch und muss mehrere Wochen ins Krankenhaus. Die Krankenhausrechnung beträgt 5.000 €. Nachdem die Ehe ein Jahr später geschieden wird, verlangt M von F 5.000 € Schadensersatz und ein angemessenes Schmerzensgeld. **138**

Welche Schadensersatzanspruchsgrundlage könnte in Betracht kommen? **139**

▷ Ein Anspruch auf Schadensersatz könnte sich aus § 823 Abs. 1 ergeben.

■ Was ist zunächst Voraussetzung, damit dieser Anspruch begründet sein könnte[225]?

▷ F müsste eines der dort genannten, geschützten Rechtsgüter oder ein »sonstiges Recht« des M verletzt haben.

■ Ist das hier geschehen?

▷ Indem F aus der Ehe ausgebrochen ist, hat sie das »Recht zur ehelichen Lebensgemeinschaft« des M verletzt, das nach h. M. kein (absolutes) sonstiges Recht i. S. v. § 823 Abs. 1, sondern ein *persönliches* (relatives) Recht ist.

§ 823 Abs. 1 ist als Schadensersatzanspruchsgrundlage bei Verletzung persönlicher ehelicher Rechte (und Pflichten) ebenso wenig geeignet wie § 1353 Abs. 1. M ist zwar durch die Bezahlung der Krankenhauskosten in seinem Vermögen geschädigt, aber das Vermögen ist ebenfalls kein durch § 823 Abs. 1 geschütztes Recht.[226]

■ Wie steht es mit dem Verlangen von Schmerzensgeld? (Überlegen Sie![227]) **140**

▷ Schmerzensgeld (immaterieller Schaden) kann gem. § 253 Abs. 1 (lesen) nur in den vom Gesetz genannten Fällen verlangt werden. Das Gesetz nennt diese Fälle in § 253 Abs. 2, der jedoch keine eigene Anspruchsgrundlage darstellt, sondern seinem Wortlaut nach (»*Ist* Schadensersatz… zu leisten«) einen bereits bestehenden Schadensersatzanspruch voraussetzt[228].
Ein solcher ist aber in diesem Fall gerade nicht begründet.

Selbst wenn man in § 253 Abs. 2 eine selbstständige Anspruchsgrundlage sehen würde[229], wäre dieser nicht begründet. »Liebe kann man nicht kaufen« sagt der Volksmund, während *Muscheler*[230] hierzu treffend formuliert: »Schmerzensgeld für verlorene Liebe kann es schon deshalb nicht geben, weil niemand ein Recht auf Liebe hat und Schmerzensgeld in unserem Fall Geld wäre, das den Schmerz nicht lindert, sondern vertieft.«

■ Soeben (unter Rdnr. 139) haben wir festgestellt, dass der materielle Schaden, den M zweifellos erlitten hat, sein Vermögen betrifft. Welche Anspruchsgrundlagen könnten grundsätzlich für einen solchen Schaden in Betracht kommen? **141**

▷ Es wäre nicht »abwegig«, aber falsch, wenn Sie kurzfristig an Schadensersatz wegen Pflichtverletzung aus § 280 Abs. 1 gedacht, diesen Gedanken aber gleich wieder verworfen hätten, da die eheliche Lebensgemeinschaft kein schuldrechtliches Vertragsverhältnis, sondern ein persönliches familienrechtliches Verhältnis i. S. v. § 1353 Abs. 1 ist, der (vgl. Rdnr. 137) keinen Schadensersatz gewährt. **142**

224 Z. B. *Schlüter*, Fall 3, vor Rdnr. 50; *Alpmann/Schmidt*, Fall 5.
225 Zur Prüfungsreihenfolge der Voraussetzungen von § 823 Abs. 1 vgl. *mein* SchR BT, Rdnr. 406.
226 Vgl. *mein* SchR BT, Rdnr. 408.
227 Vgl. ggf. *mein* SchR AT, Rdnr. 253 sowie SchR BT, Rdnr. 402.
228 *Ebenda*. Vgl. auch Hk-BGB/*Schulze*, § 253, Rdnr. 13; Jauernig/*Teichmann*, § 253, Rdnr. 4; a. A. Palandt/*Heinrichs*, § 253, Rdnr. 4.
229 So Palandt/*Heinrichs*, § 253, Rdnr. 4.
230 FamR, Rdnr. 314 a. E.

143 ■ Hatten Sie beim Stichwort »Vermögen« noch eine weitere Anspruchsgrundlage im Sinn (eine deliktsrechtliche z. B.)? Denken Sie nach!

▷ Es wäre auch nicht abwegig, wenn Sie an die Verletzung eines Schutzgesetzes, welches das Vermögen schützt, gedacht hätten. Wäre ein solches Schutzgesetz verletzt (z. B. § 263 StGB – Betrug –, aber ein Ehebrecher ist kein »Betrüger« in diesem strafrechtlichen Sinn!), wäre Schadensersatz gem. § 823 Abs. 2 (lesen) denkbar. § 823 Abs. 2 scheidet also ebenfalls aus.

144 Ein »normaler« Ehebruch ist auch keine »Beleidigung« i. S. v. § 185 StGB, abgesehen davon, dass § 185 StGB auch nicht den Schutz des Vermögens bezweckt[231]. Der »normale« Ehebruch ist deshalb auch nicht als Verletzung des allgemeinen Persönlichkeitsrechts zu werten. Anders war dies im »BGH-Fall«[232], in dem die Benutzung der Ehewohnung durch die Geliebte durchaus als Beleidigung und Eheverletzung der Ehefrau anzusehen war. § 823 Abs. 2 kann aber in Verbindung mit § 153 StGB (Falsche uneidliche Aussage) oder § 154 StGB (Meineid) zum Schadensersatz führen, wenn gegen diese Vorschriften durch falsche Zeugenaussagen im Vaterschafts- oder Unterhaltsprozess verstoßen wird[233].

145 In extremen Ausnahmefällen kann ein Schadensersatzanspruch aus § 826 (lesen) begründet sein, wenn zu dem Ehebruch eine sittenwidrige schädigende Verletzungshandlung des »ausbrechenden« Ehepartners hinzukommt. So hat das LG Baden-Baden[234] einen Anspruch des Ehemannes aus § 826 gegen die Ehefrau gewährt, weil diese aus einem Ehebruch ein Kind empfangen und auf die ausdrückliche Frage nach der Vaterschaft vorsätzlich gelogen hatte. Die Folge davon war, dass der Ehemann jahrelang Unterhalt (§ 1601) gezahlt hatte, bevor er die Vaterschaft gem. §§ 1600 Abs. 1 Nr. 1, 1592 Nr. 1 anfechten konnte (Vorschriften zur ersten Information lesen!).

Als Fazit (von Rdnr. 136 bis hier) können wir mit der h. M.[235] festhalten: Schadensersatzansprüche wegen Verletzung höchstpersönlicher Ehepflichten, z. B. der Verletzung der ehelichen Treuepflicht (»normaler« Ehebruch) sind ausgeschlossen, da sie einen (mittelbaren) Zwang zur Herstellung der ehelichen Lebensgemeinschaft bedeuten würden, den § 888 Abs. 3 ZPO verhindern soll[236].

c) »Allgemeine« Schadensersatzansprüche unter Ehepartnern

146 Das hiermit angesprochene Thema gehört eigentlich nicht ins Familienrecht; denn es sollte selbstverständlich sein, dass ein Ehepartner, der das Leben, den Körper, die Gesundheit, die Freiheit oder ein sonstiges, anerkanntes (absolutes) Recht i. S. v. § 823 Abs. 1 des anderen Ehepartners verletzt, dafür Ersatz leisten muss, wenn er tatbestandsmäßig, widerrechtlich und schuldhaft dem Ehepartner einen Schaden zufügt.

Der Umstand, dass zwei Menschen miteinander verheiratet sind, darf z. B. nicht dazu führen, dass psychische und physische Verletzungen durch den einen ebensolche Verletzungen durch den anderen »rechtfertigen«.

Wenn F dem M (oder umgekehrt, was häufiger vorkommen soll) nach der abendlichen Diskussion über die täglichen Eheprobleme in der gemeinsamen (= selten!) Stammkneipe ein blaues Auge verpasst, ist das eine widerrechtliche, zumindest fahrlässige (überwiegend vorsätzliche)

231 Vgl. *Muscheler*, Rdnr. 315.
232 BGHZ 6, 360; vgl. Rdnr. 130.
233 Vgl. Bamberger/Roth/*F. Lohmann*, § 1353, Rdnr. 40 unter Hinweis auf OLG Celle, FamRZ 1992, 556.
234 FamRZ 1992, 557.
235 Wenngleich die h. M. ebenso wenig überzeugen kann wie ihre Kritiker inklusive *Gernhuber/Coester-Waltjen*, § 17, Rdnr. 24!
236 Vgl. nur *Schwab*, Rdnr. 125.

Körper- und Gesundheitsverletzung, die zum Schadensersatz (Arzt- und Heilungskosten, evtl. Schmerzensgeld – vgl. Rdnr. 140) verpflichtet.

Deshalb können Schäden an Körper und Gesundheit, die durch ein (unter Umständen ehewidriges) Verhalten des anderen vorsätzlich oder fahrlässig verursacht worden sind, nach § 823 Abs. 1 Schadensersatzansprüche auslösen[237].

Beachtet ein Ehepartner die Vorfahrt nicht und fährt mit seinem Auto zufällig (oder vorsätzlich?) seinen Ehepartner an, haftet er auf Schadensersatz für die Reparaturkosten des »Zweitwagens« sowie Arzt- und Heilungskosten.

Verstößt ein Ehepartner gegen seine eheliche Treuepflicht i. S. v. § 1353, gibt es keinen Schadensersatz, wie wir gelernt haben. Kommt der ehebrecherische Ehepartner aber (reumütig?) in seine Ehewohnung zurück und steckt den anderen als Folge des Ehebruchs mit AIDS an, verletzt er die Gesundheit der/des Anspruchsberechtigten. Rechtsfolge: Schadensersatz!

Stets sind hier natürlich die allgemeinen Voraussetzungen der Anspruchsgrundlage § 823 Abs. 1[238] zu prüfen, insbesondere Widerrechtlichkeit und Schuld[239].

Man könnte diese Beispiele endlos erweitern, aber es sind keine echten *familienrechtlichen* Probleme, die hier zum Schadensersatz führen.

d) Der Umfang der Haftung der Ehepartner untereinander

Gem. § 1359 haben die Ehepartner bei der Erfüllung der sich aus dem ehelichen Ver- **147**
hältnis ergebenden Verpflichtungen einander nur für diejenige Sorgfalt einzustehen, welche sie in eigenen Angelegenheiten anzuwenden pflegen. Damit nimmt § 1359 Bezug auf § 277, der für den Fall, dass jemand nur für diejenige Sorgfalt einzustehen hat, welche er in eigenen Angelegenheiten anzuwenden pflegt, eine *Haftungsmilderung*[240] entgegen der allgemeinen Haftungsregel des § 276 Abs. 1 S. 2 vorsieht (Vorschriften lesen!).

§ 1359 ist seinem Wortlaut nach *keine Anspruchsgrundlage,* sondern eine Rechtsfolgeregelung, die nur den *Haftungsmaßstab* festlegt, wenn ein Ehepartner eine eheliche oder eine allgemeine Pflicht gegenüber dem anderen Ehepartner verletzt hat[241].

Während also ein Ehepartner, der einem Dritten einen Schaden zufügt, nach § 276 Abs. 1 S. 1 schon für »leichteste« Fahrlässigkeit haftet, soll er seinem Ehepartner, dem er schuldhaft einen Schaden zugefügt hat, erst ab grober Fahrlässigkeit (§ 277) haften.

Bei deliktischen Ansprüchen soll das Haftungsprivileg des § 1359 nach der Rechtsprechung des BGH[242] nur auf Körperverletzungen und Sachbeschädigungen *im häuslichen Bereich* anwendbar sein, während es bei Verletzungen, die sich Ehepartner z. B. unter Verstoß gegen Regeln des Straßenverkehrs zufügen, nicht gelten soll.[243]

237 *Schlüter*, Rdnr. 57.
238 Vgl. *mein* SchR BT, Rdnr. 406.
239 Vgl. *Muscheler*, FamR, Rdnr. 313.
240 MüKo/*Wacke*, § 1359, Rdnr. 6.
241 Vgl. Bamberger/Roth/*F. Lohmann*, § 1359, Rdnr. 1; Palandt/*Brudermüller*, § 1359, Rdnr. 1; *Gernhuber/Coester-Waltjen*, § 22, Rdnr. 4.
242 BGHZ 53, 352 (355).
243 Palandt/*Brudermüller*, § 1359, Rdnr. 2; *Schwab*, Rdnr. 136.

Übersicht 10

Rechtliche Durchsetzung von Ehepflichten

- **Eheherstellungsklage**
  - → Anspruch auf Herstellung der ehelichen Lebensgemeinschaft (§ 1353 Abs. 1 S. 2) = Höchstpersönlicher Anspruch
  - → Familiensache (§ 606 Abs. 1 ZPO)
  - → Keine Vollstreckbarkeit (§ 888 Abs. 3 ZPO)

- **Klage wegen anderer Ansprüche unter Ehepartnern**
  - → Anspruch auf Beistandsleistung (§ 1353 Abs. 1 S. 2) → Mitwirkung bei Steuererklärung = *Vermögensrechtlicher Anspruch*
  - → Allgemeines Prozessgericht → Vollstreckbarkeit (§ 890 ZPO)

- **Beseitigungs- und (quasi-negatorische) Unterlassungsklage bei Ehestörungen**
  - → Nicht bei »normalem« Ehebruch: Kein absolutes sonstiges Recht i. S. v. § 823 Abs. 1 ist verletzt (h. M.: »Ehe« bzw. »Recht zur ehelichen Lebensgemeinschaft« zählen nicht dazu)
    - *Ausnahme: »Räumlich-gegenständlicher Bereich«* (Ehewohnung)
      - → »Quasi-negatorische Unterlassungsklage« *analog* §§ 1004 Abs. 1, (12), 823 Abs. 1 zulässig → § 890 ZPO

- **Schadensersatzansprüche bei Ehestörungen**
  - → Kein Anspruch aus § 1353 Abs. 1 S. 2, da diese Vorschrift nicht auf Schadensersatz gerichtet ist.
  - → Kein Anspruch aus § 823 Abs. 1, da bei Ehebruch kein absolutes Recht verletzt ist → kein Schmerzensgeld nach § 253.
  - → Kein Anspruch aus § 280, da keine allgemeine Pflichtverletzung vorliegt.
  - → Kein Anspruch aus § 823 Abs. 2, da kein Schutzgesetz verletzt ist.
    - *Ausnahme:* §§ 153, 154 StGB → Falsche Zeugenaussage in Vaterschafts- oder Unterhaltsprozess (Vermögensschaden).
  - → Anspruch aus § 826 ist möglich, wenn neben Ehebruch sittenwidrige schädigende Verletzungshandlung vorliegt.

- **»Allgemeine« Schadensersatzansprüche unter Ehepartnern**
  - → Anspruch nach § 823 Abs. 1 ist begründet, wenn ein dort genanntes oder anerkanntes sonstiges Recht verletzt ist.

- **Umfang der Haftung der Ehepartner untereinander**
  - → § 1359: *Haftungsmilderung* entsprechend § 277.
    - → Sorgfalt in eigenen Angelegenheiten: Haftung nur für *grobe* Fahrlässigkeit (und Vorsatz).

4. Ansprüche gegen Dritte wegen Ehestörungen

a) Beseitigungs- und Unterlassungsansprüche

Wie oben (Rdnr. 130) dargestellt, gewährt die h. M. gegen den Ehepartner, der aus der Ehe ausbricht, keinen Anspruch auf Unterlassung nach §§ 1004 Abs. 1, (12), 823 Abs. 1 analog, da kein absolutes Recht des anderen Ehepartners verletzt wurde. **148**

Konsequenterweise wird auch die Möglichkeit der »quasi-negatorischen Unterlassungsklage« gegen den ehestörenden Dritten abgelehnt, da auch er allein durch die Begründung eines Liebesverhältnisses zu dem verheirateten Partner kein absolutes Recht des anderen Ehepartners verletzt hat. Dringt aber eine dritte Person in den »räumlich-gegenständlichen Bereich« (Rdnr. 131) ein, so kann der verletzte Ehepartner auch gegen diese Person grundsätzlich den Anspruch aus §§ 1004 Abs. 1, (12), 823 Abs. 1 geltend machen[244].

b) Schadensersatzansprüche

Auch für Schadensersatzansprüche gegen die dritte Person, welche die Ehe stört, gilt dasselbe entsprechend, was für Schadensersatzansprüche der Ehegatten untereinander gelten soll. **149**

Beschränkt sich die Verletzung allein auf die Begründung des Liebesverhältnisses zu dem verheirateten Partner, können daraus nach h. M. keine Schadensersatzansprüche entstehen, da kein absolutes Recht verletzt ist.

Beispiel: F verlässt M und ihre Kinder und zieht zu ihrem neuen Freund D. M stellt zur Versorgung der Kinder und des Haushalts eine Gehilfin ein. Ein Schadensersatzanspruch (Ersatz der Kosten für die Haushaltsgehilfin) ist nach h. M. nicht begründet.

Verletzt die dritte Person indessen ein absolutes Recht (z. B. Gesundheit) des verlassenen Ehepartners, indem sie den Ehebrecher mit einer Krankheit und dieser dann auch seinen Ehepartner ansteckt, so liegt eine durch die dritte Person kausal verursachte Gesundheitsschädigung des verlassenen Ehepartners vor[245]. Somit ist der Tatbestand des § 823 Abs. 1 erfüllt, sodass die dritte und die ehebrechende Person gem. § 840 Abs. 1 (lesen!) als Gesamtschuldner haften.

Bevor wir weitere personenrechtliche Wirkungen der Ehe betrachten, lösen wir zur Wiederholung und Übung folgenden Fall. **150**

244 *Schlüter*, Rdnr. 54.
245 *Muscheler*, FamR, Rdnr. 316.

Übungsfall 5

Professor M (43) hat schon seit langem den Verdacht, dass seine Ehefrau F (30), die bei Dr. D (32) als Sprechstundenhilfe tätig ist, die häufigen Überstunden in der Praxis nicht aus dienstlichen, sondern aus »praktischen« Gründen verbringt. M beauftragt einen renommierten Privatdetektiv, der seinen Verdacht alsbald mit klaren Beweisen (Fotos) bestätigt und 1.500 € Honorar kassiert. So kommt es mehrfach dazu, dass M in angetrunkenem Zustand der F nach ihrer abendlichen Rückkehr aus der Praxis heftige Schläge verpasst. Die dadurch verursachten Verletzungen verursachen 1.000 € Heilungs- und Arztkosten.

- F möchte gegen M auf Unterlassung weiterer Körperverletzungen klagen und verlangt außerdem 1.000 € Schadensersatz und Schmerzensgeld.
- M möchte F auf Herstellung der ehelichen Lebensgemeinschaft sowie F und D auf Unterlassung des Ehebruchs verklagen und möchte wissen, ob er die 1.500 € Detektivkosten von F und/oder D verlangen kann.

1. Welche Ansprüche hat F gegen M?
2. Welche Ansprüche hat M
   a) gegen F und
   b) gegen D?

Anstatt sofort weiterzulesen, sollten Sie versuchen, selbst eine Lösungs*skizze* zu erstellen, indem Sie Ihr aus der bisherigen Lektüre (insbesondere aus Rdnrn. 127–149) erlangtes Wissen anwenden. Lesen Sie daher den *Sachverhalt* nochmals und halten Sie bei der Lösung die Reihenfolge der *Fallfragen* ein, bevor Sie die möglichen *Anspruchsgrundlagen*[246] suchen!

Lösungsskizze

I. Ansprüche F gegen M

151 *1. Anspruch auf Unterlassung weiterer Körperverletzungen gem. §§ 1004, (12), 823 Abs. 1 analog*

Da M die durch § 823 Abs. 1 geschützten absoluten Rechte Körper und Gesundheit verletzt und dies sogar mehrfach getan hat, sind weitere Beeinträchtigungen (vgl. § 1004 Abs. 1 S. 2) zu besorgen, sodass der Anspruch der F begründet ist und sie auf Unterlassung klagen kann.

Für die Entscheidung über die Klage ist nicht das Familiengericht, sondern das allgemeine Prozessgericht zuständig. Die Zwangsvollstreckung erfolgt nach § 890 ZPO[247].

152 *2. Anspruch auf Schadensersatz gem. § 823 Abs. 1*

a) M hat tatbestandsmäßig, widerrechtlich und schuldhaft Körper und Gesundheit der F verletzt. Diese Handlung war kausal für die entstandenen Heilungs- und Arztkosten, sodass der Anspruch begründet ist.

153 b) Für den Umfang des Schadens gelten die §§ 249 ff. Danach kann F diese Kosten gem. § 249 Abs. 2 S. 1 und außerdem gem. § 253 Abs. 2 ein angemessenes Schmerzensgeld fordern.

II. Ansprüche M gegen F

154 *1. Anspruch auf Herstellung der ehelichen Lebensgemeinschaft gem. § 1353 Abs. 1 S. 2*

Da F aus der Ehe ausgebrochen ist, hat sie das Recht des M zur ehelichen Lebensgemeinschaft verletzt, sodass der Anspruch aus § 1353 Abs. 2 S. 1 grundsätzlich gegeben ist.

155 »Grundsätzlich« ist der Anspruch gegeben, da die F mangels besonderer Hinweise in diesem Sachverhalt zunächst ohne erkennbaren Grund »fremd gegangen« ist.

246 Zu den kursiv gedruckten Begriffen (Methodik der Fallbearbeitung) vgl. *meine* »Anleitung«, Rdnrn. 24–49.

247 Vgl. oben, Rdnr. 128.

Nachdem aber der M die F in angetrunkenem Zustand mehrfach geschlagen hat, könnte § 1353 Abs. 2 (lesen!) einem – wegen § 888 Abs. 3 ZPO ohnehin nicht vollstreckbaren – Urteil[248] entgegenstehen[249].

Die Klage des M wird daher abzuweisen sein.

Die Folge der Anwendung von § 1353 Abs. 2 ist, dass die Verpflichtung zur ehelichen Lebensgemeinschaft entfällt.

Im Übrigen ist § 1353 Abs. 2 seit der Neufassung der Scheidungsvorschriften (§§ 1564 ff.[250]) durch das 1. EheRG eigentlich überflüssig[251], da diese Vorschriften von der Befugnis der Ehepartner zum Getrenntleben als Selbstverständlichkeit ausgehen. Für die häusliche Gemeinschaft hat § 1353 Abs. 2 daher keine praktische Bedeutung mehr[252].

2. Anspruch auf Unterlassung des Ehebruchs gem. §§ 1004, (12), 823 Abs. 1 analog **156**

Voraussetzung für diesen Anspruch ist, dass »die Ehe« bzw. das »Recht zur ehelichen Lebensgemeinschaft« i. S. d. § 1353 Abs. 1 S. 2 als absolutes Recht i. S. v. § 823 Abs. 1 verletzt wurde. Diese aus § 1353 Abs. 1 S. 2 hergeleiteten Rechte sind indessen keine absoluten, gegen jedermann wirkenden, sondern ganz persönliche, relative Rechte, die nicht durch § 823 Abs. 1 geschützt sind[253]. Der Anspruch ist somit nicht begründet.

3. Anspruch auf Schadensersatz von 1.500 € Detektivkosten

a) § 1353 Abs. 1 S. 2 **157**

Aus dem Wortlaut dieser Vorschrift lässt sich kein Anspruch auf Schadensersatz wegen Verletzung persönlicher ehelicher Rechte oder Pflichten herleiten[254].

b) § 823 Abs. 1 **158**

Durch den Ehebruch hat F kein absolutes, sondern das persönliche, relative Recht zur ehelichen Lebensgemeinschaft verletzt, das nicht dem Schutz von § 823 Abs. 1 unterfällt. Dies gilt auch für die Verletzung des Vermögens des M, das durch § 823 Abs. 1 ebenfalls nicht geschützt ist[255].

c) § 823 Abs. 2 i. V. m. einem Schutzgesetz **159**

Ein Schutzgesetz, das F durch ihren Ehebruch verletzt hat, ist nicht ersichtlich[256].

d) § 826 **160**

Diese Vorschrift scheidet als Anspruchsgrundlage aus, da zu dem Ehebruch keine sittenwidrige schädigende Verletzungshandlung hinzukam[257].

III. Ansprüche M gegen den Dritten D **161**

1. Anspruch auf Unterlassung der Ehestörung nach §§ 1004, (12), 823 Abs. 1 analog

Der Anspruch ist mit entsprechender Begründung, die auch unter Ehepartnern gilt, abzulehnen (lesen Sie dazu nochmals Rdnr. 148.).

2. Anspruch auf Schadensersatz gem. § 823 Abs. 1

Entfällt ebenfalls. Begründung: Rdnr. 149!

248 S. o. Rdnr. 126.
249 *Schlüter*, Rdnr. 45.
250 Vgl. unten 7. Kapitel.
251 Palandt/*Brudermüller*, § 1353, Rdnr. 16.
252 Hk-BGB/*Kemper*, § 1353, Rdnr. 7.
253 S. o. Rdnr. 129.
254 S. o. Rdnr. 136.
255 Vgl. oben, Rdnr. 138.
256 Lesen Sie ggf. nochmals Rdnrn. 142 f.
257 Vgl. Rdnr. 144.

Literatur zur Vertiefung (Rdnrn. 117–161):

Gernhuber/Coester-Waltjen, §§ 16–18; *Lipp,* § 5; *Lüderitz/Dethloff,* § 4 Rdnrn. 1–86; *Muscheler,* FamR, § 18 Rdnrn. 281–286; § 19; *Schlüter,* §§ 6, 7; *Schwab,* §§ 20, 21, 24; *Stake,* Die Pflichten aus der ehelichen Lebensgemeinschaft und ihre Durchsetzbarkeit, JA 1994, 115.

II. Name und Staatsangehörigkeit der Ehepartner

1. Ehename

a) Entwicklung des Namensrechts

162 Bis zum Inkrafttreten des 1. EheRG[258] am 1.1.1977 wurde nach dem Willen des Gesetzgebers der Familienname des Mannes zwingend auch zum Namen der Frau. In seiner Urfassung lautete § 1355 schlicht: »Die Frau enthält den Familiennamen des Mannes«.

Das war kurz und bündig, widersprach aber dem Gleichberechtigungsgrundsatz (Art. 3 Abs. 2 GG – lesen), was der Gesetzgeber des Gleichberechtigungsgesetz von 1957[259] noch nicht berücksichtigt hatte. Durch das 1. EheRG erhielten die Ehepartner das Recht, entweder den Geburtsnamen des Mannes oder den Geburtsnamen der Frau zum Ehenamen zu bestimmen (§ 1355 Abs. 2 S. 1 a. F.). Sofern die Eheschließenden von diesem Recht keinen Gebrauch gemacht hatten, wurde allerdings nach § 1355 Abs. 2 S. 2 a. F. der Name des Mannes zum Ehenamen. In seinem Beschluss vom 5.3.1991 hat das Bundesverfassungsgericht diese Regelung für verfassungswidrig erklärt[260] und entschieden, dass beide Ehepartner sich nicht auf einen Ehenamen einigen *müssen* sowie im Fall der Nichtbestimmung eines gemeinsamen Ehenamens jeweils ihren zur Zeit der Eheschließung geführten Namen behalten können.

Diese Entscheidung des Bundesverfassungsgerichts war Anlass, das gesamte eheliche Namensrecht neu zu gestalten. Dies erfolgte im Familienrechtsnamensgesetz (FamNamRG) vom 16.12.1993[261], das am 1.4.1994 in Kraft getreten ist.

§ 1355 umfasst seither sechs Absätze, die bis auf Abs. 2 noch heute gelten. § 1355 Abs. 2 lautete nach der Änderung aufgrund des FamNamRG zunächst: »Zum Ehenamen können die Ehegatten durch Erklärung gegenüber dem Standesbeamten den Geburtsnamen des Mannes oder den Geburtsnamen der Frau bestimmen.«

Auch diese Bestimmung hat das Bundesverfassungsgericht mit seiner Entscheidung vom 18.2.2004[262] für verfassungswidrig erklärt: Es verstoße gegen Art. 2 Abs. 1 GG (lesen!), wenn die Ehepartner anstelle eines Geburtsnamens nicht ihren durch frühere Eheschließung erworbenen Namen in der neuen Ehe als Ehenamen bestimmen können.

Wie sich die neue Fassung von § 1355 Abs. 2 a. F. seither (ab 1.5.2005) unterscheidet, lesen Sie bitte in Ihrem Gesetzestext nach, d. h. lesen Sie § 1355 zur ersten Information einmal *ganz* durch, bevor wir die Regelungen seiner sechs Absätze genauer betrachten!

258 S. o. Rdnr. 1.
259 Vgl. oben, Rdnr. 15.
260 BVerfG NJW 1991, 1602 (vgl. schon oben Rdnr. 16, Fn. 44); BVerfG FamRZ 1991, 535.
261 BGBl. I, S. 2054; vgl. oben Rdnr. 1.
262 BVerfG FamRZ 2004, 515.

b) Bestimmung des Ehenamens

Dazu

Übungsfall 6	

Als Franziska (F) und Maximilian (M) heirateten, einigten Sie sich auf M's Nachnamen Lüdenscheid als Ehename.

Nachdem vom Frauenclub der F allmählich alle Ehefrauen beim Standesbeamten waren, um ihrem Ehenamen ihren Geburtsnamen hinzufügen zu lassen, möchte auch F ihren Geburtsnamen Müller dem Ehenamen voranstellen. M, der diesen »emanzipatorischen Unsinn« albern findet, droht auszuziehen, wenn F ihr Vorhaben wahr mache. F nimmt die Drohung nicht ernst und legt ihm einige Tage später stolz die öffentlich beglaubigte Urkunde vor, aus der sich ergibt, dass sie nunmehr Franziska Müller-Lüdenscheid heißt. M packt erzürnt seine Koffer und zieht zu seiner Jugendliebe Dr. Dora Klöbner (D).

Muss F ihren »Doppelnamen« wieder aufgeben, um den M zur Rückkehr zu bewegen?

Wenn Sie § 1355 ganz gelesen haben, werden Sie gemerkt haben, dass dort zwischen **163**
Ehename, Familienname und Geburtsname unterschieden wird.

Ehename ist nach der Legaldefinition von § 1355 Abs. 1 S. 1 der *gemeinsame Familienname.* Der Begriff *Familienname* entspricht den in der Umgangssprache gebräuchlichen Begriffen *Zuname* oder *Nachname*[263].

Geburtsname ist gem. § 1355 Abs. 6 der (Familien-)Name, der in der Geburtsurkunde eines Ehepartners zum Zeitpunkt der Erklärung (über die Bestimmung des Ehenamens) gegenüber dem Standesbeamten einzutragen ist. Der Geburtsname ist also nicht zwangsläufig identisch mit dem Namen, den der Ehepartner bei seiner Geburt (vgl. § 1616 – lesen!) bekommen hat. Änderungen können sich in Folge einer *Namensänderung der Eltern* und ggf. erfolgter Anschließung durch das Kind nach dem fünften Lebensjahr (§ 1617c Abs. 1 S. 1 – lesen!) ergeben, ebenso durch *Einbenennung* (§ 1618 – lesen Sie davon nur Abs. 1), durch *Adoption* (§ 1757 Abs. 1) oder durch einen Verwaltungsakt nach dem NÄG[264].

Gem. § 1355 Abs. 1 S. 1 *sollen* die Ehepartner einen Ehenamen bestimmen, der dann **164**
von beiden geführt wird (§ 1355 Abs. 1 S. 2). Im Übungsfall 6 hieß die mit Maximilian Lüdenscheid verheiratete F daher zunächst Franziska Lüdenscheid, da die Eheleute den Geburtsnamen des M gem. § 1355 Abs. 2, 1. Var. zum Ehenamen bestimmt hatten.

Indem F später ihren Geburtsnamen voranstellen ließ, hat sie von ihrer Befugnis nach § 1355 Abs. 4 S. 1 Gebrauch gemacht.

Dies war also kein Grund für M, die F zu verlassen und somit gegen seine Pflicht zur ehelichen Lebensgemeinschaft nach § 1353 Abs. 1 S. 2 zu verstoßen. Da die an sich mögliche Eheherstellungsklage mangels Vollstreckbarkeit (vgl. oben Rdnr. 127) den M der F nicht zurückbringen wird, bleibt ihr, obwohl sie zur Namensänderung berechtigt war, nur die Möglichkeit, wieder den Ehenamen Lüdenscheid (ohne »Begleitnamen«) anzunehmen oder »auf M zu verzichten«.

Bestimmen die Ehepartner keinen Ehenamen führt jeder den bei Eheschließung geführten Namen weiter (§ 1355 Abs. 1 S. 3). Zum Ehenamen kann der Geburtsname oder der zur Zeit der Erklärung über die Bestimmung des Ehenamens geführte Name

263 MüKo/*Wacke*, § 1355, Rdnr. 3.

264 Namensänderungsgesetz v. 10.3.1975 (BGBl. I, S. 685); vgl. JurisPK-BGB/*Grandel*, § 1355, Rdnr. 8; *Muscheler*, FamR, Rdnr. 306; *Gernhuber/Coester-Waltjen*, § 16, Rdnr. 6.

der Frau oder des Mannes bestimmt werden (§ 1355 Abs. 2). Erfolgt diese Erklärung noch nicht bei der Eheschließung (§ 1355 Abs. 3 S. 1), kann sie später nachgeholt und muss öffentlich beglaubigt werden (§ 1355 Abs. 3 S. 2).

c) Begleitname

165 Der vom Gesetz nicht so bezeichnete Begleitname ist der Name, den ein Ehepartner, dessen Name nicht Ehename wird, gem. § 1355 Abs. 4 S. 1 dem Ehenamen voranstellen oder anfügen kann[265].

Lösen Sie dazu selbst folgenden Fall:

Übungsfall 7	
Der gebürtige Herr Huber-Bauer heiratet die gebürtige Frau Schmidt-Meier. Zum Ehenamen wird gem. § 1355 Abs. 2, 1. Var. der Geburtsname der Frau bestimmt. Herr Huber-Bauer will von seinem Recht nach § 1355 Abs. 4 Gebrauch machen. Wie kann er sich nennen?	

■ Wenn Sie die im Fall zitierten Vorschriften genau lesen, kann die Antwort nicht schwer fallen.

▷ Gem. § 1355 Abs. 4 S. 1 könnte Herr Huber-Bauer diesen, seinen Geburtsnamen dem nach § 1355 Abs. 2 bestimmten Ehenamen voranstellen oder anfügen. Dann hieße unser Mann »Huber-Bauer-Schmidt-Meier«? Oder »Schmidt-Meier-Huber-Bauer«?? Das kann doch wohl nicht wahr sein? Ist es auch nicht! Um Drei- oder Mehrfachnamen zu vermeiden, bestimmt § 1355 Abs. 4 S. 2, dass S. 1 nicht eingreift, wenn der Ehename bereits aus mehreren Namen besteht. Der gebürtige Herr Huber-Bauer hat sich durch die Bestimmung des Ehenamens nach § 1355 Abs. 2, 1. Var. auf den Namen Schmidt-Meier festgelegt.

Wandeln wir Fall 7 dahingehend ab, dass Herr Huber-Bauer die »einfache« Frau Schmidt heiratet, deren Name gem. § 1355 Abs. 2 Ehename wird. Hier ist § 1355 Abs. 4 S. 3 zu beachten!

■ Wie kann der gute Mann sich nun nennen?

▷ Herr Huber-Bauer hat nach § 1355 Abs. 4 S. 3 die Qual der Wahl: Entweder nennt er sich Schmidt-Bauer oder Bauer-Schmidt oder Schmidt-Huber oder Huber-Schmidt.

Wenngleich das durchaus verwirrend erscheinen mag, hat diese Regelung des Namensrechts doch dazu geführt, dass Drei- oder gar Mehrfachnamen nicht möglich sind:

Entweder ein Doppelname oder ein einfacher Name als Ehename oder ein Doppelname für den Ehepartner, dessen Name nicht Ehename wurde!

Nun noch »ein Fall für zwei«, d. h. für geschiedene (= ehemalige) Ehepartner:

Übungsfall 8	
Die geschiedene Fanny (F) *Coers-Pennig,* geb. *Coers,* hatte sich bei ihrer ersten Heirat mit ihrem Mann auf seinen Geburtsnamen *Pennig* als Ehenamen geeinigt und ihren Geburtsnamen vorangestellt. Sie heiratet erneut, diesmal den geschiedenen Meinhard (M) *Frey-Fuchser,* dessen Geburtsname *(Fuchser)* zum *Ehenamen* bestimmt wird. Welchen Namen kann F führen, wenn sie von den vielfältigen Möglichkeiten des § 1355 Gebrauch machen will?	

265 Vgl. *Schlüter,* Rdnr. 37.

■ Lesen Sie ggf. den Sachverhalt und § 1355 nochmals, bevor Sie Ihre Lösung skizzieren und dann hier weiterlesen! **166**

▷ Gem. § 1355 Abs. 5 S. 1 behält der geschiedene Ehepartner den *Ehenamen,* also *Pennig.* Gem. § 1355 Abs. 5 S. 2 kann F ihren *Geburtsnamen,* also *Coers,* den sie bis zur Bestimmung *des Ehenamens* (wir nehmen an: des *ersten* Ehenamens) geführt hat *oder* den Namen wieder *annehmen,* den sie bis zur Bestimmung des (zweiten) Ehenamens *(Fuchser)* geführt hat, also *Coers-Pennig, oder* dem (zweiten) *Ehenamen (Fuchser)* ihren *Geburtsnamen (Coers) oder* den zur Zeit der Bestimmung des (zweiten) Ehenamens *(Fuchser)* geführten Namen *(Coers-Pennig)* »voranstellen *oder* anfügen«!

■ Stop: Wie kann F bis vor oder nach dem *ersten »oder«* von § 1355 Abs. 5 S. 2 heißen?

▷ Sie kann F. *Coers* (Geburtsname) oder F. *Coers-Pennig* (bis zur Bestimmung des Ehenamens Fuchser geführter Ehename) heißen. Einverstanden?

■ Möglichkeit nach dem zweiten *»oder«*?

▷ *Coers-Fuchser*, oder zusammen mit dem vierten *»oder« Fuchser-Coers.*

■ Was bewirkt nun das dritte *»oder«*?

▷ F nennt sich *Coers-Pennig-Fuchser* oder zusammen mit dem vierten *»oder« Fuchser-Coers-Pennig*?
Nein! Hier gilt nun gem. § 1355 Abs. 5 S. 3 »Absatz 4 entsprechend«! Nach § 1355 Abs. 4 S. 2 und 3 kann nur ein Name des Ehepartners, der bei der Heirat bereits einen Doppelnamen führte, dem neuen Ehenamen hinzugefügt werden.

■ Wie kann sich F nun nennen, wenn der neue *Ehename Fuchser* ist.

▷ Mir scheint richtig zu sein: *Coers-Fuchser*, *Fuchser-Coers*, *Fuchser-Pennig* oder *Pennig-Fuchser.*

Falls Sie anderer Meinung sind, schreiben Sie mir bitte eine E-Mail.

Nun wandeln wir Übungsfall 8 dahingehend ab, dass F und M gem. § 1355 Abs. 2 *Frey-Fuchser* zum Ehenamen bestimmt haben … Spaß beiseite; die Lösung will ich Ihnen nicht zumuten!

Die Meinungen über das »neue« Namensrecht sind durchaus kontrovers. »Das Ende der zu Satiren reizenden Reformgeschichte ist nicht abzusehen«, schreibt *Schwab*[266]. Anderer Ansicht ist *Muscheler:* »Die Norm des § 1355 ist aus sich heraus verständlich. Das einzige, was man bei der Anwendung wissen muss, ist die Definition des Begriffs *Geburtsname* in § 1355 Abs. 6«[267]. Ist *Muscheler* ein Satiriker oder ist *Wörlen* einer?

So begrüßenswert die emanzipationsfreundlichen Neuregelungen des Namensrechts auch gewesen sind, die Tatsache, dass bei Nichtbestimmung eines Ehenamens die Ehepartner jeweils ihre zur Zeit der Eheschließung geführten (verschiedenen) Namen weiter führen können (§ 1355 Abs. 1 S. 2), kann durchaus zu Verwirrung im Rechts- und Wirtschaftsverkehr führen: **167**

Wer etwa mit einer Frau namens *Schulte-Westhoff* ein Rechtsgeschäft abschließt, wird aus verschiedenen Gründen durchaus ein Interesse daran haben, zu wissen, ob er es mit einer *Ehe*frau zu tun hat und (wenn ja), ob diese mit (dem »armen«) Herrn Schulte oder mit (dem »reichen«) Herrn Westhoff verheiratet ist. So z. B. wenn es um »Geschäfte zur Deckung des Lebensbedarfs« der Familie geht, durch die gem. § 1357 Abs. 1 S. 2 (auf den unten, Rdnrn. 184 ff. näher eingegangen wird) beide Ehepartner berechtigt und verpflichtet werden, also ggf. auch gemeinsam haften.

Dem bloßen Namen von Frau Schulte-Westhoff ist ihr Status nicht zu entnehmen.

266 Dort Rdnr. 182.
267 FamR, Rdnr. 306; zum Geburtsnamen vgl. ggf. nochmals Rdnr. 163 mit Fn. 264.

■ Lassen Sie Ihre Phantasie spielen und überlegen Sie, (auch) unter Anwendung Ihrer frisch erworbenen Kenntnisse über das eheliche Namensrecht, wie der Name von Frau Schulte-Westhoff entstanden sein kann.

▷ (1) Frau Schulte hat Herrn Westhoff geheiratet und dem nach § 1355 Abs. 1 bestimmten *Ehenamen Westhoff* ihren Geburtsnamen gem. § 1355 Abs. 4 S. 1 *vorangestellt.*

(2) Frau Westhoff hat Herrn *Schulte* geheiratet, dessen Name *Ehename* wurde und ihren Geburtsnamen gem. § 1355 Abs. 4 S. 1 dem Ehenamen *angefügt.*

(3) Frau Schulte (geb. Müller) ist geschieden, hat den Ehenamen Schulte (§ 1355 Abs. 5 S. 1) behalten, Herrn *Westhoff* geheiratet, dessen Name *Ehename* wurde und ihren »zur Zeit der Erklärung über die Bestimmung des Ehenamens geführten Namen« gem. § 1355 Abs. 4 S. 1 *vorangestellt.*

(4) Wie (3), nur »umgekehrt«: Die geschiedene Frau Westhoff (geb. Maier) hat Herrn *Schulte* geheiratet und ihren früher »erheirateten« Namen Westhoff *angefügt.*

(5) Frau Schulte-Westhoff hat den Familien- und Ehenamen Schulte-Westhoff ihrer Eltern übernommen (vgl. § 1616 – lesen!) und ist unverheiratet.

(6) Frau Huber hat Herrn *Schulte-Westhoff* geheiratet, dessen Geburtsname (vgl. § 1616) zum *Ehenamen* bestimmt wurde.

(7) Die gebürtige (§ 1616) Frau *Schulte-Westhoff* hat Herrn Bauer geheiratet und man hat sich auf ihren Geburtsnamen als *Ehenamen* geeinigt.

Diese Beispiele sind dem (leider nicht mehr neu aufgelegten) Lehrbuch von *Bergerfurth*[268] nachempfunden, der zur Vermeidung von Missverständnissen den Gesetzgeber anregte, den *Ehenamen* durch *Unterstreichung* zu kennzeichnen.
Dies hätte in den genannten Beispielen folgende Konsequenz (gehabt):
(1) und (3) Schulte-<u>Westhoff</u>, (2) und (4) <u>Schulte</u>-Westhoff, (5) *keine Unterstreichung,* (6) und (7) <u>Schulte-Westhoff</u>.

Eine solche Klarstellung hätte durchaus für Register, Adressbücher, Kundenkarteien, Schuldner- und ähnliche Listen von Vorteil sein können, doch wurde diese Anregung vom Gesetzgeber nicht angenommen.

2. Staatsangehörigkeit

168 Unter »Staatsangehörigkeit« versteht man die rechtliche Mitgliedschaft einer Person in einem Staat, aus der sich zahlreiche Rechte und Pflichten ergeben[269].

Deutsche verlieren die deutsche Staatsangehörigkeit nie als unmittelbare Folge einer Heirat[270].

Das Staatsangehörigkeitsrecht[271] ist daher für Ehepartner im Familienrecht eher von untergeordneter Bedeutung, sondern mehr für das Internationale Privatrecht[272] relevant, wenn ein Deutscher eine Ausländerin oder ein Ausländer eine Deutsche heiratet. Wenn überhaupt, wird die Staatsangehörigkeit[273] in Familienrechts-Lehrbüchern nur sehr kurz[274] abgehandelt. So soll es auch in diesem Einstiegsbuch sein. Merken Sie sich als Grundsatz nur den soeben kursiv gedruckten Satz (mit Fußnote 270) und lesen Sie bei Interesse in der »Literatur zur Vertiefung« nach.

268 Dort S. 4 f.
269 *Creifelds*, »Staatsangehörigkeit«.
270 *Gernhuber/Coester-Waltjen*, § 16, Rdnr. 33.
271 Vgl. StAG v. 20. 6. 2002 (BGBl. I, Nr. 38).
272 Zum Begriff vgl. nur *mein* BGB AT, Rdnr. 22b.
273 Bei *Schwab* findet sich das Stichwort nicht im Index.
274 *Schlüter*, Rdnr. 39; *Gernhuber/Coester-Waltjen*, § 16, Rdnrn. 32–38.

Literatur zur Vertiefung (Rdnrn. 162–169):

Coester-Waltjen, »Auf das Ihr Euch ewig bindet …« – Das Ehenamensrecht, JURA 2007, 586; *Gernhuber/Coester-Waltjen,* § 16; *Lüderitz/Dethloff,* § 4 Rdnrn. 87–98; *Manteuffel,* Zur Reform des Ehenamensrechts, NJW 2004, 1773; *Schlüter,* § 5; *Schwab,* § 28; *ders.,* Der Name ist Schall und Rauch, FamRZ 1992, 1015; *Wagenitz,* Über Schall und Rauch und andere Unrügbarkeiten, FS Schwab 2005, 443; *ders./Bornhofen,* Wahl und Qual im Namensrecht – Zum Gesetz zur Änderung des Ehe- und Lebenspartnerschaftsnamens –, FamRZ 2005, 1425.

Übersicht 11 169

Ehename

§ 1355

■ **Entwicklung des Namensrechts**

→ *Ab 1.1.1900:*	Ehename = Name des Mannes
→ *Ab 1.1.1977:*	(1. EheRG) Ehename = wahlweise Geburtsname von Mann oder Frau. Falls keine Bestimmung: Name des Mannes wird Ehename.
→ *BVerfG Beschluss v. 5.3.1991:*	Falls keine Bestimmung, kann jeder Ehepartner seinen zur Zeit der Eheschließung geführten Namen behalten.
→ *Ab 1. 1. 1994 FamNamRG v. 16.12.1993:*	Ehepartner können Geburtsnamen der Frau oder des Mannes zum Ehenamen bestimmen (= § 1355 Abs. 2 a. F.).
→ *BVerfG Beschluss v. 18.2.2004:*	Ehepartner können Geburtsnamen *oder* den zur Zeit der Erklärung über die Bestimmung des Ehemannes geführten Namen der Frau oder des Mannes bestimmen (= § 1355 Abs. 2 n. F.).

■ **Bestimmung des Ehenamens**

→ § 1355 Abs. 1 S. 1:	Bestimmung des Ehenamens = Soll-Vorschrift.
→ § 1355 Abs. 1. S. 3:	Bei Nichtbestimmung führt jeder den bei Eheschließung geführten Namen.
→ § 1355 Abs. 2:	Ehename = Geburtsname oder zur Zeit der Bestimmung geführter Name eines Partners.
→ § 1355 Abs. 3:	Bestimmung des Ehenamens ist nachträglich möglich.

■ **Begleitname (B)**

→ § 1355 Abs. 4 S. 1:	»B.« ist der Name, den der Ehepartner, dessen Name nicht Ehename wird, voranstellen oder anfügen kann. (Ausnahmen/Besonderheiten: Abs. 4 S. 2–5)
→ § 1355 Abs. 5:	Sonderregelung für verwitweten oder geschiedenen Ehepartner – Abs. 4 gilt analog.
→ § 1355 Abs. 6:	Definition »Geburtsname« = nicht unbedingt identisch mit Geburtsname i. S. v. §§ 1616 ff.

III. Haushaltsführung und Erwerbstätigkeit/Mitarbeitspflicht

1. Haushaltsführung und Erwerbstätigkeit

170 Dieser Gliederungspunkt entspricht der Überschrift von *§ 1356,* den Sie nun bitte *lesen.*

a) Rechtsentwicklung

In seiner *Urfassung* lautete § 1356, streng dem patriarchalischen Prinzip und dem Leitbild der »Hausfrauenehe« nachempfunden, am 1.1.1900 wie folgt:

»Die *Frau* ist unbeschadet der Vorschriften des § 1354 berechtigt und verpflichtet, *das gemeinschaftliche Hauswesen zu leiten.*

Zu Arbeiten im Hauswesen und *im Geschäfte des Mannes* ist die Frau verpflichtet, soweit eine solche Thätigkeit nach den Verhältnissen, in denen die Ehegatten leben, üblich ist.«

Nach § 1354 a. F., der durch das Gleichberechtigungsgesetz von 1957 weggefallen ist, gebührte dem Mann grundsätzlich die Entscheidung in allen das gemeinschaftliche eheliche Leben betreffenden Angelegenheiten, zu dem auch das »Hauswesen« gehörte. Mit dem Wegfall von § 1354 ging 1957 eine Änderung von § 1356 einher, der das Leitbild der Hausfrauenehe insofern etwas modifizierte, als die Ehefrau »den Haushalt« (statt »das Hauswesen«) *in eigener Verantwortung* zu führen hatte. Zu einer Erwerbstätigkeit war die Frau berechtigt, soweit dies mit ihren Pflichten in Ehe und Familie vereinbar war; die Mitarbeitspflicht im Beruf oder Geschäft des Ehepartners wurde aufgrund des Gleichberechtigungsgesetzes auf beide Ehepartner erstreckt.[275] Trotz seines Namens führte das Gleichberechtigungsgesetz nicht dazu, dass die durch das damals geänderte BGB festgelegte Rollenverteilung dem Gleichheitssatz entsprach. Durch das 1. EheRG von 1976 wurden daher das gesetzliche Regelmodell der Rollenverteilung und die Mitarbeitspflicht abgeschafft sowie den Ehepartnern die Regelung der Haushaltsführung in gegenseitigem *Einvernehmen* (vgl. § 1356 Abs. 1 S. 1 – nochmals lesen!) überlassen.

b) Haushaltsführung

171 Der Ehepartner, dem einvernehmlich gem. § 1356 Abs. 1 S. 1 die Führung des Haushalts überlassen wurde, leitet diesen in eigener Verantwortung (§ 1356 Abs. 1 S. 2).

Bezüglich dieser »Haushaltsführungsehe«[276] unterscheidet man heute drei Ehetypen, die *Alleinverdienerehe*, die *Doppelverdienerehe* und die *Zuverdienstehe*[277]

■ Was unter diesen Begriffen zu verstehen ist, könnten Sie nach kurzem Nachdenken (tun Sie das bitte, bevor Sie weiterlesen) leicht selbst herausfinden?

▷ *aa)* Die *Alleinverdienerehe*
kann (was häufiger ist) eine »Hausfrauenehe« sein, wenn nur der Mann berufstätig ist, oder eine »Hausmannsehe«, wenn nur die Frau berufstätig ist.

bb) Die *Doppelverdienerehe*
liegt vor, wenn beide Ehepartner voll berufstätig sind. Vernünftigerweise führen die Ehepartner bei diesem Ehemodell den Haushalt gemeinschaftlich und teilen die anfallenden Tätigkeiten unter sich auf[278].

275 Vgl. MüKo/*Wacke*, § 1356, Rdnr. 2.
276 MüKo/*Wacke*, § 1356, Rdnr. 5.
277 Vgl. a. a. O. sowie *Schwab*, Rdnr. 109; *Muscheler*, FamR, Rdnr. 288.
278 *Schwab*, Rdnr. 109.

cc) Die *Zuverdienstehe*
steht typologisch zwischen der Alleinverdienerehe und der Doppelverdienerehe, wenn ein Ehepartner voll berufstätig ist, während der andere nur eine erwerbsmäßige Nebentätigkeit (z. B. Teilzeitarbeit oder Heimarbeit) ausübt.

dd) Einvernehmen
Das »Einvernehmen« i. S. d. § 1356 Abs. 1 S. 1 bedeutet, dass das Einverständnis beider Ehepartner bezüglich der Überlassung der Haushaltsführung an einen von ihnen vorliegen muss. Dabei ist die Rechtsnatur des Einvernehmens und seine Bindungswirkung umstritten[279]. Ohne auf den Meinungsstreit näher einzugehen, wollen wir uns merken, dass das Einvernehmen eine Art Ehevereinbarung ohne rechtsgeschäftlichen (vertraglichen) Charakter ist. Das Einvernehmen über die Überlassung der Haushaltsführung bedarf weder zweier sich deckender Willenserklärungen, wie sie bei Vertragsschließenden üblich sind, noch bedarf es einer »formellen« Einigung. Es ergibt sich regelmäßig durch formlose Absprache oder durch die rein tatsächliche Übernahme der Haushaltsführung durch den einen Partner mit der stillschweigenden Billigung des anderen. Die rechtlichen Wirkungen des Einvernehmens liegen insbesondere darin, dass es die eheliche Lebensgemeinschaft und die daraus folgenden Pflichten konkretisiert[280]. 172

■ Wie würden Sie entscheiden, wenn die Ehepartner sich nicht über die Haushaltsführung einigen, d. h., wenn es am »Einvernehmen« fehlt?

▷ Da nunmehr die spezielle Vorschrift des § 1356 Abs. 1 nicht mehr »passt«, müssen wir auf die Generalklausel von § 1353 Abs. 1 S. 2 (insbesondere HS 2) zurückgreifen: Machen beide Ehepartner von ihrem Recht zur Erwerbstätigkeit nach § 1356 Abs. 2 S. 1 (s. sogleich Rdnr. 175) Gebrauch (»Doppelverdienerehe«), müssen sich beide an der Haushaltsführung beteiligen.
Ist die Berufstätigkeit eines Ehepartners umfangreicher als die des anderen, muss der andere einen größeren Anteil an der Haushaltsführung übernehmen[281].

ee) In eigener Verantwortung
Haushaltsführung »in eigener Verantwortung« bedeutet zum einen, dass der zur Haushaltsführung berechtigte und verpflichtete Ehepartner den Haushalt selbstständig und autonom führt. Dabei hat er natürlich auf die Belange des anderen Ehepartners (und – ggf. – der Familie) Rücksicht zu nehmen, doch soll durch die Regelung des § 1356 Abs. 2 S. 1 u. a. erreicht werden, dass bevormundende Besserwisserei oder gar Herumkommandieren verhindert werden. Vornehmer ausgedrückt: Selbstständigkeit wird von Art. 3 GG zwingend gefordert; eine Ehe gleichberechtigter Partner ist mit kleinlichen Abhängigkeiten nicht zu vereinbaren[282]. 173
Zum anderen bedeutet »in eigener Verantwortung« bei der Haushaltsführung, dass ein Ehepartner in einem Teilbereich der ehelichen Lebensgemeinschaft von der Pflicht entbunden ist, mit dem anderen Partner für einzelne Maßnahmen oder auch ganze Gruppen von Maßnahmen Einigung zu suchen[283].

■ Um nicht *zu* theoretisch zu werden: Was sind Ihrer Meinung nach typische »Maßnahmen«, die zur Haushaltsführung gehören? 174

279 Vgl. MüKo/*Wacke*, Rdnr. 7; *Schwab*, Rdnr. 112.
280 *Schwab*, Rdnr. 112.
281 Vgl. *Muscheler*, FamR, Rdnr. 289.
282 So *Gernhuber/Coester-Waltjen*, § 20, Rdnr. 4.
283 *Gernhuber/Coester-Waltjen*, § 20, Rdnr. 5.

▷ Essen kochen, Geschirr spülen, Wäsche waschen und bügeln, Wohnung putzen, alltägliche Einkäufe, Reparaturen vornehmen (lassen), ggf. Kinderpflege… und viel Ähnliches mehr.

Die berühmt berüchtigten »drei K« (Kinder, Kirche, Küche – wobei wir die Kirche hier außen vor lassen wollen), die früher allein mit der Rolle der »Haus*frau*« verbunden waren, treffen heute also gleichermaßen auf den »Haus*mann*« zu. Als viertes »K« hat sich »Karriere« hinzugesellt.

In diesem Zusammenhang fällt mir die Formulierung einer Gerichtsentscheidung[284] ein, die unter der Geltung des alten § 1356 (vgl. oben Rdnr. 170) gewählt wurde. Als damals nach § 1356 a. F. immer häufiger Rechtsfälle entschieden werden mussten, auf die der Wortlaut dieser Vorschrift nicht mehr passte, weil die Ehefrau erwerbstätig war, während der arbeitslose Ehemann Haushalt und Kinder versorgte, entschied das Gericht[285] kurz und bündig, zugleich feinsinnig: *»Frau im Sinne des Gesetzes kann auch der Mann sein«!*

Wie dem auch sei (oder gewesen sein mag): Nach geltendem Recht bleibt der Haushalt unabhängig von der Funktionsteilung ein gemeinschaftlicher, in dem der haushaltsführende Ehepartner – vornehmlich unter Verwendung des ihm zur Verfügung gestellten (besser: zur Verfügung stehenden!) *Wirtschaftsgeldes* – Geschäfte erledigt, die im Innenverhältnis[286] auf beide Ehepartner mit- und untereinander zu beziehen sind! Gehen wir mit der h. M. und dem damit durchaus korrespondierenden (was nicht immer so sein muss) gesunden Menschenverstand davon aus, dass der »einvernehmlich« (soeben Rdnr. 172) überlassenen Haushaltsführung *kein Vertrag* zugrunde liegt, so kann den Tätigkeiten des haushaltsführenden Ehepartners auch *kein Auftrag* zugrunde liegen!

■ Zwischenfrage zur Ablenkung und Wiederholung: Warum nicht? Was ist Wesen und Inhalt des Auftrags? (Nachdenken! Wo ist im BGB der *Auftrag* geregelt?)

▷ Antwort:[287]. Der Auftrag hat eine unentgeltliche Geschäftsbesorgung zum Inhalt. Er ist (wegen der Unentgeltlichkeit…) ein »unvollkommen zweiseitig verpflichtender« Vertrag! *Vertrag*, weil der Auftrag der *Annahme* (= »kongruente Willenserklärung«!) bedarf.[288]

Nach § 666 (lesen) hat der (vertragliche) Beauftragte eine »Auskunfts- und Rechenschaftspflicht«, d. h. er muss mit seinem Auftraggeber über das für die Erfüllung des Auftrags ggf. zur Verfügung gestellte Geld »abrechnen«!

Nach diesem Intermezzo verstehen wir Frau *Coester-Waltjen* besser, wenn sie schreibt[289]: »*Wirtschaftsgeld*[290] ist demzufolge auch nicht mit der Akkuratesse[291] abzurechnen, zu der § 666 verpflichtet, sondern nur mit jener Großzügigkeit, die allein gleichberechtigten, einander vertrauenden Partnern entspricht«.

c) Erwerbstätigkeit

175 Das Recht zur Berufs- bzw. Erwerbstätigkeit stand nach altem Recht unter dem Leitbild der Hausfrauenehe nur dem Mann zu. Das Gleichberechtigungsgesetz gestattete

284 Die ich trotz eifrigen Bemühens (noch) nicht wieder gefunden habe…
285 Wohl der BGH?
286 Über § 1357 (vgl. unten, Rdnrn. 184 ff.) oft auch im Außenverhältnis gegenüber Dritten.
287 In **§ 662** (lesen!).
288 Vgl. ggf. *mein* SchR BT, Rdnrn. 298–303.
289 *Gernhuber/Coester-Waltjen*, § 20, Rdnr. 6 (mit Fn. 5).
290 »Wirtschaftsgeld« ist ein moderner Ausdruck für »Haushaltsgeld«, welches »nach altem Recht« der Hausfrau vom Patriarchen karg zugeteilt wurde und über das »akkurat« abgerechnet werden musste!
291 = »Sorgfalt, Genauigkeit, Ordnungsliebe« (vgl. *Duden*).

dann der Frau eine Erwerbstätigkeit insoweit, als dies mit ihren häuslichen und familiären Pflichten vereinbar war.

Nach der Neufassung von § 1356 sind beide Ehepartner grundsätzlich *berechtigt*, erwerbstätig zu sein (§ 1356 Abs. 2 S. 1). Gem. § 1356 Abs. 2 S. 2 hat aber jeder von ihnen bei der Wahl und Ausübung der Berufstätigkeit auf die Belange des anderen Ehepartners und der Familie Rücksicht zu nehmen (»Vorbehalt der *Familienverträglichkeit*«[292])

Eine *Verpflichtung* zur Erwerbstätigkeit kann sich aus dem *ehelichen Unterhalts-* 176
recht ergeben: Gem. § 1360 S. 1 sind die Ehepartner verpflichtet, durch ihre *Arbeit* (die normalerweise vermögensmehrendes Geld einbringt) und mit ihrem *Vermögen* die Familie angemessen zu unterhalten. Ist einem Ehepartner nach § 1356 Abs. 1 einvernehmlich die Haushaltsführung überlassen, so erfüllt er seine Verpflichtung, mit Arbeit zum Unterhalt beizutragen, in der Regel durch die Führung des Haushalts (§ 1360 S. 2).

Die Arbeiten, die der haushaltsführende Ehepartner in beträchtlichem Umfang (vgl. die nicht abschließende Aufzählung unter Rdnr. 174) zu leisten hat, wird zwar i. d. R. nicht mit Geld entlohnt, doch dient sie in erheblichem Maß der Vermeidung von Ausgaben (etwa für Hausangestellte oder Kinderbetreuer) und hilft somit, das *Vermögen* der Familie mit zu erhalten.

Auf § 1360 (falls nicht geschehen, zur ersten Information ganz lesen!) möchte ich daher erst im nächsten Kapitel über die »vermögensrechtlichen Wirkungen der Ehe« näher eingehen. § 1360, wie auch § 1357, den ich noch in diesem Kapitel behandeln werde, zeigen, dass die Grenzen zwischen personenrechtlichen und vermögensrechtlichen Wirkungen durchaus fließend sein können. Dies berücksichtigend versuche ich dennoch, beim Aufbau dieses Familienrechtslehrbuchs möglichst dem des BGB und der Reihenfolge seiner Vorschriften zu folgen. Im Moment befassen wir uns noch mit § 1356.

2. Mitarbeitspflicht

Von der Mitarbeitspflicht im »Geschäft« (= außerhalb des »Hauswesens«), die ur- 177
sprünglich die Hausfrau traf (vgl. den Wortlaut von § 1356 in seiner Urfassung!, Rdnr. 170) und durch das Gleichberechtigungsgesetz »geschlechtsneutral«[293] auf beide Ehepartner übertragen wurde, ist heute in § 1356 nicht mehr die Rede. Die »gesetzliche Mitarbeitspflicht« von Ehepartnern wurde aufgrund des 1. EheRG ganz gestrichen, und zwar mit der »lakonischen«[294] Begründung: »Soweit die Mitarbeit der Ehegatten nicht bereits durch die eheliche Lebensgemeinschaft selbst wegen ihrer besonderen Ausgestaltung im Einzelfall erfolgt, erscheint eine Verpflichtung der Ehegatten hierzu nicht länger gerechtfertigt.«[295]

Da der Gesetzgeber hierzu schweigt, »reden« die größeren und großen Lehrbücher und Kommentare seitenweise über die Mitarbeitspflicht[296].

Danach kann eine *(gesetzliche) Mitarbeitspflicht* zum einen *aus der Pflicht zur eheli-* 178
chen Lebensgemeinschaft (§ 1353 Abs. 1 S. 2, ggf. i. V. m. § 1356 Abs. 2 S. 2) *oder aus der ehelichen Unterhaltspflicht* (§ 1360) abgeleitet werden[297]. Das müssen Sie wissen!

292 Vgl. Palandt/*Brudermüller*, § 1356, Rdnr. 5; MüKo/*Wacke*, § 1356, Rdnr. 14.
293 MüKo/*Wacke*, § 1356, Rdnr. 19.
294 A. a. O.
295 BT-Drucks. 7/650, S. 98.
296 Vgl. nur MüKo/*Wacke*, § 1353, Rdnrn. 19–30.
297 *Muscheler*, FamR, Rdnr. 293.

179 Wird eine solche Mitarbeitspflicht bejaht, stellt sich die Frage nach der *Vergütungspflicht* des Ehepartners, in dessen Geschäft der andere mitarbeitet bzw. nach dem *Entgeltsanspruch* des mitarbeitenden Ehepartners.

Die vielfältigen Modelle[298], die Rechtsprechung und Lehre hierzu entwickelt haben, möchte ich in diesem engen Rahmen nicht behandeln, sondern nur auf die »Literatur zur Vertiefung« verweisen.

180 Ohne auf die möglicherweise »konkludent« geschlossenen Verträge einzugehen, bleibt festzuhalten, dass es den Ehepartnern selbstverständlich unbenommen bleibt, ausdrücklich einen Vertrag – sei es ein Dienst-, Arbeitsoder Gesellschaftsvertrag – zu schließen, der eine eindeutige Mitarbeitspflicht begründet[299].

Literatur zur Vertiefung (Rdnr. 170–181):

Alpmann/Schmidt, 1. Teil, 3. Abschn., 3.; *Gernhuber/Coester-Waltjen,* § 20; *Haas,* Ehegatteninnengesellschaft und familienrechtlicher Vertrag sui generis, FamRZ 2002, 205; *Lüderitz/Dethloff,* § 4, Rdnrn. 27–37; *Muscheler,* FamR, Rdnrn. 287–297, 204, 511; *Rolland,* Betrachtungen zur Rechtsstellung des nicht erwerbstätigen Ehegatten, FS Schwab 2005, 395; *Schlüter,* § 9; *Schulz,* Ausgleichsansprüche für die Mitarbeit eines Ehegatten – Ehegatteninnengesellschaft und familienrechtlicher Kooperationsvertrag, FamRB 2005, 111; *Schwab,* §§ 22 f.

298 Stichworte: »*konkludenter* Gesellschaftsvertrag«; »familienrechtlicher Kooperationsvertrag *sui generis*«; »Ehegatteninnengesellschaft«.

299 Vgl. *Schlüter,* Rdnr. 76.

Übersicht 12 181

Haushaltsführung und Erwerbstätigkeit/Mitarbeitspflicht

§ 1356

Haushaltsführung und Erwerbstätigkeit

■ **Rechtsentwicklung:**

→ *Ab 1.1.1900:* Urfassung von § 1356 – Frau leitet das gemeinschaftliche »Hauswesen« = *Hausfrauenehe*. Erwerbsberechtigung nur für den Mann. Mitarbeitspflicht für die Frau.

→ *Ab 1.1.1958:* GleichberG – Frau leitet *Haushalt* in »eigener Verantwortung«. Erwerbsberechtigung für beide Ehepartner. Mitarbeitspflicht für beide.

→ *Ab 1.1.1977:* Haushaltsführung einem der Ehepartner im Einvernehmen überlassen. Keine Mitarbeitspflicht.

↓

■ **Haushaltsführung:**
- *Alleinverdienerehe:* Haushaltsführung und Erwerbstätigkeit jeweils bei einem Ehepartner.
- *Doppelverdienerehe:* Anteilige Aufteilung von Haushaltsführung und Beruf.
- *Zuverdienstehe:* Überwiegende Haushaltsführung beim Zuverdienenden (z. B. Teilzeitarbeit).

↓

• *Einvernehmen:* Formlose Absprache, rein tatsächliche Übernahme der Haushaltsführung. Kein »Vertrag«!

↓

• *In eigener Verantwortung:* Selbstständigkeit. Autonomie. Keine Abhängigkeit vom anderen Ehepartner, aber Rücksichtnahme auf seine Belange und die der Familie. Kein »Auftrag«, keine Rechenschaftspflicht (i. S. v. § 666).

↓

■ **Erwerbstätigkeit:** *Berechtigung* für *beide*. Vorbehalt der »Familienverträglichkeit«. *Verpflichtung*: Folgt ggf. aus § 1360 S. 2.

Mitarbeitspflicht

■ **Gesetzliche Mitarbeitspflicht:**

Nicht mehr vorgeschrieben, kann aber aus Gesetz hergeleitet werden.

→ § 1353 Abs. 1 S. 2 (»Generalklausel«): Mitarbeitspflicht folgt aus Pflicht zur ehelichen Lebensgemeinschaft, oder

→ § 1360: Mitarbeitspflicht folgt aus Unterhaltspflicht

■ **Gesetzliche Mitarbeitspflicht:**

→ *Ausdrücklicher* Dienst /Arbeitsvertrag oder Gesellschaftsvertrag. Keine »Probleme«.

→ *»Konkludenter«* Vertrag – Modelle:

Z. B. Gesellschaftsvertrag; Ehegatteninnengesellschaft; *familienrechtlicher* Kooperations-*Vertrag sui generis.*

»Problem«: Vergütungspflicht bzw. Entgeltanspruch

IV. Geschäfte zur Deckung des Lebensbedarfs (»Schlüsselgewalt«)

182 Lesen Sie zunächst *§ 1357* einmal (ggf. zweimal) ganz und sorgfältig durch! Seine Bedeutung, vor allem die von § 1357 Abs. 1, machen wir uns anhand des folgenden Falls klar:

Übungsfall 9

Ehefrau Friedhilde (F) ist mit dem Handwerker Marc (M) verheiratet und erledigt seit der Heirat in Heimarbeit per PC die Buchführung für den Betrieb ihres Mannes. Der recht gut laufende Handwerksbetrieb bringt der Familie nach Abzug aller Ausgaben (inklusive Steuern) einen monatlichen Nettoverdienst von 3.000 € ein. Als F`s alter PC irreparabel defekt wird, kauft sie sich im Media-Markt ein »saubilliges« Notebook für 399 €. Als sie in einem der vielen Warenregale einen schicken LCD-Fernsehapparat für »saubillige« (im Vergleich zu Bang&Olufsen-Geräten) 1.999 € entdeckt, kauft sie auch diesen, da der häusliche Fernsehapparat bereits über zehn Jahre alt ist. Ihre zehnjährige Tochter T, welche die F beim Einkauf begleitet, ist begeistert. Beide Geräte sollen mit dazugehöriger Rechnung zur Wohnung von F und M geliefert werden. Auf dem Heimweg bekommt T so heftige Zahnschmerzen, dass (die privat versicherte) F mit ihr sofort einen Zahnarzt aufsucht, der die T von ihren Schmerzen befreit.

Einige Tage später treffen die bestellten Waren mit den an ihn gerichteten Rechnungen bei M ein, ebenso die Zahnarztrechnung über 200 €.

Muss M die Rechnungen bezahlen?

Wegen der sich aus § 1357 ergebenden persönlichen Berechtigung jeden Ehepartners behandele ich diese Vorschrift noch unter den »*personenrechtlichen* Wirkungen der Ehe«. Da die Besorgung der »Geschäfte zur Deckung des Lebensbedarfs durch einen Ehepartner Einfluss auf das Vermögen der Familie hat, könnte man, was mit triftigem Grund in vielen Lehrbüchern[300] geschieht, § 1357 ebenso gut unter die »vermögensrechtlichen Wirkungen« einordnen.

1. Begriff und Zweck der »Schlüsselgewalt«

183 Nach der ursprünglichen Fassung von § 1357 hatte die sog. Schlüsselgewalt zunächst nur der Frau zugestanden, der nach § 1356 a. F. die Haushaltsführung übertragen war. Nach § 1357 a. F. konnte die Frau Geschäfte, die zu ihrem häuslichen Wirkungskreis gehörten, mit Wirkung für und gegen den Mann besorgen und ihren Mann vertreten (vgl. § 164 Abs. 1 S. 1), ohne dass sie selbst aus diesen Geschäften berechtigt oder verpflichtet wurde.

Die Bezeichnung für dieses beschränkte Vertretungsrecht der Frau als »Schlüsselgewalt« hat ihren Ursprung im Mittelalter: Damals trugen verheiratete Frauen ein Schlüsselbund als sichtbares Zeichen ihres Rechts.

Zweck dieser alten Schlüsselgewaltsregelung war es einerseits, der im Haushalt tätigen Frau die Erfüllung ihrer Pflichten zu ermöglichen[301] bzw. sie ihr Recht zur eigenständigen Haushaltsführung verwirklichen zu lassen[302]. Andererseits sollte den Geschäftspartnern als Gläubiger dadurch (mit dem Mann) ein solventer Vollstreckungsschuldner verschafft werden[303].

300 Z. B. *Gernhuber/Coester-Waltjen*, § 19, IV; *Muscheler*, FamR, Rdnrn. 327–332.
301 *Gernhuber/Coester-Waltjen*, § 19, Rdnr. 76.
302 *Schwab*, Rdnr. 149.
303 Vgl. *Muscheler*, FamR, Rdnr. 327.

Diese Regelung entsprach noch dem bereits mehrfach erwähnten überkommenen Leitbild der Hausfrauenehe, die mit modernen Gleichberechtigungsgedanken nicht mehr vereinbar war. Sie wurde durch das 1. EheRG beseitigt, aufgrund dessen § 1357 Abs. 1 S. 1 nun bestimmt, dass *jeder* Ehepartner berechtigt ist, Geschäfte zur angemessenen Deckung des Lebensbedarfs der Familie mit Wirkung auch für den anderen zu besorgen. Außerdem sind gem. § 1357 Abs. 1 S. 2 *beide* Ehepartner aus den »Schlüsselgewaltgeschäften« grundsätzlich gleichermaßen berechtigt und verpflichtet *(»Innenverhältnis«).*

Durch die Neufassung des § 1357 Abs. 1 haben sich Funktion und Zweckrichtung dieser Vorschrift tiefgreifend geändert. Statt der Ehefrau zu einer gewissen Eigenständigkeit bei der Haushaltsführung zu verhelfen, dient § 1357 Abs. 1 jetzt einem umfassenden *Gläubigerschutz:* Der Gläubiger erhält nämlich, ohne dass er es wollen oder auch nur von der Ehe wissen müsste, einen weiteren Schuldner[304] *(»Außenverhältnis«).*

2. Voraussetzungen der »Schlüsselgewalt«

■ Versuchen Sie selbst, die einzelnen Voraussetzungen für die Anwendung von § 1357 aus der Vorschrift herauszulesen und dabei eine möglichst sinnvolle Reihenfolge zu finden. Legen Sie dieses Buch beiseite, lesen Sie § 1357 (nochmals) ganz und notieren Sie sich die Voraussetzungen auf einem Blatt Papier, bevor Sie hier weiterlesen. 184

▷ (1) Die erste Voraussetzung ist »selbstverständlich«: Da in § 1357 Abs. 1 von »Ehegatten« die Rede ist, muss eine *wirksame Ehe* vorliegen und die Ehepartner dürfen nicht getrennt leben (§ 1357 Abs. 3!).

(2) *Geschäft* (damit ist nicht ein »Laden« oder ein Betrieb eines Ehepartners, sondern ein *Rechtsgeschäft* gemeint) *eines Ehepartners* (§ 1357 Abs. 1 S. 1).

(3) Das Geschäft muss zur angemessenen Deckung des Lebensbedarfs der Familie besorgt sein (§ 1357 Abs. 1 S. 1)

(4) *Aus den Umständen* ergibt sich *nicht etwas anderes* (§ 1357 Abs. 1 S. 2).

(5) *Keine Beschränkung* oder *kein Ausschluss* der Schlüsselgewalt (§ 1357 Abs. 2 S. 1).

Zu (1) und (2):
In Übungsfall 9 bestehen an der Wirksamkeit der *Ehe* von F und M keine Zweifel. M und F leben nicht getrennt und F hat mehrere *Rechtsgeschäfte* getätigt: Sie hat »mit dem Media-Markt« je einen Kaufvertrag (§ 433) über das Notebook und den Fernsehapparat sowie mit dem Zahnarzt einen Dienstvertrag[305] (§ 611) geschlossen. 185

Zu (3):
Zu prüfen ist, ob es sich bei diesen Rechtsgeschäften um »Geschäfte zur *angemessenen* Deckung des *Lebensbedarfs* der Familie« i. S. v. § 1357 Abs. 1 S. 1 handelt. Mit den Begriffen »angemessen« und »Lebensbedarf« wird in § 1357 Abs. 1 S. 1 auf Vorschriften des Unterhaltsrechts (vgl. § 1360 S. 1 - »angemessen« -, § 1360a Abs. 1 - »Lebensbedarf« - sowie § 1610, in dem beide Begriffe verwendet werden) Bezug ge-

304 Vgl. *Medicus*, BR, Rdnr. 89.

305 Ärzte schulden grundsätzlich nur die Behandlung des Patienten nach den Regeln der ärztlichen Kunst, nicht aber den Erfolg ihrer Tätigkeit. Vgl. zur Abgrenzung des ärztlichen Dienstvertrags vom Werkvertrag *mein* SchR BT, Rdnr. 259.

nommen, sodass diese Vorschriften (lesen!) zur Auslegung von § 1357 Abs. 1 S. 1 dienen können[306].

186 Zum *Lebensbedarf der Familie* gehört danach nicht nur der Bedarf für den gesamten Haushalt, sondern auch der persönliche Bedarf (auch Sonderbedarf[307]) der Ehepartner sowie der der unterhaltsberechtigten Kinder.

Unter § 1357 fallen z. B. die täglichen Einkäufe von Lebensmitteln, Kleidung von Eltern und Kindern, der Kauf von Haushaltsgegenständen, Kosmetika, Toilettenartikeln, Büchern oder auch von einzelnen Einrichtungsgegenständen für die Wohnung, nicht aber der Kauf einer gesamten Wohnungseinrichtung[308]. Letzterer stellt, wie etwa auch ein Bauvertrag, ein sog. *»Investitionsgeschäft«* dar, das nicht mehr von § 1357 gedeckt ist[309]. Der Begriff »Lebensbedarf« wird von der herrschenden Meinung weit und großzügig ausgelegt. Auch Arzt- und Krankenhausverträge, der Abschluss einer Hausratsversicherung und selbst der Kauf eines Autos für die Familie können der Deckung des familiären Lebensbedarfs dienen. Im Rahmen von § 1357 liegen solche Geschäfte aber nur, wenn sie auch »angemessen« sind.

187 Da es nicht Sinn und Zweck von § 1357 sein kann, dass ein Ehepartner die eheliche Lebensgemeinschaft nach seinem Geschmack ausgestaltet[310], hat die h. M. hinsichtlich ihrer großzügigen Auslegung selbst Einschränkungen vorgenommen, indem sie bei der Beurteilung der *Angemessenheit* strengere Maßstäbe ansetzt.

Zur *angemessenen Deckung* des Lebensbedarfs dient ein Geschäft eines Ehepartners dann, wenn es den wirtschaftlichen Verhältnissen und dem konkreten Lebenszuschnitt der betreffenden Familie entspricht. Das sind insbesondere solche Geschäfte, die von einem Ehepartner selbstständig, d. h. ohne Konsultation und Mitwirkung des anderen, zwecks Deckung des Lebensbedarfs erledigt werden[311].

Eine Mithaftung eines Ehepartners nach § 1357 Abs. 1 S. 1 scheidet daher aus, wenn der andere ein Geschäft vorgenommen hat, für das nach objektiven Gesichtspunkten (aus der Sicht Dritter) eine *vorherige Verständigung* der Ehepartner üblicherweise notwendig erscheint[312].

Zu (4):

188 *Aus den Umständen ergibt sich etwas anderes,* d. h., § 1357 Abs. 1 greift nicht ein, wenn der handelnde Ehepartner deutlich zu erkennen gibt, dass er nur für sich selbst handeln will (§ 1357 Abs. 1 S. 2 HS. 2). In diesem Fall haftet dieser Ehepartner also allein. Umgekehrt scheidet seine Mithaftung i. S. v. § 1357 Abs. 1 aus, wenn er deutlich macht, dass er nur als *Vertreter* (§ 164) des anderen Ehepartners oder eines Dritten handeln will[313]. Ist dies der Fall, so kann der Vertretene, falls er dem handelnden Ehepartner keine Vollmacht (§ 167) erteilt hat, das gegenüber ihm unwirksame Geschäft gem. § 177 Abs. 1 genehmigen. Verweigert er die Genehmigung, so haftet der handelnde Ehepartner als Vertreter ohne Vertretungsmacht gem. § 179 Abs. 1.

306 H. M.; BGHZ 94, 1 (6); vgl. MüKo/*Wacke*, § 1357, Rdnr. 18; *Muscheler*, FamR, Rdnr. 330; *Schlüter*, Rdnr. 88; *Lüderitz/Dethloff*, § 4, Rdnr. 60.

307 *Schlüter*, Rdnr. 88.

308 MüKo/*Wacke*, § 1357, Rdnr. 23.

309 H. M., vgl. nur *Gernhuber/Coester-Waltjen*, § 19, Rdnr. 57.

310 *Muscheler*, FamR, Rdnr. 330.

311 MüKo/*Wacke*, Rdnr. 20; BGHZ 94, 1 (8).

312 Vgl. *Lüderitz/Dethloff*, Rdnr. 61.

313 Vgl. Hk-BGB/*Kemper*, § 1357, Rdnr. 11.

Während Aufwendungen für die *ärztliche Behandlung von Kindern* nach h. M. ohne Einschränkung unter die Geschäfte im Rahmen der Schlüsselgewalt fallen[314], kann sich bei Arzt- und Krankenhauskosten aus den Umständen etwas anderes ergeben: Überschreiten die Kosten einer medizinisch indizierten und unaufschiebbaren Behandlung eindeutig die Leistungsfähigkeit der Familie (z. B. aufwendige Chemotherapie), so scheidet eine Mitverpflichtung aus § 1357 Abs. 1 aus[315].

Zu (5):
Ein Ehepartner kann die *Schlüsselgewalt* des anderen gem. § 1357 Abs. 2 S. 1 *beschränken* oder *ausschließen,* wenn dafür ein ausreichender Grund vorliegt. Ein solcher Grund kann die Unfähigkeit des anderen Ehepartners zur Führung der Geschäfte sein, aber auch in erheblichen Meinungsverschiedenheiten unter den Ehepartnern liegen[316]. Nach § 1357 Abs. 2 S. 2 i. V. m. § 1412 Abs. 1 (lesen!) wirkt eine solche Beschränkung oder Ausschließung Dritten gegenüber nur, wenn sie im Güterrechtsregister (vgl. unten Rdnrn. 267 ff.) eingetragen oder diesen bekannt war. **189**

Nachdem wir die Voraussetzungen der Schlüsselgewalt (oben Rdnr. 184) und nun auch einige Begründungen dazu (Rdnrn. 185–189) kennen, sind wir in der Lage festzustellen, ob diese Voraussetzungen in Übungsfall 9 erfüllt sind: **190**

■ Blättern Sie noch einmal zu Rdnr. 184 zurück und überprüfen Sie die fünf genannten Voraussetzungen selbst, bevor Sie hier weiterlesen!

▷ (1) Dass M und F eine *wirksame Ehe* geschlossen haben und *nicht getrennt leben*, wurde bereits zu Beginn von Rdnr. 185 ebenso bejaht wie die Tatsache, dass

(2) F ein *Geschäft* (bzw. mehrere Rechtsgeschäfte) *besorgt hat.*

(3) (a) Da F das Notebook zu Hause benutzt, um die Buchführung des Handwerksbetriebs ihres Mannes zu erledigen, dient der Kauf des Notebooks für 399 € der *angemessenen Deckung des Lebensbedarfs der Familie* und ist somit von § 1357 Abs. 1 gedeckt.

(b) Da der Kauf des edlen LCD-Fernsehapparats für 1.999 € zwei Drittel des Monatseinkommens der Familie verschlingt, wäre bei objektiver Betrachtung des Lebenszuschnitts der Familie eine *vorherige Verständigung notwendig* gewesen. Der Kauf des teuren Fernsehapparats ist daher *nicht* von § 1357 Abs. 1 gedeckt.

(c) Verträge über die ärztliche Behandlung der Kinder gehören indessen zu Geschäften zur angemessenen Deckung des Lebensbedarfs der Familie, die sich im Rahmen von § 1357 Abs. 1 halten.

(4) Für den Kauf des Notebooks und den Zahnarztvertrag *ergeben die Umstände nicht etwas anderes* (§ 1357 Abs. 1 S. 2 HS. 2), während bezüglich des Fernsehapparates mangels vorheriger Verständigung das Gegenteil der Fall ist.

(5) Eine *Beschränkung* oder ein *Ausschluss* der Schlüsselgewalt der F nach § 1357 Abs. 2 S. 1 liegen nicht vor.

Somit sind für den Kauf des Notebooks und den Zahnarztvertrag die Voraussetzungen von § 1357 erfüllt, für den Kauf des Fernsehapparates hingegen nicht. M muss folglich das Notebook bezahlen und die Zahnarztrechnung begleichen.

3. Rechtswirkungen der »Schlüsselgewalt«

Durch Geschäfte zur angemessenen Deckung des Lebensbedarfs der Familie werden gem. § 1357 Abs. 1 S. 2 HS. 1 beide Ehepartner berechtigt und verpflichtet. Einigkeit **191**

314 Vgl. *Schwab*, Rdnr. 161; *Lüderitz/Dethloff*, § 4, Rdnr. 62; BGH FamRZ 2005, 1071 (1073).
315 MüKo/*Wacke*, § 1357, Rdnr. 31 unter Hinweis auf LG Koblenz NJW 1981, 1324 in Fn. 133; BGHZ FamRZ 2005, 1071 (1073).
316 Hk-BGB/*Kemper*, § 1357, Rdnr. 12.

besteht darüber, dass daraus *schuldrechtliche* Verpflichtungen *beider* Ehepartner entstehen. Umstritten ist, ob sich die Wirkung des § 1357 Abs. 1 S. 2, dass beide Ehepartner aus dem Geschäft berechtigt sind, welches einer von ihnen getätigt hat, auch auf das *dingliche* Erwerbsgeschäft erstreckt, das in Vollzug des Verpflichtungsgeschäfts vorgenommen wird.

a) Schuldrechtliche Wirkungen

aa) Mitberechtigung beider Ehepartner

192 ■ Wenn beide Partner aus dem Geschäft berechtigt werden, bedeutet dies, dass beide die Leistung von dem Schuldner fordern können. Welche schuldrechtliche Rechtsstellung erlangen die Ehepartner dadurch?

▷ Sie werden nach h. M.[317] Gesamtgläubiger, d. h. jeder von ihnen kann die ganze Leistung fordern, der Schuldner braucht die Leistung aber nur einmal zu erbringen (§ 428 – lesen!).

bb) Mitverpflichtung beider Ehepartner

Nach einhelliger Auffassung werden die Eheleute Gesamtschuldner i. S. v. § 421 (lesen!). Im Innenverhältnis gilt dann § 426 (lesen[318]).

b) Dingliche Wirkung

193 Hier ergibt sich die Frage, ob der andere Ehepartner durch das Erwerbsgeschäft (vgl. § 929 S. 1) des einen aufgrund der Mitberechtigung nach § 1357 Abs. 2 S. 1 z. B. Miteigentum (vgl. §§ 1008 ff.) an dem erworbenen Gegenstand erwirbt. Dagegen spricht, dass ein durch das Geschäft i. S. v. § 1357 Abs. 1 begründeter Anspruch auf Übereignung (z. B. aus § 433 Abs. 1 S. 1) beide »berechtigt« bzw. beiden Ehepartnern zusteht. Daraus kann jedoch nicht gefolgert werden, dass eine zur Erfüllung des Geschäfts vorgenommene Übereignung kraft Gesetzes (§ 1357) Miteigentum beider Ehepartner bewirkt[319].

Ein anschauliches *Beispiel* dazu findet sich bei *Lüderitz/Dethloff*[320]:

Kauft sich der Mann einen Anzug, wird nach § 1357 Abs. 1 S. 2 die Frau mitberechtigt und -verpflichtet. Sie kann also Lieferung des Anzugs fordern und muss diesen ggf. auch bezahlen. Das kann aber nicht bedeuten, dass sie bei Lieferung (Mit-)Eigentümerin des Anzugs würde. Ein Kostüm wäre ihr zweifellos lieber…

Literatur zur Vertiefung (Rdnrn. 182–194):

Brudermüller, Schlüsselgewalt und Telefonsex, NJW 2004, 2265; *Gernhuber/Coester-Waltjen*, § 19, Rdnrn. 44–82; *Harke*, Schlüsselgewalt als Versionshaftung, FamRZ 2006, 88; *Huber*, Die »Schlüsselgewalt« (§ 1357 BGB), JURA 2003, 145; *Lipp*, § 8; *Lüderitz/Dethloff*, § 4 Rdnrn. 58–73; *Medicus*, Gedanken zur Schlüsselgewalt, FS Schwab 2005, 359; *Muscheler*, FamR, Rdnrn. 327 - 332; *Schlüter*, § 10; *Schwab*, § 26.

317 Vgl. *Medicus*, Rdnr. 89; *Gernhuber/Coester-Waltjen*, § 19, Rdnr. 64. Auf die Mindermeinung, die § 432 anwenden will, soll hier nicht eingegangen werden.
318 Mehr dazu in *meinem* SchR AT, Rdnr. 297.
319 Vgl. *Muscheler*, FamR, Rdnr. 331.
320 § 4, Rdnr. 69.

Übersicht 13 194

»Schlüsselgewalt« (S.)

§ 1357

■ **Begriff und Zweck**

Begriff S. umfasst das Recht jedes Ehepartners, Geschäfte zur Deckung des Lebensbedarfs der Familie mit Wirkung auch für den anderen Ehepartner zu besorgen (§ 1357 Abs. 1 S. 1). *Früher:* S. → Recht der Frau; Mittelalter: »Schlüsselbund« als Zeichen.

Zweck
- Verwirklichung des Rechts zur eigenständigen Haushaltsführung (Innenverhältnis).
- Gläubigerschutz: Gläubiger erhalten einen weiteren Schuldner (Außenverhältnis).

■ **Voraussetzungen**

- *Wirksame Ehe* (§ 1357 Abs. 1 S. 1) und kein Getrenntleben (§ 1357 Abs. 3)
- *Rechtsgeschäft* (Geschäft) eines Ehepartners (§ 1357 Abs. 1 S. 1)
- *Geschäft zur angemessenen Deckung des Lebensbedarfs der Familie* (§ 1357 Abs. 1 S. 1)
- *Aus den Umständen ergibt sich nicht etwas anders* (§ 1357 Abs. 1 S. 2)
- *Keine Beschränkung* oder *kein Ausschluss* der S. (§ 1357 Abs. 2 S. 1)

■ **Rechtswirkungen**

- *Schuldrechtliche Wirkungen*
  → Mitberechtigung beider Ehepartner (§ 1357 Abs. 1 S. 2) → Gesamtgläubiger (§ 428)
  → Mitverpflichtung beider Ehepartner (§ 1357 Abs. 1 S. 2) → Gesamtschuldner (§ 421)
- *Dingliche Wirkung*
  → Kein Miteigentum (§ 1008) des anderen Ehepartners durch dingliches Erwerbsgeschäft (§ 929 S. 1).

5. Kapitel: Vermögensrechtliche Wirkungen der Ehe

I. Unterhaltsverpflichtungen

1. Überblick

195 Bei den Unterhaltsverpflichtungen der Ehepartner sind zu unterscheiden:
- Unterhaltsansprüche zwischen Ehepartnern bei Bestehen der Ehe (§§ 1360–1361)
  - *bei Zusammenleben in häuslicher Gemeinschaft* (§§ 1360–1360b) und
  - *bei Getrenntleben* (§ 1361) sowie
- Unterhaltsansprüche für die Zeit nach der Scheidung (§§ 1569–1586b; dazu unten, Rdnrn. 297 ff.)

Die Unterhaltsansprüche zwischen Eltern und Kindern (unten Rdnrn. 336 ff.) sind in den §§ 1601–1615o geregelt.

2. Unterhaltspflichten bei häuslicher Gemeinschaft

a) Familienunterhalt

196 Die gegenseitige *Verpflichtung zum Familienunterhalt* beider Ehepartner ergibt sich aus § 1360. Gem. § 1360 S. 1 sind die Ehepartner einander verpflichtet, durch ihre *Arbeit* und mit ihrem *Vermögen* die Familie *angemessen* zu unterhalten.

Ist einem Ehepartner (gem. § 1356 Abs. 1 S. 2) die Haushaltsführung überlassen, so erfüllt er seine Verpflichtung, durch *Arbeit* zum Unterhalt der Familie beizutragen, i. d. R. durch die Führung des Haushalts (§ 1360 S. 2).

Der nicht haushaltsführende Ehepartner leistet Unterhalt durch Arbeit, indem er durch seine Erwerbstätigkeit wirtschaftliche Mittel erzielt, die der Familie zur Verfügung stehen[321].

Ein über ausreichendes *Vermögen* verfügender Ehepartner kann den geschuldeten Unterhalt aus den Vermögenserträgen bestreiten und ist insoweit nicht zu einer Erwerbstätigkeit verpflichtet[322].

Bei bestehender Ehe (anders als bei Getrenntleben, vgl. unten Rdnr. 203) sind die gegenseitigen Unterhaltspflichten nicht von der Bedürftigkeit oder Leistungsfähigkeit des nach § 1360 berechtigten Ehepartners abhängig[323].

Jeder Ehepartner hat daher zum Unterhalt nach dem Verhältnis beizutragen, in dem seine Arbeitskraft und sein Vermögen zu Arbeitskraft und Vermögen des anderen Partners stehen *(Proportionalitätsprinzip[324])*.

b) Umfang des Unterhalts

197 Gem. § 1360a Abs. 1 umfasst der angemessene Unterhalt der Familie alles, was nach den Verhältnissen der Ehepartner erforderlich ist, um
- die Kosten des Haushalts bestreiten sowie
- die persönlichen Bedürfnisse der Ehepartner und

321 Vgl. *Lüderitz/Dethloff*, § 4, Rdnr. 40.
322 MüKo/*Wacke*, § 1360, Rdnr. 10; Staudinger/*Hübner*, § 1360, Rdnr. 48.
323 MüKo/*Wacke*, § 1360, Rdnr. 6.
324 MüKo/*Wacke*, § 1360, Rdnr. 5.

- den Lebensbedarf der gemeinsamen unterhaltsberechtigten Kinder zu befriedigen.

Zu den *Kosten des Haushalts* gehören z. B. die Kosten für Wohnung (Miete und Einrichtung), nicht aber Mittel zum Erwerb eines Eigenheims.

Zu den *persönlichen Bedürfnissen* der Ehepartner zählen der Aufwand für Kleidung, Urlaub und Freizeit, gesellschaftliches und kulturelles Leben, ärztliche Behandlung, Altersversorgung und ggf. für einen Prozesskostenvorschuss (§ 1360a Abs. 4). Auch Geld zur freien Verfügung (»Taschengeld«) und Kosten einer Berufsausbildung können dazu gehören[325]. Ein *Anspruch auf Taschengeld* kann gegen den erwerbstätigen Ehepartner für den haushaltsführenden Ehepartner bestehen, wenn dieser kein eigenes Einkommen hat, das zur Deckung seiner angemessenen persönlichen Bedürfnisse ausreicht[326]. Der Taschengeldanspruch ist Bestandteil des Familienunterhalts. Seine Höhe richtet sich nach Vermögen, Einkommen, Lebensstil und Zukunftsplanung der Eheleute im Einzelfall. Als Richtwert gelten 5 % des zur Verfügung stehenden Nettoeinkommens[327].

Der *Lebensbedarf der Kinder* umfasst Aufwendungen für Ernährung, Bekleidung, ärztliche Versorgung, Kosten für Erziehung sowie Berufsausbildung u. Ä.

c) Art des Unterhalts

Die Art und Weise, in der Unterhalt zu leisten ist, bestimmt sich nach der Ausgestal- **198**
tung der ehelichen Lebensgemeinschaft (§ 1360a Abs. 2 S. 1). Anders als gewöhnliche Unterhaltsansprüche geht der Anspruch aus § 1360 *nicht* zwingend *auf Zahlung einer Geldrente*[328]. Wie Unterhalt zu leisten ist, bestimmen die Eheleute selbst.

■ Zur Abwechslung wieder einmal etwas zum Nachdenken:
Welche Art von Unterhaltsleistungen kommt in Betracht, wenn die Eheleute keine Bestimmung treffen?

▷ Bestimmen die Eheleute nichts, gilt »das in Ehen Übliche«[329], sodass vornehmlich *Naturalleistungen,* wie etwa die Gewährung von Wohnung und Verpflegung, oder die Haushaltsführung (§ 1356) durch *tatsächliche Bewirkung*[330] in Betracht kommen.

■ Was wird gewöhnlich zur Haushaltsführung benötigt?

▷ Geld natürlich! Ist ein Ehepartner allein berufstätig, muss er daher Familienunterhalt leisten, indem er dem haushaltsführenden, nicht erwerbstätigen Ehepartner in angemessenen Zeiträumen im Voraus das nötige *Wirtschaftsgeld* zur Verfügung stellt, wozu er gem. § 1360a Abs. 2 S. 2 (lesen!) verpflichtet ist.

d) Entsprechende Anwendung des Verwandtenunterhaltsrechts

Gem. § 1360a Abs. 3 sind die §§ 1613 bis 1615 auf die Unterhaltspflichten von Ehe- **199**
leuten entsprechend anzuwenden. Das bedeutet:

- *Für die Vergangenheit* kann grundsätzlich *kein Unterhalt* gefordert werden (§ 1613).
- Auf Unterhalt kann *für die Zukunft nicht verzichtet* werden (§ 1614 Abs. 1) und
- *Vorausleistungen befreien* bei erneuter Bedürftigkeit *nicht* (§ 1614 Abs. 2).

325 Vgl. *Schlüter*, Rdnr. 63; *Schwab*, Rdnr. 146.
326 *Gernhuber/Coester-Waltjen*, § 21, Rdnr. 28.
327 Vgl. Palandt/*Brudermüller*, § 1360a, Rdnr. 4.
328 *Schwab*, Rdnr. 147.
329 *Lüderitz/Dethloff*, § 4, Rdnr. 45.
330 *Schlüter*, Rdnr. 63.

- Die entsprechende Anwendung von § 1615 führt zum *Erlöschen des Unterhaltsanspruchs:*
  Jeder Unterhaltsanspruch (bzw. jede Unterhaltspflicht) erlischt mit dem Tod eines Ehepartners.

Der Unterhaltsanspruch bei bestehender Ehe »erlischt« zwangsläufig mit der Scheidung und wird für die Zeit nach der Scheidung neu festgesetzt (vgl. oben, Rdnr. 195).

3. Unterhaltspflichten bei Getrenntleben

200 Lesen Sie zunächst § 1361 einmal ganz durch (ohne schon den Verweisungen auf die dort genannten Vorschriften zu folgen) und lesen Sie dann nochmals § 1361 Abs. 1.

■ Versuchen Sie nun, aus dem Wortlaut dieser Vorschrift die

a) Voraussetzungen des Unterhaltsanspruchs

herauszuarbeiten. Notieren Sie sie auf einem Blatt Papier, bevor Sie weiterlesen!

201 ▷ »Ist zwischen den getrennt lebenden Ehegatten ein Scheidungsverfahren *rechtshängig*« (§ 1361 Abs. 1 S. 2 HS. 1) bedeutet, dass eine Scheidungsklage erhoben und zugestellt worden (§ 261 Abs. 1 ZPO), aber noch kein Urteil ergangen ist. Solange eine Ehe noch nicht durch ein rechtskräftiges Urteil geschieden ist (vgl. § 1564 S. 1 und 2), besteht sie noch.

(1) Erste Voraussetzung ist also eine *bestehende Ehe.*

202 (2) Die Eheleute müssen *getrennt leben.*

§ 1361 befindet sich unter Abschnitt 1 von Buch 4 innerhalb von Titel 5 mit der Überschrift »Wirkungen der Ehe im Allgemeinen«. Während der Gesetzgeber im BGB zumeist dem Prinzip folgt, Begriffe, die in spezielleren Vorschriften auftauchen, in allgemeineren Vorschriften zu klären, ist er in § 1361 von diesem Prinzip abgewichen. Der Begriff des Getrenntlebens wird hier schon benutzt, obwohl er erst unter Titel 7 (»Scheidung der Ehe«) in § 1567 definiert wird. Die Legaldefinition des § 1567 gilt nach allgemeiner Auffassung auch im Rahmen von § 1361[331].

Nach § 1567 Abs. 1 S. 1 leben Eheleute *getrennt,* wenn zwischen ihnen *keine häusliche Gemeinschaft* besteht und ein Ehepartner sie erkennbar nicht herstellen will, weil er die eheliche Lebensgemeinschaft ablehnt. Gem. § 1567 Abs. 1 S. 2 besteht die häusliche Lebensgemeinschaft *auch* dann nicht, wenn die Ehepartner *innerhalb der ehelichen Wohnung* getrennt leben. Hier wird der Beweis des Getrenntlebens (insbesondere in Bad, Küche und Flur innerhalb einer engen Wohnung) nicht immer einfach sein, zumal die Rechtsprechung[332] recht strenge Anforderungen an die Trennung der Lebensbereiche stellt.

203 (3) Nach § 1361 Abs. 1 S. 1 HS. 1 richtet sich der angemessene Unterhaltsanspruch »nach den Lebensverhältnissen und den Erwerbs- und Vermögensverhältnissen« der Ehepartner. Da der unterhaltsberechtigte Ehepartner unter den engen Voraussetzungen von § 1361 Abs. 2 (nochmals lesen!) darauf verwiesen werden kann, seinen Unterhalt selbst zu verdienen, setzt der Unterhaltsanspruch nach § 1361 Abs. 1 nach allgemeiner Meinung *Bedürftigkeit des Berechtigten* (= Unterhaltsgläubiger) voraus[333]. Bedürftig ist, wer nicht in

331 Vgl. *Muscheler*, FamR, Rdnr. 389; *Schlüter*, Rdnr. 66; Palandt/*Brudermüller*, § 1361, Rdnr. 9.
332 Z. B. BGH NJW 1978, 1810.
333 Vgl. Palandt/*Brudermüller*, § 1361, Rdnr. 12; *Lüderitz/Dethloff*, § 4, Rdnrn. 108–112.

der Lage ist, sich aus seinen Einkünften und seinem Vermögen selbst zu unterhalten (vgl. die Legaldefinition in § 1577 Abs. 1).

(4) Die vierte Voraussetzung des Unterhaltsanspruchs konnten Sie aus dem Wortlaut von § 1361 Abs. 1 nicht erkennen. Auch die Absätze 3 und 4 geben keinen Hinweis darauf, dass die *Leistungsfähigkeit des Verpflichteten* (= Unterhaltsschuldner) vorauszusetzen ist. Zwar verweist § 1361 Abs. 3[334] für die Beschränkung oder Versagung des Unterhalts wegen grober Unbilligkeit auf die entsprechende Anwendung von § 1579 Nr. 2 bis 8 (jetzt nicht lesen), aber nicht auf § 1581, der die Leistungsfähigkeit des Unterhaltsschuldners nach der Scheidung verlangt. Dennoch ist die Leistungsfähigkeit des Unterhaltsschuldners in *analoger* Anwendung von § 1581 (lesen!) auch für den Anspruch aus § 1361 Abs. 1 Voraussetzung[335]. 204

Die Grenze des Unterhalts bildet der Eigenbedarf des Unterhaltsschuldners (sog. »Mindestselbstbehalt«). Sie ist dort zu ziehen, wo die eigene Existenz des Unterhaltspflichtigen gefährdet wäre. Berechnungshilfen geben von den Familiensenaten der Oberlandesgerichte publizierte Unterhaltstabellen, von denen die sog. *»Düsseldorfer Tabelle«* (Übersicht 31, Rdnr. 508) die bekannteste ist (dazu mehr im Scheidungsrecht, unten Rdnrn. 272 ff.).

Wenden wir unsere Kenntnisse über die *Voraussetzungen* des Anspruchs aus § 1361 Abs. 1 auf den folgenden Fall an, anhand dessen wir anschließend auch seine *Rechtsfolgen* betrachten.

Übungsfall 10 205

Maximilian Lüdenscheid (M) hat mit seinem Auszug aus der ehelichen Wohnung (vgl. Übungsfall 6) nicht nur seine Ehefrau Franziska Müller-Lüdenscheid (F) verlassen, sondern auch drei Kinder im Alter zwischen sechs und 15 Jahren, von denen die 15jährige Beatrix (B) aus der ersten Ehe von F stammt. F, der die Haushaltsführung nach § 1356 überlassen und die, im Gegensatz zu M, bisher keiner Erwerbstätigkeit nachgegangen ist, verlangt von M Unterhalt für sich (und natürlich auf für die Kinder, worauf in der Falllösung nicht einzugehen ist…).

M verweigert eine Unterhaltszahlung an F mit der Begründung, nicht nur die alberne Namensänderung von F habe ihn zum Auszug veranlasst, sondern vor allem ihre schlampige Haushaltsführung. Außerdem erwarte seine Jugendliebe Dr. Dora Klöbner (D), mit der er zusammen wohnt, in Kürze ein Kind von ihm. D habe deswegen ihren Beruf aufgegeben und die Haushaltsführung übernommen. Er habe nun mit D eine eheliche Lebensgemeinschaft begründet. Sein Einkommen reiche daher nur aus, um D und seinem künftigen Kind Unterhalt zu gewähren.

Ist der Unterhaltsanspruch der F gegen M begründet?

F könnte gegen M einen Anspruch auf Zahlung eines angemessenen Unterhalts gem. § 1361 Abs. 1 S. 1 haben.

■ Welche Voraussetzung muss dafür zunächst vorliegen?

▷ (1) Zwischen F und M muss eine Ehe bestehen. Die Tatsache, dass M aus der gemeinsamen Wohnung ausgezogen ist und mit D eine »eheliche Lebensgemeinschaft« begründet hat, ändert nichts am Bestand der Ehe zwischen F und M.

■ Was ist die zweite Voraussetzung?

334 § 1361 Abs. 3 wurde durch das UnterhRÄndG zum 1.1.2008 neu gefasst. **Soweit kein besonderer Hinweis auf die a.F. von §§ erfolgt, sind diese in der n.F. zitiert (vgl. *Anhang*, Übersicht 33).**

335 H. M., vgl. z. B. Palandt/*Brudermüller*, § 1361, Rdnr. 28 ff.; BVerfG FamRZ 2002,1397; *Schlüter*, Rdnr. 70.

▷ (2) F und M müssten den Tatbestand des Getrenntlebens i. S. v. § 1361 Abs. 1 S. 1 i. V. m. § 1567 Abs. 1 S. 1 erfüllen. Indem M ausgezogen ist, hat er die häusliche Lebensgemeinschaft auf- und außerdem klar zu erkennen gegeben, dass er die eheliche Lebensgemeinschaft mit F ablehnt und die mit D bevorzugt.

■ Haben Sie die dritte Voraussetzung behalten?

▷ (3) § 1361 Abs. 1 S. 1 und Abs. 2 setzen voraus, dass F als Unterhaltsberechtigte bedürftig ist. Nach § 1577 ist bedürftig, wer nicht in der Lage ist, sich aus seinen Einkünften und seinem Vermögen selbst zu unterhalten. Gem. § 1361 Abs. 2 wäre F nur dann auf eine eigene Erwerbstätigkeit zu verweisen, wenn dies von ihr nach ihren persönlichen Verhältnissen, insbesondere wegen einer früheren Erwerbstätigkeit, und nach den wirtschaftlichen Verhältnissen beider Ehepartner erwartet werden kann. Da F bisher nicht erwerbstätig war und einen Haushalt mit drei Kindern (wobei es unerheblich ist, dass die Tochter B nicht aus der Ehe mit M stammt[336]) führen muss, ist ihr eine Erwerbstätigkeit nicht zuzumuten. F ist somit nicht im Stande, durch Einkünfte sowie Vermögen ihren bisherigen Lebensstand aufrechtzuerhalten und folglich als bedürftig im Sinne des Unterhaltsrechts anzusehen.

■ Die vierte Voraussetzung schließlich?

▷ (4) M, der auf Unterhalt in Anspruch genommen werden soll, muss leistungsfähig sein. Mangels besonderer Regelung für den Trennungsunterhalt in § 1361 gilt der Verhältnismäßigkeitsgrundsatz nach § 1581 analog. Danach braucht der Verpflichtete, falls sein eigener angemessener Unterhalt gefährdet ist, der F nur insoweit Unterhalt zu leisten, als es mit Rücksicht auf ihre Bedürfnisse und ihre Erwerbs- und Vermögensverhältnisse der Billigkeit entspricht. Die Tatsache, dass M sich der D zugewandt hat und ihr Unterhalt gewähren will, rechtfertigt eine Herabsetzung aus dem Billigkeitsgrund i. S. d. § 1581 nicht, da ihn gegenüber der D und dem ungeborenen Kind keine Unterhaltspflicht trifft.

Umstände, die einen Grund zur Beschränkung oder Versagung des Unterhalts nach § 1361 Abs. 3 i. V. m. § 1579 Nr. 2–8 (nicht lesen!) ergeben, sind nicht ersichtlich. Wenn M nun als Grund für seinen Auszug die »schlampige Haushaltsführung« der F nachschiebt, mag er sich auf § 1579 Nr. 6 (jetzt lesen!) berufen wollen. Für die Annahme einer »gröblichen« Pflichtverletzung (für die M im Übrigen die Beweislast trägt) gibt der vorliegende Sachverhalt jedoch keinen Anhaltspunkt.

Der Anspruch der F gegen M auf Zahlung eines angemessenen Unterhalts gem. § 1361 Abs. 1 S. 1, der ihrem Lebensstandard vor dem Getrenntleben entsprechen sollte, ist folglich begründet.

b) Rechtsfolgen des Unterhaltsanspruchs

206 ■ Wenn Sie § 1361 ganz durchgelesen haben (vgl. oben, Rdnr. 200), könnten Sie die Rechtsfolge, welche die *Art des Unterhalts* betrifft, selbst gefunden haben?

▷ Der laufende Unterhalt ist durch Zahlung einer Geldrente zu gewähren, die monatlich im Voraus zu entrichten ist (§ 1361 Abs. 4 S. 1 und 2).

Der *Umfang des Unterhalts* ergibt sich (wie bereits oben, Rdnr. 203, angedeutet) aus § 1361 Abs. 1, wonach die Lebensverhältnisse (vor der Trennung) maßgebend sind[337]. *Zweck* des Trennungsunterhalts ist es, dem Unterhaltsberechtigten *den bisherigen Lebensstandard zu erhalten.*

Falls zwischen den getrennt lebenden Ehegatten ein Scheidungsverfahren rechtshängig ist (oben Rdnr. 201), gehört zum Unterhalt auch der in § 1361 Abs. 1 S. 2 (nochmals lesen!) umschriebene *Vorsorgeunterhalt*[338]. Außerdem steht dem Unterhaltsberechtigten entsprechend § 1360a Abs. 4 ein *Prozesskostenvorschuss* zu (§ 1361 Abs. 4 S. 4).

336 BGH FamRZ 1979, 369 (371).
337 Vgl. *Schlüter*, Rdnr. 67.
338 Zum Begriff vgl. MüKo/*Wacke*, § 1361, Rdnr. 25.

Übersicht 14 206a

Unterhaltsverpflichtungen bei bestehender Ehe	
Häusliche Gemeinschaft	**Getrenntleben**
§§ 1360–1360b	**§ 1361**
■ **Familienunterhalt** → Gegenseitige Verpflichtung → *Angemessener* Unterhalt durch *Arbeit* und *Vermögen* (§ 1360 S. 1) → *Haushaltsführung* = Arbeit (§ 1360 S. 2) → *Bedürftigkeit* nicht erforderlich → Proportionalitätsprinzip ■ **Umfang des Unterhalts** → Kosten des *Haushalts* → Persönliche Bedürfnisse → Lebensbedarf der *Kinder* (§ 1360a Abs. 1) → Prozesskostenvorschuss (§ 1360a Abs. 4) ■ **Art des Unterhalts** → *Naturalleistungen* (Wohnung, Verpflegung) → Tatsächliche Bewirkung = Haushaltsführung → *Wirtschaftsgeld* von Erwerbstätigem (§ 1360a Abs. 2) ■ **Entsprechende Anwendung des Verwandtenunterhaltsrechts (§ 1360a Abs. 3)** → Kein Unterhalt für die Vergangenheit (§ 1613) → Kein Verzicht auf zukünftigen Unterhalt (§ 1614 Abs. 1) → Keine Befreiung durch Vorleistungen (§ 1614 Abs. 2) → Erlöschen des Unterhaltsanspruchs: Tod eines Ehepartners (§ 1615)	■ **Voraussetzungen des Unterhaltsanspruchs** (1) Bestehende Ehe (2) Getrenntleben (Legaldefinition: § 1567 Abs. 1 S. 1) (3) Bedürftigkeit des Berechtigten (Unterhaltsgläubiger) (4) Leistungsfähigkeit des Verpflichteten (Unterhaltsschuldner) ■ **Grenze des Unterhalts** → Eigenbedarf des Unterhaltsschuldners: »Mindestselbstbehalt« (Vgl. »Düsseldorfer Tabelle«) ■ **Rechtsfolgen des Unterhaltsanspruchs** → *Art des Unterhalts:* Geldrente monatlich im Voraus (§ 1361 Abs. 4 S. 1 und 2) → Umfang des Unterhalts: • Erhaltung des bisherigen Lebensstandards (§ 1361 Abs. 1 S. 1) • Vorsorgeunterhalt (§ 1361 Abs. 1 S. 2) • Prozesskostenvorschuss (§§ 1361 Abs. 4 S. 4, 1360a Abs. 4)

II. Hausratsverteilung bei Getrenntleben

207 Leben die Ehepartner getrennt, kann jeder von ihnen gem. § 1361a Abs. 1 S. 1 *die ihm gehörenden Haushaltsgegenstände* von dem anderen Ehepartner *herausverlangen.*

Der Begriff »Haushaltsgegenstände« wird weit ausgelegt und umfasst alle Gegenstände, die (unabhängig von Anschaffungszeitpunkt und -motiv oder Wert sowie von den Eigentumsverhältnissen) nach den Vermögens- und Lebensverhältnissen der Ehepartner und Kinder für ihr Zusammenleben sowie für die Wohn- und Hauswirtschaft bestimmt sind[339].

Der *Herausgabeanspruch nach § 1361a Abs. 1 S. 1* ist allerdings unter den Voraussetzungen von § 1361a Abs. 1 S. 2 nicht realisierbar: Der Ehepartner muss danach die ihm gehörenden Haushaltsgegenstände dem anderen zum Gebrauch überlassen, soweit dieser sie zur Führung eines abgesonderten Haushalts benötigt und die Überlassung nach den Umständen der Billigkeit entspricht.

■ Vergessen Sie einen Moment das Familienrecht und überlegen Sie, welche *sachenrechtlichen* Herausgabeansprüche der Eigentümer bzw. der Besitzer möglicherweise geltend machen könnte?

▷ In Betracht kommen der Herausgabeanspruch des Eigentümers aus § 985 und der Anspruch wegen Besitzentziehung aus § 861 Abs. 1.

■ Was spricht indessen gegen die Geltendmachung dieser Ansprüche?

▷ § 1361a Abs. 1 S. 2: Zum einen folgt aus dieser Vorschrift ein Recht zum Besitz i. S. v. § 986 Abs. 1 S. 1. Zum anderen bewirkt § 1361a Abs. 1 S. 2, dass der Besitz des Ehepartners, dem die Haushaltsgegenstände zum Gebrauch zu überlassen sind, nicht fehlerhaft (= durch verbotene Eigenmacht) i. S. v. § 861 Abs. 1 erlangt ist.
§ 1361a ist daher nach h. M. *lex specialis* sowohl gegenüber § 985 als auch gegenüber § 861[340].

Haushaltsgegenstände, die den Ehepartnern *gemeinsam gehören,* sind zwischen ihnen nach Billigkeitsgrundsätzen zu verteilen (§ 1361a Abs. 2). Können sich die Ehepartner nicht einigen, entscheidet das zuständige Gericht darüber, ob die Haushaltsgegenstände dem anderen Ehepartner zum Gebrauch zu überlassen sind und ob für die Benutzung der Haushaltsgegenstände eine angemessene Vergütung festzusetzen ist (§ 1361a Abs. 3).

Da bei Rechtsstreitigkeiten, die nicht zur Einigung führen, immer das zuständige Gericht zu entscheiden hat, ist § 1361a Abs. 3 S. 1 bezüglich der Verteilung des Hausrats eigentlich überflüssig.

Zur Übertragung des Eigentums an Haushaltsgegenständen ist das Gericht demnach (anders als nach der HausratsVO bei der Scheidung) nicht berechtigt[341]. Dies folgt auch aus dem Wortlaut von § 1361a Abs. 4, der bestimmt, dass die Eigentumsverhältnisse unberührt bleiben, sofern die Eheleute nichts anderes vereinbaren.

III. Ehewohnung bei Getrenntleben

208 Wie bereits oben (Rdnr. 202) erwähnt, ist Getrenntleben auch in der Ehewohnung möglich (vgl. § 1567 Abs. 1 S. 2). Der häufigere Fall ist es hingegen, dass ein Ehepartner zunächst auszieht und sich die Ehepartner um die Ehewohnung streiten.

339 Palandt/*Brudermüller*, § 1361a, Rdnr. 3.
340 Vgl. *Schlüter*, Rdnr. 119.
341 *Schwab*, Rdnr. 330.

Wie jeder Streit um rechtliche Ansprüche, der nicht zur Einigung führt, wird auch der Streit um die Ehewohnung vor Gericht enden, das dann unter Berücksichtigung von § 1361b[342] eine *Zuweisung*[343] *der Wohnung* an einen Ehepartner vornimmt.

Leben die Ehepartner voneinander getrennt oder will einer von ihnen getrennt leben, so hat gem. § 1361b Abs. 1 S. 1 ein Ehepartner gegen den anderen einen *Anspruch auf Wohnungsüberlassung*, soweit die alleinige Benutzung auch unter Berücksichtigung der Belange des anderen notwendig ist, um eine unbillige Härte zu vermeiden.

Eine *unbillige Härte* kann sich auch daraus ergeben, dass das Wohl der im Haushalt lebenden Kinder gefährdet ist (§ 1361b Abs. 1 S. 2).

§ 1361b Abs. 1 S. 3 verlangt zwar die besondere Berücksichtigung von *dinglichen Berechtigungen* der Ehepartner, doch schließt dies die Zuweisung der Wohnung an den anderen, ebenso berechtigen, Ehepartner nicht aus[344].

Das GewSchG[345] hatte vor allem die Einfügung des neuen Abs. 2 in § 1361b zur Folge. Danach hat der Ehepartner, der Opfer von *Gewalttaten* oder *widerrechtlichen Drohungen* des anderen Ehepartners war, grundsätzlich (Ausnahme: vgl. § 1361b Abs. 2 S. 2) einen Anspruch auf Wohnungsüberlassung nach § 1361b Abs. 2 S. 1.

Beispiel: Nachdem (vgl. Übungsfall 5, oben Rdnr. 150) die Klage der F gegen M auf Unterlassung weiterer Körperverletzungen zwar Erfolg hatte, setzte M in angetrunkenem Zustand immer wieder seine Misshandlungen gegenüber F fort und bedrohte auch das gemeinsame Kind K. F hat in diesem Fall zu ihrem und des Kindes Schutz einen Anspruch auf Wohnungsüberlassung gem. § 1361b Abs. 1 S. 1 i. V. m. Abs. 2 S. 1.

Schutz vor Gewalt im häuslichen Bereich bietet neben § 1361b Abs. 2 das GewSchG, insbesondere in seinen §§ 1–4.

Nach § 1361b Abs. 3 hat der weichende Ehepartner darüber hinaus alles zu unterlassen, was geeignet ist, die Ausübung des Nutzungsrechts dessen, dem die Wohnung zugewiesen wurde, zu erschweren oder zu vereiteln. Er kann aber ggf. (»soweit dies der Billigkeit entspricht«) vom nutzungsberechtigten Ehepartner eine *Benutzungsvergütung*[346] verlangen.

Ist ein Ehepartner nach der Trennung aus der Ehewohnung ausgezogen und hat sechs Monate lang keine Rückkehrabsicht erkennen lassen, wird gem. § 1361b Abs. 4 unwiderleglich vermutet, dass er dem *in der Ehewohnung verbliebenen Ehepartner* das *alleinige Nutzungsrecht* überlassen hat (»freiwillige« Nutzungsüberlassung).

Da das Getrenntleben i. d. R. auf eine Scheidung hinausläuft, aber auch eine Versöhnung nicht ausschließt, haben die nach § 1361b (wie auch nach § 1361a) möglichen gerichtlichen Entscheidungen nur provisorischen Charakter[347].

342 § 1361b wurde durch das GewSchG vom 11. 12. 2001 (RGBl. I, S. 1513 = Gesetzessammlung *Schönfelder* Nr. 49) neu gefasst.
343 Vgl. *Lüderitz/Dethloff*, § 4, Rdnr. 122.
344 A. a. O.
345 Vgl. soeben, Fn. 342.
346 Vgl. MüKo/*Wacke*, § 1361b a. F. (!), Rdnrn. 11 ff.
347 *Muscheler*, FamR, Rdnr. 394.

208a Übersicht 15

Hausratsverteilung und Ehewohnung bei Getrenntleben	
Hausratsverteilung	**Ehewohnung**
§ 1361a	**§ 1361b**
■ Bei *Eigentum* an Haushaltsgegenständen – Herausgabeanspruch nach § 1361a Abs. 1 S. 1 (§ 1361a Abs. 1 ist *lex specialis* zu § 985 und § 861). *Ausnahme:* ■ Gebrauchsüberlassung aus Billigkeitsgründen (§ 1361a Abs. 1 S. 2). ■ *Gemeinsames* Eigentum: Verteilung nach Billigkeitsgrundsätzen (§ 1361a Abs. 2). ■ *Mangels Einigung:* Gerichtsentscheidung (§ 1361a Abs. 3). ■ *Änderung der Eigentumsverhältnisse* nur durch Vereinbarung der Ehepartner (§ 1361a Abs. 4).	■ *Anspruch auf Wohnungsüberlassung* nach § 1361b Abs. 1 S. 1, falls *keine unbillige Härte.* ■ Unbillige Härte: *Beeinträchtigung des Kindeswohls* (§ 1361b Abs. 1 S. 2). ■ Berücksichtigung von *dinglichen Berechtigungen* (§ 1361b Abs. 1 S. 3). ■ Anspruch auf Wohnungsüberlassung bei *Gewalt und widerrechtlicher Drohung* (§ 1361b Abs. 2) – siehe auch GewSchG –. ■ *Unterlassung von Beeinträchtigung* des Wohnungsnutzungsrechts durch weichenden Ehepartner; ggf. *Benutzungsvergütung* (§ 1361b Abs. 3). ■ »Freiwillige Nutzungsüberlassung« = *Unwiderlegliche Vermutung* nach § 1361b Abs. 4

IV. Eigentumsvermutung

209 Gem. § 1362 Abs. 1 S. 1 wird zugunsten der Gläubiger eines der Ehepartner vermutet, dass die im Besitz eines oder beider Ehepartner befindlichen beweglichen Sachen dem *Schuldner* gehören. Diese Vermutung gilt nach § 1362 Abs. 1 S. 2 *nicht,* wenn die Ehepartner *getrennt leben* und sich die Sachen im Besitz eines Ehepartners befinden, der nicht Schuldner ist. § 1362 Abs. 1 S. 1 bezweckt also einen *Gläubigerschutz,* da der Gläubiger oft nicht weiß, ob sein(e) Schuldner(in) überhaupt verheiratet ist[348], oder, falls er es weiß, nicht in der Lage sein wird, die Besitz- und Eigentumsverhältnisse der Eheleute zu durchschauen.

■ Welche Eigentumsvermutung gilt im Unterschied zu § 1362 Abs. 1 S. 1 im *Sachenrecht*? An welche Vorschrift denken Sie?

▷ Im Sachenrecht wird für bewegliche Sachen die widerlegbare Vermutung aufgestellt, dass der jeweilige Besitzer auch Eigentümer der Sache ist (Vorschrift: vgl. Fn.[349]!).

Würde § 1006 Abs. 1 S. 1 für Eheleute gelten, wäre bei Allein- oder Mitbesitz des Ehepartners, der *nicht* Schuldner ist, Allein- oder Miteigentum dieses Ehepartners zu vermuten.

348 Vgl. oben Rdnr. 167 zum Namensrecht!
349 **§ 1006 Abs. 1 S. 1**; vgl. ggf. *mein* SachR, Rdnrn. 72 ff.

Wie die Vermutung des § 1006 Abs. 1 S. 1 ist auch die Vermutung nach § 1362 Abs. 1 S. 1 widerlegbar, d. h., wird z. B. die einem Ehepartner (der nicht Schuldner ist) gehörende Sache von den Gläubigern des anderen Ehepartners gepfändet, liegt es an ihm, die Vermutung zu widerlegen und sein Eigentum zu beweisen[350]. Auf zivilprozessuale Besonderheiten (§§ 771, 739 ZPO) gehe ich in diesem Rahmen nicht ein, sondern verweise auf die nachfolgende Literatur zur Vertiefung.

Eine zweite Eigentumsvermutung stellt § 1362 Abs. 2 auf: § 1362 Abs. 1 gilt nicht für die ausschließlich zum persönlichen Gebrauch eines Ehepartners bestimmten Sachen. Vielmehr wird hier im Verhältnis der Ehepartner zueinander und zu den Gläubigern vermutet, dass sie dem Ehepartner gehören, für dessen Gebrauch sie bestimmt sind. Hier kommt es also weder auf den Besitz noch darauf (anders als in § 1362 Abs. 1 S. 2) an, ob die Ehepartner getrennt leben. Insofern ist § 1362 Abs. 2 *lex specialis* zu Abs. 1[351].

Literatur zur Vertiefung (Rdnrn. 195–209):

Brudermüller, Regelung der Nutzungs- und Rechtsverhältnisse an Ehewohnung und Hausrat – Rechtsprechungsübersicht seit 2003 –, FamRZ 2006, 1157; *Coester-Waltjen,* Grundzüge des Unterhaltsrechts, JURA 2005, 319; *Gernhuber/Coester-Waltjen,* § 19 Rdnrn. 28–43, § 21 und § 22 Rdnrn. 12–28; *Kleffmann,* Die Entwicklung des Unterhaltsrechts im Jahr 2006 – Teil 1, FuR 2007, 1 – Teil 2, FuR 2007, 54; *Lipp,* §§ 6 f., 9; *Lüderitz/Dethloff,* § 4, Rdnrn. 38–57, 78–86, 105–130; *Motzer,* Das Gewaltschutzgesetz – Ein Spagat zwischen Deliktsrecht und Familienrecht, FS Schwab 2005, 375; *Muscheler,* FamR, § 18, Rdnrn. 298–303, § 23, § 20 Rdnrn. 320–326; *Perpeet,* Rechtsverhältnisse an Ehewohnung und Hausrat, in: *Schröder/Bergschneider,* 3. Abschn.; *Schlüter,* §§ 8, 11, 16; *Schwab,* §§ 25, 38, 27; *Vossler,* »Gewaltschutzgesetz« in Kraft getreten – Wesentlicher Inhalt und Bedeutung für die Praxis, FamRB 2002, 56.

350 *Schwab*, Rdnr. 180; *Schlüter*, Rdnr. 166.
351 *Schwab*, Rdnr. 181.

6. Kapitel: Eheliches Güterrecht

I. Überblick

210 Das »Eheliche Güterrecht« des BGB ist unter dem gleichnamigen »Titel« (in Buch 4, Abschnitt 1, Titel 6) in den §§ 1363–1563 geregelt.

(Die in diesem Überblick genannten Vorschriften brauchen Sie jetzt noch nicht lesen, aber schauen Sie schon einmal die Überschriften an – »zum Überblick«!)

Das *eheliche Güterrecht* ist der »Inbegriff aller Normen, deren Aufgabe es ist, das Verhältnis zu regeln, in welchem das (gegenwärtige und zukünftige) Vermögen des Mannes und der Frau während der Ehe und der Zeit ihrer Abwicklung zueinander stehen soll, sofern es sich nicht um vermögensrechtliche Beziehungen handelt, die das Gesetz den 'Wirkungen der Ehe im Allgemeinen' (§§ 1353 ff.) oder dem allgemeinen (Ehegatten-)Erbrecht zugewiesen hat«[352].

Vereinfacht ausgedrückt bedeutet diese mächtige Definition: Das eheliche Güterrecht regelt die *vermögensrechtlichen Beziehungen* der Ehepartner untereinander und gegenüber Dritten. Dies gilt nicht, soweit vermögensrechtliche Beziehungen zwischen den Beteiligten bereits in den §§ 1353–1362 geregelt oder dem »Ehegattenerbrecht« (Überschrift § 1933) der §§ 1931–1934 zugewiesen sind.

Während die aus der ehelichen Lebensgemeinschaft i. S. v. §§ 1353 ff. resultierenden Rechte und Pflichten (z. B. »Schlüsselgewalt«, Mitarbeit der Ehepartner, Unterhaltspflicht, Eigentumsvermutungen) bei *jedem Güterstand* gegeben sind, bestimmen sich die Eigentums- und Vertretungsverhältnisse der Ehepartner im ehelichen Güterrecht unterschiedlich nach dem jeweiligen Güterstand[353].

211 Im ehelichen Güterrecht sind *drei Güterstände* geregelt: Die *Zugewinngemeinschaft* (§§ 1363–1390), die *Gütertrennung* (§ 1414) und die *Gütergemeinschaft* (§§ 1415–1518). Keine Sorge, von diesen Vorschriften müssen wir »fast keine« lesen!

212 Die Zugewinngemeinschaft ist der *»gesetzliche Güterstand«*, d. h., dieser Güterstand und seine Regelungen gelten für Ehepartner, die keinen (anderen) Güterstand vereinbart haben. Im Familienrecht gibt es bekanntlich (vgl. oben, Rdnr. 122) keine Vertragsfreiheit wie im Schuldrecht (vgl. § 311 Abs. 1), welche eine weitestgehende Abschluss- und Gestaltungsfreiheit umfasst[354]. Lesen Sie aber § 1408 Abs. 1! Danach haben die Ehepartner die Freiheit, einen *Ehevertrag* abzuschließen und können diesen nach den engen Vorgaben von § 1414 oder §§ 1415 ff. »gestalten«. Machen sie von dieser »Vertragsfreiheit« keinen Gebrauch, leben sie »automatisch« im gesetzlichen Güterstand der Zugewinngemeinschaft. Für sie gilt also

II. Gesetzliches Güterrecht

Dazu zunächst ein Übungsfall, eher ein Fällchen:

352 So *Gernhuber/Coester-Waltjen*, § 31, Rdnr. 1; s. auch: fast wortgleich, MüKo/*Koch*, Einl. zu §§ 1363–1563, Rdnr. 1; jeweils o. w. N.

353 Vgl. *Creifelds*, »Güterrecht, eheliches«.

354 Vgl. *mein* SchR AT, Rdnrn. 17–28i.

Übungsfall 11	
In einer Ehe, in der kein Ehevertrag abgeschlossen worden ist, macht der Krankenpfleger und Ehemann Michael (M) das Glück seines Lebens und knackt den Lottojackpot in Höhe von 37 Millionen Euro. Auch seine Ehefrau Felicitas (F) ist glücklich (§ 1353 BGB...)! Wer ist Eigentümer des Geldes geworden?	

Die Antwort auf die Fallfrage hängt davon ab, welcher Güterstand für die Eheleute gilt. Da die Eheleute nicht durch einen Ehevertrag (§ 1408) etwas anderes vereinbart haben, leben sie im (gesetzlichen) Güterstand der

1. Zugewinngemeinschaft.

Das ergibt sich aus § 1363 Abs. 1 (lesen Sie § 1363 nun ganz!).

a) Begriff

Gem. § 1363 Abs. 2 werden das Vermögen des Mannes und das Vermögen der Frau **213** *nicht gemeinschaftliches Vermögen* der Ehepartner. Dies gilt nicht nur für das Vermögen, das ein Ehepartner in die Ehe einbringt, sondern auch für das Vermögen, das er nach der Eheschließung erwirbt (vgl. § 1363 Abs. 2 S. 1 HS. 2).

Da das Vermögen des M nicht gemeinschaftliches Vermögen der Eheleute geworden ist, scheint der Begriff der Zugewinn*gemeinschaft* »falsch«, zumindest missverständlich zu sein. Verständlicher wird er, wenn man die »Gemeinschaft« nicht auf das jeweilige Vermögen, sondern auf den *Zugewinn* bezieht, den jeder Ehepartner während der Ehe erzielt hat. Das Vermögen bleibt getrennt, der Zugewinn wird gemeinschaftlich ausgeglichen.

»Zugewinn« ist der Betrag, um den das *Endvermögen* eines Ehepartners sein *Anfangsvermögen* übersteigt (vgl. die Definition in § 1373 – lesen!).

■ Was bedeutet Anfangsvermögen und Endvermögen? Worauf bezieht sich der Anfang, worauf bezieht sich das Ende? (Kurz nachdenken!)

▷ Der Gesetzgeber geht davon aus, dass man darüber nicht nachdenken muss! Selbstverständlich geht es um den Anfang (Eheschließung) und das Ende (Scheidung oder Tod eines Ehepartners) der *Ehe*.

Einzelheiten zum Anfangsvermögen, Endvermögen und zum Zugewinn*ausgleich* folgen in Kürze (Rdnrn. 235 ff.)

»Zugewinngemeinschaft« bedeutet also, dass das Vermögen jedes Ehepartners während der Ehe (wie vorher!) getrennt bleibt und der Zugewinn, den jeder während der Ehe gemacht hat, am Ende der Ehe gemeinschaftlich ausgeglichen werden muss.

b) Prinzipien

Ein Prinzip der Zugewinngemeinschaft haben wir soeben kennen gelernt: das *Trennungsprinzip.* Die Vermögen der Eheleute bleiben während der Ehe getrennt. Der Begriff *»Gemeinschaft«* ist, wie gesagt, irreführend, »weil er in dreifacher Hinsicht das Richtige verfehlt«[355]: Weder kommt es zu einer Gemeinschaft der Güter noch haben wir es mit einer Gemeinschaft der Güter*verwaltung* zu tun, da jeder Ehepartner **214**

355 *Muscheler*, FamR, Rdnr. 335.

sein Vermögen selbstständig verwaltet (§ 1364 HS. 1 – dazu unten, Rdnrn. 219 ff.) und schließlich ist die Ehe keine Schuldengemeinschaft[356].

Grundsätzlich haftet jeder Ehepartner, wie Sie wissen (Ausnahmen bestätigen die Regel, vgl. § 1357), für sich selbst oder für den anderen nur nach dem »Sorgfaltsmaßstab« von § 1359 (beide Vorschriften nochmals lesen!). »Im Prinzip« ist die Zugewinngemeinschaft, wie gesehen, nichts anderes als *Gütertrennung während der Ehe* (Ausnahmen: §§ 1365 ff. – jetzt nicht lesen).

■ Wie lautet nach alledem die Antwort auf die Fallfrage von Übungsfall 11?
▷ M ist (Allein-)Eigentümer des Geldes.

Ob und inwieweit er darüber frei verfügen darf, werden wir noch erfahren.

215 Neben dem Trennungsprinzip ist die Zugewinngemeinschaft von einem strengen *Gleichheitsprinzip* (auch »Halbteilungsprinzip«) gekennzeichnet: Der Zugewinnüberschuss wird wertmäßig (nicht dinglich) exakt hälftig verteilt, ohne einen Bonus oder eine Prämie für den Ehepartner, der den höheren Zugewinn erwirtschaftet hat[357].

216 Der gesetzliche Güterstand erfasst grundsätzlich wertmäßig das *gesamte* Vermögen der Ehegatten. Von diesem *Totalitätsprinzip* macht § 1374 Abs. 2 (lesen) eine Ausnahme, indem bestimmte Vermögenszunahmen eines Ehepartners nach Eintritt des Güterstandes (= nach der Eheschließung) zu seinem Anfangsvermögen hinzugerechnet werden.

217 Wird der Güterstand durch Tod eines Ehepartners aufgelöst, so wird der Ausgleich des Zugewinns *pauschal* dadurch bewirkt (sog. *Pauschalierungsprinzip*), dass der überlebende Ehepartner einen zusätzlichen Erbteil von ¼ erhält (§ 1371 Abs. 1 – lesen! – mehr dazu unten Rdnrn. 238 ff.).

218 Nach dem *Stichtagsprinzip* wird das Vermögen eines Ehepartners nicht in die Rechnung einbezogen, wenn es kurz vor der Ehe und schon im Hinblick auf diese erworben wurde[358]. »Stichtage« enthalten z. B. § 1374 Abs. 1 (»Eintritt des Güterstandes«), § 1375 Abs. 1 (»Beendigung des Güterstandes«), § 1376 (»Eintritt des Güterstandes«, »Zeitpunkt des Erwerbs«, »Beendigung des Güterstandes«) und § 1384 (»Zeitpunkt der Rechtshängigkeit«).

2. Vermögensverwaltung und Verfügungsbeschränkungen

219 Da das Vermögen der Ehepartner während der Zugewinngemeinschaft getrennt bleibt (§ 1363 Abs. 2 S. 1), bestimmt § 1364 HS. 1 konsequenterweise, dass jeder Ehepartner sein Vermögen selbstständig verwaltet. Er ist jedoch gem. § 1364 HS. 2 in der Verwaltung seines Vermögens (dazu gehört auch die *Verfügung* über das Vermögen) nach Maßgabe der §§ 1365–1369 beschränkt.

a) Verfügung über das Vermögen im Ganzen

220 Gem. § 1365 Abs. 1 kann sich ein Ehepartner nur mit Einwilligung des anderen Ehegatten verpflichten, über sein *Vermögen im Ganzen* zu verfügen (lesen Sie § 1365 ganz!).

■ Was bedeutet das für Übungsfall 11?

356 A. a. O.
357 Vgl. *Muscheler*, FamR, Rdnr. 335.
358 Ebenda.

▷ Sollte M daran gedacht haben, die 37 Millionen Euro wie ein berühmter Namensvetter[359] in ein Eigenheim am Genfer See zu investieren, bedarf er dazu der Einwilligung (Legaldefinition: § 183 S. 1) seiner Ehefrau F.

Hat sich ein Ehepartner ohne Zustimmung des anderen *verpflichtet,* so kann er die Verpflichtung nur erfüllen (Abstraktionsprinzip[360]), wenn der andere Ehepartner einwilligt (§ 1365 Abs. 1 S. 2). Unter den Voraussetzungen von § 1365 Abs. 2 kann die Zustimmung durch das Vormundschaftsgericht ersetzt werden.

■ Was ist Ihrer Meinung nach Sinn und Zweck von § 1365 im Rahmen des gesetzlichen Güterstands der Zugewinngemeinschaft? 221

▷ Durch das Verpflichtungs- und Verfügungsverbot des § 1365 soll zum einen der Zugewinnausgleich gesichert[361] werden. Zum anderen soll dieses *absolute Veräußerungsverbot*[362] zum *Schutz der Familie* die *Erhaltung der wirtschaftlichen Grundlage der Familie*[363] sicherstellen.

Schwierigkeit bereitet der *Begriff* »Verfügung über das *Vermögen im Ganzen*«. Nach 222
der sog. *Gesamttheorie* gilt § 1365 nur dann, wenn der Ehepartner ausdrücklich über die Gesamtheit aller ihm gehörenden Gegenstände verfügen will bzw. wenn nach dem erklärten Willen der Parteien das gesamte Vermögen (wie z. B. in § 311b Abs. 3 das »gegenwärtige Vermögen«) als solches Vertragsgegenstand ist[364]. Dabei wird aber nicht berücksichtigt, dass es sich bei *Einzelgegenständen* (z. B. Grundstücken) durchaus um *nahezu das ganze Vermögen* handeln kann. Würde man hier § 1365 nicht anwenden, wäre die wirtschaftliche Grundlage der Familie äußerst gefährdet.

Mit der h. M. ist daher der sog. *Einzeltheorie* zu folgen. Danach können auch 223
Rechtsgeschäfte hinsichtlich eines Einzelgegenstandes nach § 1365 zustimmungsbedürftig sein, wenn sie das ganze oder nahezu das ganze Vermögen ausmachen[365]. Die Frage, welche Wertgrenze für »nahezu das ganze Vermögen« anzusehen ist, hat der BGH[366] differenzierend beantwortet: Bei kleinem Vermögen ist die Veräußerung eines Einzelgegenstands nur dann ohne Zustimmung nach § 1365 möglich, wenn dem verfügenden Ehepartner wertmäßig mindestens 15 % seines (ganzen) Vermögens verbleiben. Bei großem Vermögen genügen 10 %.

Dem Vertragspartner des veräußernden Ehepartners sind dessen Vermögensver- 224
hältnisse i. d. R. nicht bekannt, sodass es sehr überraschend sein kann, wenn schon der einzelne Gegenstand (z. B. – s. o. – ein Grundstück) das gesamte Vermögen des Veräußerers ausmacht. Nach der herrschenden *subjektiven Einzeltheorie* gilt § 1365 deshalb bei der Verfügung über Einzelgegenstände nur, wenn der Vertragspartner die Vermögensverhältnisse des Veräußerers kennt oder weiß, dass es sich um dessen nahezu ganzes Vermögen handelt[367]. § 1365 enthält demnach das ungeschriebene Tatbe-

359 Falls Sie es nicht wussten: Gemeint ist ein ehemaliger Formel-1-Pilot namens Michael Schumacher.

360 Falls Ihnen das Abstraktionsprinzip nicht mehr geläufig ist, vgl. *mein* BGB AT, Rdnrn. 243–257.

361 *Gernhuber/Coester-Waltjen*, § 35, Rdnr. 4.

362 *Schlüter*, Rdnr. 105.

363 MüKo/*Koch*, § 1365, Rdnr. 1; *Muscheler*, FamR, Rdnr. 343; Palandt/*Brudermüller*, § 1365, Rdnr. 1.

364 Vgl. MüKo/*Koch*, § 1365, Rdnr. 10; *Muscheler*, FamR, Rdnr. 344.

365 Vgl. BGHZ 35, 135 (143); *Schwab*, Rdnr. 223; Palandt/*Brudermüller*, § 1365, Rdnr. 4.

366 Z.B. BGH FamRZ 1980, 765 und BGH FamRZ 1991, 669.

367 Vgl. *Lüderitz/Dethloff*, § 5, Rdnr. 72.

standsmerkmal der positiven Kenntnis[368] der Vermögensverhältnisse des Veräußerers auf Seiten des Vertragspartners.

■ Was ist die Folge, wenn der Vertragspartner diese Kenntnis nicht hat?
▷ Dann ist er »gutgläubig« (§ 932 analog) und § 1365 ist nicht anwendbar.

In diesem Fall geht der allgemeine Verkehrsschutz dem Familienschutz vor.

225 Wird ein Vertrag von einem Ehepartner ohne die nach § 1365 erforderliche Einwilligung geschlossen, ist der Vertrag schwebend unwirksam und kann durch die Genehmigung (Legaldefinition: § 184 Abs. 1) des anderen Ehepartners wirksam werden (§ 1366 Abs. 1 – lesen Sie § 1366 ganz!).

■ Wenn Sie § 1365 und § 1366 sorgfältig gelesen und verstanden haben, sollten Sie sich an zwei Vorschriften aus dem Allgemeinen Teil des BGB erinnert haben? Überlegen Sie!
▷ Die Formulierungen in § 1365 und § 1366 ähneln teilweise den Bestimmungen über die Rechtsgeschäfte beschränkt geschäftsfähiger Minderjähriger, d. h. § 107 und § 108.

226 Gem. § 1367 ist ein *einseitiges Rechtsgeschäft,* das ohne die erforderliche Einwilligung vorgenommen wird, unwirksam.

■ Auch hier gibt es eine »Parallelvorschrift« im Allgemeinen Teil des BGB? Nachdenken!
▷ Antwort: Fußnote[369].

Da von dem veräußernden Ehepartner, dessen Verfügung gem. § 1365 unwirksam ist, häufig nicht zu erwarten ist, dass er gegen den Dritten (= seinen Vertragspartner) vorgeht[370], gibt § 1368 auch dem anderen Ehepartner die Befugnis, die sich aus der Unwirksamkeit der Verfügung ergebenden Rechte gegen den Dritten gerichtlich geltend zu machen (sog. *revokatorische Klage*). *Revokation* bedeutet also Ausübung der dem anderen Ehepartner gegen den Dritten zustehenden Rechte im eigenen Namen[371].

228 Zur »Verfügung über das Vermögen im Ganzen« lösen wir den folgenden Fall.

Übungsfall 12	
Fabia (F) und Maurizio (M) leben im gesetzlichen Güterstand der Zugewinngemeinschaft. M möchte seinem reichen Freund Dagobert (D) für 300.000 € ein Grundstück verkaufen und übereignen, das die Hauptmasse seines Vermögens bildet. D, der die Vermögensverhältnisse der Eheleute M und F gut kennt, ist erfreut und begibt sich mit M zum Notar, welcher den Kaufvertrag beurkundet (§ 311b Abs. 1) und die Auflassungserklärungen (§ 925 Abs. 1) entgegennimmt. F ist mit der Veräußerung nicht einverstanden. Sind die Rechtsgeschäfte zwischen D und M wirksam?	

■ Bevor Sie die Lösungsskizze lesen, sollten Sie versuchen, selbst eine Lösung zu finden und diese auf einem Blatt Papier notieren.
▷ Da die Formvorschriften der §§ 311b Abs. 1 und 925 Abs. 1 eingehalten sind, geht es nicht um die formellrechtliche, sondern um die materiell-rechtliche Wirksamkeit der Rechtsgeschäfte des Ehemanns M.

368 *Muscheler*, FamR, Rdnr. 346.
369 § 111!
370 Vgl. *Schlüter*, Rdnr. 117.
371 Vgl. *Gernhuber/Coester-Waltjen*, § 35, Rdnr. 90.

Grundsätzlich kann jeder Ehepartner gemäß § 1364 sein Vermögen selbstständig verwalten und darüber verfügen, sofern sich aus den §§ 1365 ff. keine Beschränkungen ergeben.
Gem. § 1365 Abs. 1 S. 1 bedarf der Ehepartner, der über sein Vermögen im Ganzen verfügt, der Einwilligung des anderen Ehepartners. Wenngleich das Grundstück des M »nur« die Hauptmasse, also nicht das Ganze seines Vermögens darstellt, umfasst es doch als Einzelgegenstand *nahezu das ganze Vermögen* des M. Da F in die Veräußerung durch M nicht eingewilligt hat, hängt die Wirksamkeit des Kaufvertrags und der Übereignung gem. § 1366 Abs. 1 von der Genehmigung der F ab. Da F mit der Veräußerung nicht einverstanden ist, hat sie die Genehmigung verweigert, sodass die Verträge zwischen M und D gem. § 1366 Abs. 4 unwirksam sind, falls D nicht gutgläubig war. Bei der Veräußerung eines Einzelgegenstandes durch einen Ehepartner ist der Erwerber (analog § 932 Abs. 2) nicht im guten Glauben, wenn er weiß, dass der Gegenstand das ganze oder nahezu das ganze Vermögen des Veräußernden ausmacht. Da D die Vermögensverhältnisse von F und M gut kennt, war D nicht gutgläubig. Beide Verträge zwischen M und D sind daher gem. §§ 1365 Abs. 1, 1366 Abs. 4 unwirksam.

Zur Wiederholung lesen Sie nun:

Übersicht 16 229

Verfügung über Vermögen im Ganzen

§ 1365–1368

- **Voraussetzungen von § 1365 Abs. 1**
  (1) Bestehende Ehe
  (2) Gesetzlicher Güterstand
  (3) *Verpflichtung* zu einer Verfügung oder *Verfügung* eines Ehepartners über sein
  (4) *Vermögen im Ganzen* oder über *»nahezu das ganze Vermögen«*
  (5) *Einwilligung* des anderen Ehepartners
- **Rechtsfolgen**
  - Wirksamkeit der Rechtsgeschäfte des Verfügenden, falls nicht
  - *Verfügung ohne Einwilligung:*
    - *Genehmigung* durch anderen Ehegatten möglich (§ 1366 Abs. 1)
    - Bei Genehmigung: Vertrag wirksam
    - Bis zur Genehmigung: Vertrag schwebend unwirksam
    - Bei Verweigerung der Genehmigung: Vertrag unwirksam (§ 1366 Abs. 4), falls
    - Keine Gutgläubigkeit des Erwerbers (analog § 932) bei Verfügung über Einzelgegenstand, der ganzes oder nahezu ganzes Vermögen ausmacht
    - *Bei Gutgläubigkeit* des Erwerbers keine Anwendbarkeit von § 1365 Abs. 1, da *Verkehrsschutz* in diesem Fall *vor Familienschutz* geht
  - *Zweck des absoluten Veräußerungsverbots* von § 1365 Abs. 1
    - Schutz der Familie: *Erhaltung der wirtschaftlichen Grundlage der Familie*; Sicherung des *Zugewinnausgleichs*
  - Einseitiges Rechtsgeschäft *ohne Einwilligung* ist *unwirksam* (§ 1367).
  - *Revokatorische Klage* des anderen Ehepartners gem. § 1368 ist zulässig.

b) Verfügungen über Haushaltsgegenstände

230 Gem. § 1369 Abs. 1 (lesen!) bedarf ein Ehepartner, der über einen ihm gehörenden Haushaltsgegenstand verfügt oder sich zu einer solchen Verfügung auch nur verpflichtet, ebenfalls der Einwilligung des anderen Ehepartners.

»Gegenstände des ehelichen Haushalts« i. S. v. § 1369 Abs. 1 sind alle im Eigentum eines oder beider Ehepartner stehenden oder ihnen in Form eines Anwartschaftsrechts (z. B. bei Kauf unter Eigentumsvorbehalt, § 449!) zugeordneten beweglichen Sachen, die dem *gemeinschaftlichen Leben* der Ehepartner *im familiären Bereich* dienen[372]. Dazu gehören *nicht* die ausschließlich oder überwiegend für den *persönlichen Bereich*, den *Arbeitsbereich* oder für die *Kapitalanlage* des anderen Ehepartners bestimmten Gegenstände[373].

■ Was können danach z. B. konkret Gegenstände des ehelichen Haushalts sein? Lassen Sie Ihre Phantasie spielen!

▷ Wohnungseinrichtung, Haushaltswäsche, Radio, Fernsehapparat, Gartenmöbel, Wohnwagen, Nahrungsmittel, Brennmaterial[374], das in erster Linie für Familienzwecke genutzte Auto (nicht aber das Berufsfahrzeug)[375], Kunstgegenstände zur Ausschmückung der Wohnung oder sogar eine teure Segelyacht bei auch im Übrigen beträchtlichem Vermögen[376]; auch Haustiere[377] können dazu gehören.

Die Anwendung von § 1369 verdeutlicht folgendes

Beispiel:
Ehefrau F verkauft und übereignet den ihr gehörenden Fernsehapparat an den gutgläubigen Käufer K.

■ Ist K Eigentümer des Fernsehapparates geworden?

▷ Da dieser kleine Sachverhalt nichts über einen Ehevertrag aussagt, ist davon auszugehen, dass F mit ihrem Ehemann im gesetzlichen Güterstand der Zugewinngemeinschaft lebt (§ 1363 Abs. 1). Ein Fernsehapparat ist ein typischer Haushaltsgegenstand i. S. v. § 1369 Abs. 1, sodass F darüber nur mit der Einwilligung ihres Ehemannes verfügen durfte. Da dies nicht geschehen ist, können die Verträge von ihrem Mann noch genehmigt und wirksam werden (§ 1369 Abs. 3 i. V. m. § 1366 Abs. 1). Wird die Genehmigung verweigert, sind die Verträge unwirksam (§ 1369 Abs. 3 i. V. m. § 1366 Abs. 4).

231 *Rechte* werden von § 1369 nur erfasst, wenn sie, wie das oben angesprochene Anwartschaftsrecht auf Eigentumserwerb (beim Kauf unter Eigentumsvorbehalt), auf eine längere Einordnung von Sachen in den Haushalt hinführen[378].

232 Der *Zweck* der Regelung des § 1369 ist im Wesentlichen derselbe wie der von § 1365, also *die Erhaltung der wirtschaftlichen Grundlage der Familie.* Daneben dient die Regelung ebenfalls der Sicherung des Zugewinnausgleichs[379].

233 § 1369 (wie auch § 1365) gilt nach h. M.[380] auch *bei Getrenntleben* der Ehepartner; denn die Schutzfunktion der Verfügungsbeschränkungen (= Erhaltung der wirtschaftlichen Grundlage

372 MüKo/*Koch*, § 1369, Rdnr. 6.
373 *Schlüter*, Rdnr. 119.
374 Palandt/*Brudermüller*, § 1369, Rdnr. 4.
375 *Schwab*, Rdnr. 232.
376 *Lüderitz/Dethloff*, § 5, Rdnr. 82.
377 MüKo/*Koch*, § 1369, Rdnr. 6.
378 *Schlüter*, Rdnr. 119.
379 *Lüderitz/Dethloff*, § 5, Rdnr. 84.

der Familie/Sicherung des Zugewinnausgleichs) muss auch in dieser Phase der noch bestehenden Ehe gelten. Die Gegenmeinung stellt u. a. darauf ab, dass bei Getrenntleben kein »ehelicher Haushalt« mehr vorliege[381]. Für die h. M. spricht neben der Schutzfunktion der Verfügungsbeschränkungen, dass der Gesetzgeber in den §§ 1365 ff. keine Sonderregelungen für das Getrenntleben getroffen hat, während dies für die »Hausratsverteilung« und die »Ehewohnung« in den §§ 1361a und 1361b ausdrücklich geschehen ist.

Haushaltsgegenstände, die *als Ersatz* von nicht mehr vorhandenen oder wertlos gewordenen Gegenständen angeschafft werden, werden gem. § 1370 (lesen) Eigentum des Ehepartners, dem die ersetzten Gegenstände gehört haben. **234**

Durch diese Vorschrift soll verhindert werden, Ermittlungen darüber anzustellen, ob Ersatz *gewollt* war; vielmehr findet der Eigentumserwerb ohne weiteres und unabhängig davon statt, mit wessen Mitteln die Gegenstände erworben wurden[382]. Merkwürdig? So kann z. B. ein Flügel ein Klavier ersetzen oder ein Ledersessel einen Stoffsessel[383]. Oder (*Beispiel* aus dem Leben gegriffen): Frau bringt alte Geschirrspülmaschine mit in die Ehe; Mann kauft von seinem Geld die neueste »Miele« ... Nach § 1370 »ist« Frau keine »Geschirrspülmaschine« mehr, sondern hat den neuesten Ersatz bekommen.

3. Zugewinnausgleich

■ Haben Sie noch im Sinn, wie der Begriff *»Zugewinn«* definiert wird? **235**

▷ Hier gilt (vgl. oben Rdnr. 213) die Legaldefinition von § 1373.
Zugewinn ist also der Betrag, um den das Endvermögen eines Ehepartners sein Anfangsvermögen übersteigt. Dieser Zugewinn soll, sofern die Ehepartner keinen vertraglichen Güterstand vereinbart haben, bei Beendigung der Ehe ausgeglichen werden.

■ Was ist Ihrer Meinung nach Sinn und Zweck des Zugewinnausgleichs?

▷ Der Gesetzgeber geht davon aus, dass beide Ehepartner gleichermaßen, aber unterschiedlich zum Unterhalt der Familie beitragen (wozu sie gem. § 1360 S. 1 verpflichtet sind). Geht einer der Eheleute einer Erwerbstätigkeit nach, die ständig zur Vermehrung seines Vermögens beiträgt, während der andere Ehepartner seinen Unterhaltsbeitrag durch die Haushaltsführung (§ 1360 S. 2) leistet, also »kein Geld verdient«, wäre es »ungerecht« (sofern die Ehepartner vertraglich nichts anderes vereinbart haben), wenn der vermögendere Ehepartner sein *während der Ehe* erworbenes Vermögen für sich alleine behalten dürfte. **236**

Das Gesetz kennt grundsätzlich zwei Arten des Zugewinnausgleichs: Den Zugewinnausgleich im Todesfall (sog. »erbrechtliche Lösung« – § 1371) und den Zugewinnausgleich in anderen Fällen (§ 1372 – »güterrechtliche Lösung«). **237**

■ Welche »anderen Fälle« (also nicht nur *ein* anderer Fall ist gemeint) können dies sein?

▷ Die »anderen Fälle« beziehen sich offenbar auf die Beendigung des gesetzlichen Güterstandes zu Lebzeiten beider Ehegatten. Sie haben daher gleich an die *Ehescheidung* gedacht.

380 Palandt/*Brudermüller*, § 1369, Rdnrn. 2 f.; *Schwab*, Rdnr. 234; *Lüderitz/Dethloff*, § 5, Rdnr. 85; OLG Koblenz NJW 1991, 3224.

381 Vgl. *Gernhuber/Coester-Waltjen*, § 35, Rdnrn. 57–59; MüKo/*Koch*, § 1369, Rdnr. 22; *Muscheler*, FamR, Rdnr. 352.

382 Palandt/*Brudermüller*, § 1370, Rdnr. 2.

383 MüKo/*Koch*, § 1370, Rdnr. 10.

■ Welche »anderen Fälle« kommen weiterhin in Betracht?
▷ Zum einen kann die Ehe (und damit der gesetzliche Güterstand) nicht nur durch Scheidung, sondern unter den Voraussetzungen von § 1314 durch *Aufhebung* beendet werden; zum anderen ist es denkbar, dass die Ehepartner zunächst im gesetzlichen Güterstand leben, diesen dann aber dadurch beenden, dass sie einen *Ehevertrag* (§ 1408) schließen.

a) Zugewinnausgleich im Todesfall

238 Lesen Sie nun § 1371 Abs. 1. Da hier der »gesetzliche Erbteil« des überlebenden Ehepartners angesprochen ist, müssen wir einen Blick ins Erbrecht werfen.

Unterstreichen Sie in § 1371 Abs. 1 die Worte »gesetzliche Erbteil«, notieren Sie am Rand des Gesetzestextes neben der dritten Zeile »§ 1931« und lesen Sie § 1931 Abs. 1 bis Abs. 3.

§ 1931 gehört zu den Vorschriften, welche die *gesetzliche Erbfolge* regeln. Dazu müssen Sie wissen, dass die gesetzliche Erbfolge nur eintritt, wenn der Verstorbene *keine Verfügung von Todes wegen* (§ 1937 – z. B. durch Testament), getroffen, den Ehepartner *nicht enterbt* (§ 1938) oder ihm *nicht nur* ein *Vermächtnis* (§ 1939) zugewandt hat (sog. *gewillkürte Erbfolge*).

aa) Zugewinnausgleich bei gesetzlicher Erbfolge

239 Wird der Güterstand durch den Tod eines Ehepartners beendet, so wird gem. *§ 1371 Abs. 1,* wie Sie soeben gelesen haben, der Zugewinn dadurch ausgeglichen, dass sich der gesetzliche Erbteil des überlebenden Ehepartners um *ein Viertel der Erbschaft* erhöht, und zwar unabhängig davon, ob überhaupt ein Zugewinn erzielt wurde.

Um § 1931 Abs. 1 und Abs. 2 zu verstehen, müssen wir wissen, wer *Erben der ersten und zweiten Ordnung,* wer *Abkömmlinge* und wer *Abkömmlinge von Großeltern* sind. Gesetzliche Erben erster Ordnung sind gem. § 1924 Abs. 1 die »Abkömmlinge« des Erblassers (das ist der Verstorbene!). »Abkömmlinge« sind die *Kinder* und weitere Nachkommen eines Menschen (z. B. Enkel, Urenkel ...). Gem. § 1924 Abs. 4 erben Kinder zu gleichen Teilen (alle genannten Vorschriften lesen!).

■ Lösen Sie dazu folgendes *Beispiel 1:*
Nach dem Tod des Erblassers, der keine Verfügung von Todes wegen getroffen hat, leben nur noch seine Ehefrau F und zwei Kinder K1 und K2. Was erbt die Ehefrau nach § 1931 Abs. 1 S. 1 und Abs. 3? Was erben die Kinder?
▷ Nach § 1931 Abs. 1 *erbt die Ehefrau* ¼ und nach § 1931 Abs. 3 i. V. m. § 1371 Abs. 1 ebenfalls ¼, also insgesamt *½ der gesamten Erbschaft.*
Die beiden Kinder erben gem. § 1924 Abs. 1 und Abs. 4 die andere Hälfte zu gleichen Teilen, also je ¼.

Gesetzliche *Erben zweiter Ordnung* sind gem. § 1925 Abs. 1 die Eltern des Erblassers und *deren* Abkömmlinge, also die Geschwister des Erblassers, die aber nichts erben, wenn die Eltern noch leben (§ 1925 Abs. 2).

■ *Beispiel 2:*
Die Eheleute F und M haben keine Kinder. Nach dem Tod von M leben außer der F noch die Eltern des M und sein Bruder B. Wie hoch ist der gesetzliche Erbteil der F nach §§ 1931 Abs. 1 S. 1 und Abs. 3 i. V. m. § 1371 Abs. 1?
▷ ½ nach § 1931 Abs. 1 S. 1 und ¼ nach § 1931 Abs. 3 i. V. m. § 1371 Abs. 1. F erbt also *insgesamt ¾.*
Die Eltern des M erben ¼ zu gleichen Teilen, der Bruder B geht leer aus (§ 1925 Abs. 1 und Abs. 2).

■ *Beispiel 3:*
Nach dem Tod des M leben außer der F noch die Großmutter G des M (= Erben dritter Ordnung gem. § 1926 Abs. 1) und sein Vater V. Wie hoch ist der gesetzliche Erbteil der F?

▷ Da Groß*vater* G *nicht* mehr lebt, tritt gem. § 1926 Abs. 3 S. 1 sein Sohn V (= Vater des M) an dessen Stelle. Gem. § 1931 Abs. 1 S. 2 erhält F wiederum ½. Dazu kommt der »Zugewinnausgleich« gem. § 1931 Abs. 3 i. V. m. § 1371 Abs. 1 von ¼. *Insgesamt* erbt F also auch in diesem Fall ¾.
Großmutter G und Vater V des M erben gem. § 1926 Abs. 1 und Abs. 3 S. 1 ¼, und zwar zu gleichen Teilen (§ 1926 Abs. 2), also *je* ⅛.
Leben beide Großeltern des Erblassers nicht mehr, treten deren Abkömmlinge *nicht* an ihre Stelle: § 1926 Abs. 3 S. 1 gilt nur, wenn *ein* Großelternteil nicht mehr lebt.

■ Was bedeutet das, wenn M und F keine Kinder hatten und beide Großeltern des M nicht mehr leben, für den Erbteil der F?

▷ Da hier kein Abkömmling nach § 1926 Abs. 3 S. 1 an die Stelle eines Großelternteils getreten ist, erhält F – außer der Hälfte (½) nach § 1931 Abs. 1 S. 1 – von der anderen Hälfte den Teil, der nach § 1926 Abs. 3 S. 1 dem Abkömmling zufallen würde, wenn der Großelternteil noch gelebt hätte. Da kein Großelternteil mehr lebt, fällt dem Abkömmling nichts zu, d. h. F erwirbt von der »anderen Hälfte« i. S. v. § 1931 Abs. 1 S. 2, was ein *lebender* Großelternteil und dessen Abkömmlinge geerbt hätten = ¼! Hinzu kommt ¼ »Zugewinnausgleich« nach § 1931 Abs. 3 i. V. m. § 1371 Abs. 1.
Wenn M und F keine Kinder hatten und die Großeltern des M nicht mehr leben, erbt F somit *alles*!

Soweit unser Exkurs ins Erbrecht, um den Zugewinnausgleich nach § 1371 Abs. 1 bei gesetzlicher Erbfolge berechnen zu können.

bb) Zugewinnausgleich bei gewillkürter Erbfolge

Wie soeben (Rdnr. 238) angedeutet, kommen drei Arten von letztwilligen Verfügungen des Erblassers in Betracht: die *Erbeinsetzung* durch Testament (§ 1937), die *Enterbung* nach § 1938 oder ein *Vermächtnis* i. S. v. § 1939. **240**

(1) Ist der überlebende *Ehegatte als Erbe eingesetzt,* sei es als Allein- oder Miterbe, greift § 1371 Abs. 1, der ja nur den gesetzlichen, nicht aber den gewillkürten (durch den Erblasser individuell festgelegten) Erbteil betrifft, nicht ein. Somit kommt es zu keiner Erhöhung des ihm zugewendeten Erbteils, da davon auszugehen ist, dass mit der letztwilligen Zuwendung auch ein möglicher Zugewinnausgleich erfasst ist. Hier müssen wir indessen nochmals im Erbrecht nachsehen: §§ 2303 und 2305 lesen! **241**

■ Was bedeutet dies für den überlebenden Ehepartner, der auf den »Pflichtteil« gesetzt wurde?

▷ Sofern der hinterlassene Erbteil geringer ist als die Hälfte des gesetzlichen Erbteils, kann der überlebende Ehepartner den Pflichtteilsrestanspruch nach § 2305 (lesen) geltend machen[384], da § 1371 »unberührt« bleibt (sog. »großer Pflichtteil«).

Sind z. B. Kinder des Erblassers vorhanden, beträgt der Pflichtteil des überlebenden Ehepartners die Werthälfte des erhöhten gesetzlichen Erbteils = ¼ der gesamten Erbschaft[385].

(2) Ist der überlebende Ehepartner nach § 1938 »enterbt« und ist ihm kein Vermächtnis i. S. v. § 1939 zugewendet worden, so kann er gem. § 1371 Abs. 2 (Vorschriften lesen!) den Zugewinnausgleich nach der »güterrechtlichen Lösung« (vgl. oben Rdnr. 237 und sogleich, Rdnrn. 244 ff.) verlangen. **242**

384 Vgl. *Schlüter*, Rdnr. 144.
385 Vgl. *Schwab*, Rdnr. 283.

243 (3) Wird dem überlebenden Ehepartner ein Vermächtnis nach § 1939 zugewendet, steht ihm ebenfalls (vgl. Rdnr. 241) kein Zugewinnausgleich zu, sondern er kann, falls der Wert des Vermächtnisses den Pflichtteilsanspruch nicht erreicht, in Höhe der Differenz den Pflichtteilsrestanspruch nach § 2307 Abs. 1 (lesen!) geltend machen[386].

b) Zugewinnausgleich zu Lebzeiten der Ehepartner

244 Wird der gesetzliche Güterstand auf andere Weise als durch den Tod eines Ehepartners beendet, so wird der Zugewinn gem. § 1372 nach den Vorschriften der §§ 1373–1390 (jetzt noch nicht lesen!) ausgeglichen (= »güterrechtliche Lösung«).

aa) Grundsatz

Der Zugewinnausgleich zu Lebzeiten beider Ehepartner erfolgt dadurch, dass das Gesetz dem Ehepartner (Gläubiger), der keinen oder den geringeren Zugewinn während der Ehe erzielt hat, eine *Ausgleichsforderung* gegen den anderen Ehepartner (Schuldner) gewährt, der allein einen oder den höheren Zugewinn erwirtschaftet hat (§ 1378 Abs. 1).

Übungsfall 13

Die Eheleute Fatma (F), 25 Jahre alt und Mehmet (M), 35 Jahre alt – trotz ihrer orientalischen Namen deutscher Staatsangehörigkeit! – lassen sich am 1.3.2007 nach fünfjähriger Ehe rechtskräftig scheiden, da beide eingesehen haben, dass sie ihre Träume gegenseitig nicht erfüllen können. M träumte vom großen Geld, F von der großen Liebe … M`s Träume gingen insofern in Erfüllung, als er bei Eheschließung ein Sparguthaben von 1.000 € sowie Schulden in Höhe von 10.000 € hatte und sein als Börsenmakler und –spekulant nunmehr (1.3.2007) erworbenes Endvermögen 100.000 € beträgt. F hatte Hausratsgegenstände im Wert von 10.000 € in die Ehe eingebracht und verfügt am 1.3.2007 über ein Endvermögen von 15.000 €.

1. Wie hoch ist der Zugewinn von M?
2. Wie hoch ist der Zugewinn von F?
3. Wer kann gegen den anderen einen Zugewinnausgleichsanspruch geltend machen und wie hoch ist dieser?

■ Die Antwort auf diese Fragen sollten Sie selbst geben können, wenn Sie sich die nachfolgend genannten Vorschriften *sorgfältig durchlesen* und dann etwas rechnen: *§§ 1372, 1373, 1374 Abs. 1, 1375 Abs. 1 S. 1 und 1378 Abs. 1.* Notieren Sie sich diese Vorschriften auf einem Blatt Papier und versuchen Sie, ein skizzenhaftes Gutachten zu entwickeln, bevor Sie weiterlesen! *Tun* Sie das – *bitte!*

▷ *Lösung:*
Mangels gegenteiliger Angaben leben F und M im gesetzlichen Güterstand der Zugewinngemeinschaft i. S. v. § 1363. Gem. § 1372 erfolgt der Zugewinnausgleich nach Maßgabe der §§ 1373–1390.

245 Gem. § 1373 ist der *Zugewinn* eines Ehepartners der Betrag, um den sein Endvermögen sein Anfangsvermögen übersteigt.

246 *Anfangsvermögen* ist nach § 1374 Abs. 1 das Vermögen eines Ehepartners beim Eintritt in den Güterstand (= Zeitpunkt der Eheschließung) nach Abzug der Verbindlichkeiten.

■ Was bedeutet das für das Anfangsvermögen des M?

386 *Schlüter*, Rdnr. 145.

▷ Das bedeutet für M: 1.000 € - 10.000 € = ± 0! Ein Minusanfangsvermögen gibt es nicht (§ 1374 Abs. 1 HS. 2).

■ Wie hoch ist das *Endvermögen* von M?

▷ *Endvermögen* ist gem. § 1375 Abs. 1 S. 1 das Vermögen, das einem Ehepartner nach Abzug der Verbindlichkeiten bei der Beendigung des Güterstandes gehört. Also beträgt das Endvermögen von M 100.000 €. **247**

■ Wie hoch ist der Zugewinn von M?

▷ § 1373: Anfangsvermögen »0«, Endvermögen 100.000,–; Zugewinn also 100.000,– (»Alles Euro, oder was?«).

■ Anfangsvermögen der F?

▷ § 1374 Abs. 1: 10.000,–!

■ Endvermögen der F?

▷ § 1375 Abs. 1 S. 1: 15.000,–!

■ Zugewinn der F?

▷ § 1373: Anfangsvermögen 10.000,–; Endvermögen 15.000,–; Zugewinn also 5.000,–!

■ Rechtsfolge?

▷ § 1378 Abs. 1: Übersteigt der Zugewinn des einen Ehepartners den Zugewinn *des* anderen, steht die *Hälfte des Zugewinnüberschusses dem* anderen Ehegatten als Ausgleichsforderung zu.

Nach *§ 1378 Abs. 1* hat F gegen M einen *Anspruch* (eine Forderung) auf *Ausgleich des Zugewinns,* den M *während der Ehe* (das kommt in den Gesetzesformulierungen so klar nicht zum Ausdruck, ergibt sich aber systemimmanent, steht sozusagen »zwischen den Zeilen« ...) gemacht hat. Ihr steht die Hälfte des Überschusses zu, den M erwirtschaftet hat. **248**

■ Wie hoch also ist der Zugewinnausgleichsanspruch der F gegen M gem. § 1378 Abs. 1?

▷ »Iudex calculat«[387]:
Zugewinn M: 100.000,–; Zugewinn F: 5.000,–. Differenz = »Überschuss« (§ 1378 Abs. 1) des M: 95.000,–. Davon die Hälfte für F. F hat also gegen M einen Anspruch auf Ausgleich des Zugewinns nach § 1378 Abs. 1 in Höhe von 47.500 €!

Die *Höhe der Ausgleichsforderung* wird gem. § 1378 Abs. 2 durch den Wert des Vermögens begrenzt, das nach Abzug der Verbindlichkeiten bei *Beendigung des Güterstands* vorhanden ist. Diese Regelung kann etwa von besonderer Bedeutung sein, wenn im Fall der Ehescheidung als Berechnungszeitpunkt für den Zugewinn der *Zeitpunkt der Rechtshängigkeit*[388] *des Scheidungsantrags* (»Stichtag«) gem. § 1384 an die Stelle der Beendigung des Güterstands getreten ist und wenn der Ausgleichspflichtige zwischen dem Stichtag i. S. v. § 1384 und der Beendigung des Güterstands **249**

387 Vgl. *Meyer*: »iudex *non* calculat« = »der Richter rechnet *nicht*« ... Hinter diesem römischen Rechtsgrundsatz (vgl. *Liebs*, J, Nr. 150) steht: »Rechnen ist nicht die Aufgabe des Richters ...« Gemeint ist: Der Richter hat höhere Aufgaben, als zu rechnen. Er muss das (möglichst »richtige«, gerechte) Recht finden. Der Volks-mund hat aus »iudex non calculat« geschlossen: *Juristen können* nicht rechnen. Das ist natürlich falsch: *Rechtsanwälte können sehr gut rechnen!* Am liebsten rechnen sie Gebühren ab. Auch Rechtsanwälte sind Juristen!

388 Zur Erinnerung: vgl. §§ 261 Abs. 1, 253 Abs. 1 S. 1 ZPO. Rechtshängigkeit liegt mit Erhebung der Klage (bzw. mit Stellung des Antrags) vor und setzt die Zustellung der Klage (des Antrags) an den Prozessgegner voraus.

(z. B. durch Rechtskraft des Scheidungsurteils) wesentliche Teile seines Vermögens verloren hat. *Schlüter*[389] veranschaulicht das mit folgendem *Beispiel:*

Der Ehemann hatte während der Ehe Aktien erworben, die bei Rechtshängigkeit einen Wert von 500.000 € hatten. Während des ein Jahr dauernden Scheidungsverfahrens verlieren die Aktien so viel an Wert, dass sie am Tag der Rechtskraft des Scheidungsurteils an der Börse nur mit 200.000 € gehandelt werden. Die Ehefrau, die während der Ehe keinerlei Zugewinn erzielt hatte, verlangt von ihrem geschiedenen Mann 250.000 € als Zugewinnausgleich. Bezogen auf den Stichtag des § 1384 (»Rechtshängigkeit des Scheidungsantrags«) wäre diese Forderung berechtigt. Nach § 1378 Abs. 2 wird die Höhe der Ausgleichsforderung jedoch auf den Wert des bei *»Rechtskraft des Scheidungsurteils«* beim Ausgleichspflichtigen noch vorhandenen Vermögens begrenzt.

■ Wie hoch ist das Vermögen zu diesem Zeitpunkt noch?

▷ Das Vermögen des Ehemanns ist auf 200.000 € geschrumpft; auf diesen Wert des Vermögens wird also die Ausgleichsforderung der Frau begrenzt. Ihr Zugewinnausgleichsanspruch beträgt nach § 1378 Abs. 2 nur 200.000 € statt 250.000 €.

bb) Wertermittlung des Anfangs- und Endvermögens

250 So »einfach« wie die Berechnung der Ausgleichsforderung nach § 1378 Abs. 1 in Übungsfall 13 war, kann sie nur sein, wenn zuvor – oft mühevoll – das jeweilige Anfangsvermögen und Endvermögen der beiden Ehepartner errechnet wurde. Nach welchen *Bewertungsgrundsätzen* das Anfangs- und das Endvermögen zu berechnen sind, ist im Gesetz nicht vollständig geregelt. § 1376 gibt für die Wertermittlung nur einige Hinweise.

(1) Anfangsvermögen

251 Anfangsvermögen (s.o. Rdnr. 246) ist das Vermögen, das einem Ehepartner nach Abzug der Verbindlichkeiten beim Eintritt des Güterstandes gehört (§ 1374 Abs. 1 HS. 1). Aus § 1374 Abs. 1 HS. 2 folgt, dass Verbindlichkeiten nur abgezogen werden können, bis sie das Anfangsvermögen »auf Null« reduziert haben (vgl. Rdnr. 246).

252 Gem. § 1374 Abs. 2 wird ein Vermögen, das ein Ehepartner nach Eintritt des Güterstandes von Todes wegen oder mit Rücksicht auf ein künftiges Erbrecht, durch Schenkung oder als »Ausstattung« erwirbt, nach Abzug der Verbindlichkeiten dem Anfangsvermögen hinzugerechnet, soweit es nicht den Umständen nach zu den Einkünften zu rechnen ist (sog. *»privilegiertes«*[390] oder *»fiktives«*[391] Anfangsvermögen).

»Ausstattung« ist alles, was einem Kind mit Rücksicht auf seine Verheiratung oder auf die Erlangung einer selbstständigen Lebensstellung von den Eltern zugewendet wird (vgl. § 1624 Abs. 1), insbesondere Heiratsgut, Mittel zur Berufsausbildung oder Geschäftsgründung usw.[392]

Durch § 1374 Abs. 2 wird der Zugewinn des Ehepartners, dem der nach dieser Vorschrift privilegierte Erwerb zufließt, verkleinert und damit seine Ausgleichsforderung erhöht oder die Ausgleichsforderung des anderen Ehepartners reduziert[393].

389 Rdnr. 126.
390 *Alpmann/Schmidt*, S. 75; MüKo/*Koch*, § 1374, Rdnr. 13.
391 *Muscheler*, FamR, Rdnr. 359.
392 *Creifelds*, »Ausstattung«.
393 *Muscheler*, FamR, Rdnr. 359.

Beispiel[394]:
Ehemann M hat bei Eintritt des Güterstandes ein Anfangsvermögen von »Null«. Bei Beendigung des Güterstands ein Endvermögen von 100.000 €, somit einen Zugewinn von 100.000 €.
Ehefrau beginnt ebenfalls bei »Null«. Während der Ehe bekommt sie von dritter Seite eine Schenkung in Höhe von 100.000 €. Bei Beendigung des Güterstandes ist der Schenkungsgegenstand 120.000 € wert.
Die Schenkung wird nach § 1374 Abs. 2 dem Anfangsvermögen hinzugerechnet, das bei F somit 100.000 € betrug. Durch die Wertsteigerung des Schenkungsgegenstandes hat sie einen Zugewinn von 20.000 € gemacht.

■ Suggestivfrage: Wer hat gegen wen eine Ausgleichsforderung gem. § 1378 Abs. 1 und in welcher Höhe? (Kurz nachdenken!)

▷ Der Zugewinn von M beträgt 100.000 €, der von F 20.000 €. Somit übersteigt der Zugewinn des M den der F um 80.000 €.
Folglich hat F gegen M einen Zugewinnausgleichsanspruch nach § 1378 Abs. 1 in Höhe von 40.000 €.

Weitere, differenzierende Beispiele finden Sie in der Literatur zur Vertiefung.

(2) Endvermögen

Endvermögen (vgl. Rdnr. 247) ist nach § 1375 Abs. 1 S. 1 das Vermögen, das einem Ehepartner nach Abzug der Verbindlichkeiten bei der Beendigung des Güterstands gehört. Gem. § 1375 Abs. 1 S. 2 werden Verbindlichkeiten, wenn Dritte gem. § 1390 in Anspruch genommen werden können, auch insoweit abgezogen, als sie die Höhe des Vermögens übersteigen. Lesen Sie von § 1390 nur Abs. 1 S. 1. Grundsätzlich kann auch das Endvermögen nicht negativ sein. Ausnahmsweise jedoch dann, wenn Dritte gem. § 1390 Abs. 1 S. 1 in Anspruch genommen werden können, weil ein Ehepartner dem Dritten eine unentgeltliche Zuwendung gemacht hat, um den anderen Ehegatten zu benachteiligen und dessen Ausgleichsforderung dadurch vermindert wurde. Der Ausgleichsberechtigte kann in diesem Fall das, was sein Ehepartner dem Dritten in Benachteiligungsabsicht zugewendet hat von dem Dritten gem. § 1390 Abs. 1 S. 1 (nicht vergessen: Vorschriften lesen!) herausverlangen. **253**

Auf diese Weise wird die im Interesse von Drittgläubigern vorgenommene Beschränkung der Ausgleichsforderung gegen Ehepartnerschuldner gem. § 1378 Abs. 2 für den Ehepartnergläubiger ausgeglichen[395].

Beispiel[396]:
Zugewinn der Ehefrau F: 0. Ehemann M hatte kein Anfangsvermögen, am Endvermögensstichtag hat er Aktiva von 24.000 € und Verbindlichkeiten von 36.000 €. Vorher hat M dem Dritten D unter den Voraussetzungen von § 1375 Abs. 2 Nr. 1 48.000 € zugewendet. Das bedeutet:

Tatsächlicher »Zugewinn« des M:	– 12.000 €
Endvermögen des M gem. § 1375 Abs. 1 S. 1:	0
Fiktiver Zugewinn des M nach § 1375 Abs. 2 Nr. 1:	+ 36.000 €

Ein Zugewinnausgleich der F gegen M scheitert aber an § 1378 Abs. 2.
Für die Berechnung der Forderung gegen D nach §§ 1390, 1378 Abs. 2 gilt:
Diese Forderung beträgt nicht einfach die Hälfte der Zuwendung; denn wäre sie bei M noch vorhanden, so wäre deren Wert teilweise durch seine Verbindlichkeiten aufgezehrt. Daher sind nach § 1375 Abs. 1 S. 2 die Verbindlichkeiten in voller Höhe vom Aktivvermögen abzuziehen. Es ergibt sich also:

394 Nach *Muscheler*, FamR, Rdnr. 360.
395 *Lüderitz/Dethloff*, § 5, Rdnr. 134.
396 Nach Bamberger/Roth/*J. Meyer*, § 1375, Rdnr. 7, der auf Soergel/*Lange*, § 1375, Rdnr. 13 verweist.

Aktiva real 24.000 € + fiktiv (§ 1375 Abs. 2 Nr. 1) 48.000 €:	72.000 €
Verbindlichkeiten:	– 36.000 €
Fiktiver Zugewinn:	36.000 €
Ausgleichsforderung:	18.000 €

Da diese Ausgleichsforderung dem Ehepartner wegen der Regelung in § 1378 Abs. 2 nicht zusteht, kann er sie in voller Höhe gem. § 1390 Abs. 1 S. 1 von dem Dritten herausverlangen.

Weitere Rechenbeispiele wollen wir uns ersparen, um den Rahmen dieses Einführungsbuchs nicht zu sprengen. Auch hierzu gibt es die Literatur zur Vertiefung, auf die ich bezüglich weiterer Einzelheiten zum Zugewinnausgleich verweisen muss.

c) Vorzeitiger Zugewinnausgleich

254 *Leben* die Ehepartner *seit drei Jahren getrennt,* sind aber noch nicht geschieden, so kann jeder von ihnen auf vorzeitigen Ausgleich des Zugewinns klagen (§ 1385). Darüber hinaus ist die Klage auf vorzeitigen Zugewinnausgleich gem. § 1386 Abs. 1 möglich, wenn der andere Ehepartner längere Zeit hindurch die *wirtschaftlichen Verpflichtungen,* die sich *aus dem ehelichen Verhältnis* ergeben, schuldhaft *nicht erfüllt* hat und anzunehmen ist, dass er sie auch in Zukunft nicht erfüllen wird.

Weiterhin kann der vorzeitige Zugewinnausgleich verlangt werden, wenn der andere Ehepartner
- ein *Rechtsgeschäft i. S. v. § 1365* ohne die erforderliche Zustimmung vorgenommen hat oder
- sein *Vermögen durch eine der in § 1375* bezeichneten Handlungen *vermindert* hat und eine *erhebliche Gefährdung* der künftigen *Ausgleichsforderung* zu besorgen ist (§ 1386 Abs. 2).

Schließlich kann auf vorzeitigen Ausgleich des Zugewinns geklagt werden, wenn der andere Ehepartner sich grundlos und beharrlich *weigert, Auskunft* über sein Vermögen zu geben (§ 1386 Abs. 3). Diese Klagen dienen der Sicherung des gefährdeten Zugewinnausgleichs[397]. *Zeitpunkt* der Berechnung ist an Stelle der Beendigung des Güterstandes der Zeitpunkt, in dem die Klage erhoben ist (§ 1387). Gem. § 1388 tritt *mit Rechtskraft des Urteils,* durch das auf vorzeitigen Ausgleich des Zugewinns erkannt ist, *Gütertrennung* ein.

Ist die Klage auf vorzeitigen Zugewinnausgleich erhoben oder ein Antrag auf Scheidung oder Aufhebung der Ehe gestellt, kann ein Ehepartner, dessen Rechte auf künftigen Zugewinnausgleich gefährdet erscheinen, von dem anderen gem. § 1389 eine *Sicherheitsleistung* verlangen.

254a Exkurs: Reform des Güterrechts

Laut Pressemitteilung des Bundesjustizministeriums vom 6.11.2007 (vgl. presse@bjm.bund.de) wurde eine *Reform* des Güterrechts, insbesondere *des Zugewinnausgleichs bei Ehescheidung* auf den gesetzgeberischen Weg gebracht.

Kernpunkte der Reform sind danach:
- *Berücksichtigung von* zur Zeit der Eheschließung bestehenden *Schulden eines Ehepartners* bei der Ermittlung des Zugewinnausgleichs.
  Dazu ein vereinfachtes Beispiel:
  M und F lassen sich nach 20jähriger Ehe scheiden. M hatte bei Eheschließung 30.000 € Schulden und erzielte während der Ehe einen Vermögenszuwachs von 50.000 €. Nach

397 Vgl. *Lüderitz/Dethloff,* § 5, Rdnr. 136.

§ 1385 Abs. 1 beträgt sein Endvermögen somit 20.000 €. Die berufstätige F, die sich um die Kinder kümmerte, um M zu entlasten, hatte keine Schulden und hat ein Endvermögen von 50.000 € erzielt. Ihr Zugewinn übersteigt den von M also um 30.000 €, sodass M gegen F gem. § 1378 Abs. 1 einen Ausgleichsanspruch in Höhe von 15.000 € hat.

Das erscheint nicht gerecht, da M wirtschaftlich betrachtet ebenfalls ein Plus von 50.000 € erwirtschaftet hat. Bei der Berechnung des Zugewinnausgleichs soll daher »*de lege ferenda*«[398] der *tatsächliche Vermögenszuwachs* zugrunde gelegt werden. Da beide Ehepartner gleich viel erwirtschaftet haben, müsste F dem M in diesem Fall künftig keinen Ausgleichsbetrag zahlen.

– *Schutz vor Vermögensmanipulationen*
  Für die Berechnung des Zugewinns ist nach § 1384 der *Zeitpunkt der Rechtshängigkeit* (= *Zustellung* des Scheidungsantrags) als Stichtag maßgebend. Nach § 1378 Abs. 2 wird die Höhe der Ausgleichsforderung jedoch auf den Wert des bei *Rechtskraft des Scheidungsurteils* beim Ausgleichpflichtigen noch vorhandenen Vermögens begrenzt (vgl. Rdnr. 249!). Da der Zeitpunkt der Rechtskraft der Scheidung regelmäßig deutlich später liegt, besteht die Gefahr, dass in der Zeit zwischen Zustellung des Scheidungsantrags und der Rechtskraft des Urteils Vermögen zu Lasten des Ausgleichsberechtigten beiseite geschafft wird. Um diesen vor Manipulationen zu schützen, sieht die Güterrechtsreform vor, dass sowohl für die Berechnung des Zugewinns als auch für die Höhe der Ausgleichsforderung der *Zeitpunkt der Rechtshängigkeit* maßgeblich ist. Das bedeutet, dass Ansprüche des Ausgleichsberechtigten, die zu diesem Zeitpunkt bestanden haben, bis zur Rechtskraft des Scheidungsurteils bestehen bleiben.
  Diese Regelung ist sicher gerecht, wenn der Ausgleichsverpflichtete in der Zwischenzeit sein Vermögen vorsätzlich vermindert hat, um den Berechtigten zu schädigen. Sie versagt aber, wenn dem Ausgleichspflichtigen sein Vermögen in dieser Zeit gestohlen wurde? Ebenso ungerecht erscheint sie in unserem Beispielsfall unter Rdnr. 249?

– *Verbesserung des vorläufigen Rechtsschutzes*
  § 1385 sieht die Möglichkeit des vorzeitigen Zugewinnausgleichs bei Getrenntleben vor, wenn die Ehepartner seit drei Jahren getrennt leben (vgl. soeben Rdnr. 254).
  Um Manipulationen innerhalb dieser drei Jahre entgegenzuwirken, soll der voraussichtlich Ausgleichsberechtigte künftig den vorzeitigen Zugewinnausgleich in einem vorläufigen Rechtsschutzverfahren geltend machen können.

Darüber hinaus sieht der Gesetzgeber die einfachere Besorgung von Geldgeschäften der unter Vormundschaft (vgl. Rdnrn. 419 ff.) oder Betreuung (vgl. Rdnrn. 430 ff.) stehenden Personen vor:

Künftig soll der Vormund oder der Betreuer über das Konto, das er für den Mündel bzw. den Betreuten treuhänderisch verwaltet, ohne Genehmigung des Vormundschaftsgerichts verfügen können. Damit soll der mit dieser Genehmigung verbundene bürokratische und Zeit raubende Verwaltungsaufwand abgebaut werden.

Einzelheiten und die Umsetzung dieser Ziele im gesetzgeberischen Verfahren sind abzuwarten!

398 Vgl. *Meyer*: »nach zu schaffendem Gesetz«; hier: nach dem Gesetzesentwurf der Bundesregierung.

255 **Übersicht 17**

Zugewinnausgleich

§ 1363, 1371–1390

- **Begriff des Zugewinns: § 1373**

Arten des Zugewinnausgleichs

Zugewinnausgleich im Todesfall

↓ § 1371

↓ *Erbrechtliche Lösung*

↓ Gesetzliche Erbfolge

↓

- § 1371 Abs. 1: ¼ der Erbschaft (auch wenn kein Zugewinn)

+

- § 1931 Abs. 1: ¼ neben Verwandten erster Ordnung (= § 1924) oder ½ neben Verwandten zweiter Ordnung (= § 1925)
- § 1931 Abs. 2: Ehepartner erhält die ganze Erbschaft, wenn keine Erben erster oder zweiter Ordnung oder Großeltern vorhanden

Gewillkürte Erbfolge

↓

- Erbeinsetzung des Ehepartners (§ 1937): § 1371 Abs. 1 gilt nicht.
- Enterbung des Ehepartners (§ 1938): § 1371 Abs. 2 = Ausgleich nach güterrechtlicher Lösung, wenn kein Vermächtnis (§ 1939)
- Vermächtnis an den Ehepartner: Kein Zugewinnausgleich, aber ggf. Differenz zwischen Vermächtnis und höherem Pflichtteilsanspruch (§ 2307 Abs. 1)

Zugewinnausgleich in anderen Fällen

↓ § 1372

↓ *Güterrechtliche Lösung* bei

↓

- Aufhebung der Ehe (§ 1314)
- Ehevertrag (§ 1408)
- Ehescheidung (§ 1564)

Zugewinnausgleich zu Lebzeiten der Ehepartner

↓ § 1378

↓ *Vereinfachtes Beispiel:*

- Zugewinn M (§§ 1373–1375): 50.000 €
- Zugewinn F: 10.000 €
- Differenz zugunsten von M: 40.000 €
- Anspruch F gegen M gem. § 1378 Abs. 1: 20.000 €

Begrenzung des Anspruchs durch § 1378 Abs. 2

III. Vertragliches Güterrecht

1. Allgemeine Vorschriften

a) Ehevertrag/Vertragsfreiheit

Gem. § 1408 Abs. 1 können Ehepartner einen *Ehevertrag* schließen. Ein Ehevertrag ist danach ein *Vertrag zur Regelung ihrer güterrechtlichen Verhältnisse,* der auch nach Eingehung der Ehe geschlossen werden kann, um den ohne Vereinbarung bestehenden gesetzlichen Güterstand zu ändern oder aufzuheben. **256**

Unter den Voraussetzungen von § 1408 Abs. 2 können die Ehepartner auch den Versorgungsausgleich (dazu unten, Rdnrn. 311 ff.) ausschließen (§ 1408 ganz lesen!). Auf die *Beschränkung der Vertragsfreiheit* im Familienrecht wurde schon mehrfach (z. B. oben, Rdnrn. 121 ff.) hingewiesen. In § 1409 wird sie noch konkretisiert: Ein Vertrag über den Güterstand nach nicht mehr geltendem oder ausländischem Recht ist unzulässig. Diese Vorschrift dient der Rechtsklarheit[399].

b) Form und Geschäftsfähigkeit beim Ehevertrag

§ 1410 schreibt vor, dass der Ehevertrag bei gleichzeitiger Anwesenheit beider Teile zur Niederschrift eines Notars geschlossen werden muss. Im Gegensatz zu § 1311 (Sie erinnern sich?), welcher *»persönliche Erklärungen«* der Eheschließenden verlangt, lässt der Wortlaut von § 1410 beim Ehevertrag erstaunlicherweise eine Stellvertretung (§§ 164 ff.) zu. Dem Vorschlag mancher Stimmen aus der Literatur[400], den persönlichen Abschluss des Ehevertrags entsprechend § 1311 wie bei der Eheschließung (und § 2274 beim Erbvertrag) zu verlangen, ist der Gesetzgeber bisher nicht gefolgt, sondern hat es bei der Warn- und Schutzfunktion bzw. der Beratungs- und Belehrungs- sowie Beweisfunktion[401] von § 1410 bewenden lassen. **257**

Eheverträge beschränkt Geschäftsfähiger und Geschäftsunfähiger sind in § 1411 geregelt (Vorschrift bitte ganz lesen!). **258**

c) Inhalt und Inhaltskontrolle von Eheverträgen

Das *eherechtliche* Prinzip der »Vertragsfreiheit« ermöglicht es den Ehepartnern, wie gesagt (vgl. Rdnr. 255), gem. § 1408 Abs. 1 den (gesetzlichen oder gewählten Güterstand aufzuheben oder zu *ändern.* Schließen die Ehepartner den gesetzlichen Güterstand aus oder heben sie ihn auf, tritt gem. § 1414 *Gütertrennung* ein, falls sich nicht aus dem Ehevertrag etwas anderes ergibt. Mit dem Ehevertrag können sie einen der beiden *Wahlgüterstände* (Gütertrennung, § 1414; Gütergemeinschaft, §§ 1415 ff.) bestimmen (§ 1414 und § 1415 schon einmal lesen!). **259**

Die Schranken der eherechtlichen Vertragsfreiheit ergeben sich aus den allgemeinen Vorschriften der §§ 134, 138 und 242 (ggf. nochmals lesen). Das BVerfG[402] und der BGH[403] unterziehen Eheverträge seit 2001 einer strengen Inhaltskontrolle. Dadurch soll gewährleistet werden, dass der Ehevertrag Ausdruck und Ergebnis gleichberech- **260**

399 MüKo/*Kanzleiter*, § 1409, Rdnr. 1.
400 Vgl. MüKo/*Kanzleiter*, § 1410, Rdnr. 4 mit Fn. 8.
401 Zu den Funktionen von Formvorschriften vgl. ggf. *mein* BGB AT, Rdnrn. 261–263.
402 FamRZ 2001, 343 und 985.
403 NJW 2004, 930.

tigter Partnerschaft und nicht eine auf ungleichen Verhandlungspositionen basierende einseitige Dominanz eines Ehepartners (zumeist des Ehemannes) widerspiegelt[404].

261 Der BGH überprüft Eheverträge – bezogen auf den Zeitpunkt ihres Zustandekommens – zweistufig.

Im ersten Schritt wird eine *Wirksamkeitskontrolle* (§ 138 Abs. 1) durchgeführt, die ergeben kann, dass der Vertrag sittenwidrig ist, da ein Ehepartner im Scheidungsfall einseitig und unangemessen benachteiligt würde (z. B. Gütertrennung, Ausschluss des Versorgungsausgleichs[405], Unterhaltsverzicht).

Hält der Vertrag der Wirksamkeitskontrolle stand, wird im zweiten Schritt eine *Ausübungskontrolle* (§ 242) vorgenommen. Diese kann ergeben, dass es trotz fehlender Sittenwidrigkeit dem durch den Ehevertrag begünstigten Ehepartner nach Treu und Glauben versagt ist, sich auf den Vertrag zu berufen und die ihm darin eingeräumten Rechte auszuüben. Das kann z. B. der Fall sein, wenn sich die Lebensverhältnisse der Ehepartner seit Vertragsschluss so nachhaltig verändert haben, dass bei Scheidung eine grundlegende Benachteiligung eines Ehepartners die Folge wäre[406]. Der *Kernbereich des Scheidungsfolgenrechts,* das dem Schutz der geschiedenen Ehepartner dient, darf durch einen Ehevertrag nur bedingt oder gar nicht modifiziert werden. Da das Scheidungs(folgen)recht, das der eherechtlichen Vertragsfreiheit strenge Schranken setzen kann, Gegenstand des nächsten Kapitels ist, wird hier nicht näher darauf eingegangen.

Für die rein güterrechtlichen Regelungen in Eheverträgen sind die Schranken im Vergleich zu scheidungsrechtlichen Regelungen relativ großzügig gesetzt[407].

2. Gütertrennung

262 Schließen die Ehepartner den gesetzlichen Güterstand bei Eingehung der Ehe aus oder heben sie ihn später auf, tritt Gütertrennung ein, falls sich nicht aus dem Ehevertrag etwas anderes ergibt (§ 1414 S. 1). Bei der Gütertrennung bleiben die Vermögen beider Ehepartner nicht nur *während* der Ehe (wie auch beim gesetzlichen Güterstand der Zugewinngemeinschaft) getrennt, sondern es erfolgt auch bei Beendigung (z. B. durch Scheidung) des Güterstands kein güterrechtlicher Vermögensausgleich. Darüber hinaus gelten die Verfügungsbeschränkungen der §§ 1365 bis 1369 nicht, und auch § 1370 findet keine Anwendung[408]. Die Ehepartner werden bei der Gütertrennung also *güterrechtlich* so behandelt, als ob sie nicht verheiratet wären[409].

263 Die Gütertrennung ist geeignet, im Falle der Scheidung unliebsame Streitereien zu vermeiden, die der gesetzliche Güterstand der Zugewinngemeinschaft häufig mit sich bringt. Man kann daher eigentlich jedem heiratswilligen Paar nur raten, den gesetzlichen Güterstand auszuschließen: Geht man vom ursprünglichen »Normal«- bzw. dem gewünschten »Idealfall« aus, dass eine Ehe auf Lebenszeit geschlossen wird, besteht *während der Ehe im gesetzlichen Güterstand* gem. § 1363 Abs. 2 S. 1 ohnehin »Gütertrennung«, wenn auch mit einigen Verfügungsbeschränkungen. Kommt es nicht zur Scheidung, sondern die Ehe endet durch den Tod eines Ehepartners, wird bei Gütertrennung der überlebende Ehepartner angemessen nach § 1931

404 Vgl. *Schwab*, Rdnr. 209.
405 Mehr dazu im folgenden Kapitel zum »Ehescheidungsrecht«.
406 Vgl. *Alpmann/Schmidt*, S. 39.
407 *Muscheler*, FamR, Rdnr. 382.
408 Vgl. *Schlüter*, Rdnr. 147.
409 *Muscheler*, FamR, Rdnr. 385.

Abs. 4 (lesen) als Erbe bedacht. Gütertrennung bedeutet also »Streitvermeidung bei Ehescheidung«.

3. Gütergemeinschaft

Vereinbaren die Ehepartner durch Ehevertrag die *Gütergemeinschaft*, gelten dafür gem. § 1415 die §§ 1416–1518! Keine Sorge, davon müssen Sie nun fast nichts lesen; denn die Vereinbarung einer Gütergemeinschaft kommt in der Praxis so selten vor, dass wir uns mit ihren drastischen Wirkungen[410] nicht im Detail befassen werden. 264

Nur soviel: Bei Vereinbarung der Gütergemeinschaft wird das Vermögen beider Ehepartner gem. § 1416 Abs. 1 S. 1 *gemeinschaftliches Vermögen (Gesamtgut). Lesen* Sie nur § 1416–1419 einmal ganz durch.

■ In wie viele Vermögensmassen wird danach das Vermögen der Ehepartner bei der Gütergemeinschaft aufgegliedert?

▷ In fünf Vermögensmassen, als da sind:
- Gesamtgut beider Ehepartner (§§ 1416, 1419)
- Sondergut der Frau } § 1417
- Sondergut des Mannes } § 1417
- Vorbehaltsgut der Frau } § 1418
- Vorbehaltsgut des Mannes } § 1418

Beispiele für *Sondergut* i. S. v. § 1417 sind unpfändbare Lohn- bzw. Gehaltsansprüche, Schmerzensgeldansprüche, Beteiligung an Personengesellschaften, nicht übertragbare Rechte wie etwa Nießbrauch[411].

Vorbehaltsgut i. S. v. § 1418 können z. B. sein: Gegenstände, die ein Ehepartner aufgrund eines dazugehörenden Rechts (wie Annahme einer geschuldeten Leistung, Früchte i. S. v. § 99) oder als Ersatz (»Surrogation«) für die Zerstörung, Beschädigung oder Entziehung eines zum Vorbehaltsgut gehörenden Gegenstandes (wie Ersatzforderungen, Ansprüche auf Versicherungsleistungen) erwirbt[412].

Einzelheiten zu den vertraglichen Güterständen können wir uns in diesem Einführungsbuch ersparen (bei Interesse: vgl. Literatur zur Vertiefung), zumal in der Praxis in erster Linie der gesetzliche Güterstand der Zugewinngemeinschaft von Bedeutung ist: Ca. 90 % aller Eheleute leben im gesetzlichen Güterstand! 265

410 *Muscheler*, FamR, Rdnr. 386.
411 MüKo/*Kanzleiter*, § 1417, Rdnr. 4.
412 Hk-BGB/*Kemper*, § 1418, Rdnr. 2.

266 **Übersicht 18**

Vertragliches Güterrecht
■ *Grundsätzlich keine Vertragsfreiheit* wie im Schuldrecht, aber Gestattung durch spezielle familienrechtliche Vorschriften → **Ehevertrag** → **§ 1408**. • Inhaltskontrolle von Eheverträgen: §§ 134, 138, 242 → Zweck: Vermeidung ungleicher Verhandlungspositionen (»Gleichberechtigung«): *»Kernbereich des Scheidungsfolgenrechts«* darf nicht angetastet werden.
■ **Gütertrennung (§ 1414)** Trennung der Vermögensmassen nicht nur während der Ehe, sondern auch bei Beendigung. Also: *Kein Zugewinnausgleich!*
■ **Gütergemeinschaft (§ 1415–1518)** »Kompliziert«: Vermögen wird *Gesamtgut* (§ 1416), aber in fünf Vermögensmassen aufgegliedert: – *Sondergut* beider Ehepartner (§§ 1416, 1419) – *Sondergut* Frau } – *Sondergut* Mann } § 1417 – Vorbehaltsgut Frau } – Vorbehaltsgut Mann } § 1418 • Bei Beendigung der Ehe zu Lebzeiten: *Auseinandersetzung*. → Scheidung der Ehe: § 1478 → Aufhebung der Ehe: § 1479

IV. Güterrechtsregister

267 ■ Woran denken Sie, juristisch geschult, wenn Sie das Wort »Register« lesen?

▷ An ein öffentliches Verzeichnis, das über Rechtsverhältnisse bestimmter Personen Auskunft gibt, wie zum Beispiel das Handelsregister. Das Handelsregister (vgl. §§ 8 ff. HGB) ist ein öffentliches Verzeichnis, das über die Rechtsverhältnisse von Kaufleuten eines bestimmten Amtsgerichtsbezirks Auskunft gibt[413] und dem Schutz Dritter dient. Die Einsicht des Handelsregisters ist daher jedem zu Informationszwecken gestattet (§ 9 Abs. 1 HGB).

1. Inhalt und Zweck

268 Das Güterrechtsregister (§§ 1558–1563) ist ein öffentliches Verzeichnis, das dazu dient, die güterrechtlich bedeutsamen Abweichungen vom gesetzlichen Güterstand *Dritten*, die hiervon betroffen werden, zu offenbaren. Eheleute, die den gesetzlichen Güterstand ausgeschlossen oder geändert haben, können einem Dritten gegenüber Einwendungen gegen ein Rechtsgeschäft, das zwischen einem von ihnen und dem Dritten vorgenommen worden ist gem. § 1412 Abs. 1 nur herleiten, wenn der *Ehevertrag im Güterrechtsregister eingetragen* ist.

413 Vgl. *mein* HR, Rdnr. 54.

Zweck des Güterrechtsregisters ist es vor allem,
- die güterrechtlichen Verhältnisse zur Erleichterung des Rechts- und Geschäftsverkehrs offenzulegen[414] und
- das für die Geschäftspartner der Ehepartner bestehende Risiko der Unkenntnis güterrechtlicher Regelungen klar abzugrenzen. Das Recht zur Einsicht besteht für jeden (§ 1563). Die Eintragungen sind vom Amtsgericht zu veröffentlichen (§ 1562 Abs. 1)[415].

2. Publizität

Die öffentliche Darlegung (Publizität) von Rechtsverhältnissen dient, wie gesagt, dem Schutz des Rechtsverkehrs. **269**

Das *Güterrechtsregister* hat, anders als das Handelsregister[416], *nur* eine *negative* Publizität (vgl. § 1412): Gutgläubige Dritte dürfen sich nur auf das Schweigen des Registers, nicht aber auf seine positiven Angaben verlassen[417]. Lesen Sie nun zur abschließenden Information über das Güterrechtsregister die §§ 1558 bis 1563 einmal ganz durch (und bei Bedarf die »Literatur zur Vertiefung«).

Wenn Sie meinem Rat, jede zitierte Vorschrift (auch ohne besondere Aufforderung) zu lesen, gefolgt sind, haben Sie § 1563 nun zum zweiten Mal gelesen und werden bemerkt haben, dass danach »Titel 7. Scheidung der Ehe« beginnt. Das *Ehescheidungsrecht* ist unser nächstes Kapitel. 270

Zuvor noch Übersicht 19 lesen und ggf. in der folgenden »Literatur zur Vertiefung« nachlesen.

Übersicht 19

271

Güterrechtsregister

- **Gesetzliche Regelung:** §§ 1558–1563
- **Inhalt und Zweck**

  Öffentliche Kundgebung des vertraglichen Güterstandes von Eheleuten zum Schutz des Rechtsverkehrs bzw. von Dritten.
  - *Recht zur Einsicht* ist *jedem* gestattet → § 1563
- **Publizität**

  Im Gegensatz zu § 15 Abs. 2 und 3 HGB (= *positive Publizität* des Handelsregisters) *nur negative Publizität* → § 1412 (ähnlich wie § 15 Abs. 1 HGB): »Schweigen ist Gold, Reden (und Schreiben) ist Silber«?

414 BGHZ 66, 203 (207).
415 *Schwab*, Rdnr. 213.
416 Das Handelsregister hat sowohl negative (§ 15 Abs. 1 HGB) als *auch positive Publizität* (§ 15 Abs. 2 und 3 HGB), vgl. ggf. *mein* HR, Rdnrn. 65–67.
417 *Schlüter*, Rdnr. 96.

Literatur zur Vertiefung (Rdnrn. 210–271):

Alpmann/Schmidt, Teil 1, 4. Abschn.; *Brambring,* »Ehevertrag«; *Dauner-Lieb,* Reichweite und Grenzen der Privatautonomie im Ehevertragsrecht, AcP 201 (2001), 295; *Diederichsen,* 25 Jahre reformiertes Scheidungsrecht, FF 2002, 149; *Fuge,* Verfügungsbeschränkungen der §§ 1365 ff., 1369 BGB, ZFE 2004, 47; *Gernhuber/Coester-Waltjen,* §§ 31–40; *Keilbach,* Zu den im Güterrechtsregister eintragungsfähigen Tatsachen, FamRZ 2000, 870; *Koch,* Die Entwicklung der Rechtsprechung zum Zugewinnausgleich, FamRZ 2006, 585; *Kogel,* Die Verfügung über das Vermögen im Ganzen gem. § 1365 BGB – nicht nur ein Problem des Zugewinnausgleichs, FamRB 2005, 52; *Lipp,* §§ 10–14; *Lüderitz/Dethloff,* § 5; *Machulla-Notthoff,* Die Wirksamkeit von Eheverträgen unter Berücksichtigung der aktuellen Rechtsprechung, ZFE 2006, 404; *Mayer,* Zur Inhaltskontrolle von Eheverträgen, FPR 2004, 363; *Münch,* Inhaltskontrolle von Eheverträgen, ZNotP 2004, 122; *Muscheler,* FamR, §§ 21, 22; *Pridik,* Zuwendungen unter Ehegatten, JA 2004, 318; *Rauscher,* Ehevereinbarungen: Rückkehr zur Rechtssicherheit, DNotZ 2004, 524; *ders.,* Grundfragen des Zugewinnausgleichs, JURA 2004, 465; *Schippel,* Die Gestaltung des Ehevertrags als Beispiel vorsorgender Rechtspfleger, JURA 1999, 57; *Schlüter,* §§ 12–15; *Sethe,* Die Inhaltskontrolle von Eheverträgen – eine Zwischenbilanz, in: FamRZ-Buch 22 (2007), 23; *Schwab,* §§ 29–34; *Wachter,* Neue Grenzen der Ehevertragsfreiheit, ZFE 2004, 132.

7. Kapitel: Ehescheidungsrecht

I. Einführung

Solange die Ehe besteht und intakt scheint, ist es nicht von großer Bedeutung, in welchem Güterstand die Eheleute leben. Das ändert sich, wenn die wirksam zustande gekommene Ehe zu Lebzeiten beendet wird und natürlich auch, wenn die Ehepartner, die bisher im gesetzlichen Güterstand gelebt haben, diesen durch Vertrag (was sie jederzeit können – vgl. § 1408 Abs. 1) aufheben oder ändern. In diesen Fällen muss das Vermögen der Ehepartner ausgeglichen werden. Wie der Ausgleich bei der Zugewinngemeinschaft berechnet wird, haben wir uns anhand von Fall 13 (Rdnrn. 244 ff.) bereits verdeutlicht. Der häufigste Grund für den Zugewinnausgleich zu Lebzeiten der Ehepartner ist die *Scheidung der Ehe* (Buch 4. Titel 7 = §§ 1564 bis 1587p). 272

Obwohl die Ehe, wie wir § 1353 Abs. 1 S. 1 entnehmen konnten, grundsätzlich auf Lebenszeit geschlossen wird, lässt das geltende Eherecht des BGB die vorzeitige Scheidung der Ehe durch ein gerichtliches Gestaltungsurteil *auf Antrag* eines oder beider Ehepartner zu (§ 1564 S. 1 und 2 – lesen!). Dem Ehescheidungsrecht liegt die Erkenntnis zugrunde, dass eine gescheiterte Ehe, die jede innere Bindung verloren hat, nicht geeignet ist, weiterhin Grundlage der Gesellschaftsordnung und des Staates zu sein[418].

Das seit dem 1.7.1977 aufgrund des 1. EheRG vom 14.7.1976 (vgl. schon Rdnrn. 1 273
und 50) geltende Ehescheidungsrecht hat das bis dahin geltende Recht bezüglich der Voraussetzungen und Folgen der Scheidung einschneidend geändert. Man kann dies schlagwortartig[419] als Übergang vom *Verschuldensprinzip* zum *Zerrüttungsprinzip* kennzeichnen.

Nach dem früher dominierenden Verschuldensprinzip konnte ein Ehepartner die Scheidung begehren, wenn der andere einen Ehebruch begangen oder die Ehe in anderer Weise *schuldhaft* beeinträchtigt hatte. Voraussetzung für eine Scheidung war zunächst, wie es auch heute noch ist, die *Zerrüttung* der Ehe. Gleichzeitig wurde darauf abgestellt, wer die Zerrüttung verschuldet hat. Der nicht schuldige Ehepartner konnte z. B. damals die Scheidung, die der »schuldige« Ehepartner beantragt hatte, durch Widerspruch verhindern, wenn er trotz Zerrüttung der Ehe und Verschulden des anderen Partners – aus welchen Gründen auch immer – an der Ehe festhalten wollte. Da Verschulden immer eine Frage des Beweises ist, kam es häufig dazu, dass beim Scheidungsverfahren vor Gericht »Berge von schmutziger Wäsche gewaschen« wurden. Nach nunmehr geltendem Recht kommt es für die Scheidung der Ehe nicht mehr darauf an, ob oder durch wen die Zerrüttung verschuldet wurde. Das »Verschuldensprinzip« ist abgeschafft![420]

Einziger Scheidungsgrund ist das *Scheitern der Ehe* (§ 1565 Abs. 1 S. 1)[421], welches die erste zwingende Voraussetzung dafür bildet, dass der scheidungswillige Ehepartner ein subjektives Recht auf eine Scheidung erwirbt[422].

418 *Creifelds*, »Ehescheidung« (1).
419 Vgl. *Schlüter*, Rdnr. 168.
420 Das Zerrüttungsprinzip wurde vom BVerfG als verfassungsmäßig anerkannt = BVerfGE 53, 224; vgl. dazu *Gernhuber/Coester-Waltjen*, § 24, Rdnrn. 6–10, 12.
421 Ebenda; *Schwab*, Rdnr. 300.
422 AnwK-BGB/*Bisping*, § 1565, Rdnr. 1.

II. Voraussetzungen der Scheidung

Die »Voraussetzungen« der Ehescheidung sind die in den §§ 1565–1568 geregelten »Scheidungsgründe« (vgl. § 1564 S. 3). Mit »Scheidungsgründe« ist auch Untertitel 1 (von Titel 7) überschrieben. Da auch § 1564 S. 1 und S. 3 zu diesem Untertitel gehören, ist die Überschrift etwas missglückt; denn dass die Ehe »nur durch gerichtliches Urteil ... geschieden werden« kann (§ 1564 S. 1) ist ebenso wenig *»Voraussetzung«* (bzw. *»Grund«*) für die Scheidung, wie die *Tatsache,* dass »die Ehe ... mit der Rechtskraft des Urteils aufgelöst« ist (§ 1564 S. 2).

1. Zerrüttungsprinzip/Scheitern der Ehe gem. § 1565 Abs. 1

274 Die Voraussetzungen der Scheidung verdeutlichen wir uns anhand von

Übungsfall 14
Maximilian Lüdenscheid (M) hat bekanntlich (vgl. Übungsfall 6) seine Ehefrau Franziska Müller-Lüdenscheid (F) verlassen und sich seiner Geliebten Dr. Dora Klöbner (D) zugewandt. So geschehen im Sommer 2003! Im Sommer 2005 war M zu F zurückgekehrt, um sich wieder mit ihr zu versöhnen. Einen Monat später scheiterte die Versöhnung, da F weiterhin auf ihrem Recht bestand, den Doppelnamen zu führen. Erneut packt M erzürnt seine Koffer und zieht wieder zu D. Im Sommer 2007 stellt M den Antrag auf Scheidung der Ehe. Die F widerspricht der Scheidung, weil die Zerrüttung der Ehe allein auf dem Verschulden des M beruht habe und die gemeinsame Tochter Cäcilia (C) erst sieben Jahre alt sei. Kann F die Scheidung verhindern?

■ Wie würden Sie diese Frage nach der eben gelesenen kurzen Einführung spontan beantworten?

▷ Wenn Sie die Einführung und den Fall aufmerksam gelesen haben, werden Sie sofort daran gedacht haben, dass nur die Zerrüttung der Ehe maßgeblich ist und es auf ein Verschulden eines der Ehepartner nicht ankommt. Die Antwort auf die Frage ist also ein klares »Nein«, das allerdings einer näheren Begründung bedarf.

275 Was bedeutet Zerrüttung bzw. *Scheitern der Ehe*? Lesen Sie dazu § 1565 (ganz), der das Kernstück des Scheidungsrechts bildet, da er den Übergang vom Verschuldens- zum Zerrüttungsprinzip darstellt. Ob jemand das Scheitern verschuldet hat, ist, wie gesagt, unerheblich. Wann eine Ehe gescheitert ist, entnehmen wir zunächst § 1565 Abs. 1 S. 2, der zwei *unmittelbare* Voraussetzungen für das Scheitern enthält:

■ Welche sind das? (Überlegen Sie kurz!)

▷ Substantiviert formuliert ist die erste Voraussetzung das »Nichtbestehen der Lebensgemeinschaft« und die zweite »keine Erwartung der Wiederherstellung der ehelichen Lebensgemeinschaft«. Aus der Formulierung bzw. dem Umkehrschluss zu § 1565 Abs. 2 (lesen) folgt *mittelbar* als dritte Voraussetzung, dass die Eheleute grundsätzlich ein Jahr getrennt gelebt haben müssen, bevor die Ehe geschieden werden kann. Die Voraussetzungen des Scheiterns prüft man daher sinnvoller Weise in der folgenden Reihenfolge:

a) Einjähriges Getrenntleben

275a Den Begriff des Getrenntlebens umschreibt § 1567 (den Sie bereits gelesen haben? – vgl. Rdnr. 202 – und nun nochmals ganz lesen ...).

Wenn § 1567 Abs. 1 S. 1 zunächst auf das Nichtbestehen der *häuslichen Gemeinschaft* abstellt, ist damit in erster Linie die räumliche Trennung gemeint[423]. Allein die objektiv bestehende räumliche Trennung reicht aber zum »Getrenntleben« i. S. v. § 1567 Abs. 1 S. 1 nicht aus. Hinzukommen muss das subjektive Moment[424], dass ein Ehepartner die häusliche Gemeinschaft erkennbar nicht herstellen will, weil er die *eheliche Lebensgemeinschaft* ablehnt.

■ Versuchen Sie, ein oder mehrere Beispiele dafür zu finden, dass zwar eine einjährige oder längere *räumliche* Trennung (»Nichtbestehen der häuslichen Gemeinschaft«) vorliegt, ohne dass die Ehepartner die Voraussetzung des Getrenntlebens i. S. v. § 1567 Abs. 1 S. 1 erfüllen!

▷ Das (äußere) Nichtbestehen der häuslichen Gemeinschaft kann z. B. dadurch bedingt sein, dass einer der Partner berufsbedingt ein Jahr oder länger abwesend ist (oder sich in Strafhaft befindet). Das muss nicht bedeuten, dass er die eheliche Lebensgemeinschaft ablehnt.
Als Voraussetzung für die Anwendung von § 1567 Abs. 1 S. 1 muss die Trennung Ausdruck eines gestörten Verhältnisses der Eheleute sein[425].

Andererseits kann, wie sich aus § 1567 Abs. 1 S. 2 ergibt, ein *Getrenntleben auch ohne räumliche Trennung* gegeben sein. 276

Wie bereits oben (Rdnr. 202) angedeutet, ist der Beweis des Getrenntlebens hier recht schwierig, da beide Ehepartner trotz Ablehnung der ehelichen Lebensgemeinschaft Räume wie Flur, Küche und Bad benutzen müssen. Das Erfordernis der vollkommenen tatsächlichen Trennung kann daher nicht wortwörtlich genommen werden, wenn die Ehegatten in einer Wohnung leben[426]. Ein *gelegentliches Zusammentreffen als bloß räumliches Nebeneinander,* wie es bei der Benutzung der genannten Räume unvermeidlich ist, ist nach h. M. keine »häusliche Gemeinschaft«[427].

b) Nichtbestehen der ehelichen Lebensgemeinschaft (Analyse)

Leben die Ehegatten ein Jahr getrennt (§ 1565 Abs. 2), so ist die Ehe gem. § 1565 277
Abs. 1 S. 2 gescheitert, wenn die Lebensgemeinschaft der Ehepartner nicht mehr besteht. Für diese Feststellung (*Diagnose*[428] bzw. *Analyse*[429]), für die das Familiengericht zuständig ist (§ 606 Abs. 1 S. 1 ZPO), stellt das Getrenntleben zumindest ein Indiz dar. Das Getrenntleben erhält aber seinen eigentlichen Charakter erst durch die Absicht, es bei diesem Zustand zu belassen, weil ein Ehepartner die eheliche Lebensgemeinschaft ablehnt (§ 1567 Abs. 1 S. 1)[430].

c) Keine Erwartung der Wiederherstellung der ehelichen Lebensgemeinschaft (negative Prognose)

Ob die Wiederherstellung der ehelichen Lebensgemeinschaft nicht erwartet werden 278
kann, ist ebenfalls von Amts wegen durch das Familiengericht festzustellen (§ 606

423 Vgl. *Lüderitz/Dethloff*, § 6, Rdnr. 13.
424 *Schwab*, Rdnr. 321 f.
425 *Schwab*, Rdnr. 322.
426 BGH NJW 1978, 1810.
427 Vgl. nur BGH NJW 1978, 1810 und NJW 1979, 1360.
428 AnwK-BGB/*Bisping*, § 1565, Rdnr. 5.
429 *Schlüter*, Rdnr. 169; *Gernhuber/Coester-Waltjen*, § 27, Rdnr. 4.
430 *Lüderitz/Dethloff*, § 6, Rdnr. 11.

Abs. 1 S. 1 ZPO). Der Richter hat also unter Würdigung aller Umstände eine negative *Prognose* zu treffen.

■ Was könnte dafür sprechen, dass eine Ehe tatsächlich gescheitert ist? Versuchen Sie selbst, einige Indizien für das Scheitern einer Ehe zu finden; lassen Sie Ihre Phantasie spielen und machen Sie sich einige Notizen, bevor Sie weiterlesen!

▷ Indizien dafür, dass die Wiederherstellung der ehelichen Lebensgemeinschaft nicht erwartet werden kann, dass also die Ehe *tatsächlich* zerrüttet bzw. gescheitert ist, sind z. B. folgende: In erster Linie spricht das Getrenntleben und dessen Dauer für ein Scheitern der Ehe. Dabei ist maßgeblich, wie nachhaltig einer der Ehepartner die (Wiederherstellung der) Lebensgemeinschaft ablehnt[431].
Des Weiteren kann die richterliche Analyse der Ehe zu der Prognose führen, dass die Ehe gescheitert ist, weil z. B.
- die Charaktere der Ehepartner nicht vereinbar sind,
- ein Partner Ehebruch begangen und/oder eine andere dauerhafte Partnerbindung eingegangen ist,
- ein Partner den anderen misshandelt, beleidigt oder ihm gegenüber (andere) strafbare Handlungen begangen hat oder
- ein Partner sich dauernd lieblos verhält oder der Trunksucht verfallen ist oder den Haushalt und die Kinder vernachlässigt[432].

Hat das Familiengericht festgestellt, dass die drei Voraussetzungen (einjähriges Getrenntleben, Diagnose »Nichtbestehen der ehelichen Lebensgemeinschaft« sowie negative Prognose) *tatsächlich* vorliegen, ist die Ehe gescheitert und wird durch Urteil (§ 1564 Abs. 1) geschieden.

2. Scheidung ohne einjähriges Getrenntleben

279 Wenn die Ehepartner *noch nicht ein Jahr getrennt leben* kann die Ehe, auch wenn Analyse und Prognose ergeben haben, dass sie »gescheitert« ist, gem. § 1565 Abs. 2 nur geschieden werden, wenn die Fortsetzung der Ehe für den Antragsteller aus Gründen, die in der Person des anderen Ehepartners liegen, eine *unzumutbare Härte* darstellen würde. Der Gesetzgeber mutet dem scheidungswilligen Ehepartner somit grundsätzlich zu, trotz Vorliegens eines oder mehrerer soeben (Rdnr. 278) genannter Indizien für die Zerrüttung der Ehe diese ein Jahr auszuhalten. Diese *Rechtsmissbrauchsklausel*[433] des § 1565 Abs. 2 soll verhindern, dass ein Ehepartner, der durch sein Verhalten die Ehe zerrüttet und dem anderen ein weiteres Zusammenleben unzumutbar gemacht hat, eine sofortige Scheidung erzwingen kann[434]. Nach *Schwab*[435] soll § 1565 Abs. 2 übereilten Scheidungsanträgen entgegenwirken, die aus vorübergehenden Stimmungen resultieren mögen[436].

431 Vgl. *Lüderitz/Dethloff*, § 6, Rdnr. 12.
432 Beispiele nach Palandt/*Brudermüller*, § 1565, Rdnr. 4.
433 *Schlüter*, Rdnr. 173; MüKo/*Wolf*, § 1565, Rdnr. 82.
434 *Schlüter*, Rdnr. 173.
435 Rdnr. 307.
436 H. M.; vgl. auch Palandt/*Brudermüller*, § 1565, Rdnr. 6; MüKo/*Wolf*, § 1565, Rdnrn. 83, 85.

Um eine *unzumutbare Härte* darzustellen, müssen die Verfehlungen des Ehepartners bzw. die Indizien für die Zerrüttung der Ehe in besonders hohem Maß vorliegen. Bei der Beurteilung sind daher strenge Maßstäbe anzulegen[437].

Beispiele aus der Rechtsprechung:
- *Ständige* ehebrecherische Beziehung und *mehrmalige* Misshandlungen, insbesondere Körperverletzungen bzw. häufige Gewalttätigkeit,
- dauernde Verweigerung des ehelichen Verkehrs,
- Prostitution,
- Missbrauch von Kindern und Stiefkindern,
- Ehebruch mit Verwandten des Partners oder
- dauerhafte, übermäßige Trunk- und/oder Drogensucht[438].

Keine unzumutbare Härte liegt dagegen vor bei
- objektiv harmlosen Umständen wie Lieblosigkeiten,
- ständigen verbalen Reibereien,
- wiederholter »Aushäusigkeit« (z.B. allabendlicher Kneipenbesuch anstatt mit dem Ehepartner schweigend in den Fernsehapparat zu starren ...) oder
- Unverständnis für die Belange des (anderen) Ehepartners.[439]

3. Unwiderlegbare Vermutungen des Scheiterns (§ 1566)

a) Einjähriges Getrenntleben und Einverständnis

Wenn die Ehepartner seit einem Jahr getrennt leben und *beide* die Scheidung beantragen *oder* der Antragsgegner der Scheidung *zustimmt,* wird gem. § 1566 Abs. 1 (lesen) unwiderlegbar *vermutet,* dass die Ehe gescheitert ist. Das Gericht braucht in diesem Fall weder eine Analyse vorzunehmen noch eine Prognose zu treffen. Das »Einverständnis« liegt also beim Scheidungsantrag beider Ehepartner von vornherein vor und wird bei Antrag nur eines Ehepartners durch die Zustimmung[440] des anderen herbeigeführt. 280

Um zu gewährleisten, dass die Scheidung bei Vorliegen der materiell-rechtlichen Voraussetzungen auch wirklich »einverständlich« beantragt wird, stellen § 630 Abs. 1 und Abs. 3 ZPO bestimmte formelle Anforderungen, die erfüllt werden müssen, damit die Ehe nach einjährigem Getrenntleben geschieden werden kann.

Auf Einzelheiten zu § 630 ZPO, den Sie zur ersten Information einmal lesen sollten, wird in diesem Grundriss, der Ihnen den Einstieg in das *materielle* Familienrecht erleichtern soll, nicht näher eingegangen; vgl. ggf. die »Literatur zur Vertiefung«.

b) Dreijähriges Getrenntleben

Gem. § 1566 Abs. 2 wird unwiderlegbar vermutet, dass die Ehe gescheitert ist, wenn die Ehepartner seit drei Jahren getrennt leben. Diese klare Regelung[441] bedeutet, dass jeder Ehepartner, auch der, welcher durch sein Verhalten das Scheitern der Ehe provoziert hat, gegen den Willen des anderen (also auch bei dessen Widerspruch) nach festgestellter dreijähriger Trennung die Scheidung erzwingen kann. 281

437 Hk-BGB/*Kemper*, § 1565, Rdnr. 8.
438 Vgl. auch Palandt/*Brudermüller*, § 1565, Rdnr. 10.
439 Weitere Beispiele s. Palandt/*Brudermüller*, § 1565, Rdnr. 11.
440 Die Zustimmung kann gem. § 630 Abs. 2 ZPO widerrufen werden.
441 Diese Regelung ist nach BVerfGE 53, 224 (247) mit dem GG vereinbar.

c) Unterbrechung der Trennungsfristen

282 Gem. § 1567 Abs. 2 werden die in § 1566 für das Getrenntleben bestimmten Fristen durch ein *Zusammenleben über kürzere Zeit,* das der *Versöhnung* der Ehepartner dienen soll, nicht unterbrochen.

■ Wenn Sie bisher *sehr* aufmerksam waren und alle Vorschriften, insbesondere die §§ 1565 Abs. 2, 1566 und 1567 Abs. 2 genau gelesen haben, könnte Ihnen etwas aufgefallen sein, das mir dabei aufgefallen ist? Kleine Hilfe: In § 1567 Abs. 2 fehlt etwas!

▷ Es ist nicht nur mir, sondern (u. a.) auch *Schwab*[442] aufgefallen: »Auffälligerweise bezieht sich § 1567 Abs. 2 seinem Wortlaut nach nur auf die Getrenntlebensfristen nach § 1566, nicht aber nach § 1565 Abs. 2. Diesbezüglich darf ein Redaktionsversehen vermutet werden«.

Nach h. M.[443] ist § 1567 Abs. 2 auch auf die Jahresfrist des § 1565 Abs. 2 anzuwenden. Was »kürzere Zeit« i. S. v. § 1567 Abs. 2 bedeutet, richtet sich nach den Umständen des Einzelfalls. So wird z. B. die Trennungsfrist nicht durch zwischenzeitliche gemeinsame Urlaube oder Kurzbesuche (auch wenn sie mit Übernachtungen oder gelegentlichem Geschlechtsverkehr[444] verbunden sind) gehemmt oder unterbrochen. »Kürzere Zeit« kann mit »nicht erheblicher Dauer« gleichgesetzt werden. Die Grenze kann mit der Rechtsprechung bei etwa 25 % der Jahresfrist des § 1565 Abs. 2, also bei drei Monaten, angesetzt werden[445].

4. Scheidungshindernisse: Härteklauseln

283 Ist eine Ehe tatsächlich i. S. v. § 1565 gescheitert oder wird das Scheitern der Ehe gem. § 1566 unwiderlegbar vermutet, können der Scheidung die *Härteklauseln* des § 1568 (lesen) entgegenstehen.

a) Kinderschutzklausel

284 Nach § 1568 Abs. 1, 1. Var. »soll« (besser wäre: »darf«[446]) die Ehe nicht geschieden werden, obwohl sie gescheitert ist, wenn und solange die Aufrechterhaltung der Ehe im Interesse der aus der Ehe hervorgegangenen minderjährigen Kinder *aus besonderen Gründen ausnahmsweise* notwendig ist.

Wann besondere Gründe und eine Ausnahmesituation vorliegen, lässt sich nicht allgemein beantworten, sondern muss nach den konkreten Umständen des Einzelfalls entschieden werden.

In der Regel ist weder dem wirtschaftlichen Interesse noch der Erziehung der minderjährigen Kinder damit gedient, dass die gescheiterte Ehe der Eltern aufrechterhalten bleibt. Das Zusammenleben der zerfallenen Familie kann durch Ablehnung der Scheidung ohnehin nicht erzwungen werden. Oft besteht sogar die Gefahr, dass minderjährige Kinder in ständige Konflikte der Eltern hineingezogen werden, unter dem Zerwürfnis der Eltern leiden und dadurch einen schwer zu heilenden psychischen Schaden davontragen können.

442 Rdnr. 325.
443 Vgl. nur MüKo/*Wolf*, § 1567, Rdnr. 62; *Gernhuber/Coester-Waltjen*, § 28, Rdnr. 83.
444 Hk-BGB/*Kemper*, § 1567, Rdnr. 5.
445 *Ebenda.*
446 Ebenso *Schwab*, Rdnr. 311.

In der Praxis wird die Kinderschutzklausel daher äußerst selten von den Gerichten angewendet, so z. B. dann, wenn zu befürchten ist, dass sich das Kind das Leben nimmt[447].

b) Persönliche Härteklausel

Gem. § 1568 Abs. 1, 2. Var. darf eine Ehe nicht geschieden werden, wenn und solange **285**
die Scheidung für den Antragsgegner, der sie ablehnt, aufgrund *außergewöhnlicher Umstände* eine so *schwere Härte* darstellen würde, dass die Aufrechterhaltung der Ehe auch unter Berücksichtigung der Belange des Antragstellers *ausnahmsweise* geboten erscheint. Auch von dieser Klausel macht die Rechtsprechung sehr selten Gebrauch. Die persönliche Härteklausel ist nur dann anzuwenden, wenn sie das einzige Mittel ist, um einen Ehepartner vor einer für ihn nicht erträglichen Situation zu bewahren, die durch die Scheidung entstehen würde. In Betracht kommen z. B. Fälle, in denen wegen übersteigerter Empfindsamkeit des Antragsgegners die Gefahr besteht, dass er Selbstmord begeht[448] oder in denen der Ehepartner lebensbedrohend erkrankt ist[449]. Eine schwere Härte wurde vom BGH[450] z. B. ausnahmsweise bejaht, als ein Ehepartner nach 36jähriger harmonischer Ehe seine Ehefrau, die hohe Opfer für die Ehe gebracht hatte, plötzlich im Stich lassen und sich scheiden lassen wollte.

■ Nachdem Sie nun die wichtigsten Voraussetzungen der Scheidung kennen gelernt **286**
haben, sollten Sie in der Lage sein, die Antwort zur Frage von Übungsfall 14, die wir unter Nr. 274 gegeben haben, exakt zu begründen. Lesen Sie den Fall nochmals und versuchen Sie, eine gutachtliche Lösungsskizze (§§ anwenden!) anzufertigen, bevor Sie weiterlesen.

▷ Gem. § 1565 Abs. 1 S. 1 kann eine Ehe geschieden werden, wenn sie gescheitert ist. Sofern die Ehepartner seit drei Jahren getrennt leben, gilt nach § 1566 Abs. 2 die unwiderlegbare Vermutung, dass die Ehe gescheitert ist.

Da M vier Jahre (2003) vor der Beantragung der Scheidung (2007) bei F ausgezogen ist, um sich mit seiner Geliebten D zusammenzutun, hat er klar zu erkennen gegeben, dass er die eheliche Lebensgemeinschaft mit F ablehnt. Somit liegen die Voraussetzungen für das Getrenntleben i. S. v. § 1567 Abs. 1 vor.

Die Tatsache, dass M im Sommer 2005 zu einem einmonatigen Versöhnungsversuch zurückgekehrt ist, konnte gem. § 1567 Abs. 2 nicht bewirken, dass die Dreijahresfrist des § 1566 Abs. 2 unterbrochen oder gehemmt wurde. Ein Monat ist im Vergleich zu drei Jahren nicht nur eine »kürzere«, sondern eine sehr kurze Zeit. Das Scheitern der Ehe wird also unwiderlegbar vermutet.

Nach den Härteklauseln des § 1568 Abs. 1 soll die Ehe nicht geschieden werden, wenn und solange die Aufrechterhaltung der Ehe im Interesse der aus der Ehe hervorgegangenen minderjährigen Kinder aus besonderen Gründen ausnahmsweise notwendig ist oder wenn und solange die Scheidung für den Antragsgegner (F), der sie ablehnt, aufgrund außergewöhnlicher Umstände eine so schwere Härte darstellen würde, dass die Aufrechterhaltung der Ehe auch unter Berücksichtigung der Belange des Antragstellers (M) ausnahmsweise geboten erscheint.

447 OLG Hamburg, FamRZ 1986, 469; *Schlüter*, Rdnr. 182; *Schwab*, Rdnr. 312.
448 Vgl. Hk-BGB/*Kemper*, § 1568, Rdnr. 3.
449 *Schlüter*, Rdnr. 184.
450 BGH NJW 1979, 1042 = FamRZ 1979, 422; *Schlüter*, Rdnr. 184; *Lüderitz/Dethloff*, § 6, Rdnr. 22.

Die Kinderschutzklausel des § 1568 Abs. 1, 1. Var. wird nur in extremen Ausnahmefällen angewendet, wenn durch die Scheidung das Kindeswohl beträchtlich gefährdet erscheint. Für eine solche Gefährdung der siebenjährigen Tochter C hat die F nichts vorgetragen.

Auch die persönliche Härteklausel von § 1568 Abs. 1, 2. Var. kann hier nicht zu Gunsten der F eingreifen, da keine »außergewöhnlichen Umstände« i. S. dieser Vorschrift vorliegen. Dass F sich auf das alleinige Verschulden des M an der Zerrüttung der Ehe beruft, ist unerheblich: Das früher geltende Verschuldensprinzip im Eherecht ist durch das Zerrüttungsprinzip abgeschafft, sodass das Verschulden der Zerrüttung durch den scheidungswilligen Ehepartner keinen Härtefall i. S. d. § 1568 Abs. 1, 2. Var. begründen kann.

Die Ehe von M und F ist daher trotz des Widerspruchs der F gem. § 1564 Abs. 1 S. 1 durch gerichtliches Urteil zu scheiden.

Übersicht 20 287

Voraussetzungen der Ehescheidung

Scheitern der Ehe

§ 1565 Abs. 2 (Umkehrschluss)

- Einjähriges *Getrenntleben*
  → § 1567 Abs. 1:
  - Keine häusliche Gemeinschaft
  - Ablehnung der ehelichen Lebensgemeinschaft durch einen Ehepartner
  - Allein räumliche Trennung reicht nicht aus (z. B. berufsbedingte Abwesenheit; Strafhaft)
  - Getrenntleben ohne räumliche Trennung möglich (wenn ein Ehepartner eheliche Lebensgemeinschaft ablehnt)

§ 1565 Abs. 1

- Nichtbestehen der Lebensgemeinschaft *(Analyse)* (Amtsermittlung § 606 Abs. 1 ZPO)
- Keine Erwartung der Wiederherstellung *(negative Prognose)* (§ 606 Abs. 1 ZPO)

- Scheidung ohne einjähriges Getrenntleben → § 1565 Abs. 2, wenn Festhalten an der Ehe *»unzumutbare Härte«* bedeuten würde (strenge Anforderungen).

Unwiderlegbare Scheiternsvermutungen

§ 1566 Abs. 1

- Einjähriges Getrenntleben und Einverständnis

§ 1566 Abs. 2

- Dreijähriges Getrenntleben

Unterbrechung der Trennungsfristen (§ 1567 Abs. 2)
→ *nicht* bei Zusammenleben über *kürzere* Zeit, das der Versöhnung dienen soll – Faustregel: ca. 25 % der Jahresfrist des § 1565 Abs. 2

Scheidungshindernisse – Härteklauseln –

§ 1568 Abs. 1, 1. Var.

- Aufrechterhaltung der Ehe trotz Scheiterns, wenn bei Gefährdung des Wohls minderjähriger Kinder ausnahmsweise notwendig (strenge Anforderungen).

– Kinderschutzklausel –

§ 1568 Abs. 1, 2. Var.

- Aufrechterhaltung der Ehe trotz Scheidung, wenn Scheidung aufgrund außergewöhnlicher Umstände schwere Härte für scheidungsunwilligen Partner darstellen würde (strenge Anforderungen).

– Persönliche Härteklausel –

5. Scheidungsverfahren

Ziel dieses Buchs ist es, wie gesagt, Ihnen einen ersten Einstieg in das *materielle* Familienrecht zu verschaffen. Das Scheidungsverfahren ist in der ZPO geregelt und gehört somit zum *formellen* Recht[451], das nicht ausführlich Gegenstand dieses Werks sein kann bzw. soll. Da die Scheidung der Ehe indessen nur aufgrund eines rechtskräftigen Urteils am Ende des Scheidungsverfahrens erfolgen kann (vgl. § 1564 Abs. 1 und 2), ist das Scheidungsverfahren eine der »Voraussetzungen der Ehescheidung«, sodass es hier kurz skizziert wird.

a) Zuständigkeit des Familiengerichts

288 Das Scheidungsverfahren ist in den §§ 622–630 ZPO geregelt und gehört damit zu den *Ehesachen,* für die gem. § 23a Nr. 4 GVG (GVG-Vorschriften müssen Sie jetzt nicht lesen!) die Amtsgerichte *sachlich* zuständig sind, bei denen Abteilungen für Familiensachen, die Familiengerichte, eingerichtet sind (§ 23b Abs. 1 S. 1 GVG). Während bei »allgemeinen« bürgerlich-rechtlichen Streitigkeiten im Regelfall[452] in zweiter Instanz die Landgerichte zuständig sind, sind in Familiensachen gem. § 119 Abs. 1 Nr. 1a GVG die Oberlandesgerichte und in dritter Instanz der BGH (§ 133 GVG) zuständig.

Örtlich zuständig ist gem. § 606 Abs. 1 S. 1 ZPO in erster Instanz ausschließlich das Familiengericht, in dessen Bezirk die Ehepartner ihren gemeinsamen gewöhnlichen Aufenthalt haben.

Während vor Amtsgerichten regelmäßig kein Anwaltszwang besteht, müssen sich die Parteien in Ehesachen gem. §§ 608 i. V. m. 78 Abs. 1 S. 1 ZPO von einem zugelassenen Rechtsanwalt vertreten lassen.

Dies, wie auch der soeben erwähnte atypische Instanzenweg, unterstreicht, welch große Bedeutung den Ehesachen in unserer Rechtsordnung zukommt[453].

b) Abweichungen vom allgemeinen Prozessrecht

aa) Antrag statt Klage

289 Wie Sie in § 1564 Abs. 1 S. 1 gelesen haben, kann die Ehe durch gerichtliches Urteil auf *Antrag* eines oder beider Ehepartner geschieden werden (vgl. auch § 622 Abs. 1 S. 1 ZPO: »Antragsschrift« statt »Klageschrift«). Gem. § 622 Abs. 3 ZPO heißen die Beteiligten nicht »Kläger« und »Beklagter«, sondern »Antragsteller«[454] und »Antragsgegner«. Adressat des Scheidungsantrags ist daher nicht der andere Ehepartner, sondern der Staat als Repräsentant des gesellschaftlichen und sozialen Interesses an der Erhaltung der Ehe.

bb) Untersuchungs- statt Verhandlungsgrundsatz

290 »Verhandlungsgrundsatz« bedeutet, dass die Parteien bestimmen, welche Tatsachen sie dem Gericht im Zivilprozess unterbreiten[455].

451 Zum Unterschied zwischen materiellem und formellem Recht vgl. ggf. nochmals Rdnr. 7 mit Fn. 25!

452 Vgl. die kurze Übersicht in *meinem* BGB AT, Rdnrn. 27–29.

453 Dazu BVerfGE 53, 224: »Die Ehescheidung hat für die Rechtsordnung die Ausnahme zu bilden.«

454 Müsste konsequenterweise eigentlich mit zwei »s« oder Antraggegner ohne »s« geschrieben sein?

455 Vgl. *Creifelds*, »Verhandlungsgrundsatz«.

In Ehesachen gilt dagegen der Untersuchungsgrundsatz des § 616 Abs. 1 ZPO mit Einschränkungen durch Abs. 2 und Abs. 3 (§ 616 ZPO ganz lesen!). Das Gericht kann also von Amts wegen ermitteln und Beweisaufnahmen anordnen, soweit sie geeignet sind, der *Aufrechterhaltung der Ehe* zu dienen[456].

cc) Einstweilige Anordnungen

Gem. § 620 ZPO (lesen) kann das Gericht im Scheidungsverfahren bestimmte familienrechtliche Angelegenheiten durch einstweilige Anordnungen (Einzelheiten: §§ 620a–g ZPO) regeln. **291**

dd) Verbund von Scheidungs- und Folgesachen

§ 623 Abs. 1 ZPO ermöglicht es, *auf »rechtzeitigen« Antrag eines Ehegatten* nicht **292** nur über die Scheidung als solche, sondern auch über die Scheidungsfolgen (z. B. Regelung der elterlichen Sorge für Kinder, Unterhaltspflichten, Zugewinnausgleich, Versorgungsausgleich, Hausratsverteilung) zu entscheiden. »Rechtzeitig« bedeutet, dass der Antrag bis zum Schluss der mündlichen Verhandlung erster Instanz in der Scheidungssache gestellt sein muss (§ 623 Abs. 4 ZPO)[457]. Über die Durchführung des Versorgungsausgleichs (dazu unten Rdnrn. 311 ff.) nach § 1587b entscheidet das Gericht ohne Antrag von Amts wegen (§ 623 Abs. 1 S. 3 ZPO).

Sofern dem Scheidungsantrag stattzugeben ist und im Verbundverfahren gleichzeitig über Folgesachen zu entscheiden ist, ergeht die Entscheidung durch einheitliches Urteil (vgl. § 629 Abs. 1 ZPO).

Literatur zur Vertiefung (Rdnrn. 272–292):

Alpmann/Schmidt, 1. Teil, 5. Abschn., 1; *Büte,* Härteklausel des § 1568 BGB, FamRK 2006, 122; *Coester-Waltjen,* Voraussetzungen der Ehescheidung, JURA 2006, 105; *Gernhuber/Coester-Waltjen,* § 27, *Lüderitz/Dethloff,* § 6 Rdnrn. 1–33; *Muscheler,* FamR, § 24; *Schlüter,* § 17; *Schwab,* §§ 35–38.

III. Folgen der Scheidung

Die Folgen der Ehescheidung sind so vielschichtig und werfen so viele diffizile **293** Rechtsfragen auf, dass sie in einem einführenden Grundriss wie diesem weder ausführlich noch vollständig dargestellt werden können.

Zum Teil wurden einige Scheidungsfolgen in den vorhergehenden drei Kapiteln über die personen- und vermögensrechtlichen Wirkungen der Ehe sowie über das Ehegüterrecht angesprochen. Im eigentlichen Scheidungsrecht (Buch 4, Titel 7) werden die Scheidungsfolgen in den §§ 1569–1587p geregelt. Bevor wir darauf auszugsweise eingehen, sollen noch(mals) die Scheidungsfolgen aufgezeigt werden, die in den Vorschriften *vor* Titel 7 geregelt werden.

Von den Folgen der Scheidung wird zunächst betroffen der

456 *Bergerfurth/Rogner*, Rdnr. 1053.
457 Vgl. *Schwab*, Rdnr. 297.

1. Name der geschiedenen Ehepartner.

294 Das eheliche Namensrecht ist, wie Sie wissen[458], in § 1355 geregelt.

Gem. § 1355 Abs. 5 S. 1 behält (je)der Ehepartner den Ehenamen. Er kann jedoch seinen Geburtsnamen oder den Namen wieder annehmen, den er bis zur Bestimmung des Ehenamens geführt hat, oder ... oder ... oder ... (vgl. § 1355 Abs. 5 S. 2). Einzelheiten dazu können Sie oben (Rdnrn. 162–167) nachlesen.

2. Verteilung des Hausrats und der Ehewohnung

295 Die Ehescheidung setzt, wie wir gesehen haben, grundsätzlich das *»Getrenntleben«* voraus und hat dieses dann weiterhin zur Folge. Sinnvollerweise wird dieser *Begriff* daher im Scheidungsrecht in § 1567 definiert. Da die Eheleute auch schon *vor* der Scheidung getrennt leben können, werden die Konsequenzen des Getrenntlebens für die Hausratsverteilung und die Ehewohnung bereits vor dem Scheidungsrecht in § 1361a (und der Hausratsverordnung) sowie in § 1361b (beide Vorschriften nochmals lesen) geregelt, die mangels abweichender Sondervorschriften auch für das Getrenntleben *nach* der Scheidung gelten[459]. Über die Verteilung des Hausrats und die Zuweisung der Ehewohnung entscheidet das Familiengericht[460].

3. Zugewinnausgleich

296 Was »Zugewinn« i. S. v. § 1373 (lesen!) bedeutet, und dass er bei Beendigung des ehelichen Güterstandes außer im Todesfall eines Ehepartners (vgl. § 1371) gem. §§ 1373–1390 ausgeglichen wird, haben Sie ebenfalls oben[461] schon erfahren und können es dort (insbesondere Übungsfall 13, Rdnrn. 244 ff. mit Lösung) ggf. nachlesen.

4. Unterhaltsansprüche des Ehepartners nach der Scheidung

a) Überblick

297 Der Unterhalt des geschiedenen Ehepartners ist in den §§ 1569–1586b geregelt.

Aus §§ 1569, 1577 Abs. 1 a. F.[462] wurde allgemein der *Grundsatz der wirtschaftlichen Eigenverantwortung* hergeleitet[463], wonach jeder Ehepartner nach der Scheidung seinen Lebensunterhalt durch Einsatz seiner Arbeitskraft (»Einkünfte«) und seinem Vermögen selbst bestreiten soll. Der *Grundsatz der Eigenverantwortung* wurde in die Neufassung von § 1569 durch das UnterhRÄndG als Überschrift übernommen und im Text der Vorschrift konkretisiert. Neben der Hervorhebung des Grundsatzes der Eigenverantwortung nach der Ehe verfolgt das Unterhaltsrechtsänderungsgesetz als weitere Ziele die Stärkung des Kindeswohls und die Vereinfachung

458 S.o. Rdnrn. 162 ff.
459 Vgl. oben, Rdnrn. 207 f.
460 Einzelheiten vgl. *Schwab*, Rdnrn. 330–336.
461 Rdnrn. 235–255 .
462 **Vgl. Hinweis in Fn. 334 zu Rdnr. 204.**
463 Vgl. *Schlüter*, Rdnr. 189

des Unterhaltsrechts[464]. Gem. § 1569 S. 1 obliegt es nach der Scheidung jedem Ehepartner, selbst für seinen Unterhalt zu sorgen. Ist er dazu außerstande, hat er gem. § 1569 S. 2 gegen den anderen Ehepartner einen Anspruch auf Unterhalt nur nach den folgenden Vorschriften (hier: §§ 1570–1576).

Durch § 1569 S. 2 wird deutlich, dass der Unterhaltsanspruch nach der Scheidung eine Ausnahme bildet[465] und der Grundsatz der Eigenverantwortung durch den *Grundsatz der nachehelichen Mitverantwortung* eingeschränkt wird[466].

Aus § 1577 Abs. 1 folgt, dass der Unterhaltsanspruch des berechtigten Ehepartners nur geltend gemacht werden kann, wenn in seiner Person *»Bedürftigkeit«* i. S. dieser Vorschrift vorliegt (§ 1577 ganz lesen!). Andererseits hängen das Bestehen und der Umfang des Unterhaltsanspruchs gem. § 1581 (lesen) von der *Leistungsfähigkeit des Verpflichteten* ab.

Schließlich besteht der Unterhaltsanspruch nur, wenn die *Inanspruchnahme des Verpflichteten* nicht aus den in den *negativen Härteklauseln* der §§ 1578b und 1579 (lesen) aufgezählten Gründen *unbillig* oder *grob unbillig* wäre. Liegt einer dieser Gründe vor, ist der Anspruch zu versagen, herabzusetzen oder zeitlich zu begrenzen.

b) Einzelne Unterhaltstatbestände

Die §§ 1570–1573, 1575 und 1576 enthalten verschiedene Tatbestände, die – soweit die Voraussetzungen der Bedürftigkeit des Berechtigten (§ 1577 = Rdnr. 304) und der Leistungsfähigkeit des Verpflichteten (§ 1581 = Rdnr. 305) erfüllt sind – jeweils selbstständig einen Unterhaltsanspruch begründen. 298

Da die Bedürftigkeit des Berechtigten und die Leistungsfähigkeit des Verpflichteten *Voraussetzungen* für die Unterhaltszahlung sind, verwundert es durchaus, dass der Gesetzgeber diese nicht *vor* den einzelnen Unterhaltstatbeständen der zuvor genannten Paragrafen, sondern erst in § 1577 und § 1581 regelt? Halten wir uns also an die Reihenfolge des Gesetzes:

aa) Unterhalt wegen Betreuung eines Kindes (§ 1570)

Nach § 1570 Abs. 1 S. 1 kann ein geschiedener Ehepartner von dem anderen wegen der Pflege oder der Erziehung eines *gemeinschaftlichen* Kindes für mindestens drei Jahre nach der Geburt Unterhalt verlangen. Gem. § 1570 Abs. 1 S. 2 verlängert sich die Dauer des Unterhaltsanspruchs, solange und soweit dies der Billigkeit entspricht. Dabei sind die Belange des Kindes und die bestehenden Möglichkeiten der Kindesbetreuung zu berücksichtigen (§ 1570 Abs. 1 S. 3). Damit sind die Möglichkeiten der Fremdbetreuung (z. B. Kindertagesstätten u. Ä.) gemeint, die der sorgeberechtigte Ehepartner allerdings nicht nutzen *muss,* sondern *kann.* Will er das Kind oder die Kinder aus nachvollziehbaren Gründen selbst betreuen, steht ihm das frei, soweit dies dem Kindeswohl dient[467]. Ob von dem betreuenden Ehepartner eine Erwerbstätigkeit verlangt werden kann oder nicht, richtet sich insbesondere nach Alter, Zahl und Gesundheitszustand der betreuungsdürftigen *gemeinschaftlichen* Kinder. Dazu zählen auch gemeinsam *angenommene* Kinder. Pflegekinder fallen ebenso wenig darunter wie Kinder aus einer früheren Ehe oder Beziehung[468]. Um das Kindeswohl nicht zu gefährden, hat *§ 1570* in verschiedener Weise *Vorrang* vor anderen Unter- 299

464 BT-Drucksache 16/1830 v. 15.6.2006, S. 1.
465 *Schwab,* Rdnr. 338.
466 Vgl. *Alpmann/Schmidt,* S. 68.
467 Vgl. *Schlüter,* Rdnr. 192.
468 Hk-BGB/*Kemper,* § 1570, Rdnr. 3.

haltsansprüchen[469], was auch damit zu rechtfertigen ist, dass die Kindesbetreuung ein Grundrecht der Eltern ist und unter § 6 Abs. 2 GG fällt[470].

Außer der Verlängerung des Unterhaltsanspruchs nach § 1570 Abs. 1 S. 2 sieht § 1570 Abs. 2 eine weitere Verlängerung vor, wenn dies unter Berücksichtigung der Gestaltung von Kindesbetreuung und Erwerbstätigkeit in der Ehe sowie der Dauer der Ehe der Billigkeit entspricht.

bb) Unterhalt wegen Alters (§ 1571)

300 Gem. § 1571 kann ein geschiedener (bedürftiger!) Ehepartner von dem anderen Unterhalt verlangen, soweit von ihm im Zeitpunkt der Scheidung, der Beendigung der Pflege oder Erziehung eines gemeinschaftlichen Kindes oder des Wegfalls der Voraussetzungen für einen Unterhaltsanspruch nach den §§ 1572, 1573 (dazu sogleich) wegen seines Alters eine Erwerbstätigkeit nicht mehr verlangt werden kann. Gemeint ist eine *angemessene* Erwerbstätigkeit i. S. v. § 1574 Abs. 2[471]. Eine feste Altersgrenze gibt es nicht; sie ist i. d. R. dann erreicht, wenn sie der allgemeinen Altersgrenze in der Rentenversicherung entspricht[472].

cc) Unterhalt wegen Krankheit oder Gebrechen (§ 1572)

301 Ein Unterhaltsanspruch des geschiedenen Ehepartners nach § 1572 setzt voraus, dass (1) der Bedürftige *krank* ist oder an anderen *Gebrechen* oder *Schwächen* leidet, dass (2) einer dieser Tatbestände zu den in § 1572 Nr. 1–4 genannten *Zeitpunkten* vorliegt und dass (3) eine (angemessene) *Erwerbstätigkeit deswegen nicht erwartet werden* kann.

Dem Anspruch steht nicht entgegen, dass die Krankheit schon vor der Eheschließung ausgebrochen war[473].

dd) Unterhalt wegen Erwerbslosigkeit und Aufstockungsunterhalt (§§ 1573 f.)

301a Aus § 1569 folgt (s. o. Rdnr. 297), dass nach der Scheidung jeder Ehepartner selbst für seinen Unterhalt zu sorgen hat. Gem. § 1574 Abs. 1 braucht er nur eine ihm angemessene Erwerbstätigkeit auszuüben. Hat er bisher keine Erwerbstätigkeit ausgeübt, muss er sich bemühen, eine solche zu erlangen. Solange seine Bemühungen keinen Erfolg haben, gibt ihm der *Auffangtatbestand*[474] des § 1573 einen Unterhaltsanspruch gegen den anderen Ehepartner. »Auffangtatbestand« ist § 1573 insofern, als der Unterhaltsanspruch nach § 1573 Abs. 1 einem geschiedenen Ehepartner nur gewährt wird, soweit er keinen Anspruch nach den §§ 1570–1572 hat.

Beispiel[475]:
Betreut ein Ehepartner nach der Scheidung ein gemeinschaftliches Kind, das zwei Jahre alt ist, kann von ihm gar keine Erwerbstätigkeit verlangt werden, sodass sich sein Unterhaltsanspruch nicht aus § 1573, sondern in vollem Umfang aus § 1570 ergibt. Ist das Kind indessen zehn Jahre alt, kann von dem Ehepartner eine Teilzeit-Erwerbstätigkeit verlangt werden. Die Differenz bis zu dem Einkommen, das er bei einer Vollerwerbstätigkeit erzielen würde, kann er gem. § 1570

469 Vgl. Hk-BGB/*Kemper*, § 1570, Rdnr. 2.
470 Vgl. *Schlüter*, Rdnr. 192.
471 *Schlüter*, Rdnr. 194.
472 Vgl. *Schwab*, Rdnr. 344; *Schlüter*, Rdnr. 194; Hk-BGB/*Kemper*, § 1571, Rdnr. 2.
473 *Schwab*, Rdnr. 345 unter Hinweis auf BGH FamRZ 1981, 1163.
474 *Schlüter*, Rdnr. 196.
475 Nach *Lüderitz/Dethloff*, § 6, Rdnr. 53 a. E.

verlangen. Der darüber hinausgehende Betrag zur Realisierung der *ehelichen Lebensverhältnisse* (vgl. dazu § 1578 Abs. 1) steht ihm gem. § 1573 Abs. 2 zu (Vorschriften – wie immer – lesen!).

ee) Unterhalt wegen Ausbildung, Fortbildung oder Umschulung (§ 1575)

Soweit es zur Aufnahme einer angemessenen Erwerbstätigkeit erforderlich ist, obliegt 302
es dem geschiedenen Ehepartner, sich ausbilden, fortbilden oder umschulen zu lassen, wenn ein erfolgreicher Abschluss der Ausbildung zu erwarten ist (§ 1574 Abs. 3). Für diese Zeit gilt er als unterhaltsbedürftig und kann Unterhalt nach § 1573 Abs. 1 verlangen[476].

Anders § 1575: Hat ein Ehepartner in Erwartung der Ehe oder während der Ehe eine *Schul- oder Berufsausbildung nicht aufgenommen* oder *abgebrochen*, kann er von dem anderen gem. § 1575 Abs. 1 S. 1 Unterhalt verlangen. Entsprechendes gilt nach § 1575 Abs. 2, wenn sich der geschiedene Ehepartner fortbilden oder umschulen lässt, um *Nachteile auszugleichen*, die *durch die Ehe* eingetreten sind.

§ 1575 hat also nicht den Sinn, dem Ehepartner die ihm nach § 1574 Abs. 3 obliegende Aus- oder Fortbildung zu finanzieren, sondern soll ihm die Möglichkeit geben, seine berufliche Qualifikation nachzuholen, auf die er im Vertrauen auf die Ehe verzichtet hat[477].

ff) Unterhalt aus Billigkeitsgründen (§ 1576)

Wie § 1573 bildet auch die sog. *positive Härteklausel* des § 1576 S. 1 einen Auffangtatbestand[478]. 303
Danach kann ein geschiedener Ehepartner von dem anderen Unterhalt verlangen, soweit und solange aus sonstigen *schwerwiegenden* Gründen (d. h. in anderen Fällen als denen von §§ 1570–1573 Abs. 1[479] und § 1575[480]) eine Erwerbstätigkeit nicht erwartet werden kann und die Versagung von Unterhalt unter Berücksichtigung der Belange beider Ehepartner grob unbillig wäre. Dieser Billigkeitsanspruch ist also gegenüber den soeben genannten Vorschriften *subsidiär*[481].

Für alle Unterhaltsansprüche der §§ 1570–1573, 1575 und 1576 gilt, dass aufseiten des Berechtigten *Bedürftigkeit* und aufseiten des Verpflichteten *Leistungsfähigkeit* vorliegen muss.

c) Bedürftigkeit des Unterhaltsberechtigten

■ Wann ist ein Ehepartner nach dem, was Sie bisher gelesen haben, wohl bedürftig? 304
Versuchen Sie, die Antwort selbst zu finden, bevor Sie den entsprechenden Gesetzestext lesen!

▷ Aus dem Umkehrschluss von § 1577 Abs. 1 ergibt sich, dass Bedürftigkeit vorliegt, wenn der Berechtigte (= Unterhaltsgläubiger) *nicht* in der Lage ist, sich aus seinen Einkünften und seinem Vermögen selbst zu unterhalten.

Gem. § 1577 Abs. 2 S. 1 sind dabei Einkünfte nicht anzurechnen, soweit der Verpflichtete (= Unterhaltsschuldner) nicht den vollen Unterhalt (§§ 1578 und 1578b) leistet. Andererseits sind nach § 1577 Abs. 2 S. 2 Einkünfte, die den vollen

476 A. a. O., Rdnr. 54.
477 Vgl. *Schlüter*, Rdnr. 199.
478 *Schlüter*, Rdnr. 202; auch »Generalklausel«, *Schwab*, Rdnr. 346 oder »positive Billigkeitsklausel«, *Gernhuber/Coester-Waltjen*, § 30, Rdnr. 75 und *Muscheler*, FamR, Rdnr. 125.
479 Vgl. *Lüderitz/Dethloff*, Rdnr. 55.
480 Vgl. *Schlüter*, Rdnr. 202; Hk-BGB/*Kemper*, § 1576, Rdnr. 2.
481 *Schlüter*, Rdnr. 202 nach BGH FamRZ 2003, 1734.

Unterhalt übersteigen, insoweit anzurechnen, als dies unter Berücksichtigung der beiderseitigen wirtschaftlichen Verhältnisse der Billigkeit entspricht.

■ Was können wir der Formulierung von § 1577 Abs. 3, wonach der Berechtigte den *Stamm seines Vermögens nicht* zu verwerten braucht, soweit die Verwertung *unwirtschaftlich* oder unter Berücksichtigung der beiderseitigen wirtschaftlichen Verhältnisse *unbillig* wäre, im Umkehrschluss entnehmen?

▷ Daraus folgt, dass der Unterhaltsgläubiger grundsätzlich verpflichtet ist, auch den Stamm seines Vermögens zu verwerten, ehe er den Unterhaltsschuldner in Anspruch nimmt.[482]

Die Rangfolge mehrerer Unterhaltsbedürftiger richtet sich nach § 1582 (lesen).

d) Leistungsfähigkeit des Unterhaltsverpflichteten

305 Nach § 1581 S. 1 braucht der Unterhaltsverpflichtete nur insoweit Unterhalt zu leisten, als es mit Rücksicht auf die Bedürfnisse und die Erwerbs- und Vermögensverhältnisse der geschiedenen Ehepartner der Billigkeit entspricht. Aus § 1581 S. 1 ergibt sich, dass Leistungsfähigkeit vorliegt, wenn der Unterhaltsschuldner größere Einkünfte oder mehr Vermögen hat, als er zum eigenen Unterhalt benötigt. Dem Unterhaltsverpflichteten soll zur Deckung des *notwendigen Eigenbedarfs* ein *Mindestselbstbehalt* belassen werden. In der Praxis bieten *Unterhaltstabellen* der Oberlandesgerichte Anhaltspunkte für die Berechnung des Unterhalts. Die bekannteste dieser Tabellen ist die sog. »Düsseldorfer Tabelle«,[483] die alle zwei Jahre zum 1. Juli aktualisiert wird. Als Faustregel gilt, dass dem erwerbstätigen, unterhaltspflichtigen Ehepartner $^4/_7$ und dem nicht erwerbstätigen ½ seines verfügbaren Nettoeinkommens als Eigenbedarf verbleiben soll[484] (dazu mehr unten zu Fall 15, Rdnr. 309). Nach § 1581 S. 2 (fast wortgleich mit § 1577 Abs. 3) braucht auch der Unterhaltsverpflichtete den Stamm seines Vermögens nicht zu verwerten, soweit dies unbillig wäre.

Für die Rangfolge mehrerer Unterhaltsverpflichteter gilt § 1584.

e) Bemessung (Umfang) des Unterhalts

306 Das Maß des zu gewährenden Unterhalts, der den *gesamten Lebensbedarf* umfasst (§ 1578 Abs. 1 S. 2), bestimmt sich gem. § 1578 Abs. 1 S. 1 *nach den ehelichen Lebensverhältnissen.* Bemessungsgrundlage für den Unterhaltsbedarf ist der während der Ehe erreichte objektivierte *Lebensstandard* der Ehepartner, der möglichst erhalten bleiben soll. Maßgeblicher Zeitpunkt für die Beurteilung des Lebensstandards ist der *Zeitpunkt der Scheidung,* nicht derjenige der Trennung[485].

Zum gesamten Lebensbedarf gehören auch die in § 1578 Abs. 2 genannten Kosten für Versicherungen, Schul- oder Berufsausbildung usw.

Aus Billigkeitsgründen kann der *Unterhaltsanspruch* des geschiedenen Ehepartners *auf den angemessenen Lebensbedarf herabgesetzt und/oder zeitlich begrenzt* werden (§ 1578b – ganz lesen!). Eine Herabsetzung oder zeitliche Begrenzung eines Unterhaltsanspruchs ist auch gem. § 1579 möglich, der sogar eine völlige *Versagung* des Unterhaltsanspruchs zulässt. Voraussetzung für die Anwendung dieser sog. *negati-*

482 Vgl. Palandt/*Brudermüller*, § 1577, Rdnr. 29.
483 Vgl. schon Rdnr. 204. **Die Tabelle finden Sie im *Anhang* (Übersicht 31) abgedruckt.**
484 *Schlüter*, Rdnr. 208; BGH FamRZ 1990, 260.
485 *Schlüter*, Rdnr. 208; *Muscheler*, FamR, Rdnr. 431.

ven Härteklausel[486] (im Gegensatz zur »positiven Härteklausel des § 1576 – vgl. Rdnr. 303) ist, dass die Inanspruchnahme des Unterhaltsverpflichteten auch unter Wahrung der Belange eines dem Berechtigten zur Pflege oder Erziehung anvertrauten gemeinschaftlichen Kindes aus einem der in § 1579 Nr. 1–8 genannten Gründe grob unbillig wäre (§ 1579 einmal ganz lesen!).

f) Art des Unterhalts

Nach § 1585 Abs. 1 S. 1 ist der laufende Unterhalt durch Zahlung einer Geldrente zu **307**
gewähren, die monatlich im Voraus zu entrichten ist (§ 1585 Abs. 1 S. 2). Statt der Rente kann der Berechtigte eine *Kapitalabfindung* verlangen, wenn ein *wichtiger Grund* vorliegt und der Verpflichtete dadurch nicht unbillig belastet wird (§ 1585 Abs. 2). Ein wichtiger Grund kann z. B. sein, dass der Berechtigte beabsichtigt, ein Geschäft aufzubauen, oder dass der Verpflichtete wegen Vermögensverschwendung leistungsunfähig zu werden droht[487].

Für die *Vergangenheit* kann Unterhalt nur unter den engen Voraussetzungen von § 1585b i. V. m. § 1613 Abs. 2 verlangt werden (Vorschriften lesen).

In § 1585c S. 1 stellt der Gesetzgeber es den Ehepartnern frei, über die Unterhaltspflichten für die Zeit nach der Scheidung *Vereinbarungen* zu treffen. Solche Vereinbarungen können, wie aus § 1585c S. 2 hervorgeht, auch schon vor Rechtskraft der Scheidung getroffen werden, bedürfen allerdings der notariellen Beurkundung.

g) Erlöschen des Unterhaltsanspruchs

Der Unterhaltsanspruch des geschiedenen Ehepartners erlischt mit der Wiederheirat, **308**
der Begründung einer Lebenspartnerschaft oder dem Tod des Berechtigten (§ 1586 Abs. 1).

Beim Tod des Verpflichteten bleibt der Anspruch bestehen und die Unterhaltspflicht geht auf die Erben als Nachlassverbindlichkeit über (§ 1586b Abs. 1 S. 1).

h) Berechnung des Unterhalts

Wie soeben angedeutet (Rdnr. 305), wird der Unterhalt regelmäßig nach Tabellen be- **309**
rechnet, die die Oberlandesgerichte eines bestimmten Bezirks für die Aufteilung der Einkommen zwischen geschiedenen (und getrennt lebenden) Ehepartnern und ihren Kindern entwickelt haben. Anhand der »Düsseldorfer Tabelle« lösen wir folgenden Fall:

Übungsfall 15

a) Die Eheleute Florentine (F) und Massimo (M) lassen sich scheiden. F wurde die Sorge für die bei ihr lebenden beiden Kinder K1 und K2, die vier und sieben Jahre alt sind, zugesprochen. F hat kein Einkommen; der unterhaltspflichtige M verfügt über ein monatliches Nettoeinkommen von 2.200 €. Welcher Betrag bleibt dem M für seinen eigenen Lebensbedarf nach Zahlung des Unterhalts an die geschiedene F und die beiden Kinder? Wie viel Geld steht F insgesamt für sich sowie K1 und K2 zur Verfügung?
b) Wie a), doch sind K1 und K2 elf und 15 Jahre alt und F hat ein eigenes Nettoeinkommen von 500 € monatlich.

Die Beträge sind nach der »Düsseldorfer Tabelle« zu berechnen.

486 Vgl. nur *Gernhuber/Coester-Waltjen*, § 21, Rdnrn. 47–49.
487 Palandt/*Brudermüller*, § 1585, Rdnr. 6.

■ Versuchen Sie, anhand der Tabelle (Rdnr. 508) auszurechnen, was F jeweils für sich und die Kinder bekommt und welcher Betrag dem M bleibt, bevor Sie die Lösung (am besten mit einem Blatt Papier abdecken ...) lesen!

▷ Lösung:

a)	Unterhalt K1	307,00 €
	Unterhalt K2	355,00 €
		662,00 €
	Nettoeinkommen M	2.200,00 €
	Resteinkommen M	1.538,00 €
	davon $^{3}/_{7}$ Ehefrau F	659,13 €
	Resteinkommen M	878,87 €
	Betrag für F+K1+K2	1.321,13 €
b)	Unterhalt K1	355,00 €
	Unterhalt K2	402,00 €
		757,00 €
	Nettoeinkommen M	2.200,00 €
	anrechenbares Resteinkommen M	1.443,00 €
	Nettoeinkommen F	500,00 €
	Differenz	943,00 €
	davon $^{3}/_{7}$ F	404,13 €
	anrechnungsfähiges Einkommen M	1.443,00 €
	$^{3}/_{7}$ F	404,13 €
	Resteinkommen M	1.038,87 €

Somit beträgt die Summe, über die D mit den Kindern K1 und K2 verfügen kann, im Fall 15b:

500 € + 355 € + 402 € + 404,13 € = 1.661,13 €

Diese nüchternen, sehr vereinfachten* Rechenbeispiele verdeutlichen, dass die durch die Scheidung wiedergewonnene »Freiheit« die ehemaligen Eheleute zumindest materiell »unfreier« macht: Während vorher die vierköpfige Familie mit einem akzeptablen Nettoeinkommen von 2.200 € (Fall 15a) bzw. 2.700 € (Fall 15b) in gemeinsamer Wohnung recht gut leben konnte, muss nun der alleinstehende M seinen Lebensunterhalt inklusive separater Wohnung mit 878,87 € bzw. 1.038,87 € bestreiten, während F mit den Kindern K1 und K2 das Gleiche von 1.321,13 € bzw. 1.661,13 € finanzieren muss.

Einen zusammenfassenden Überblick über das Unterhaltsrecht des geschiedenen Ehepartners gibt die folgende Übersicht 21.

* Ohne Berücksichtigung des »Selbstbehalts« (vgl. Düsseldorfer Tabelle, A, Anm. 5) und des Kindergelds (§ 1612b).

Übersicht 21 310

Unterhalt des geschiedenen Ehepartners

§§ 1569–1586b

§ 1569: Grundsatz der (wirtschaftlichen) *Eigenverantwortung*
(»Jeder hat selbst für seinen Unterhalt zu sorgen«.)

Voraussetzungen des Unterhaltsanspruchs

Bedürftigkeit des Berechtigten (Unterhaltsgläubiger) § 1577	Leistungsfähigkeit des Verpflichteten (Unterhaltsschuldner) § 1581

Einzelne Unterhaltstatbestände

- Unterhalt wegen Betreuung eines Kindes (§ 1570)
- Unterhalt wegen Krankheit oder Gebrechen (§ 1572)
- Unterhalt wegen Ausbildung, Fortbildung oder Umschulung (§ 1575)
- Unterhalt wegen Alters (§ 1571)
- Unterhalt wegen Erwerbslosigkeit und Aufstockungsunterhalt (§§ 1573 f.)
- Unterhalt aus Billigkeitsgründen (§ 1576)

Bemessung (Umfang) des Unterhalts

↓

§ 1578

→ *Maßstab:* Eheliche Lebensverhältnisse; Lebensstandard zum Zeitpunkt der Scheidung

→ *Negative Härteklauseln*
- Herabsetzung und zeitliche Begrenzung des Anspruchs (§ 1578b)
- Beschränkung oder Wegfall des Anspruchs (§ 1579)

Art des Unterhalts

↓

§ 1585

→ Geldrente im Voraus oder Kapitalabfindung

Ende des Unterhaltsanspruchs

↓

§ 1586

Berechnung des Unterhalts

→ Unterhaltstabellen der Oberlandesgerichte, insbes. *»Düsseldorfer Tabelle«* und *»Berliner Tabelle«* (siehe *Anhang*)

Literatur zur Vertiefung (Rdnrn. 293–310):

Alpmann/Schmidt, 1. Teil, 5. Abschn., 2.1–2.6; *Borth,* Der Gesetzesentwurf der Bundesregierung zur Reform des Unterhaltsrechts, FamRZ 2006, 813; *Gernhuber/Coester-Waltjen,* § 30; *Körner,* (Original-)Referendarexamensklausur – Familienrecht: Vermögensausgleich zwischen Ehegatten im Fall der Trennung, JuS 2007, 661; *Lüderitz/Dethloff,* § 6 Rdnrn. 34–126; *Manteuffel,* Zur Reform des Ehenamensrechts, NJW 2004, 1773; *Menne,* Die Unterhaltsrechtsreform: Der Unterhalt des geschiedenen Ehegatten, FPR 2005, 323; *Muscheler,* FamR, § 25; *Schlüter,* § 18; *Schwab,* § 39; *ders.,* Zur Reform des Unterhaltsrechts, FamRZ 2005, 1417; *Wellenhofer-Klein,* Unterhaltsrechtliche Risiken in der Lebensgestaltung bei Trennung/Scheidung für den Unterhaltsbedürftigen, FPR 2003, 163.

5. Versorgungsausgleich

a) Überblick

311 Gem. § 1587 Abs. 1 S. 1 findet zwischen den geschiedenen Ehepartnern ein Versorgungsausgleich statt, soweit für sie oder einen von ihnen *in der Ehezeit* Anwartschaften oder Aussicht auf eine Versorgung wegen Alters oder verminderter Erwerbsfähigkeit der in § 1587a Abs. 2 genannten Art begründet oder aufrechterhalten worden sind (Vorschriften jetzt *nicht* lesen!).

»Auszugleichende Versorgungsanrechte« (Überschrift von § 1587) können sich z. B. aus einem öffentlich-rechtlichen Dienstverhältnis/Beamtenverhältnis, aus der gesetzlichen Rentenversicherung, aus der betrieblichen Altersversorgung, aus sonstigen Renten oder aus Renten aufgrund eines Versicherungsvertrags ergeben. Dies folgt aus § 1587a, den Sie zur ersten Information einmal rasch durchlesen.

Pardon! Tun Sie das nicht! Sollte ein kleiner Scherz sein. Wenn Sie §§ 1587a und b nur *sehen,* können Sie sich sicher vorstellen, dass mancher Familienrichter 1977 (als die Versorgungsausgleichsregelungen aufgrund des 1. EheRG vom 14.6.1976) in Kraft getreten sind, am liebsten den Beruf gewechselt hätte.

Sinn und Zweck des Versorgungsausgleichs, der keinesfalls mit den bisher angesprochenen Unterhaltsverpflichtungen der geschiedenen Ehepartner verwechselt werden darf, ist es, *während* der Ehe erworbene Anwartschaften auf Alters- oder Invaliditätsversorgung auszugleichen. Der Regelung des Versorgungsausgleichs liegt – wie der des Zugewinnausgleichs – der Gedanke von der Gleichwertigkeit der Erwerbstätigkeit und der Haushaltsführung zugrunde. Als es diese Regelung nicht gab, war der haushaltsführende (und Kinder erziehende) Ehepartner (überwiegend die Ehefrau), der keiner Erwerbstätigkeit nach der Scheidung nachgehen konnte, erheblich benachteiligt[488], da er lediglich Unterhaltsansprüche gegen den Verpflichteten hatte. Versorgungsanwartschaften, welche die Eheleute *während der Ehe* erworben haben, sind das Ergebnis ihrer gemeinsamen, partnerschaftlichen Lebensleistung. Sie sind deshalb im Scheidungsfall zu teilen bzw. auszugleichen. Die Regelungen des Versorgungsausgleichs sind daher i. S. der Gleichberechtigung nur »gerecht«.

Diese Regelungen versagen jedoch oft in solchen Fällen, in denen der erwerbstätige Ehepartner z. B. 80 % der Haushaltsführung *neben* seiner beruflichen Tätigkeit ausübt, während der andere, nicht erwerbstätige (z. B. noch studierende) Ehepartner sich mit (z. B.) 20 % der Haushalts-

488 Vgl. *Muscheler,* FamR, Rdnr. 455.

führung begnügt und sich während der Ehe ansonsten der Selbstverwirklichung widmet. Darin liegt sicherlich eine gröbliche Verletzung der Pflicht des Berechtigten, zum Familienunterhalt beizutragen, die gem. § 1587c Nr. 3 (lesen) zum Wegfall des Ausgleichs führen kann; doch wird es dem Verpflichteten nur selten gelingen, den Beweis für die Pflichtverletzung zu erbringen. Manchmal ist dies aber der Fall[489].

b) Durchführung (Berechnung) des Ausgleichs

Da wir keine »Versorgungsausgleichsspezialisten« werden wollen oder müssen, brauchen wir uns nicht ausführlich mit §§ 1587a bis p zu befassen, sondern können uns darauf beschränken, die beiden wichtigsten *Mittel* zu skizzieren, derer sich der Gesetzgeber bei der Durchführung des Versorgungsausgleichs bedient. Vereinfacht ausgedrückt stellt der Versorgungsausgleich einen Wertausgleich zwischen den jeweils erworbenen Versorgungsansprüchen oder Anwartschaften auf Versorgung dar. Die Grundregel dieses Wertausgleichs enthält § 1587a Abs. 1 S. 1, den Sie, da er relativ kurz ist, nun doch lesen müssen! **312**

aa) Splitting

Dazu ein vereinfachtes *Beispiel:* **313**
Ehemann M, ein Arbeiter, hat seit der Eheschließung bis zum Zeitpunkt der Scheidung eine Versorgungsanwartschaft bei der »LVA«[490] in Höhe von monatlich 400 € erworben. Ehefrau F ist Sekretärin im öffentlichen Dienst und hat eine Anwartschaft bei der »BfA« in Höhe von monatlich 200 €.

■ Wie hoch ist der Versorgungsbetrag, den M an F ausgleichen muss? (Rechnen Sie selbst!)

▷ M muss von seiner Anwartschaft 100 €[491] der F zukommen lassen, sodass jeder insgesamt Versorgungsanwartschaften in Höhe von 300 € hat.

Dieser relativ einfache Fall ist ein Beispiel für das sog. »Splitting« nach § 1587b Abs. 1 S. 1 (lesen Sie diese Vorschrift und unterstreichen Sie dort das Wort *»überträgt«*).

Wenn in unserem Beispielsfall ein Urteil des Familiengerichts ergehen würde, bekämen sowohl die »LVA« als auch die »BfA« eine Ausfertigung dieses Urteils. Daraufhin würde dem Rentenkonto des M bei der »LVA« die zu übertragende Rentenanwartschaft in Höhe von 100 € abgebucht und dem Rentenkonto der F bei der »BfA« zugeschlagen, d. h., auf dieses *»übertragen«*.

■ Was meinen Sie, wie das Familiengericht verfahren würde, wenn die F keinerlei Rentenansprüche hätte, da sie niemals gegen Entgelt gearbeitet hat, sondern immer Hausfrau war?

▷ In diesem Fall würde das Familiengericht der F als Versorgungsausgleich eine Rentenanwartschaft in Höhe von 200 € zusprechen und das Urteil nur der »LVA«

489 Vgl. BGH FamRZ 1983, 1217; 2004, 862.

490 Seit dem 1.1.2005 ist die Unterscheidung zwischen Arbeitern und Angestellten *in der gesetzlichen Rentenversicherung* aufgehoben. Alle Träger der gesetzlichen Rentenversicherung, insbes. die BfA und LVA (vgl. Abkürzungsverzeichnung) wurden unter der »Deutschen Rentenversicherung« zusammengeschlossen, bleiben aber als eigenständige Träger weiterhin erkennbar (vgl. *Muscheler*, FamR, Fn. 260 zu Rdnr. 466). *Zur besseren Erkennbarkeit werden die Bezeichnungen »BfA« und »LVA« in den beiden folgenden Beispielen weiter verwendet.*

491 *400 € (M) ./. 200 € (F) = 200 €; davon ½ Ausgleich = 100 €.*

übersenden. Diese nimmt dann eine Abbuchung von dem Rentenanwartschaftskonto des M in Höhe von 200 € vor und errichtet für F ein neues Rentenkonto, auf das die Rentenanwartschaft *übertragen* wird.

bb) Quasi-Splitting

314 Lesen Sie hierzu § 1587b Abs. 2 S. 1. Was hier etwas schwer verständlich ausgedrückt ist, betrifft den Fall, dass der zum Versorgungsausgleich Verpflichtete keine oder nur zum Teil ausgleichsfähige Rentenansprüche bzw. -anwartschaften aus der gesetzlichen Rentenversicherung hat, sondern allein oder zusätzlich (z. B.) einen Pensionsanspruch als Beamter. Nunmehr kann das Familiengericht (logischerweise) eine Rentenanwartschaft, die der Beamtenpension entspricht, nicht übertragen, weil kein Rentenkonto besteht, sondern diese erst *begründen* (unterstreichen Sie sich im Text von § 1587b Abs. 2 S. 1 in der zweiten Hälfte das Wort *»begründet«*). Man bezeichnet diese Art des Versorgungsausgleichs als »Quasi-Splitting«.

Auch hierzu ein *Beispiel:*
Der Ehemann M hat in der Ehezeit eine Anwartschaft auf Beamtenpension im Werte von 1.000 € monatlich erworben. Die Ehefrau F hat keinerlei Anwartschaften. Durch den Beschluss des Familiengerichts wird bei der »Deutschen Rentenversicherung« für die Frau eine Anwartschaft begründet, die einer Monatsrente von 500 € entspricht.

■ Können Sie sich vorstellen, wie dieses Urteil in der Praxis vollzogen wird? (Überlegen Sie!)

▷ Den für die Begründung der Rentenanwartschaft in Höhe von monatlich 500 € erforderlichen Gesamtbetrag zahlt der Träger der Versorgungslast des M, in diesem Fall der Dienstherr des Beamten (= Staat, vertreten durch das »Landesamt für Besoldung und Versorgung« – LBV –), an die gesetzliche Rentenversicherung, die für F durch Einrichtung eines Kontos für F eine Rentenanwartschaft *»begründet«*, und das LBV kürzt dafür die Pensionsanwartschaft des Beamten entsprechend.

■ Was schätzen Sie, welcher Betrag erforderlich ist, um eine monatliche Rentenanwartschaft in Höhe von 500 € zu begründen? (Raten Sie einmal!)

▷ Man veranschlagt ungefähr 10.000 € pro 50 € Rente, d. h., um eine Rentenanwartschaft für F in Höhe von 500 € zu begründen, müssten im Beispiel ca. 100.000 € vom LBV an die »Deutsche Rentenversicherung« überwiesen werden!

c) Beschränkung oder Wegfall des Ausgleichs

315 Auch im Recht des Versorgungsausgleichs gibt es wie im Unterhaltsrecht der geschiedenen Ehepartner *negative Härteklauseln* (§§ 1578b, 1579), die den Versorgungsausgleich aus Billigkeitsgründen einschränken oder ausschließen. Lesen Sie dazu nur § 1587c[492].

Im Übrigen ist eine Beschränkung oder der Ausschluss des Versorgungsausgleichs nach § 1587o i. V. m. § 1408 Abs. 2 S. 1 möglich (vgl. dazu auch § 1414 S. 2 – Vorschriften lesen!).

492 Fast gleichlautend § 1587h für den *»schuldrechtlichen Versorgungsausgleich«* (§§ 1587f–n), über den Sie ggf. in der Literatur zur Vertiefung nachlesen können.

d) Erlöschen des Ausgleichsanspruchs

Der Anspruch auf Versorgungsausgleich erlischt mit dem Tod des Berechtigten 316
(§ 1587e Abs. 2). Stirbt der Verpflichtete, ist der Anspruch gegen die Erben geltend zu machen (§ 1587e Abs. 4).

Zur Wiederholung der Splitting-Regeln lesen Sie die folgende Übersicht 22.

Übersicht 22 317

Versorgungsausgleich		
Zweck des Versorgungsausgleichs (V): Während der Ehe erworbene Anwartschaften auf Versorgung wegen Alters-, Berufs- oder Erwerbsunfähigkeit sollen ausgeglichen werden.		
Durchführung		
Rangfolge der Mittel	*Voraussetzungen*	*Rechtsfolge*
1. *»Splitting«* § 1587b Abs. 1 S. 1	V.-Pflichtiger hat Anwartschaft in der gesetzlichen Rentenversicherung und Anwartschaft ist höher als Summe der Anwartschaften des Berechtigten.	Berechtigter bekommt Hälfte der höheren Anwartschaften des Verpflichteten *übertragen* = Abbuchung vom Rentenkonto des Verpflichteten und Zuschreibung auf dem Rentenkonto des Berechtigten bzw. Einrichtung eines neuen Rentenkontos für den Berechtigten.
2. *»Quasi-Splitting«* § 1587b Abs. 2	V.-Pflichtiger hat Anwartschaft aus öffentlichem Dienstverhältnis (entweder nur oder zusammen mit solchen aus gesetzlicher Rentenversicherung). Summe seiner Anwartschaft(en) ist höher als entsprechende Summe bei Berechtigtem.	Für Berechtigten wird Anwartschaft in Höhe der Hälfte der höheren Anwartschaftssumme des Verpflichteten bei gesetzlicher Rentenversicherung *begründet.* Dienstherr des Verpflichteten kürzt dessen Versorgungsanspruch und zahlt entsprechenden Betrag zur Anwartschaftsbegründung an gesetzliche Rentenversicherung des Berechtigten.
Einen Katalog über die Anwartschaften, die im Einzelnen ausgeglichen werden müssen, enthält § 1587a Abs. 2.		

6. Elterliche Sorge

318 Bis zum Inkrafttreten des KindRG am 1.7.1998 (vgl. Rdnr. 1) war die elterliche Sorge für die Zeit nach der Scheidung in § 1671 geregelt. Die seither gültige Fassung von § 1671 lässt das gemeinsame Sorgerecht der Eltern nach der Scheidung grundsätzlich bestehen. Jeder Elternteil kann bei Getrenntleben (auch schon *vor* der Scheidung) gem. § 1671 Abs. 1 jedoch *beantragen,* dass ihm das Familiengericht die elterliche Sorge oder einen Teil der elterlichen Sorge allein überträgt.

Das Gericht *muss* dem Antrag stattgeben, wenn der andere Teil dem Antrag zustimmt und das Kind, das 14 Jahre alt oder älter ist, der Übertragung nicht widerspricht (§ 1671 Abs. 2 Nr. 1). Bei einem einseitigen Antrag (ohne Zustimmung des anderen Elternteils) ist dem Antrag stattzugeben, wenn zu erwarten ist, dass die Aufhebung der gemeinsamen Sorge und die Übertragung auf den Antragsteller dem Wohl des Kindes am besten entsprechen (§ 1671 Abs. 2 Nr. 2).

319 Nach § 1671 Abs. 3 ist dem Antrag *nicht* stattzugeben, wenn die elterliche Sorge aufgrund anderer Vorschriften abweichend geregelt werden muss. Dazu gehören vor allem die §§ 1666–1667, die gerichtliche Maßnahmen bei Gefährdung des Kindeswohls und des Kindesvermögens vorsehen.

Für die *Ausübung des gemeinsamen Sorgerechts* bei Getrenntleben der Eltern gilt die *Sonderregel des § 1687,* die dem Umstand Rechnung trägt, dass ein Kind nach der Trennung der Eltern nur bei einem Elternteil lebt. Bei Entscheidungen in Angelegenheiten, deren Regelung für das Kind von erheblicher Bedeutung ist, ist das gegenseitige Einvernehmen der Eltern erforderlich (§ 1687 Abs. 1 S. 1).

Für Angelegenheiten des täglichen Lebens und der tatsächlichen Betreuung hat der Elternteil, bei dem sich das Kind aufhält, die Befugnis zur alleinigen Entscheidung (vgl. § 1687 Abs. 1 S. 2–4). Zu diesen Angelegenheiten gehören insbesondere Fragen der Erziehung, des Taschengelds, des Fernsehkonsums, des Kontakts zu anderen Kindern, der Freizeitgestaltung etc., nicht aber solche Entscheidungen, die sich auf die Schul- oder Ausbildung, die Gesundheit des Kindes oder ähnlich bedeutsame Rechtsgüter auswirken können[493].

Zur elterlichen Sorge »im Allgemeinen« (§§ 1626 ff.) vgl. unten Rdnrn. 367 ff.

Literatur zur Vertiefung (Rdnrn. 311–319):

Alpmann/Schmidt, 1. Teil, 5. Abschn., 2.2 und 2.7; *Bergmann,* Versorgungsausgleich aktuell, FuR 2005, 149; *ders.,* Aktuelle Fragen des Versorgungsausgleichs, FuR 2005, 339; *Borth,* Rechtsprechungsübersicht zum Versorgungsausgleich, FamRZ 2006, 1641; *Erk/Deisenhofer,* Grobe Unbilligkeit des Versorgungsausgleichs bei langem Getrenntleben, FamRZ 2003, 134; *Gernhuber/Coester-Waltjen,* § 30; *Lüderitz/Dethloff,* § 6 Rdnrn. 127–157, § 13 Rdnrn. 150–170; *Muscheler,* FamR, §§ 25, 36 Rdnrn. 612–615; *Rhode,* 25 Jahre Versorgungsausgleich – Ein Hürdenlauf zur sozialen Sicherung, FF 2002, 80; *Schlüter,* §§ 18, 25 Rdnrn. 355–360; *Schwab,* §§ 39, 66; *ders.,* Das Recht der Ehescheidung nach dem 1. EheRG: Die Scheidungsgründe, FamRZ 1976, 491.

493 Hk-BGB/*Kemper,* § 1687, Rdnr. 3.

Exkurs: *Was eine Scheidung kosten kann* (vereinfacht)

Die Fragen nach den Kosten einer Ehescheidung *(in Deutschland wird übrigens jede zweite Ehe geschieden*[494]*)* wurde mir in meinen Lehrveranstaltungen so oft gestellt, dass ich die Antwort darauf auch an dieser Stelle festhalten möchte. 320

Entscheidend für die Gerichtskosten (die sich nach dem GKG richten) und für die Anwaltsgebühren (die sich nach dem RVG[495] berechnen) ist der Streitwert, d. h. der in Geld bemessene Wert des Streitgegenstands. Dieser lässt sich kurz als »prozessualer Anspruch« bezeichnen; er entspricht grundsätzlich der vom Kläger eingeklagten Summe. Für Ehesachen, zu denen die Scheidung »naturgemäß« gehört, wird gem. § 48 Abs. 3 S. 1 GKG das Dreifache des gemeinsamen monatlichen Nettoeinkommens der Eheleute angesetzt, mindestens aber 2.000 € (§ 48 Abs. 3 S. 2 GKG).

Bestandteil des GKG sind zwei Anlagen am Ende des Gesetzes. Aus Anlage 1, dem »Kostenverzeichnis«, können Sie entnehmen, wie viele »Gebühreneinheiten« für die jeweiligen Verfahrensarten bzw. die Arbeit des Gerichts anfallen. Nach Anlage 1 zum GKG Ziff. 1310 fallen für das Verfahren in Ehesachen und Folgesachen zunächst zwei Gebühren an. Aus Anlage 2 zu § 34 GKG, der »Tabelle« mit den Einzelgebühren pro Streitwert, können Sie entnehmen, dass eine Gebühr bei 2.000 € Streitwert 73 € beträgt. Macht bei zwei Gebühren also 146 € Gerichtskosten. Dazu können Auslagen für Zeugen und ggf. Sachverständige kommen. Welche Gebühren für den Anwalt anfallen, ergibt sich aus den Vorschriften des RVG, insbesondere aus den §§ 2 (i. V. m. Anlage 1, dem »Vergütungsverzeichnis« – VV – zum RVG), 13, 16 Abs. 1 Nr. 4, 22, 23 RVG. Der Rechtsanwalt erhält für die Scheidungssache sowie die Folgesachen, die gem. § 16 Abs. 1 Nr. 4 RVG »dieselbe Angelegenheit« darstellen und deren Wert nach § 22 Abs. 1 RVG zusammengerechnet wird, eine *Verfahrensgebühr* nach Nr. 3100 VV mit einem Gebührensatz von 1,3 (in erster Instanz) sowie eine *Terminsgebühr* nach Nr. 3104 VV in Höhe von 1,2. Der Rechtsanwalt verdient danach in erster Instanz regelmäßig 2,5 Gebühren, soweit keine abweichende Honorarvereinbarung nach § 4 RVG getroffen wurde.

Nach Anlage 2 zu § 13 Abs. 1 RVG beträgt eine Gebühr bei 2.000 € Streitwert 133 €, sodass die Mindestanwaltskosten (2,5 Gebühren) hier 332,50 € ausmachen.

Für den *Unterhalt* wird als Streitwert grundsätzlich der für die ersten zwölf Monate nach Klage-/Antragseinreichung geforderte Betrag angesetzt (§ 42 Abs. 1 S. 1 GKG). Der Streitwert betreffend die *elterliche Sorge* für ein gemeinschaftliches Kind beträgt 900 € (§ 48 Abs. 3 S. 3 GKG).

Zur Vereinfachung der Wertberechnung des *Versorgungsausgleichs* sind in § 49 GKG Festbeträge genannt, die je nach Art der Versorgungsrechte bei 1.000 € und beim Zusammentreffen verschiedenartiger Anrechte bei 2.000 € liegen.

Beispiel:
Das Ehepaar Huber ist 20 Jahre verheiratet und hat keine Kinder. Ehefrau Fatima (F) ist arbeitslose Lehrerin und verdient 1.000 € netto monatlich mit Nachhilfestunden für Französischstudenten. Ehemann Mehmet (M) verdient als Regierungsdirektor in einer Behörde 3.700 € im Monat. Als er entgegen seiner Gewohnheit statt um 18.00 Uhr um 14.00 Uhr aus dem Dienst nach Hause kommt, ertappt er F in flagranti mit einem hübschen Französischstudenten im gemeinsamen Ehebett. M zieht aus und reicht nach einem Jahr die Scheidung ein.

Variante 1:
Das Ehepaar einigt sich einvernehmlich über die Aufteilung des Hausrats (anderes Vermögen ist nicht vorhanden). F verzichtet auf Unterhalt und Zugewinnausgleich, will sich aber den Versorgungsausgleich nicht entgehen lassen. M verzichtet auf einen Anwalt und überlässt F's Anwältin die Vertretung vor Gericht. Somit gibt es eine relativ …
billige Scheidung:

494 Genauer: 2005 standen 388.451 Eheschließungen 201.693 Ehescheidungen gegenüber (= 52 %), Quelle: http://www.pappa.com/familie/Scheidung2004.htm vom 18.6.2007.

495 Das GKG und das RVG finden Sie u. a. in der Gesetzessammlung *Schönfelder*, Nr. 115 und Nr. 117.

- ■ Wenn Sie aufmerksam gelesen haben, müssten Sie in der Lage sein, den Streitwert dieser Scheidung selbst zu berechnen! Versuchen Sie es! Lesen Sie das Beispiel (Variante 1) nochmals.
- ▷ Dreifaches monatliches Nettoeinkommen beider Eheleute (§ 48 Abs. 3 S. 1 GKG): 4.700 € x 3 = 14.100 €
  + Versorgungsausgleich nach § 49 Nr. 1a): 1.000 €
  Der Streitwert beträgt also 15.100 €.
- ■ Suchen Sie nun in der Anlage 2 zum GKG und der Anlage 2 zum RVG die entsprechenden Streitwertgebühren!
- ▷ Wenn Sie die richtigen Spalten gelesen haben (und ich mich nicht vertan habe...), haben Sie bei einem Streitwert von 13.001 € bis 16.000 € eine Gerichtsgebühr von 242 € und eine Anwaltsgebühr von 566 € gefunden.
  Die Kostenberechnung des Anwalts könnte demnach so aussehen:

Verfahrensgebühr (1,3 x 566 €)	735,80 €
Terminsgebühr (1,2 x 566 €)	679,20 €
	1.415,00 €
+ 19 % MWSt	268,85 €
insgesamt	1.683,85 €

Das Gericht berechnet eine Verfahrensgebühr nach Ziff. 1310 des Kostenverzeichnisses (Anlage 1 GKG) = 2,0 x 242 € = 484 €.

Somit hat die einvernehmliche Scheidung von F und M insgesamt 1.683,85 € + 484 € = 2.167,85 € gekostet.

Variante 2:
F und M streiten sich »um jeden Löffel«. F verlangt außer dem Versorgungsausgleich monatlich 1.500 € Unterhalt und 50.000 € Zugewinnausgleich. Der Zeitwert des Hausrats, um den sie sich streiten, beträgt 20.000 €. Die Ehewohnung soll M zugeteilt werden, F verlangt als Gegenwert dafür 20.000 €. Jeder nimmt einen eigenen Anwalt. Insgesamt müssen drei Sachverständige hinzugezogen werden, deren Honorar nach § 9 JVEG[496] je 1.000 € beträgt. Das ergibt eine …
teure Scheidung:

Der Streitwert errechnet sich wie folgt:

Dreimal monatl. Nettoeinkommen:	14.100 €
Versorgungsausgleich	1.000 €
Unterhalt (12 x 1.500 €)	18.000 €
Zugewinnausgleich	50.000 €
Hausrat	20.000 €
Zuteilung Ehewohnung	20.000 €
	123.100 €

Daraus folgen

a) Anwaltskosten

Verfahrens- und Terminsgebühr 2,5 x 1.431 €	= 3.577,50 €
+ 19 % MWSt	679,73 €
Anwalt F	4.257,23 €
Anwalt M	4.357,23 €
	8.614,46 €

b) Gerichtskosten

Verfahrensgebühr 2 x 956 €	= 1.912,00 €
Sachverständigenkosten 3 x 1.000 €	= 3.000,00 €
	4.912,00 €
Gesamtkosten der Scheidung	13.526,46 €

496 Vgl. Gesetzessammlung *Schönfelder*, Nr. 116.

Diese *strittige* Scheidung kostet also mehr als sechsmal soviel wie die einvernehmliche Scheidung.

»Scheiden bringt Leiden«![497]

Literatur zur Vertiefung (Rdnr. 320):

Bergerfurth/Rogner, Rdnr. 647–676.

497 *Simrock*, Nr. 8910.

Zweiter Teil: Verwandtschafts- und Kindschaftsrecht

§ 1601 Unterhaltsverpflichtete. Verwandte in gerader Linie sind verpflichtet, einander Unterhalt zu gewähren.

Einführung

321 Das »Verwandtschafts- und Kindschaftsrecht« wird im BGB nicht als solches bezeichnet, sondern ist in Buch 4, Abschnitt 2 unter der Überschrift »Verwandtschaft« in sieben Titeln in den §§ 1589–1772 geregelt.

In vielen Lehrbüchern und Grundrissen zum Familienrecht differenzieren die Überschriften zu diesem Bereich zwischen »Kindschaftsrecht«[498], »Verwandtschaft und Kindschaft«[499], »Das Unterhaltsrecht der Verwandten«[500] sowie »Kinder« und »Kindschafts- und Verwandtschaftsrecht«[501] usw. Alle Autoren/Autorinnen »ordnen« das Familienrecht des BGB mit guten Gründen nach ihrer eigenen Logik. Ich will versuchen (vgl. Rdnr. 176), soweit wie möglich die §§-Reihenfolge des BGB zu verfolgen und mich dabei so kurz wie möglich und (zum *Einstieg* in dieses Rechtsgebiet) so kurz wie nötig zu fassen. Dabei wird die »Verwandtschaft« *(zu der nicht die Ehepartner – eine im Volksmund durchaus verbreitete Meinung! –*, sondern vor allem die »Kinder« *gehören)* sehr knapp und »die Kindschaft« (da die Rechtsbeziehungen zwischen Eltern und Kindern den zentralen Bereich von Buch 4, Abschnitt 2 bilden) *etwas* ausführlicher behandelt und im Übrigen auf die »Literatur zur Vertiefung« verwiesen.

1. Kapitel: Verwandtschaft und Schwägerschaft

322 Im BGB werden in den §§ 1589 und 1590 zunächst die Begriffe »Verwandtschaft« und »Schwägerschaft« unterschieden.

Nach § 1589 S. 1 sind Personen, die durch Abstammung miteinander verbunden sind, in »gerader Linie« verwandt (sog. »Blutsverwandtschaft«[502]). Lesen Sie § 1589 nun ganz und beantworten Sie folgende Fragen:

■ (1) Wie heißen die (männlichen) Personen, von denen Sie (= Kind) abstammen und mit denen Sie nach § 1589 S. 1 in *gerader Linie* verwandt sind? Nennen Sie zwei Bezeichnungen, nicht etwa die Vornamen! (Jetzt aufschreiben!)

▷ Die Antwort bekommen Sie später …

■ (2) Wie heißen die Personen, die gem. § 1589 S. 2 mit Ihnen in der *Seitenlinie* verwandt sind?

▷ Die Antwort bekommen Sie später … (aufschreiben!).

498 *Muscheler*, FamR, vor § 29; die »Verwandtschaft« und die »Kindschaft« erscheinen dort in § 4 »Grundbegriffe des Familienrechts«; *Schlüter*, vor § 20; *Schwab*, vor § 42.

499 *Lüderitz/Dethloff*, § 9.

500 *Gernhuber/Coester-Waltjen*, vor § 45 und vor § 48.

501 *Alpmann/Schmidt*, 2. Teil.

502 Differenzierend zur »Rechtsverwandtschaft«, *Muscheler*, FamR, Rdnr. 53. Rechtsverwandtschaft entsteht jedenfalls durch Adoption (dazu §§ 1741 ff., unten, Rdnrn. 403 f.).

■ (3) In welchem *Grad* sind Sie gem. § 1589 S. 3 mit Ihrer Kusine nach der Zahl der sie *vermittelnden* Geburten (die Geburt der Person, von der die Verwandten abstammen, wird nicht mitgerechnet!) verwandt?

▷ Die Antwort bekommen Sie sogleich (vorher aufschreiben!) anhand eines kleinen Diagramms, in dem die Schwarzen Punkte die vermittelnden Geburten symbolisieren:

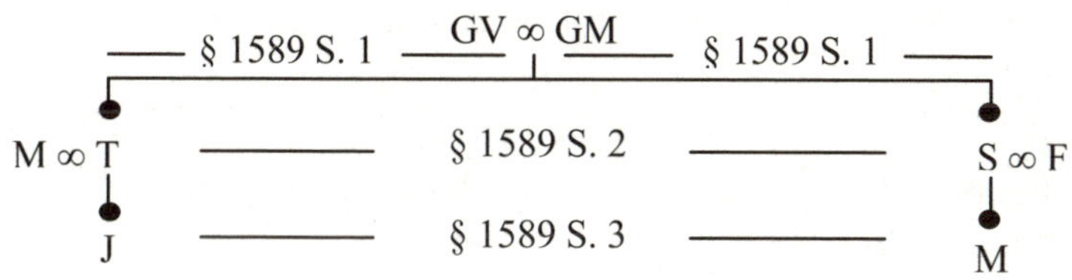

Erläuterungen:
Großvater GV und Großmutter GM haben eine Tochter (T) und einen Sohn (S), die beide heiraten (∞). T (mit M) bekommt einen Jungen (J), S (mit F) ein Mädchen (M).

Antworten zu den Fragen (vergleichen Sie Ihre Notiz!):
(1) Großvater, Vater → Kind.
(2) Geschwister, Neffen, Onkel, Vettern, Kusinen.
(3) Mit Ihrer Kusine sind Sie, wie im Diagramm J mit M, nach § 1589 S. 3 Verwandte 4. Grades in der Seitenlinie.

Falls Sie verheiratet sind, sind Sie bekanntlich nicht mit Ihrem Ehepartner verwandt, **323**
aber mit dessen Verwandten gem. § 1590 (lesen) *verschwägert.*

Die Schwägerschaft ist gegenüber der Verwandtschaft eine mit geringeren Wirkungen ausgestattete Verbindung, die gewissermaßen eine Flankierung von Verwandtschaft und Ehe darstellt[503]. Bei der Ermittlung der *Linie* und des Grads der Schwägerschaft einer Person muss man vom Ehepartner dieser Person ausgehend die Abstammungslinien zu der anderen Person verfolgen.

Auch dazu ein Diagramm:

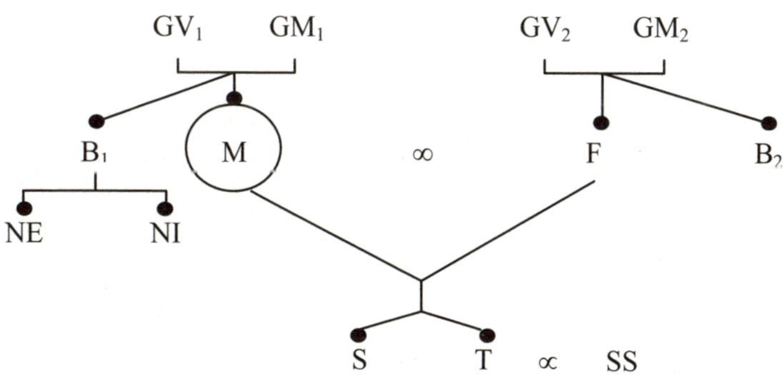

503 MüKo/*Seidel*, § 1590, Rdnr. 1.

Erläuterungen:
GV_1 und GM_1 sind die Eltern des Ehemanns M; GV_2 und GM_2 sind die Eltern seiner Ehefrau F, also seine Schwiegereltern; B_1 ist der Bruder des M, NE und NI somit Neffe und Nichte des M. S und T sind Sohn und Tochter des M und seiner Ehefrau F, sie einen Bruder B_2 hat. T hat geheiratet, sodass M und F einen Schwiegersohn (SS) haben.

■ Wer ist hier in welcher Linie und in welchem Grad mit M verwandt oder verschwägert?
Puzzeln Sie erst wieder selbst (§§ 1589, 1590 ggf. nochmals lesen), bevor Sie die Lösung überprüfen!

▷ GV_1 und GM_1 sowie S und T sind mit M in gerader Linie Verwandte *ersten* Grads.
B_1 ist mit M in der Seitenlinie Verwandter *zweiten* Grads.
NE und NI sind mit M Verwandte in der Seitenlinie *dritten* Grads.
GV_2 und GM_2 sind mit M im *ersten* Grad verschwägert.
B_2 ist mit M im *zweiten* Grad verschwägert.
SS ist mit M im *ersten* Grad verschwägert.

Wenn Sie anderer Meinung sind, schicken Sie mir eine E-Mail (siehe Vorwort).

Nicht »verschwägert« sind die Verwandten eines Ehepartners mit den *Verwandten* des anderen Ehepartners: Die Schwester des Ehemannes ist z. B. nicht mit dem Bruder der Ehefrau verschwägert. Im Volksmund handelt es sich hier um eine sog. »Schwippschwägerschaft«, die ohne jegliche rechtliche Bedeutung ist. Ebenso sind die Ehepartner *von Verwandten* nicht verschwägert: Die Ehefrau meines Vetters (= Sohn der Schwester meines Vaters …) ist meine »Schwippschwägerin« …(Achtung: Zwei »p«, nicht zwei »s«!).

2. Kapitel: Kindschaftsrecht

I. Überblick

Wie bereits (unter Rdnr. 1) dargestellt, ist das Kindschaftsrecht sehr häufig reformiert worden; insbesondere ist dabei die kontinuierliche Gleichstellung von ehelichen und nichtehelichen Kindern zu erwähnen. Ihr vorläufiges Ende hat die Reform des Kindschaftsrechts[504] durch das UnterhRÄndG (vgl. *Anhang*, Übersicht 33) gefunden, welches das Kindeswohl u. a. dadurch gestärkt hat, dass die Unterhaltsansprüche minderjähriger unverheirateter Kinder Vorrang vor allen anderen Unterhaltsansprüchen haben (vgl. § 1609 Nr. 1)[505]. 324

Voraussetzung dafür, Kind zu sein, ist die Geburt, die *Mutter* und *Vater* »ermöglicht« haben. Mit der Vollendung der Geburt beginnt die Rechtsfähigkeit des Kindes (vgl. § 1).

II. Abstammung

1. Mutterschaft

■ Wer oder was ist, sowohl juristisch als auch menschlich ausgedrückt, eine »Mutter«? 325

▷ Überlegen Sie und lesen Sie dann erst die sehr klare und einfache Antwort, die § 1591 gibt!
Darauf hätten Sie auch ohne den Gesetzgeber kommen können?
Mutter eines Kindes ist also gem. § 1591 die Frau, die es geboren hat; bei einer künstlichen Fortpflanzung somit die den Embryo austragende, nicht die genetische Mutter[506].

Diese »Definition« der Mutter gibt es erst seit Inkrafttreten des KindRG 1998 (vgl. Rdnr. 1), da der Gesetzgeber bis dahin vom Normalfall der Abstammung von der genetischen Mutter ausging.

Die moderne Medizin erlaubt es inzwischen, dass Kinder ohne genetische Abstammung »produziert« werden. Stichworte hierzu sind (juristisch und/oder medizinisch): *Gespaltene Mutterschaft, Eispende, Embryospende, Leihmutterschaft, Ersatzmutterschaft.*

Juristische Probleme, welche die moderne »Reproduktionstechnik« (durch Samen-, Embryo- und andere Spenden) aufwerfen kann, und ihre Lösung lesen Sie bitte in der »Literatur zur Vertiefung« nach.

Festzuhalten bleibt, dass sich der Gesetzgeber mit der schlichten Formulierung von § 1591 für die *gebärende Frau* als Mutter entschieden hat[507]. Etwas komplizierter erscheint die vom Gesetzgeber gewählte Formulierung zur Umschreibung der

504 Vgl. zu den einzelnen Gesetzen nur *Schlüter*, Rdnrn. 259–263d.
505 Zu den Gründen für die Reform des Kindschaftsrechs, *Schlüter*, Rdnrn. 264–266.
506 *Creifelds*, »Abstammung« (1).
507 *Schlüter*, Rdnr. 268.

2. Vaterschaft

326 Lesen Sie dazu § 1592 ganz! Danach gibt es drei Arten der Vaterschaft: Die Vaterschaft aufgrund der Ehe mit der Mutter (Nr. 1), die Vaterschaft aufgrund Anerkennung (Nr. 2) und die Vaterschaft aufgrund gerichtlicher Feststellung (Nr. 3).

a) Vaterschaft aufgrund der Ehe

327 Lesen Sie nochmals § 1592 Nr. 1 sowie § 1593 Abs. 1.

Aufgrund der Ehe mit der Mutter ist ein Mann nach § 1592 Nr. 1 (»Vaterschaftsvermutung«) Vater, wenn er *zum Zeitpunkt der Geburt* verheiratet ist oder nach § 1593 Abs. 1, wenn die Ehe durch seinen Tod aufgelöst wurde und innerhalb von 300 Tagen nach der Auflösung (oder später, vgl. § 1593 Abs. 1 S. 2) ein Kind geboren wird.

■ Zum Mitdenken: F ist mit M verheiratet, bis M tödlich verunglückt. Drei Monate später heiratet F den MX und bringt weitere drei Monate später das Kind K zur Welt. Wer ist Vater des K?

▷ Nach § 1592 Nr. 1 wäre MX der Vater und nach § 1593 S. 1 i. V. m. § 1592 Nr. 1 wäre M Vater?

§ 1593 S. 3 stellt klar, dass in diesem Fall nur der neue Ehemann (MX) als Vater anzusehen ist.

b) Vaterschaft aufgrund Anerkennung

328 Ist der Mann mit der Mutter des Kindes nicht verheiratet, greift die Vaterschaftsvermutung des § 1592 Nr. 1 nicht ein. Der Mann kann aber gem. § 1592 Nr. 2 die Vaterschaft anerkennen.

Die Voraussetzungen für die Wirksamkeit der Anerkennung der Vaterschaft sind in den §§ 1594–1598 geregelt.

Gem. § 1594 Abs. 2 ist für eine Anerkennung zunächst Voraussetzung, dass *keine Vaterschaft* (z. B. die nach § 1592 Nr. 1) *eines anderen* Mannes besteht. Voraussetzung ist ferner, dass die Anerkennung *ohne* eine *Bedingung* (§ 158) *und ohne* eine *Zeitbestimmung* (§ 163) erklärt wird.

Nach § 1595 Abs. 1 bedarf die Anerkennung der *Zustimmung der Mutter* und gem. § 1595 Abs. 2 auch der *Zustimmung des Kindes,* wenn der Mutter die elterliche Sorge insoweit (z. B. weil das Kind inzwischen volljährig ist) nicht zusteht.

329 Um wirksam zu sein, müssen Anerkennung und Zustimmung gem. § 1597 Abs. 1 öffentlich beurkundet werden. Gleiches gilt für den grundsätzlich möglichen Widerruf der Anerkennung durch den Mann (§ 1597 Abs. 3).

c) Vaterschaft aufgrund gerichtlicher Feststellung

330 Besteht eine Vaterschaft weder nach § 1592 Nr. 1 (ggf. i. V. m. § 1593) noch nach § 1592 Nr. 2, wird die Vaterschaft durch gerichtliche Feststellung (§ 1600d) begründet (§ 1592 Nr. 3).

Gem. § 1600d Abs. 2 S. 1 wird im gerichtlichen Verfahren zunächst als Vater der Mann vermutet, welcher der Mutter während der Empfängniszeit (vgl. § 1600d Abs. 3) beigewohnt hat, sofern nicht schwerwiegende Zweifel an der Vaterschaft bestehen (§ 1600d Abs. 2 S. 2). *Klageberechtigt* sind (außer im Fall der Vaterschaftsanfechtung – dazu sogleich, Rdnr. 333) nach § 1600e Abs. 1 S. 1 der Mann *gegen das Kind* oder die Mutter oder das Kind *gegen den Mann.*

Ist das Kind, gegen das die Klage zu richten wäre, verstorben, entscheidet das Familiengericht auf Antrag der Mutter oder des Vaters. Ist der Mann, gegen den die Klage zu richten wäre, verstorben, entscheidet das Gericht auf Antrag des Kindes oder der Mutter (§ 1600e Abs. 2).

Die *Vaterschaftsvermutung* nach § 1600d Abs. 2 kommt nur dann in Betracht, wenn die Vaterschaft nicht positiv bewiesen werden konnte. Bei diesem *positiven Vaterschaftsbeweis* wird durch serologische und andere erbbiologische Gutachten nach anerkannten Regeln die *biologische Vaterschaft* zur vollen Überzeugung des Gerichts festgestellt[508]. **331**

Wenngleich dieser Vaterschaftsbeweis angesichts des hohen medizinischen Wissenschaftsstandes in den meisten Fällen gelingen wird, gibt es doch immer wieder Fälle, in denen der Beweis der biologischen Vaterschaft (z. B. mangels Blut oder Gewebeproben) nicht mit letzter Sicherheit geführt werden kann. Mit den anerkannten Untersuchungsmethoden kann aber mit hoher Wahrscheinlichkeit ein *Ausschlussbeweis* erbracht werden, nach dem ein bestimmter Mann als Vater ausscheidet[509]. **332**

Zur Widerlegung der Vaterschaftsvermutung ist in der Praxis nicht selten die Frage, ob die Mutter in der Empfängniszeit auch mit anderen Männern Geschlechtsverkehr hatte, von besonderer Bedeutung (sog. »Mehrverkehr«). Die Tatsache des Mehrverkehrs kann dem beklagten Mann zwar keinen absoluten Einwand gegen die Feststellung seiner Vaterschaft geben, doch kann sie *schwerwiegende Zweifel an der Vaterschaft* i. S. v. § 1600d Abs. 2 S. 2 begründen. Die Vermutung ist jedenfalls dann widerlegt, wenn die Vaterschaft des Beklagten nicht wahrscheinlicher ist als die des anderen Mannes[510].

Dazu folgender Fall[511]:

Übungsfall 16

Die nicht verheiratete Friedchen (F) hat einen Sohn (S) geboren und bittet ihren Freund Max, die Vaterschaft anzuerkennen. Max verweist die F darauf, dass sie nicht nur mit ihm, sondern auch mit seinem eineiigen Zwillingsbruder Moritz während der gesetzlichen Empfängniszeit geschlechtlich verkehrt habe.

F erhebt gegen Max beim Familiengericht Klage auf Feststellung der Vaterschaft. In dem Verfahren kommt ein serologisches Gutachten zu dem Ergebnis, dass sowohl für Max als auch für Moritz eine Vaterschaftswahrscheinlichkeit von 99,9994 % bzw. 99,9995 % bestehe.

Wird das Gericht der Klage stattgeben oder sie abweisen?

■ Überlegen Sie erst wieder selbst, bevor Sie weiterlesen! **332a**

▷ Die Entscheidung des Gerichts hängt davon ab, ob der Beweis für die Vaterschaft des Max erbracht worden ist.

Nach § 1600d Abs. 2 S. 1 wird als Vater vermutet, wer der Mutter während der Empfängniszeit (i. S. v. § 1600d Abs. 3 S. 1) »beigewohnt« hat. Diese Voraussetzung hat Max erfüllt. Die Vaterschaftsvermutung gilt jedoch nicht, wenn schwerwiegende Zweifel an der Vaterschaft bestehen (§ 1600d Abs. 2 S. 2). Da auch Moritz erwiesenermaßen der F während der Empfängniszeit beigewohnt hat, liegen solche Zweifel vor. Das Gericht kann im Abstammungsprozess alle Beweismittel

508 Vgl. *Muscheler*, FamR, Rdnr. 553. Näheres zu den Beweismitteln (DNA-Analyse etc.) im Abstammungsprozess s. *Schlüter*, Rdnrn. 287–290; *Lüderitz/Dethloff*, § 10, Rdnrn. 62 f.

509 *Schlüter*, Rdnr. 286.

510 *Schwab*, Rdnr. 484 mit Hinweis auf BGH FamRZ 1988, 1037; 1975, 685 f.; 1982, 691.

511 Nach *Alpmann/Schmidt*, Fall 30.

für die positive Vaterschaftsfeststellung oder für die Entkräftung der Vaterschaftsvermutung heranziehen, insbesondere auch medizinische Gutachten[512]. Hierbei sind auch angebotene Mehrverkehrszeugen in die Begutachtung einzubeziehen, selbst bei einer Vaterschaftswahrscheinlichkeit von über 99,94 %[513]. Dabei kann sich ergeben, dass andere »Mehrverkehrer« als Väter auszuschließen sind und somit keine schwerwiegenden Zweifel an der Vaterschaft des beklagten Mannes bestehen.

Sind andere »Mehrverkehrer« als mögliche Väter nicht auszuschließen, wird der als Vater vermutet, für dessen Vaterschaft die größere Wahrscheinlichkeit besteht. Bei gleicher Wahrscheinlichkeit muss die Klage abgewiesen werden. Im Fall von Max und Moritz liegt gleiche Wahrscheinlichkeit bis zur dritten Prozentstelle nach dem Komma vor. Die Klage der F ist daher abzuweisen.

d) Anfechtung der Vaterschaft

Die *Möglichkeit,* die Vaterschaft anzufechten, folgt aus der Formulierung von § 1599 Abs. 1.

333 *Anfechtungsberechtigte* sind gem. § 1600 Abs. 1 folgende Personen:

(1) Der Mann, dessen Vaterschaft nach § 1592 Nr. 1 und nach § 1593 (i. V. m. § 1593 Nr. 1) besteht. In diesem Fall klagt der Mann gegen das Kind (§ 1600e Abs. 1 S. 1).

(2) Der Mann, der an Eides statt versichert, der Mutter des Kindes während der Empfängniszeit beigewohnt zu haben. Die Klage des Mannes (= leiblicher Vater, vgl. § 1600 Abs. 2) richtet sich gem. § 1600e Abs. 1 S. 1 gegen das Kind oder den (rechtlichen) Vater i. S. v. § 1600 Abs. 1 Nr. 1.
[Schrecklich, diese vielen Verweisungen? Finde ich auch, aber so ist das hier nun einmal.]

(3) Die Mutter, welche gegen den Mann klagt (§ 1600e Abs. 1 S. 1).

(4) Das Kind. Es klagt gem. § 1600e Abs. 1 S. 1 gegen den Mann.

334 Die *Anfechtungsfrist* beträgt zwei Jahre (§ 1600b Abs. 1 S. 1) und beginnt mit dem Zeitpunkt, in dem der Berechtigte von den Umständen erfährt, die gegen die Vaterschaft sprechen (§ 1600b Abs. 1 S. 2).

Die *Anfechtung* der Vaterschaft durch den Mann oder durch die Mutter ist nach § 1600 Abs. 4 *ausgeschlossen,* wenn das Kind mit deren Einwilligung durch künstliche Befruchtung mittels Samenspende eines Dritten gezeugt worden ist (sog. *heterologe Insemination*)[514].

Die *Wirkung der* erfolgreichen *Anfechtung* führt zur (rückwirkenden[515]) Feststellung, dass die bisherige rechtliche Vaterschaft nach § 1592 Nr. 1 und Nr. 2 sowie nach § 1593 (i. V. m. § 1592 Nr. 1) nicht besteht (§ 1599 Abs. 1)[516].

Zur »Abstammung« vgl. die folgende Übersicht 23.

512 *Schlüter*, Rdnr. 287.

513 *Alpmann/Schmidt*, S. 110; BGH NJW 2006, 2854.

514 Vgl. dazu *Lüderitz/Dethloff*, § 10, Rdnrn. 78–85; *Muscheler*, FamR, Rdnrn. 560–562.

515 *Muscheler*, FamR, Rdnr. 563.

516 Vgl. *Schlüter*, Rdnr. 295 a. E.

Übersicht 23 **335**

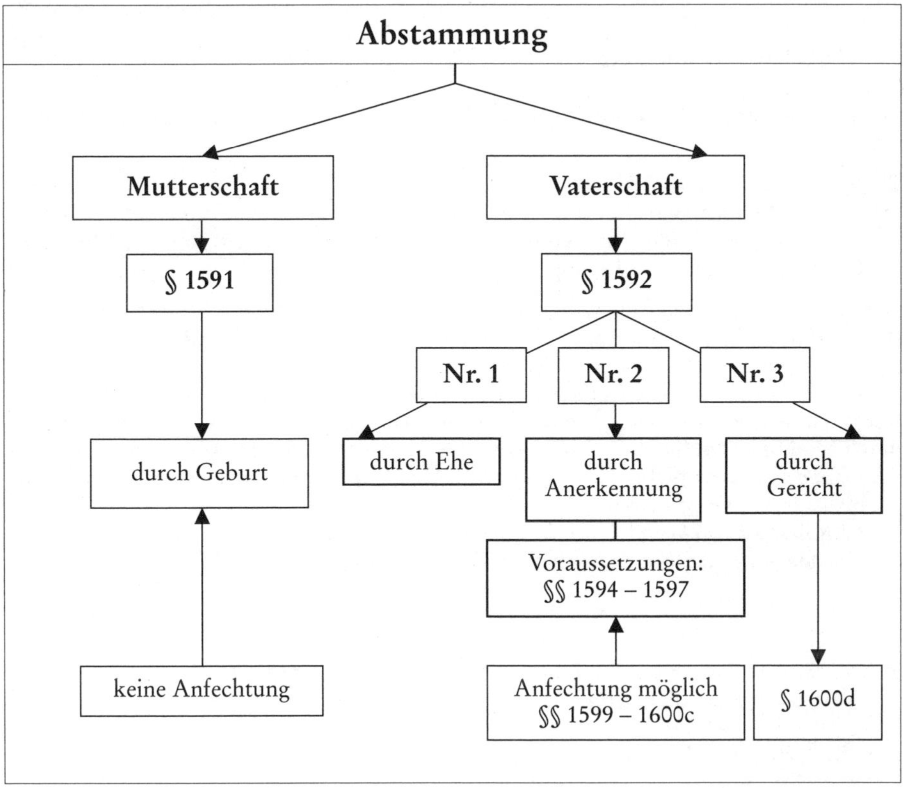

Literatur zur Vertiefung (Rdnr. 321–334):

Alpmann/Schmidt, 2. Teil 1. Abschn. 1 und 2; *Coester-Waltjen,* Verwandtschaft und Schwägerschaft, JURA 2004, 744; *Gernhuber/Coester-Waltjen,* §§ 4, 51–53; *Hager,* Der rechtliche und leibliche Vater, FS Schwab 2005, 773; *Lüderitz/Dethloff,* §§ 9, 10; *Muscheler,* FamR, §§ 29–32; *Schlüter,* §§ 20–22; *Schwab,* §§ 42–49; *Wellenhofer-Klein,* Das Vaterschaftsanfechtungsrecht des leiblichen Vaters – Vorschlag zur Änderung von § 1600 BGB –, FamRZ 2003, 1889; *Wieser,* Zur Anfechtung der Vaterschaft durch den leiblichen Vater, FamRZ 2004, 1773.

III. Unterhaltspflicht

1. Unterhaltsverpflichtete

336 Gem. § 1601 sind *Verwandte in gerader* Linie verpflichtet, einander Unterhalt zu gewähren.

■ Wer ist das? Vgl. § 1589 S. 1!

▷ Die Großeltern sind den Eltern und deren Abkömmlingen, die Eltern den Kindern sowie umgekehrt die Kinder den Eltern und Großeltern und die Eltern den Großeltern unterhaltspflichtig.

337 Das *Rangverhältnis mehrerer Pflichtiger* bestimmt sich nach den §§ 1606–1608 (Vorschriften lesen!). Vater und Mutter sind gem. § 1606 Abs. 3 S. 1 z. B. anteilig (gleichrangig) verpflichtet.

Der Elternteil, der ein minderjähriges unverheiratetes Kind betreut, erfüllt seine Verpflichtung, zum Unterhalt des Kindes beizutragen, in der Regel durch die Pflege und Erziehung des Kindes (§ 1606 Abs. 3 S. 2). Der andere Elternteil (der nicht mit dem Kind zusammenlebt) ist nach § 1612 Abs. 1 S. 1 grundsätzlich zur Entrichtung einer Geldrente verpflichtet.

Die *Rangfolge mehrerer Unterhaltsberechtigter* bestimmt § 1609 Nr. 1 bis 7 (lesen), der zur Stärkung des Kindeswohls durch das UnterhRÄndG völlig neu gefasst wurde.

2. Voraussetzungen für die Unterhaltsberechtigung und die Unterhaltsverpflichtung

a) Bedürftigkeit des Anspruchstellers

338 Bedürftig ist ein Unterhaltsberechtigter, wenn er außerstande ist, sich selbst zu unterhalten (§ 1602 Abs. 1). *Bedürftigkeit* setzt also voraus, dass der Berechtigte weder aus zumutbarer Arbeit noch aus Vermögenseinkünften oder aus der zumutbaren Verwertung seines Vermögensstamms oder aus sonstigen Einkünften seinen Lebensbedarf hinreichend bestreiten kann[517].

b) Leistungsfähigkeit des Anspruchgegners

339 Unterhaltspflichtig ist gem. § 1603 Abs. 1 *nicht,* wer bei Berücksichtigung seiner sonstigen Verpflichtungen außerstande ist, *ohne Gefährdung seines angemessenen Unterhalts* den Unterhalt zu gewähren. Die Leistungsfähigkeit beurteilt sich nicht nach den tatsächlichen Einkünften, sondern danach, was der Unterhaltsverpflichtete bei zumutbarem Einsatz seiner Arbeitskraft erzielen könnte und was er an verwertbarem Vermögen hat[518].

Eltern müssen jedoch über die Grenze ihres angemessenen Unterhalts i. S. v. § 1603 Abs. 1 hinaus grundsätzlich »alles« mit ihren minderjährigen unverheirateten Kindern teilen (§ 1603 Abs. 2 S. 1). Gleiches gilt für volljährige Kinder bis zur Vollendung des 21. Lebensjahres, die im Haushalt der Eltern leben und sich in der allgemei-

517 *Schwab*, Rdnr. 729.
518 Vgl. *Schwab*, a. a: O.

nen Schulausbildung befinden (§ 1603 Abs. 2 S. 2). Hier besteht also eine *gesteigerte Unterhaltspflicht* der Eltern[519]. Diese Verpflichtung tritt nicht ein, wenn ein anderer unterhaltspflichtiger Verwandter vorhanden ist oder wenn das Kind seinen Unterhalt aus dem Stamm seines Vermögens selbst bestreiten kann.

3. Maß (Umfang) des Unterhalts

Der Umfang des zu gewährenden Unterhalts bestimmt sich gem. § 1610 Abs. 1 nach 340
der *Lebensstellung des Bedürftigen* (angemessener Unterhalt). Er umfasst den *gesamten Lebensbedarf* des Berechtigten einschließlich der Kosten einer angemessenen Vorbildung zu einem Beruf, bei einer Erziehung der bedürftigen Person auch die Kosten der Erziehung (§ 1610 Abs. 2).

Da unselbstständige und unterhaltsbedürftige Kinder, die noch bei den Eltern leben, noch keine eigene Lebensstellung i. S. v. § 1610 Abs. 1 haben, ist auf die Lebensstellung der Eltern abzustellen[520]. Das bedeutet, dass der unterhaltsrechtliche Bedarf des Kindes von den Einkommens- und Vermögensverhältnissen, also auch von den Verbindlichkeiten des Unterhaltspflichtigen bestimmt wird[521].

4. Art des Unterhalts

Nach § 1612 Abs. 1 S. 1 ist der Unterhalt grundsätzlich durch *Entrichtung einer* 341
Geldrente zu gewähren, die monatlich im Voraus zu zahlen ist (§ 1612 Abs. 3 S. 1).

Haben die Eltern einem unverheirateten Kind Unterhalt zu gewähren, so können sie gem. § 1612 Abs. 2 S. 1 bestimmen, in welcher Art und für welche Zeit im Voraus der Unterhalt gewährt werden soll, sofern auf die Belange des Kindes die gebotene Rücksicht genommen wird. Ist dies der Fall, kann Unterhalt auch durch Verpflegung und Unterkunft geleistet werden. Kommt das Gericht zum Ergebnis, dass dies nicht der Fall ist, bleibt es bei der Zahlung der Geldrente gem. § 1612 Abs. 1 S. 1[522].

Darüber, wie diese Geldrente betragsmäßig zu bestimmen ist, enthält das BGB keine ausdrückliche Bestimmung. Wichtige Anhaltspunkte gibt indessen der durch das UnterhRÄndG neu gefasste § 1612a Abs. 1, der für *minderjährige Kinder* einen altersentsprechenden *Mindestunterhalt* festlegt. Gem. § 1612a Abs. 1 S. 2 richtet sich dieser nach Prozentsätzen von dem doppelten Freibetrag für das sächliche Existenzminimum eines Kindes *(Kinderfreibetrag)* nach § 36 Abs. 6 S. 1 EStG.

Lesen Sie § 1612a einmal ganz durch und bei Bedarf bzw. Interesse ggf. in der »Literatur zur Vertiefung« nach.

Die *Deckung des Barbedarfs* eines Kindes *durch* Kindergeld regelt § 1612b, die *Anrechnung anderer kinderbezogener Leistungen* § 1612c.

Unterhalt für die Vergangenheit kann nur unter den Voraussetzungen von § 1613 verlangt werden.

519 *Schlüter*, Rdnr. 306.
520 Vgl. *Muscheler*, FamR, Rdnr. 677.
521 *Schlüter*, Rdnr. 307.
522 Palandt/*Diederichsen*, § 1612, Rdnr. 23.

5. Beschränkung, Wegfall und Erlöschen des Unterhaltsanspruchs

a) Beschränkung oder Wegfall

342 Ist der Unterhalts*berechtigte* durch sein sittliches Verschulden (z. B.: Spiel-, Trunk- oder Drogensucht[523]) bedürftig geworden, hat er seine eigene Unterhaltspflicht gegenüber dem Unterhaltspflichtigen gröblich vernachlässigt (z. B.: Der Vater hat jahrelang seine Barunterhaltspflicht gegenüber dem damals noch kleinen Kind verletzt und verlangt nun im Alter von diesem Kind Unterhalt[524]) oder hat er sich vorsätzlich einer schweren Verfehlung gegen den Unterhaltspflichtigen oder einen nahen Angehörigen des Unterhaltspflichtigen schuldig gemacht (z. B. durch schwere tätliche Angriffe, ständige Bedrohung, Stalking[525], Denunziationen mit dem Ziel beruflicher oder wirtschaftlicher Schädigung, unberechtigter Vorwurf sexuellen Missbrauchs[526]), braucht der Verpflichtete nach der *Härteklausel* des § 1611 Abs. 1 S. 1 nur einen Beitrag zum Unterhalt in der Höhe zu leisten, die der Billigkeit entspricht.

Die Unterhaltsverpflichtung fällt gem. § 1611 Abs. 1 S. 2 ganz weg, wenn die Inanspruchnahme des Verpflichteten grob unbillig wäre (z. B. bei einem Anschlag des Kindes gegen das Leben oder die Gesundheit des Pflichtigen oder eines nahen Verwandten[527]).

b) Erlöschen

343 Gem. § 1615 Abs. 1 erlischt der Unterhaltsanspruch *mit dem Tod* des Berechtigten oder Verpflichteten. Soweit ausnahmsweise Unterhalt für die Vergangenheit verlangt werden kann oder der Unterhaltsanspruch für im Voraus zu bewirkende Leistungen im Zeitpunkt des Todes schon fällig war, bleibt der Anspruch jedoch bestehen (§ 1615 Abs. 1 = ganz lesen).

Ist der Berechtigte gestorben, hat der Verpflichtete die Beerdigungskosten zu tragen, soweit diese nicht von dem Erben (vgl. § 1968) zu erlangen sind (§ 1615 Abs. 2).

6. Unterhaltsansprüche nicht verheirateter Eltern gegeneinander

344 Die unterschiedliche Behandlung ehelicher (gemeinschaftlicher) und nichtehelicher Kinder wurde, wie bereits mehrfach erwähnt, durch das KindRG zum 1.7.1998 grundsätzlich beseitigt. Konsequenterweise bestimmt daher § 1615a, dass für das nichteheliche Kind unterhaltsrechtlich die allgemeinen Vorschriften (also die §§ 1601–1615) gelten, soweit sich nichts anderes aus den folgenden Vorschriften (= §§ 1615l–o) ergibt. Diese betreffen in erster Linie den Unterhaltsanspruch der Mutter, die das nichteheliche Kind betreut (Ausnahme: § 1615l Abs. 4).

a) Ansprüche der Mutter aus Anlass der Geburt

345 Nach § 1615l Abs. 1 S. 1 hat der Vater der Mutter für die Dauer von sechs Wochen vor und acht Wochen nach der Geburt des Kindes Unterhalt zu gewähren. Außerdem kann die Mutter die infolge der Schwangerschaft und Entbindung außerhalb dieses Zeitraums entstandenen Kosten verlangen (§ 1615l Abs. 1 S. 2).

523 Palandt/*Diederichsen*, § 1611, Rdnr. 3.
524 *Muscheler*, FamR, Rdnr. 685.
525 Ein »Stalker« ist nach *Duden* jemand, der eine andere Person fortgesetzt beleidigt, verfolgt oder ihr auflauert. Ursprünglich bedeutet »Stalker« »Pirschjäger«.
526 AnwK-BGB/*Kath-Zurhorst*, § 1611, Rdnr. 8.
527 MüKo/*Born*, § 1611, Rdnr. 37.

Die in § 1615l Abs. 1 S. 1 genannte Frist von sechs bzw. acht Wochen vor und nach der Geburt für die Zahlung des *Basisunterhalts*[528] wird in § 1615l Abs. 2 in zwei Fällen verlängert.

■ Lesen Sie § 1615l Abs. 2 ganz und formulieren Sie zur Abwechslung wieder einmal selbst, welche Fälle dies sind und welche Frist hier gilt! 346

▷ (1) Die Mutter geht einer Erwerbstätigkeit nicht nach, weil sie infolge der Schwangerschaft oder einer dadurch oder durch die Entbindung verursachten Krankheit dazu außerstande ist (§ 1615l Abs. 2 S. 1).

(2) Wegen der Pflege oder Erziehung des Kindes kann von der Mutter eine Erwerbstätigkeit nicht erwartet werden (§ 1615l Abs. 2 S. 2).

In diesen Fällen beginnt die Unterhaltspflicht frühestens vier Monate vor der Geburt und besteht für mindestens drei Jahre nach der Geburt (§ 1615 l Abs. 2 S. 3). Dabei sind nach § 1615l Abs. 2 S. 4 insbesondere die Belange des Kindes und die bestehenden Möglichkeiten der Kindesbetreuung zu berücksichtigen.

b) Ansprüche des betreuenden Vaters

Ansprüche des Vaters eines nichtehelichen Kindes nach § 1615l Abs. 1 und Abs. 2 S. 1 347
sind »naturgemäß« (physisch) ausgeschlossen. Psychische Leiden (hier: des Vaters) sind für den Gesetzgeber nicht regelbar.

Gem. § 1615l Abs. 4 S. 1 steht dem betreuenden Vater der Anspruch nach § 1615l Abs. 2 S. 2 gegen die Mutter zu: Für den »arbeitslosen« Vater gilt nach § 1615l Abs. 4 S. 2 der § 1615l Abs. 3 fairerweise entsprechend.

Lesen Sie zur Unterhaltspflicht unter Verwandten die folgende zusammenfassende Übersicht, die zugleich ein Prüfungsschema für den Unterhaltsanspruch enthält.

528 Vgl. *Muscheler*, FamR, Rdnr. 696.

348 **Übersicht 24**

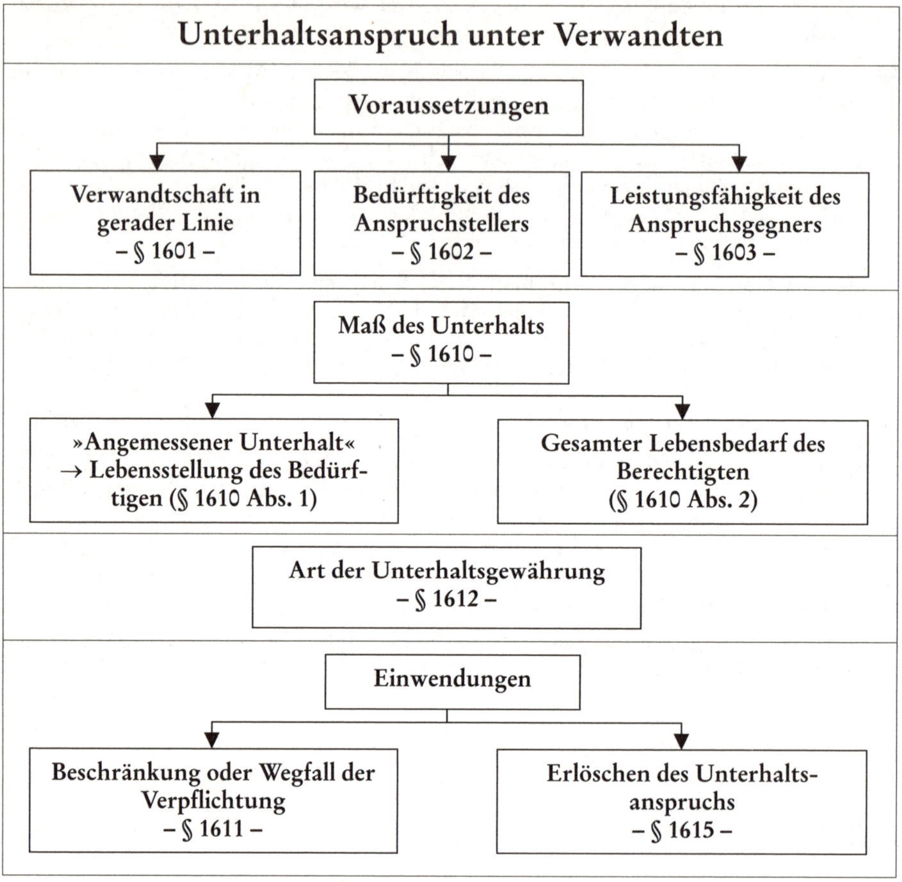

Lösen wir zur »Unterhaltspflicht« nun noch zwei Fälle, von denen der erste allerdings seinen Schwerpunkt bei der »Abstammung« (Rdnrn. 325–335) hat, aber erst hier behandelt wird, da Sie die in Betracht kommende Anspruchsgrundlage vor der Lektüre des Abschnitts »Unterhaltspflicht« wohl nicht kannten.

349 **Übungsfall 17**

Der Kabarettist Manfred Mittermüller (M) ist seit zwei Jahren auf Welttournee.

Als er im Sommer 2007 nach Hause zurückkommt, muss er erstaunt feststellen, dass seine Ehefrau Fei (F), die er auf seiner Thailandtour kennengelernt hatte, den nun schon drei Monate alten Karli (K) geboren hat.

F fordert von M beim Familiengericht Unterhalt für K. M lehnt das zornig ab, da er nicht der Vater von K sei. Was kann M unternehmen, wer hat bzw. wer bekommt (was nicht immer dasselbe sein muss …) Recht?[529] Genauer: Hat K gegen M einen Anspruch bzw. kann K diesen Anspruch ggf. geltend machen?

529 Falltext in Anlehnung an *Heine*, Fall 9.

Mehrere Fragen, in deren Mittelpunkt die Frage nach dem Anspruch des K gegen M steht.

Dafür braucht K eine Anspruchsgrundlage. Da Sie »fortgeschritten« sind, wenn Sie sich mit Familienrecht befassen, stelle ich Ihnen nicht mehr die Frage, was eine »Anspruchsgrundlage« ist. Sie wissen das: Eine *Anspruchsgrundlage* ist eine *Vorschrift,* aus deren Formulierung man herauslesen kann, dass jemand das Recht hat, von einem anderen etwas zu verlangen[530].

■ Welche Anspruchsgrundlage kommt für das Kind K dem Wortlaut nach in Betracht, um von seinem (vermeintlichen) Vater M Unterhalt zu verlangen? (Versuchen Sie, den Fall klausurmäßig selbst zu lösen, bevor Sie weiterlesen!)

▷ K könnte gegen M einen Anspruch auf Unterhalt gem. § 1601 haben.

(1) Voraussetzung dafür ist, dass M und K *in gerader Linie* verwandt sind. Nach § 1589 S. 1 sind Personen, deren eine von der anderen *abstammt,* in gerader Linie verwandt.

(2) Ob K von *»abstammt«,* hängt davon ab, ob M Vater des K i. S. v. § 1592 ist. Nach § 1592 Nr. 1 ist Vater eines Kindes der Mann, der zum Zeitpunkt der Geburt mit der Mutter verheiratet ist. Dies trifft hier zu.

(3) § 1592 Nr. 1 gilt jedoch gem. § 1599 Abs. 1 nicht, wenn aufgrund einer Anfechtung rechtskräftig festgestellt ist, dass der Mann nicht der Vater des Kindes ist. Dies ist noch nicht geschehen.

(4) Zu prüfen ist aber, ob in der zornigen Erklärung des M, dass er die Unterhaltszahlung ablehne, da er nicht Vater sei, eine Anfechtung der Vaterschaft zu sehen ist. Dann müsste M nach § 1600 *anfechtungsberechtigt* sein.

(a) Gem. § 1600 Abs. 1 Nr. 1 ist (u. a.) der Mann anfechtungsberechtigt, dessen Vaterschaft nach § 1592 Nr. 1 besteht. Diese Voraussetzung ist aufseiten des M erfüllt (siehe soeben unter 2).

(b) Nach § 1600a Abs. 1 und Abs. 2 S. 1 muss die Anfechtung durch M *persönlich erklärt* werden. Dies hat M (konkludent) getan, indem er die Vaterschaft bestreitet.

(c) Gem. § 1600b Abs. 1 S. 1 beträgt die *Anfechtungsfrist zwei Jahre* und beginnt nach Abs. 1 S. 2 mit dem Zeitpunkt, in dem der Berechtigte *nach der Geburt* des Kindes (§ 1600b Abs. 2 S. 1, 1. Var.) von den Umständen erfährt, die gegen die Vaterschaft sprechen. Diese Frist wurde hier eingehalten.

(5) Wenn M wirksam anficht, ist er nicht Vater des K i. S. v. § 1592 Nr. 1 und somit nicht mit K in gerader Linie verwandt.

Die Voraussetzung für den Unterhaltsanspruch des K gegen M nach § 1601 liegt mithin nicht vor. Das Familiengericht wird die Klage der F abweisen.

Übungsfall 18 350

Die Eheleute Malfoy (M) und Fiodora (F) leben mit ihrem 16jährigen Sohn Siggi (S) und ihrer 19jährigen Tochter Twiggy (T) in einer gemeinsamen Wohnung. S geht aufs Gymnasium, T studiert Jura. F führt den Haushalt, M arbeitet als Angestellter in einer Bank und verdient monatlich 2.500 € netto.

Während F's Eltern verstorben sind, leben noch die wohlhabenden Eltern von M. Bonus (B), der einzige Bruder des M, lebt ebenfalls, und zwar in »Saus und Braus«, da er kürzlich den Lotto-Jackpot von 13 Mio. € geknackt hat.

Wer ist danach wem gegenüber (in welcher Reihenfolge) unterhaltspflichtig?[531]

Um den Fall lösen zu können, müssten Sie u. a. die Vorschriften der *Rangverhältnisse* mehrerer Unterhaltsverpflichteter (§§ 1606–1608) und mehrerer Unterhaltsberechtigter (§ 1609) kennen, auf die oben (Rdnr. 337) bereits hingewiesen wurde.

530 Vgl. *meine* Anleitung, Rdnr. 36, sowie die Legaldefinition des Anspruchs in § 194.
531 Ähnlich *Lipp*, Fall 48.

■ Verschaffen Sie sich zunächst anhand eines Diagramms Klarheit über die Verwandtschaftsverhältnisse der Beteiligten. Dies empfiehlt sich übrigens immer, wenn ein Unterhaltsfall mit mehreren Beteiligten zu lösen ist.
Fertigen Sie ein solches Diagramm bitte an (ggf. nochmals unter Rdnr. 323 informieren), und vergleichen Sie es mit dem in Fußnote[532]! Versuchen Sie dann, die Lösung des Falles (zumindest stichwortartig) aufzuschreiben, bevor Sie weiterlesen.

▷ *Lösung:*
Gem. § 1601 sind Verwandte gerader Linie unterhaltspflichtig. Verwandte in gerader Linie sind Personen, deren eine von der anderen abstammt (§ 1589 S. 1). M ist somit mit seinen Eltern GV und GM in gerader Linie (ersten Grades) verwandt; mit M sind T und S in gerader Linie Verwandte ersten Grades (§ 1589 S. 1); mit ihren Großeltern GV und GM sind T und S in gerader Linie Verwandte zweiten Grades (§ 1589 S. 3). Verwandte gerader Linie sind auch T und S mit F (§ 1589 S. 1). Grundsätzlich bestehen insoweit also Unterhaltspflichten zwischen GV/GM und M und S/T sowie zwischen F und S/T. Außerdem zwischen GV/GM und B (§ 1589 S. 1)!

351 S und T sind in der *Seitenlinie* (zweiten Grades) verwandt (§ 1589 S. 2 und S. 3), sodass zwischen ihnen *keine* Unterhaltspflicht, ebenso wenig wie zwischen M und B, besteht. *Keine* Unterhaltspflicht besteht auch zwischen B und S/T, mit denen er jeweils in der Seitenlinie im zweiten Grad (§ 1589 S. 2 und S. 3) verwandt ist. Mit F ist B gem. § 1590 S. 1 *verschwägert,* sodass zwischen ihnen ebenfalls *keine* Unterhaltspflicht besteht.

352 ■ *Zwischenfrage (Wiederholung):* Wie Sie wissen, sind Eheleute nicht miteinander verwandt. Dennoch sind sie einander unterhaltspflichtig! Aus welchen Vorschriften ergibt sich diese Unterhaltspflicht?

▷ Überlegen Sie, bevor Sie die Antwort in Fußnote[533] lesen!
Nach der gegenseitigen Verpflichtung der Eheleute, zum Familienunterhalt beizutragen, ist in unserem Fall jedoch nicht gefragt.

353 Gefragt ist noch nach der Reihenfolge, d.h. dem *Rangverhältnis* mehrerer Unterhaltspflichtiger.
Nach § 1606 Abs. 1 sind die *Abkömmlinge* einer unterhaltsberechtigten Person vor den Verwandten in (gerader) aufsteigender Linie gem. § 1601 unterhaltspflichtig. Sollte also M unterhalts*bedürftig* (vgl. § 1602) werden, sind T/S ihm gegenüber *vor* GV/GM unterhaltspflichtig!
Da S und T mit M im ersten Grad (§ 1589 S. 1), also »gleich nah« verwandt sind, würden sie gem. § 1606 Abs. 3 S. 1 anteilig nach ihren Erwerbs- und Vermögensverhältnissen haften.

■ Lesen Sie nun § 1606 Abs. 2 und nehmen Sie an, dass T in unserem Fall bereits Kinder hat. Wer würde für den Unterhalt des bedürftigen M haften?

▷ Da T mit M »näher verwandt« ist, wäre sie gegenüber M gem. § 1606 Abs. 2 vor ihren Kindern unterhaltspflichtig.

■ Was ist Voraussetzung, dass die Eltern des M, GV und GM, ihm gegenüber im Falle seiner Bedürftigkeit unterhaltspflichtig würden?

▷ Die Antwort geben die §§ 1607 Abs. 1, 1606 Abs. 1: Soweit ein Verwandter mangels Leistungsfähigkeit (§ 1603) nicht unterhaltspflichtig ist, hat der *»nach ihm«* haftende Verwandte Unterhalt zu gewähren. In Verbindung mit § 1606 Abs. 1 bedeutet das: Erst wenn keiner der Abkömmlinge des M »leistungsfähig« (i. S. v. § 1603) ist, haften die Eltern des M.
Dies gilt allerdings gem. § 1608 S. 2 nur, wenn die nach § 1608 S. 1 vorrangig haftende Ehefrau F zur Unterhaltsgewährung außerstande wäre (§ 1608 lesen!)

532 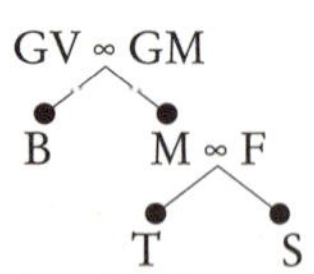

533 Vgl. ggf. Rdnrn. 196 f. = **§§ 1360, 1360a!**

Literatur zur Vertiefung (Rdnrn. 336–353):

Alpmann/Schmidt, 2. Teil, 1. Abschn., 6; *Bißmaier*, Der Unterhaltsbedarf des minderjährigen Kindes, FamRZ 2002, 726; *Bochert*, Stalking – Ein rechtliches Phänomen, FPR 2004, 439; *Brudermüller*, Eigenverantwortung vs. Solidarität, in: Lipp/Schumann/Veit (2007), 55; *Coester-Waltjen*, Grundzüge des Unterhaltsrechts, JURA 2005, 319; *Erdrich*, § 1612 BGB: Die Unterhaltsbestimmung durch die Eltern nach neuem Recht, FPR 2005, 490; *Gass*, Was ist Stalking, FPR 2006, 176; *Gernhuber/Coester-Waltjen*, §§ 45–47; *Häußermann*, Privilegierte Volljährige – sperrige Zwitter des Unterhaltsrechts, FF 2002, 196; *Herr*, Elternunterhalt, FamRZ 2005, 1021; *ders.*, Elternunterhalt – zur neuen Rechtsprechung des BVerfG, NJW 2005, 2747; *Hohloch*, Konzeption der Unterhaltsrechtsreform, in: Lipp/Schumann/Veit (2007), 7; *Lipp*, § 19; *Lüderitz/Dethloff*, § 11; *Muscheler*, FamR, §§ 39, 40; *Roth*, Kindesunterhalt/Elternunterhalt – Berechtigung der Familie, NJW 2004, 2434; *Schlüter*, § 23; *Schürmann*, Unterhaltsrechtliche Leitlinien – Bestandsaufnahme und Entwicklungsmöglichkeiten, FamRZ 2005, 4; *Schumann*, Einführende Überlegungen zur Unterhaltsrechtsreform, in: Lipp/Schumann/Veit (2007), 1; *Schwab*, §§ 72–75; *ders.*, Zur Reform des Unterhaltsrechts, FamRZ 2005, 1417; *Wilutzki*, Die neue Reihenfolge im Unterhaltsrecht – ein Beitrag pro Reform, FPR 2005, 505.

IV. Rechtsverhältnis zwischen den Eltern und dem Kind im Allgemeinen

1. Überblick

Unter dieser Überschrift sind in Titel 4 von Abschnitt 2 des Familienrechts in den §§ 1616–1625 Teilbereiche der Rechtsbeziehungen zwischen Eltern und Kindern behandelt, die über das Unterhaltsrecht hinausgehen und zur elterlichen Sorge (Titel 5) überleiten. Dazu gehören das *Namensrecht* des Kindes (§§ 1616–1618), die *Pflicht zu Beistand und Rücksicht* (§ 1618a), die *Dienstleistungspflicht* des Kindes (§§ 1619 f.) und die einem Kind zugewendete *Ausstattung* (§§ 1624 f.). **354**

2. Name des Kindes

Mit dem KindRG von 1998 wurde die Unterscheidung des Namensrechts für eheliche und nichteheliche Kinder aufgegeben. Seither hängt die Namensgebung für das Kind davon ab, ob seine Eltern einen *Ehenamen* (vgl. die Legaldefinition in § 1355 Abs. 1 S. 1) führen oder nicht. **355**

Führen die Eltern einen Ehenamen erhält das Kind diesen gem. § 1616 *als Geburtsnamen.* Er ist zugleich *Familienname* des Kindes, der gem. § 21 Abs. 1 Nr. 4 PStG[534] zusammen mit den Vornamen des Kindes vom zuständigen Standesbeamten in das Geburtenbuch eingetragen wird. **356**

Über die Bestimmung des (der) *Vornamen* enthält das Gesetz unmittelbar keine Regelungen. Sie ergeben sich aus Gewohnheitsrecht[535]. Zur Bestimmung des Vornamens sind die gemeinsam sorgeberechtigten Eltern im Rahmen der Personensorge (§ 1626 Abs. 1 S. 2) befugt[536]. Können sie sich bei der Namensgebung nicht einigen, so kann das Familiengericht auf Antrag eines El- **357**

534 Gesetzessammlung *Schönfelder*, Nr. 113.
535 *Muscheler*, FamR, Rdnr. 571; zum Begriff vgl. *mein* BGB AT, Rdnr. 5.

ternteils die Entscheidung einem Elternteil übertragen (§ 1628 S. 1). Bei der Bestimmung des Vornamens sind die Eltern grundsätzlich frei, soweit ihre Namenswahl das Kindeswohl nicht beeinträchtigt[537]. Eine Beeinträchtigung des Kindeswohls liegt jedenfalls dann vor, wenn abzusehen ist, dass das Kind durch den gewählten Vornamen der Lächerlichkeit preisgegeben wird[538]. Aus der Vielzahl der in der Literatur[539] genannten Rechtsprechungsbeispiele für unzulässige Namensgebungen soll hier nur die Entscheidung des OLG Zweibrücken[540] genannt werden, in der das Adelsprädikat »Lord« als Vorname abgelehnt worden ist.

Angesichts des wirren Bildes[541], welches die Rechtsprechung in diesem Bereich bietet, lässt sich zusammenfassend festhalten: Bei der Auswahl des Kindesvornamens durch die Eltern gelten der Grundsatz Geschlechtsoffenkundigkeit[542] und der zahlenmäßigen Begrenzung[543], das Verbot von Gattungsbezeichnungen (»Möwe«), Adelsprädikaten, gängigen Nachnamen und bekannten Natur- oder sonstigen Sachnamen (»Borussia«) sowie das Verbot von Namenszusätzen (»junior«)[544]. Auch Produkte wie »Pumuckel, Pepsi-Cola, Gin«[545] dürfen für die Namensgebung nicht herhalten.

Wird das Kindeswohl durch die Namensgebung gefährdet, hat das Familiengericht unter den Voraussetzungen von § 1666 (zur Erinnerung: Vorschriften lesen!) die zur Abwendung der Gefahr erforderlichen Maßnahmen zu treffen.

358 *Führen die Eltern keinen Ehenamen* und steht ihnen die *Sorge gemeinsam* zu, so bestimmen sie durch Erklärung gegenüber dem Standesbeamten den Namen, den der Vater oder die Mutter zur Zeit der Erklärung führt, zum Geburtsnamen des Kindes (§ 1617 Abs. 1 S. 1). Diese Bestimmung gilt gem. § 1617 Abs. 1 S. 3 auch für weitere Kinder.

Treffen die Eltern binnen eines Monats nach der Geburt des Kindes keine Bestimmung, überträgt das Familiengericht das Bestimmungsrecht einem Elternteil (§ 1617 Abs. 2 S. 1).

359 *Führen die Eltern keinen Ehenamen* und steht die *elterliche Sorge nur einem Elternteil* zu, erhält das Kind dessen Namen (§ 1617a Abs. 1 – lesen Sie auch Abs. 2!).

360 *Änderungen des Kindesnamens* sind unter den Voraussetzungen von § 1617b (bei nachträglicher Begründung der gemeinsamen Sorge) und von § 1617c (bei Namensänderung der Eltern) möglich.

361 Der (leibliche) Elternteil, dem die elterliche Sorge für ein *unverheiratetes* Kind allein oder gemeinsam mit dem anderen (leiblichen) Elternteil zusteht, und sein Ehepartner, der *nicht* (leiblicher) Elternteil des Kindes ist, können dem *Kind, das sie in ihren gemeinsamen Haushalt aufgenommen haben,* durch Erklärung gegenüber dem Standesbeamten ihren Ehenamen erteilen (§ 1618 S. 1).

536 MüKo/*v. Sachsen Gessaphe*, Nach § 1618, Rdnr. 4.

537 MüKo/a. a. O., Rdnr. 9; *Lüderitz/Dethloff*, § 12, Rdnr. 26; *Gernhuber/Coester-Waltjen*, § 54, Rdnr. 36.

538 *Schwab*, Rdnr. 497.

539 Lesenswert vor allem die zahlreichen Fußnoten bei *Gernhuber/Coester-Waltjen*, zu § 54, Rdnrn. 36–38; siehe auch *Lüderitz/Dethloff*, § 12, Rdnr. 26; *Muscheler*, FamR, Rdnr. 571.

540 FamRZ 1993, 1242.

541 MüKo/*v. Sachsen Gessaphe*, Nach § 1618, Rdnr. 9.

542 Ausnahme: »Maria« für Jungen, wenn ein zweiter männlicher Name verbunden wird, vgl. *Schwab*, Rdnr. 497 (siehe z. B. Rainer Maria Rilke).

543 Z. B. auf fünf statt von der Mutter bestimmter zwölf Vornamen! Vgl. BVerfG, FamRZ 2004, 542 = NJW 2004, 1686.

544 *Muscheler*, FamR, Rdnr. 571.

545 Vgl. *Lüderitz/Dethloff*, § 12, Rdnr. 36.

■ Zwischendurch mal wieder etwas zum Mitdenken: Welche Ereignisse setzt § 1618 S. 1 voraus? Bzw. was haben die leiblichen Eltern des Kindes und danach einer von ihnen getan? Lesen Sie § 1618 S. 1 nochmals genau!

▷ Wenn der *Elternteil,* dem die elterliche Sorge (allein oder gemeinsam mit dem *anderen* Elternteil) zusteht, einen *»Ehegatten«* hat, der nicht Elternteil ist, bedeutet das, dass der erstgenannte (leibliche) Elternteil wieder geheiratet hat, nachdem die Ehe mit dem *anderen* (leiblichen) Elternteil geschieden worden ist (vgl. § 1306: Verbot der »Doppelehe«).

■ Nehmen Sie an, der erstgenannte Elternteil ist die Mutter. In welchem Verwandtschaftsverhältnis stehen das Kind und sein »neuer (nicht leiblicher) Vater«? Wie lauten ihre Bezeichnungen?

▷ Das Kind und der Vater werden zwar nirgendwo im Gesetz so bezeichnet, aber Sie wussten sicherlich, dass es sich hier um das Stiefkind und seinen Stiefvater handelt.

Das (unverheiratete) Stiefkind kann also gem. § 1618 S. 1 den Ehenamen erhalten, den sein leiblicher Elternteil und dessen »neuer« Ehepartner dazu bestimmt (§ 1355 Abs. 1 S. 1) haben. Nach § 1618 S. 2 ist auch ein Doppelname möglich. Diese sog. *Einbenennung* bedarf gem. § 1618 S. 3 der Einwilligung des anderen Elternteils, sofern er mit sorgeberechtigt ist oder das Kind bisher dessen Namen führt, sowie die Einwilligung des Kindes, wenn es das fünfte Lebensjahr vollendet hat. Die Einwilligung kann durch das Familiengericht ersetzt werden, wenn dies zum Wohl des Kindes erforderlich ist (§ 1618 S. 4)[546]. Die Einbenennung hat – außer der Namensänderung – keine weitergehenden rechtlichen Wirkungen, insbesondere liegt in ihr keine Anerkennung der Vaterschaft[547].

3. Pflicht zu Beistand und Rücksicht

Gem. § 1618a schulden Eltern und Kinder *einander* Beistand und Rücksicht. Diese **362**
Verpflichtungen zu Beistand und Rücksicht sind also grundsätzlich wechselseitig sowie in ihrer Konkretisierung vom Einzelfall abhängig: Sie treffen beim Kleinkind zunächst die Eltern; mit zunehmendem Alter und der damit verbundenen wachsenden Selbstständigkeit i. S. v. § 1626 Abs. 2 (zur ersten Information schon einmal lesen) gehen sie auf das Kind über[548].

Beistand bezieht sich auf alle gewöhnlichen und außergewöhnlichen Umstände der einzelnen Familie und verpflichtet zur wechselseitigen Unterstützung und Hilfeleistung in allen Lebenslagen (Beispiel: Pflege des persönlichen Kontakts)[549].

Rücksicht nehmen bedeutet das Zurückstellen eigener Wünsche hinter die Belange der Familie oder einzelner Familienmitglieder (*Beispiel:* Verzicht auf selbstständige Urlaubsreise, damit die Familie zusammen verreisen kann[550]).

4. Dienstleistungspflicht des Kindes

Gem. § 1619 ist das Kind unter bestimmten Voraussetzungen zu unentgeltlichen[551] **363**
Dienstleistungen im Hauswesen und Geschäft verpflichtet.

546 Dabei sind strenge Maßstäbe anzusetzen; vgl. *Muscheler*, FamR, Rdnr. 74.
547 *Creifelds*, »Einbenennung«.
548 MüKo/*v. Sachsen Gessaphe*, § 1618a, Rdnr. 7.
549 Vgl. Palandt/*Diederichsen*, § 1618a, Rdnr. 3 mit weiteren Beispielen; wobei str. ist, ob § 1618a auch unter Geschwistern gilt.
550 A. a. O., Rdnr. 4.
551 *Schlüter*, Rdnr. 341; *Schwab*, Rdnr. 511.

■ Versuchen Sie, zwei Voraussetzungen aus § 1619 »herauszulesen«!
▷ (1) Das Kind muss dem elterlichen Hausstand angehören und (2) von den Eltern (noch) erzogen oder unterhalten werden.

Unerheblich ist, ob das Kind minderjährig oder volljährig, verheiratet oder nicht verheiratet ist. Ein *volljähriges* Kind kann sich der Dienstleistungspflicht jederzeit entziehen, indem es den elterlichen Hausstand verlässt oder den angebotenen Elternunterhalt zurückweist[552].

Der Umfang der Dienstverpflichtung des Kindes richtet sich nach seinen Kräften und seiner Lebensstellung sowie dem Bedarf der Eltern[553].

Der Dienstleistungsanspruch der Eltern darf gegenüber *minderjährigen* Kindern nur geltend gemacht werden, wenn dies mit dem Kindeswohl vereinbar ist[554]. So haben die Eltern bei minderjährigen Kindern, die sich noch in der *Ausbildung* befinden, darauf zu achten, dass diese nicht beeinträchtigt und das Kind nicht überfordert wird[555]. Missbrauchen die Eltern ihr Recht aus § 1619, kann das Familiengericht dem mit Maßnahmen nach § 1666 Abs. 1 entgegentreten[556].

5. Ausstattung

364 »Ausstattung« ist nach der Legaldefinition von § 1624 Abs. 1 HS. 1 alles, was einem Kind mit Rücksicht auf seine Verheiratung oder auf die Erlangung einer selbstständigen Lebensstellung von dem Vater und der Mutter zugewendet wird, so z. B. Heiratsgut, Mittel zur Berufsausbildung oder zur Geschäftsgründung. Die Ausstattung gilt, auch wenn eine Verpflichtung nicht besteht, nach § 1624 Abs. 1 HS. 2 nur insoweit als Schenkung, als sie das den Umständen, insbesondere den Vermögensverhältnissen der Eltern, entsprechende Maß übersteigt. Ein anspruchsbegründendes Ausstattungsversprechen ist im Gegensatz zum Schenkungsversprechen (vgl. § 518 Abs. 1 S. 1) formlos gültig. Rückforderung (vgl. § 528) und Widerruf (vgl. § 530) der Ausstattung sind nicht vorgesehen. Die Vorschriften über die Haftung des Schenkers für Rechts- oder Sachmängel (§§ 523, 524) sind dagegen gem. § 1624 Abs. 2 auf den »Ausstattenden« anwendbar.

6. Wohnsitz des Kindes

365 Der Wohnsitz ist der räumliche Mittelpunkt der Lebensverhältnisse eines Menschen[557]. Er wird gem. § 7 Abs. 1 dadurch begründet, dass sich jemand ständig an einem Ort niederlässt *(gewillkürter Wohnsitz).* Die Wohnsitzbegründung setzt somit einen darauf gerichteten rechtsgeschäftlichen Willen voraus. Folgerichtig bestimmt § 8 Abs. 1, dass ein Geschäftsunfähiger (§§ 104 f.) oder ein beschränkt Geschäftsfähiger (§§ 106 ff.) ohne den Willen seines gesetzlichen Vertreters einen Wohnsitz weder begründen noch aufheben kann (Ausnahme: § 8 Abs. 2 für verheiratete Minderjährige). *Das minderjährige Kind hat* somit grundsätzlich keinen gewillkürten, sondern

552 Vgl. *Schlüter*, Rdnr. 341; *Muscheler*, FamR, Rdnr. 586; Hk-BGB/*Kemper*, Rdnr. 3.
553 AnwK-BGB/*Löhnig*, § 1619, Rdnr. 5.
554 MüKo/*v. Sachsen Gessaphe*, § 1619, Rdnr. 21.
555 *Schlüter*, Rdnr. 341.
556 MüKo/*v. Sachsen Gessaphe*, § 1619, Rdnr. 21.
557 *Creifelds*, »Wohnsitz« (1).

einen *gesetzlichen Wohnsitz:* Gem. § 11 S. 1 HS. 1 teilt es den Wohnsitz der Eltern; nach § 11 S. 1 HS. 2 teilt es nicht den Wohnsitz eines Elternteils, dem das Recht fehlt, für die Person des Kindes zu sorgen. Steht keinem Elternteil die Personensorge zu, teilt das Kind den Wohnsitz desjenigen, dem dieses Recht zusteht. Das kann ein Vormund (§§ 1793 ff. – dazu unten Rdnrn. 419 ff.) oder ein Pfleger (§§ 1909 ff. – unten Rdnrn. 442 ff. – Vorschriften jetzt noch nicht lesen!) sein.

7. Staatsangehörigkeit

Ein Kind (ob ehelich oder nichtehelich) erwirbt die deutsche Staatsangehörigkeit **366** *durch Geburt, wenn ein Elternteil die deutsche Staatsangehörigkeit besitzt* (§ 4 Abs. 1 S. 1 StAG[558]) oder wenn ein Elternteil ausländischer Eltern seit acht Jahren rechtmäßig seinen gewöhnlichen Aufenthalt in Deutschland hat (§ 4 Abs. 3 S. 1 Nr. 1 StAG) und über eine verfestigte Aufenthaltsberechtigung bzw. -erlaubnis i. S. v. § 4 Abs. 3 S. 1 Nr. 2 StAG verfügt. Hat das Kind die deutsche Staatsangehörigkeit nach § 4 Abs. 3 StAG erworben und besitzt es zudem eine ausländische Staatsangehörigkeit (z. B.[559] das in Deutschland geborene Kind türkischer Eltern), muss es gem. § 29 StAG nach Erreichen der Volljährigkeit erklären, ob es die deutsche oder die ausländische Staatsangehörigkeit behalten will.

Literatur zur Vertiefung (Rdnrn. 354–366):

Coester, Das Kind muss einen Namen haben, JURA 2007, 348; *Gernhuber/Coester-Waltjen*, §§ 54–56; *Lüderitz/Dethloff*, § 12; *Luthin*, Kindesnamensrecht – Neueres aus der Rechtsprechung und Gesetzgebung, FamRB 2002, 275; *Muscheler*, FamR, §§ 33; *Schlüter*, § 24; *Schwab*, §§ 50–52; *Wagenitz*, § 1618 BGB – eine schwierige Aufgabe für alle, KindPrax 2000, 76; *Zwißler*, Probleme bei der Einbenennung – § 1618 BGB, FPR 2004, 64.

V. Elterliche Sorge

1. Überblick/Begriff

Die *»elterliche Sorge«* (= Überschrift Titel 5 des zweiten Abschnitts von Buch 4) ist in den **367** §§ 1626–1698b geregelt. Lesen Sie jetzt nur § 1626 Abs. 1 S. 1, der die *Legaldefinition* des Begriffs enthält.

Die elterliche Sorge umfasst somit die Pflicht und das Recht, für das *minderjährige* Kind zu sorgen.

Das *Recht* zur Sorge für das Kind ist ein subjektives Recht der Eltern, das durch Art. 6 Abs. 2 S. 1 GG geschützt ist, soweit es die Pflege und Erziehung der Kinder betrifft. Über ihre Ausübung wacht die staatliche Gemeinschaft (Art. 6 Abs. 2 S. 2 GG = »staatliches Wächteramt«).

Der heutige Wortlaut von § 1626 geht zurück auf das KindRG von 1998, das wie das GleichberG vom 18.7.1957 und das SorgeRG vom 18.7.1979[560] wesentliche Änderungen des elterlichen Sorgerechts zur Folge hatte.

558 BGBl. 2005 I, S. 721.
559 Vgl. *Muscheler*, FamR, Rdnr. 577.
560 Zu den genannten Gesetzen vgl. schon oben Rdnr. 1 mit Fundstellenhinweisen.

Das GleichberG war insofern schon fortschrittlich als es dem patriarchalischen System (vgl. oben Rdnr. 1) Einhalt gebot. »Interessant« dazu das BGB in seiner zum 1.1.1990 in Kraft getretenen Urfassung[561]: Der vierte *Titel* von Buch 4 war damals überschrieben mit: »Rechtliche Stellung der *ehelichen* Kinder«. Unterpunkt I hatte die gleiche Überschrift wie der heutige Titel 4. Unterpunkt II lautete *»Elterliche Gewalt«*. Dann folgte § 1626: »Das Kind steht, solange es minderjährig ist, unter elterlicher Gewalt.« Danach kam Ziffer »1) Elterliche Gewalt *des Vaters«* (§§ 1627–1683!). § 1627 lautete: »Der Vater hat kraft der elterlichen Gewalt das Recht und die Pflicht, für die Person und das Vermögen des Kindes zu sorgen.«

Die Mutter kam erst nach § 1683 unter Ziffer »2) Elterliche Gewalt der Mutter« in den §§ 1684–1698 zum Zuge ... § 1684: »Der Mutter steht die elterliche Gewalt zu: 1) wenn der Vater gestorben ist oder für tot erklärt ist; 2) wenn der Vater die elterliche Gewalt verwirkt hat und die Ehe aufgelöst ist.« = Gute Zeiten, schlechte Zeiten?

Das GleichberG von 1957 machte seinem Namen durchaus Ehre, indem es die elterliche *Gewalt* gleichermaßen aufteilte. § 1626 (Abs. 1) wurde wie folgt formuliert: »Das Kind steht, solange es minderjährig ist, unter der elterlichen *Gewalt des Vaters und der Mutter«*. Das war ein gewaltiger Fortschritt zugunsten der Mutter, doch nicht zugunsten des Kindes. Durch das SorgeRG erhielt § 1626 Abs. 1 zum 1.1.1980 daher folgende Fassung: »Der Vater und die Mutter haben das Recht und die Pflicht, für das minderjährige Kind zu sorgen (elterliche Sorge).« Mit dem Begriff »elterliche Sorge« (statt »elterliche Gewalt«) sollte mehr als bisher der Inhalt der Eltern*verantwortung* gegenüber dem Kind betont werden.

Um den *Pflicht*charakter[562] der ehelichen Rechtsstellung hervorzuheben, wurde in § 1626 Abs. 1 durch das KindRG die Reihenfolge der Wörter »Recht« und »Pflicht« umgestellt. Dies entspricht zum einen der Lebenswirklichkeit, in der mit der elterlichen Sorge wesentlich mehr Pflichten als Rechte verbunden sind. Zum anderen wurde damit zugleich der verbreiteten Tendenz entgegengewirkt, den Begriff der »elterlichen Sorge«, der für sich aussagekräftig genug ist, auf ein »Sorge*recht*« zu verkürzen.

Zudem führte das KindRG dazu, dass aus »Vater und Mutter« in § 1626 Abs. 1 »die Eltern« wurden. Dies soll verdeutlichen, dass die elterliche Sorge nicht einem Elternteil einzeln, sondern den Eltern gemeinsam obliegt.[563]

Schließlich wurde durch das KindRG auch im Bereich des elterlichen Sorgerechts die Unterscheidung zwischen ehelichen und nichtehelichen Kindern weitgehend beseitigt.[564]

Die Differenzierung zwischen ehelichen und nichtehelichen Kindern ist nur noch dort von Bedeutung, wo es (für den Vater eines nichtehelichen Kindes) um den Zugang zur elterlichen Sorge geht (§§ 1626a–e)[565].

Neben der Legaldefinition der elterlichen Sorge in § 1626 Abs. 1 S. 1 enthält die aktuelle Fassung von § 1626 Abs. 1 S. 2 zwei *weitere Legaldefinitionen:* Danach umfasst die elterliche Sorge die Sorge für die Person des Kindes *(Personensorge)* und das Vermögen des Kindes *(Vermögenssorge).*

2. Träger der elterlichen Sorge

a) Gemeinsames Sorgerecht miteinander verheirateter Eltern

368 *Sind die Eltern* bei der Geburt des Kindes miteinander *verheiratet,* steht ihnen die elterliche Sorge *gemeinsam* zu.

561 Zum Nachlesen empfehlenswert ist die kleine Sonderausgabe »Bürgerliches Gesetzbuch vom 18. August 1896 – Faksimileausgabe anläßlich der Verkündung des BGB vor 100 Jahren«, Beck-Verlag, München 1996.

562 Vgl. dazu nochmals § 6 Abs. 2 S. 1 GG, wo nicht nur vom »natürlichen Recht« der Eltern, sondern von der ihnen »zuvörderst« obliegenden Pflicht die Rede ist.

563 Zu dieser Entwicklung von § 1626 Abs. 1 vgl. auch *Muscheler*, FamR, Rdnr. 589.

564 Vgl. schon oben Rdnr. 1.

565 *Lipp*, Rdnr. 357.

■ Woraus ergibt sich das? Lesen Sie § 1626 Abs. 1 S. 1 und § 1626a Abs. 1 Nr. 1 sowie Nr. 2 und versuchen Sie, diese Aussage zu begründen!

▷ Das steht zwar nicht wörtlich so in § 1626 Abs. 1 S. 1, ergibt sich daraus aber i. V. m. § 1626a Abs. 1; denn wenn die Eltern bei der Geburt des Kindes *nicht* miteinander verheiratet sind, steht ihnen die elterliche Sorge gem. § 1626a Abs. 1 Nr. 1 gemeinsam nur dann zu, wenn sie entsprechende *Sorgeerklärungen* abgeben, oder nach § 1626a Abs. 1 Nr. 2, wenn sie (nach der Geburt) heiraten.

b) Gemeinsames Sorgerecht nicht miteinander verheirateter Eltern

Sind die Eltern bei der Geburt des Kindes *nicht* miteinander *verheiratet*, steht ihnen, **369** wie Sie soeben in § 1626a Abs. 1 Nr. 1 gelesen haben, die elterliche Sorge (über das *nichteheliche Kind*) dann gemeinsam zu, wenn sie erklären, dass sie die Sorge gemeinsam übernehmen wollen (Sorgeerklärungen).

c) Alleiniges Sorgerecht eines Elternteils

Haben die Eltern nach der Geburt des nichtehelichen minderjährigen Kindes *nicht* **370** geheiratet (vgl. § 1626a Abs. 1 Nr. 2) und keine Sorgeerklärungen abgegeben, steht der *Mutter* das *alleinige Sorgerecht* zu (§ 1626a Abs. 2). Ist Letzteres der Fall und leben die Eltern nicht nur vorübergehend getrennt, kann der Vater mit Zustimmung der Mutter gem. § 1672 Abs. 1 S. 1 beantragen, dass ihm das Familiengericht die elterliche Sorge oder einen Teil davon allein überträgt.

■ Lesen Sie nun § 1671 Abs. 1, der Ihnen bekannt vorkommen müsste, und überlegen Sie (bevor Sie sofort weiterlesen), in welchem »Kapitel« des Ehelebens bzw. des Eherechts diese Vorschrift von besonderer Bedeutung ist (und deswegen schon erwähnt wurde). **371**

▷ Oben (Rdnr. 318) haben Sie erfahren, dass das *gemeinsame Sorgerecht* der Eltern *nach der Scheidung* (= »nicht nur vorrübergehendes Getrenntleben«) grundsätzlich bestehen bleibt. Jeder Elternteil kann nach der Scheidung aber beim Familiengericht die Übertragung des alleinigen Sorgerechts beantragen. Dem Antrag ist unter den Voraussetzungen von § 1671 Abs. 2 stattzugeben (vgl. dazu ggf. nochmals Rdnr. 318).

Das gemeinsame Sorgerecht kann gem. § 1680 Abs. 1 weiterhin zum alleinigen Sorge- **372** recht eines Elternteils werden, wenn ein Elternteil gestorben ist, oder gem. § 1678 Abs. 1, wenn ein Elternteil verhindert ist oder seine elterliche Sorge ruht (Vorschriften lesen und bei Bedarf die Literatur zur Vertiefung).

Der Ehepartner eines allein sorgeberechtigten Elternteils, der nicht Elternteil des Kindes ist, hat gem. § 1687b Abs. 1 S. 1 im Einvernehmen mit dem sorgeberechtigten Elternteil die Befugnis zur Mitentscheidung in Angelegenheiten des täglichen Lebens des Kindes (sog. »kleines Sorgerecht«[566]).

■ Wie heißt der Ehepartner, der nicht Elternteil ist? (Nachdenken!)

▷ Die Antwort gibt Fußnote[567].

566 Vgl. *Schlüter*, Rdnr. 360a.

567 *Stiefmutter oder Stiefvater* (vgl. Rdnr. 361).

d) Eingriffe in die elterliche Sorge

373 Bei der Wahrnehmung ihrer Pflicht zur elterlichen Sorge haben ihre Träger in erster Linie das persönliche Wohl des Kindes zu wahren. Ist das *Kindeswohl*, das den *zentralen Begriff des Kindschaftsrechts* bildet[568], durch die Ausübung der elterlichen Sorge *gefährdet*, muss das Familiengericht unter den *Voraussetzungen von § 1666 Abs. 1* eingreifen.

■ Versuchen Sie, diese Voraussetzungen nach der Lektüre von § 1666 Abs. 1 aufzulisten.

▷ (1) Gefährdung des körperlichen, geistigen oder seelischen Wohls des Kindes, *oder*

(2) Gefährdung des Vermögens des Kindes
- durch missbräuchliche Ausübung der elterlichen Sorge *oder*
- durch Vernachlässigung des Kindes *oder*
- durch unverschuldetes Versagen der Eltern *oder*
- durch das Verhalten eines Dritten

und

(3) Unwilligkeit *oder* Unfähigkeit der Eltern, die Gefahr abzuwenden.

Eine Gefährdung des Kindeswohls i. S. v. § 1666 Abs. 1 liegt vor, wenn eine *gegenwärtige* oder zumindest *unmittelbar bevorstehende Gefahr* für die Kindesentwicklung abzusehen ist, die bei ihrer Fortdauer eine *erhebliche Schädigung* des körperlichen, geistigen und seelischen Wohls des Kindes mit ziemlicher Sicherheit voraussehen lässt[569]

Zur Abwendung der Gefahr hat das Familiengericht alle *erforderlichen Maßnahmen* zu treffen. Das Gericht hat dabei ein *Auswahlermessen*, dem durch den Grundsatz der *Verhältnismäßigkeit* Grenzen gesetzt sind[570].

Beispiele für solche Maßnahmen sind: Ermahnungen, Ge- und Verbote, teilweiser oder gänzlicher Entzug der Personensorge etwa durch Unterbringung des Kindes in einem Heim[571] oder Anordnung einer lebensnotwendigen Operation des Kindes. Der Verhältnismäßigkeitsgrundsatz gebietet es, stets die mildeste Maßnahme zu wählen.

Bei Gefährdung des Kinds*vermögens* kann das Familiengericht Maßnahmen nach § 1667 anordnen.

3. Inhalt und Umfang der elterlichen Sorge

a) Grundsätze

374 Die elterliche Sorge i. S. d. § 1626 Abs. 1 S. 1 umfasst gem. § 1626 Abs. 1 S. 2 die Sorge für die Person *(Personensorge)* und das Vermögen des Kindes *(Vermögenssorge)* sowie gem. § 1629 Abs. 1 S. 1 die *Vertretung* des Kindes.

Nach § 1626 Abs. 2 sind die Eltern angehalten, bei der Pflege und Erziehung die wachsende Fähigkeit und das wachsende Bedürfnis des Kindes zu selbstständigem verantwortungsbewussten Handeln zu berücksichtigen sowie mit dem Kind, soweit es nach dessen Entwicklungsstand angezeigt ist, Fragen der elterlichen Sorge zu besprechen und Einvernehmen anzustreben.

568 Vgl. *Lüderitz/Dethloff*, § 13, Rdnr. 2.
569 MüKo/*Olzen*, § 1666, Rdnr. 49.
570 A. a. O., Rdnrn. 159 f.
571 Vgl. MüKo/*Olzen*, § 1666, Rdnr. 169; *Muscheler*, FamR, Rdnr. 601.

Gem. § 1627 S. 1 haben die Eltern die elterliche Sorge *in eigener Verantwortung* und in *gegenseitigem Einvernehmen* zum Wohl des Kindes *auszuüben.* Bei Meinungsverschiedenheiten müssen sie versuchen, sich zu einigen (§ 1627 S. 2).

Gelingt die Einigung nicht, kann das Familiengericht nach § 1628 die Entscheidung einem Elternteil übertragen.

Bei der Ausübung der elterlichen Sorge *haften* die Eltern dem Kind gegenüber nur **375**
für diejenige *Sorgfalt,* die sie *in eigenen Angelegenheiten* anzuwenden pflegen (§ 1664 Abs. 1).

Unterstreichen Sie in § 1664 Abs. 1 die Worte »Sorgfalt« sowie »in eigenen Angelegenheiten« und notieren Sie neben dem Gesetzestext »§ 277« (lesen!).

Nach h. M.[572] ist § 1664 Abs. 1 nicht nur *Haftungsmaßstab,* sondern (i. V. m. Abs. 2) auch *Anspruchsgrundlage,* aufgrund derer Kinder die aus Pflichtverletzungen der Eltern resultierenden Schäden ersetzt verlangen können.

b) Personensorge

aa) Inhalt und Grenzen

Die Personensorge umfasst alle *persönlichen Angelegenheiten des Kindes. Inhalt und* **376**
Grenzen der Personensorge werden beispielhaft in § 1631 und einzelnen Sondervorschriften bestimmt. Nach § 1631 Abs. 1 gehört dazu insbesondere die Pflicht und das Recht, das Kind zu *pflegen* (= »körperliche Betreuung«), zu *erziehen* (= »seelische, sittliche und geistige Betreuung«)[573], zu *beaufsichtigen* und seinen *Aufenthalt* zu *bestimmen.* Gem. § 1631 Abs. 2 S. 1 haben Kinder ein Recht auf *gewaltfreie Erziehung.* Körperliche Bestrafungen, seelische Verletzungen und andere *entwürdigende Maßnahmen* sind *unzulässig* (§ 1631 Abs. 2 S. 2).

bb) Ausbildung und Beruf

In diesem Bereich haben die Eltern insbesondere auf Eignung und Neigung des Kin- **377**
des Rücksicht zu nehmen und bei bestehenden Zweifeln den Rat eines Lehrers oder einer anderen geeigneten Person (z. B. Arzt, Berufsberater, Trainer) einzuholen (vgl. § 1631a). Sind die Zweifel nach der Beratung nicht behoben, müssen die Eltern eine gerichtliche Entscheidung nach § 1628 beantragen[574].

cc) Unterbringung mit Freiheitsentziehung

Eine mit Freiheitsentziehung verbundene Unterbringung des Kindes ist gem. § 1631b **378**
S. 1 nur mit Genehmigung des Familiengerichts zulässig. Ausnahme: § 1631b S. 2. Lesen Sie auch Satz 3!

dd) Verbot der Sterilisation

In eine Sterilisation des Kindes können weder die Eltern noch das Kind einwilligen **379**
(§ 1631c).

572 Vgl. nur Hk-BGB/*Kemper*, § 1664, Rdnr. 1; *Muscheler*, FamR, Rdnr. 608; MüKo/*Huber*, § 1665, Rdnr. 1.

573 Für die religiöse Erziehung gilt das RelKErzG vom 15.7.1921 (RGBl. S. 609). Nach dessen § 5 wird das Kind mit Vollendung des 14. Lebensjahres »religionsmündig«.

574 AnwK-BGB/*Rakete-Dombek*, § 1631a, Rdnr. 2.

ee) Herausgabe des Kindes

380 Gem. § 1632 Abs. 1 gehört zur Personensorge auch das Recht, die *Herausgabe* des Kindes *von jedem* zu verlangen, der es den Eltern oder einem Elternteil widerrechtlich vorenthält. Über Streitigkeiten entscheidet das Familiengericht auf Antrag eines Elternteils (§ 1632 Abs. 3).

ff) Umgangsrecht

381 Mit dem zur Personensorge gehörenden Recht, das Kind zu pflegen, zu erziehen und seinen Aufenthalt zu bestimmen (vgl. § 1631 Abs. 1; oben Rdnr. 376) eng verbunden ist das Recht aus § 1632 Abs. 2, den *Umgang* des Kindes zu bestimmen. Dabei besteht das Recht des (der) Sorgeberechtigten, den Umgang zu bestimmen, nach § 1631 Abs. 1 gegenüber dem Kind und nach § 1632 Abs. 2 gegenüber Dritten (»auch mit Wirkung für und gegen Dritte«). Grundsätzlich folgt aus § 1631 Abs. 1 also ein Anspruch der Eltern gegen das Kind und aus § 1632 Abs. 2 ein Anspruch gegen Dritte.[575]

Bei Streitigkeiten der Eltern über die Bestimmung des Umgangs des Kindes mit Dritten gilt wiederum § 1632 Abs. 3. Bei der Bestimmung des Umgangs des Kindes haben die sorgeberechtigten Eltern (oder hat der sorgeberechtigte Elternteil) sich an § 1626 Abs. 3 auszurichten: Zum Wohl des Kindes gehört danach in der Regel der Umgang mit beiden Elternteilen sowie der Umgang mit anderen Personen, zu denen das Kind Bindungen besitzt, wenn die Aufrechterhaltung dieser Bindungen für die Entwicklung des Kindes förderlich ist.

Das Recht des Umgangs des Kindes mit den Eltern (und umgekehrt) wird in § 1684 und das Recht des Umgangs des Kindes mit anderen Bezugspersonen in § 1685 konkretisiert.

Lesen Sie diese Vorschriften einmal ganz durch und bei Bedarf Näheres dazu in der Literatur zur Vertiefung.

382 Nach soviel Theorie wollen wir einiges von dem, was wir zur Personensorge erfahren haben, auf einen Fall anwenden:

575 Vgl. *Muscheler*, FamR, Rdnr. 632 Lösung Fall 15, II 1 und III 3.

Übungsfall 19	

Mutter Molly (M) und Vater Vinzenz (V) Futterer sind verheiratet und haben einen zwölfjährigen Sohn Siegbert (S) und eine sechzehnjährige Tochter Tilly (T).

Nachdem S seit einigen Tagen über heftige Bauchschmerzen klagt, stellt der Hausarzt der Familie bei S eine Blinddarmentzündung fest und hält eine Operation für dringend erforderlich. V hält die Operation für zu teuer und ist zudem erklärter Gegner der Schulmedizin. Er meint, dass dem S besser durch homöopathische Mittel geholfen werden und S als echter Futterer die Schmerzen ruhig ein paar Tage aushalten könne.

T unterhält zum Leidwesen ihrer Eltern seit einigen Wochen eine intime Beziehung zu dem verheirateten 30 Jahre älteren Alkoholiker Anton (A). T kommt häufig erst spät nachts nach Hause und M und V wissen, dass sie mit A Geschlechtsverkehr pflegt. Die Aufforderungen ihrer Eltern, die Beziehung mit A abzubrechen, werden von T ignoriert. Auch entsprechende Aufforderungen an A bleiben ohne Erfolg.

(1) Kann M die Durchführung der Operation des S erreichen, wenn V seine Einwilligung hierzu verweigert?
(2) Kann die Operation durchgeführt werden, wenn auch M mit der von V vorgetragenen »Begründung« ihre Einwilligung verweigern würde?
(3) Können M und V von T die Unterlassung des Umgangs mit A verlangen?
(4) Können M und V von A die Unterlassung des Umgangs mit T verlangen?

■ *Lösung:* (Decken Sie diese mit einem Blatt Papier zu und versuchen Sie, die Lösung zu allen Fragen selbst zu finden, indem Sie eine Lösungsskizze anfertigen!)

▷ *Zu Frage 1*

(I) M könnte die Durchführung der Operation erreichen, wenn sie beim Familiengericht einen Antrag stellt, ihr gem. § 1628 S. 1 die Entscheidung zu übertragen. **383**

(1) Voraussetzung von § 1628 S. 1 ist zunächst, dass eine *Angelegenheit der elterlichen Sorge* vorliegt.
Zur elterlichen Sorge gehört gem. §§ 1626 Abs. 2 und 1631 Abs. 1 u. a. die Pflege des Kindes, die dem leiblichen Wohl des Kindes, insbesondere seiner Gesundheit dienen soll (»Gesundheitsfürsorge«).

(2) Die elterliche Sorge muss den Eltern *gemeinsam,* also nicht einem Elternteil alleine, zustehen[576].
Nach § 1626 Abs. 1 S. 1 i. V. m. § 1626a Abs. 1[577] steht den Eltern die gemeinsame elterliche Sorge für das minderjährige Kind zu, wenn die Eltern bei der Geburt des Kindes verheiratet sind. Davon ist hier mangels gegenteiliger Hinweise auszugehen. Der zwölfjährige S ist auch minderjährig (§ 2), sodass M und V die gemeinsame elterliche Sorge zusteht.

(3) Die Eltern müssen sich gem. § 1628 S. 1 in einer *einzelnen Angelegenheit …* der elterlichen Sorge *nicht einigen* können. Die Gesundheitsfürsorge für das Kind ist eine solche Angelegenheit. Da V seine Einwilligung in die Operation verweigert, können V und M sich nicht einigen, sodass auch diese Voraussetzung erfüllt ist.

(4) Gem. § 1627 S. 2 müssen die Eltern bei Meinungsverschiedenheiten *versuchen,* sich zu einigen. Dieser Versuch ist hier fehlgeschlagen.

(5) Die Regelung der Angelegenheit muss für das Kind von *erheblicher Bedeutung* sein. Da durch die Blinddarmentzündung die Gesundheit des S so erheblich beeinträchtigt ist, dass der Hausarzt eine Operation für dringend erforderlich hält, liegt diese Voraussetzung ebenfalls vor.

(II) Somit sind alle Voraussetzungen für die Stellung eines Antrags gem. § 1628 S. 1 gegeben, sodass der Antrag Erfolg haben kann.

576 Andernfalls wäre eine Übertragung der Entscheidung auf den »Elternteil« M überflüssig!
577 Vgl. oben Rdnr. 368.

(1) Aus dem Wortlaut von § 1628 S. 1 geht nicht hervor, dass das Gericht die Entscheidung auf den antragstellenden Elternteil übertragen muss.[578] Das Gericht wird die Entscheidung dem Elternteil übertragen, dessen Meinung zu dieser Angelegenheit besser dem *Wohl des Kindes* entspricht. Angesichts der etwas abwegigen Argumente des V und der durch den Hausarzt festgestellten dringenden Notwendigkeit der Operation bedarf es keiner weiteren Begründung dafür, der Meinung der M zu folgen.

(2) Das Gericht wird daher die Entscheidung in dieser Angelegenheit gem. § 1628 S. 1 der M übertragen.

(3) Gem. § 1629 Abs. 1 S. 3 (was Sie bisher noch nicht wissen konnten) steht der M hier auch die alleinige Vertretungsmacht (Näheres dazu unten, Rdnrn. 389 ff.) – etwa zum Abschluss der Verträge mit Arzt und Krankenhaus – zu.

▷ *Zu Frage 2*

384 (I) Die Operation könnte unter den Voraussetzungen von § 1666 Abs. 1 vom Familiengericht angeordnet werden.[579]

(1) Dann muss zunächst eine *Gefährdung des* körperlichen, geistigen oder seelischen *Wohls des Kindes* vorliegen.
Da bei Unterlassung der dringend erforderlichen Operation die Gesundheit (ggf. auch das Leben) des S gefährdet ist, liegt diese Voraussetzung vor.

(2) Die Gefährdung des Kindeswohls müsste durch missbräuchliche Ausübung der elterlichen Sorge, durch Vernachlässigung des Kindes, durch unverschuldetes Versagen der Eltern oder durch das Verhalten eines Dritten entstanden sein.
Da die Eltern M und V (mit sehr merkwürdiger Begründung, was letztlich unerheblich ist) ihre Einwilligung in eine ärztlich dringend empfohlene, möglicherweise lebensnotwendige Operation des Kindes verweigern, liegt darin sowohl eine missbräuchliche Ausübung der elterlichen Sorge (was schon ausreichen würde) als auch eine Vernachlässigung des Kindes S.

(3) Indem sie ihre Einwilligung verweigern, sind M und V i. S. d. § 1666 Abs. 1 auch nicht gewillt, die Gefahr abzuwenden.

(II) Somit sind die Voraussetzungen von § 1666 Abs. 1 erfüllt, die einen Eingriff des Familiengerichts notwendig machen.

(1) Das Gericht hat daher die zur Abwendung der Gefahr erforderlichen Maßnahmen zu treffen und dabei den Verhältnismäßigkeitsgrundsatz zu beachten. Da eine »mildere« Maßnahme nicht geeignet ist, die Gefahr für die Gesundheit (und das Leben) des S abzuwenden, hat das Familiengericht die Operation anzuordnen.

(2) Gem. § 1666 Abs. 3 kann das Gericht die Erklärungen des Inhabers der elterlichen Sorge (z. B. zum Abschluss der Verträge mit Arzt und Krankenhaus) ersetzen.

▷ *Zu Frage 3*

385 (I) Ein Anspruch der Eltern M und V gegen T auf Unterlassung des Umgangs mit A könnte sich aus § 1631 Abs. 1 ergeben.

(1) Voraussetzung ist zunächst, dass M und V Träger der gemeinsamen elterlichen Sorge (hier: Personensorge) sind, was bereits *zu Frage 1 unter I 2* bejaht wurde.

(2) Im Rahmen der Personensorge haben die Eltern gem. § 1631 Abs. 1 das Recht, die T zu erziehen und zu beaufsichtigen. Dazu gehört auch, dass die Eltern unter Beachtung von § 1626 Abs. 2 und § 1666 Abs. 1 den Umgang des Kindes bestimmen.
Auch bei Berücksichtigung der Entwicklung der sechzehnjährigen T widerspricht der Umgang mit A einer verantwortungsbewussten Erziehung. Eine Aufrechterhaltung der Beziehung von T und A ließe eine Fehlentwicklung der T befürchten.

(II) Der Anspruch von M und V aus § 1631 Abs. 1 gegen T ist somit begründet.

578 Der Gesetzgeber hat sich vielmehr dafür entschieden, jeweils im konkreten Fall prüfen zu lassen, welcher Elternteil für die Entscheidung der Frage (zum Wohl des Kindes!) geeigneter ist und diesem die Entscheidungsbefugnis zu übertragen (vgl. Hk-BGB/*Kemper*, § 1628, Rdnr. 1).

579 Vgl. dazu oben Rdnr. 373.

(1) Da T die Aufforderung, den Umgang mit A zu unterlassen, ignoriert, können die Eltern der T ein Umgangsverbot erteilen und dieses durch zulässige Maßnahmen (vgl. § 1631 Abs. 2) durchsetzen.
(2) Außerdem haben M und V die Möglichkeit beim Familiengericht gem. § 1631 Abs. 3 einen Antrag auf Unterstützung bei der Ausübung der Personensorge zu stellen[580].

▷ *Zu Frage 4*

(I) Ein Anspruch von M und V gegen A auf Unterlassung des Umgangs mit T könnte sich aus § 1632 Abs. 2 ergeben. **386**
(1) Als Träger der gemeinsamen Personensorge *(vgl. zu Frage 1, I 2)* für T haben M und V gem. § 1632 Abs. 2 das Recht, den Umgang des Kindes auch mit Wirkung für und gegen Dritte zu bestimmen.
(2) Schranken für dieses Recht ergeben sich zunächst wieder aus § 1626 Abs. 2, gegen den hier (vgl. oben zu *Frage 3, I 2*) ebenso wenig verstoßen wurde, wie gegen § 1666 Abs. 1 (= keine missbräuchliche Ausübung der elterlichen Sorge).
(3) Die Erteilung eines Umgangsverbots gegenüber A verstößt auch nicht gegen § 1631 Abs. 2.
(4) Ein Umgangsrecht des A mit T kann nicht aus § 1684 Abs. 2 S. 1 hergeleitet werden, da A keine Bezugsperson der T im Sinn dieser Vorschrift ist. Der Anspruch von M und V gegen A aus § 1632 Abs. 2 ist somit begründet.

(II) Für die Durchsetzung des Anspruchs gilt das *zu Frage 3, II* Dargelegte entsprechend.

gg) Ende der Personensorge

Die Personensorge endet zum einen, wenn die gesamte elterliche Sorge endet, z. B. durch Tod (arg. aus § 1680 Abs. 1) oder Todeserklärung (§§ 1677, 1681) eines Elternteils. Stand die elterliche Sorge bis zum Tod eines Elternteils den Eltern gemeinsam zu, so geht sie gem. § 1680 Abs. 1 auf den überlebenden Elternteil über. **387**

Zum anderen endet die Personensorge mit ihrem Entzug (§§ 1666a, 1666) durch Anordnung des Familiengerichts sowie i. d. R. mit der Volljährigkeit des Kindes.

c) Vermögenssorge

Die Vermögenssorge ist ein Teil der elterlichen Sorge i. S. v. § 1626 Abs. 1 und umfasst das Recht und die Pflicht, *grundsätzlich das gesamte Vermögen* des Kindes zu verwalten sowie das Kind bei Rechtsgeschäften, die sich auf das Vermögen beziehen, zu vertreten (§ 1629 Abs. 1). Die Vermögenssorge erstreckt sich auf alle tatsächlichen und rechtlichen Maßnahmen, die darauf gerichtet sind, das Kindesvermögen zu erhalten, zu vermehren und zu verwerten[581]. Die Vermögenssorge umfasst insbesondere das Recht, die zum Kindesvermögen gehörenden Sachen in Besitz zu nehmen[582] und Herausgabeansprüche des Kindes gegen Dritte durchzusetzen[583]. **388**

Bis zur Grenze der Zumutbarkeit wird die Vermögenssorge unentgeltlich durchgeführt[584].

Beschränkungen der Vermögenssorge ergeben sich aus den §§ 1638, 1639. **388a**

Bei der *Ausübung* der Vermögenssorge haben die Eltern die §§ 1640–1649 zu beachten (lesen Sie von diesen Vorschriften zumindest einmal die Überschriften!) **388b**

580 Bei dem gerichtlichen Verfahren handelt es sich um ein FGG-Verfahren. Mehr dazu bei *Muscheler*, FamR, Rdnr. 632.
581 Vgl. MüKo/*Huber*, § 1626, Rdnr. 55.
582 A. a. O., Rdnr. 59.
583 *Muscheler*, FamR, Rdnr. 628.
584 Palandt/*Diederichsen*, § 1626, Rdnr. 18; BGHZ 58, 19.

388c Dass die elterliche Sorge (Personen- und Vermögenssorge) mit dem Tod des minderjährigen Kindes endet [was der Gesetzgeber in § 1680 Abs. 1 (soeben Rdnr. 387) und § 1698b *voraussetzt*], erscheint eigentlich selbstverständlich, wird aber dennoch häufig erwähnt[585].

Ebenso selbstverständlich erscheint es, dass die elterliche Sorge mit der Volljährigkeit des Kindes endet.

■ Warum?

▷ Weil § 1626 Abs. 1 S. 1 bestimmt, dass die Eltern für das *minderjährige* Kind die elterliche Sorge haben[586].

Schließlich führt auch die *Adoption* des Kindes *durch einen Dritten* zur Beendigung der elterlichen Sorge der leiblichen Eltern, weil (gem. § 1755 Abs. 1 S. 1 – dazu unten Rdnrn. 403 ff.) das Verwandtschaftsverhältnis zu den bisherigen Verwandten und die sich aus ihm ergebenden Rechte und Pflichten erlöschen.

Mit der *Heirat* des minderjährigen Kindes wird die elterliche Sorge nur teilweise beendet, da sich die *Personensorge* auf die *Vertretung* des Kindes *in persönlichen Angelegenheiten* beschränkt (§ 1633).

Somit kommen wir zu der

d) Vertretung des Kindes.

389 *aa) Grundsätze*

Wie bereits mehrfach angedeutet, umfasst die elterliche Sorge gem. § 1629 Abs. 1 S. 1 die Vertretung des minderjährigen Kindes. Nach § 1629 Abs. 1 S. 2 HS. 1 vertreten die Eltern das Kind grundsätzlich *gemeinschaftlich* im Rahmen der Personensorge und der Vermögenssorge (»Gesamtvertretung«). Ist eine Willenserklärung gegenüber dem Kind abzugeben, genügt gem. § 1629 Abs. 1 S. 2 HS. 2 die Abgabe gegenüber *einem* Elternteil.

Gem. § 1629 Abs. 1 S. 3 vertritt ein Elternteil das Kind *allein,* soweit er die elterliche Sorge allein ausübt (*Beispiele:* §§ 1626a Abs. 2, 1671, 1672 Abs. 1) oder ihm die Entscheidung nach § 1628 durch das Familiengericht übertragen ist.

Ein *Alleinvertretungsrecht* jedes Elternteils besteht auch, wenn Gefahr für das Wohl des Kindes im Verzug ist; der andere Elternteil ist unverzüglich[587] zu unterrichten (§ 1629 Abs. 1 S. 4). Auch wenn die elterliche Sorge den Eltern gemeinsam zusteht, ist der Elternteil, in dessen Obhut sich das Kind befindet, gem. § 1629 Abs. 2 S. 2 zur *alleinigen Vertretung* berechtigt, wenn er *Unterhaltsansprüche des Kindes* gegen den anderen Elternteil geltend machen will.

Vertreten die Eltern (oder der alleinberechtigte Elternteil) das Kind bei der Abgabe von Willenserklärungen bzw. beim Abschluss von Rechtsgeschäften, so gelten grundsätzliche Regeln des allgemeinen Stellvertretungsrechts[588].

■ Welche Regeln das sind, sollten Sie (auswendig) wissen?

▷ Antwort siehe Fußnote[589].

585 Z. B. bei *Lüderitz/Dethloff*, § 13, Rdnr. 51; *Muscheler*, FamR, Rdnr. 627; *Schlüter*, Rdnr. 397.

586 Gegenüber volljährigen, unverheirateten Kindern in der Schulausbildung besteht allerdings noch eine Unterhaltspflicht der Eltern nach § 1603 Abs. 2 S. 2; vgl. *Schwab*, Rdnr. 657.

587 Vgl. die Legaldefinition in § 121 Abs. 1.

588 MüKo/*Huber*, § 1629, Rdnr. 12.

589 **§§ 164 ff.!**

Der Grundsatz der Gesamtvertretung schließt nicht aus, dass die Eltern sich ausdrücklich oder stillschweigend wechselseitig bevollmächtigen, allein für das Kind zu handeln[590].

Diese Bevollmächtigung begründet eine punktuelle Einzelvertretungsmacht des betroffenen Elternteils[591].

■ *Beispiel:* Die Eltern V und M haben vereinbart, dass sich die nicht berufstätige Mutter M um die Pflege und Erziehung des achtjährigen Sohnes S kümmert, während V seine berufliche Tätigkeit ausübt. S möchte an einer Klassenfahrt teilnehmen, wozu die Schulleitung die Einwilligung der Eltern verlangt. Überlegen Sie, ob M die Einwilligung ohne Rücksprache mit V erteilen kann?

▷ Die »Rücksprache« mit V hat hier sozusagen bereits im Vorfeld stattgefunden: In der Vereinbarung zwischen V und M, dass M sich um die Erziehung des S kümmern soll, ist diese stillschweigende Bevollmächtigung (zur Abgabe von Willenserklärungen im Bereich der Erziehung) der M durch V zu sehen. Somit kann M die Einwilligung zur Teilnahme des S an der Klassenfahrt allein geben.

bb) Beschränkungen und Ausschluss

In bestimmten Fällen ist die gesetzliche Vertretungsmacht beschränkt oder ausge- **390**
schlossen, entweder um in höchstpersönlichen Angelegenheiten den Willen des heranreifenden Kindes zu berücksichtigen oder um Schädigungen der Kindesinteressen zu verhindern[592].

(1) Beschränkungen

Gem. § 1633 ist die *Personensorge* (nicht also die Vermögenssorge[593]) für einen Min- **391**
derjährigen, der verheiratet ist oder war, auf die Vertretung in den *persönlichen Angelegenheiten* beschränkt.

Beschränkungen der elterlichen Vertretungsmacht ergeben sich namentlich da- **392**
durch, dass der gesetzliche Vertreter zu bestimmten Rechtsgeschäften für das Kind der gerichtlichen Genehmigung bedarf.

So bedürfen *die Eltern,* die aufgrund ihrer elterlichen Sorge nach § 1629 Abs. 1 S. 1 vertretungsberechtigt sind, gem. § 1643 Abs. 1 (lesen!) in den Fällen der Genehmigung des Familiengerichts, in denen nach § 1821 und nach § 1822 Nr. 1, 3, 5, 8 bis 11 (jetzt noch nicht lesen!) ein Vormund der Genehmigung (des Vormundschaftsgerichts) bedarf.

Exkurs:

Coester-Waltjen hält die Aufteilung zwischen familiengerichtlicher und vormundschaftsgericht- **393**
licher Genehmigung für wenig sinnvoll und die unterschiedliche Zuständigkeit bei Akten (gemeint sind Handlungen, nicht etwa Akten, die im Aktenordner abgeheftet werden) der Eltern und Akten eines Vormundes für wenig effektiv[594]. Mir geht es intuitiv ebenso, aber auch mir fällt kein schlagkräftiges Argument dazu (bzw. dagegen) ein. Wenig sinnvoll bzw. etwas befremdlich erscheint mir hier vor allem der Aufbau des Gesetzes: Es wird der »Normalfall« (*Eltern* sind gesetzlicher Vertreter des Kindes) natürlicher (= richtiger) Weise vor dem »Ausnahmefall« (*Vormund* ist gesetzlicher Vertreter) in § 1643 geregelt. Dann wird aber (überraschender

590 MüKo/*Huber*, § 1629, Rdnr. 30.
591 *Gernhuber/Coester-Waltjen*, § 58, Rdnr. 30.
592 *Schwab*, Rdnr. 560.
593 Vgl. MüKo/*Huber*, § 1633, Rdnr. 5.
594 *Gernhuber/Coester-Waltjen*, § 60, Rdnr. 42.

Weise?) nach »hinten« (= unten) auf das Vormundschaftsrecht (§§ 1793 ff.), insbesondere auf die §§ 1821, 1822 verwiesen. Man (ich) hätte es eigentlich umgekehrt wie folgt erwartet:

- »§ 1643 Genehmigungspflichtige Rechtsgeschäfte.
  (1) Die Eltern bedürfen der Genehmigung des Familiengerichts:
  1.–5. } jetzt Text von § 1821 Abs. 1 Nr. 1–5
  6. Text von § 1822 Nr. 1
  7. Text von § 1822 Nr. 3
  8. Text von § 1822 Nr. 5
  9. Text von § 1822 Nr. 8
  10. Text von § 1822 Nr. 9
  11. Text von § 1822 Nr. 10
  12. Text von § 1822 Nr. 11
  (2) [1]Das Gleiche …
  (3) – usw. –«
- »§ 1821 (Überschrift)
  (1) Der Vormund bedarf der Genehmigung des Vormundschaftsgerichts in den Fällen, in denen nach § 1643 Abs. 1 S. 1 Nr. 1 bis 5 die Eltern der Genehmigung des Familiengerichts bedürfen.
  (2) …«
  § 1822 (Überschrift)
  Der Vormund bedarf außer für die in § 1643 Abs. 1 S. 1 genannten Geschäfte der Genehmigung des Vormundschaftsgerichts:
  1. Text von § 1822 Nr. 2
  2. Text von § 1822 Nr. 4
  3. Text von § 1822 Nr. 6
  4. Text von § 1822 Nr. 7
  5. Text von § 1822 Nr. 12
  6. Text von § 1822 Nr. 13

Abgesehen davon, dass diese Reihenfolge »benutzerfreundlicher« wäre, würde dadurch auch noch deutlicher hervorgehoben, dass die Eltern (im Normalfall) mehr Befugnisse als ein Vormund (Ausnahmefall) haben?
Exkursende

394 Genehmigungspflichtige Rechtsgeschäfte der Eltern für das Kind gem. § 1643 Abs. 1 sind insbesondere:

- *Grundstücksgeschäfte* i. S. v. § 1821 (jetzt ganz lesen!),
- Rechtsgeschäfte, die das Kind zu einer Verfügung über sein *Vermögen im Ganzen* oder über eine künftige *Erbschaft* verpflichten (§ 1822 Nr. 1),
- Verträge, die auf den entgeltlichen *Erwerb oder* auf die *Veräußerung eines Erwerbsgeschäfts*[595] gerichtet sind, sowie ein *Gesellschaftvertrag* zum Betrieb eines Erwerbsgeschäfts (§ 1822 Nr. 3),
- Verträge (wie Miet- oder Pachtvertrag), die das Kind *zu wiederkehrenden Leistungen* verpflichten (§ 1822 Nr. 5),
- *Kreditaufnahme* im Namen des Kindes (§ 1822 Nr. 8); darunter fällt der gewöhnliche Kauf unter Eigentumsvorbehalt[596] i. S. v. § 449,

595 Vgl. dazu § 112 sowie *mein* BGB AT, Rdnr. 115 (= partielle volle Geschäftsfähigkeit!).
596 *Schwab*, Rdnr. 563.

- die Ausstellung einer *Inhaberschuldverschreibung* oder die Eingehung einer *Wechselverbindlichkeit* (§ 1822 Nr. 9),
- die Übernahme einer fremden Verbindlichkeit, namentlich einer *Bürgschaft* (§ 1822 Nr. 10) sowie
- die Erteilung einer *Prokura* (§ 1822 Nr. 11) i. S. v. § 48 HGB[597].

Gem. § 1643 Abs. 2 sind auch die Ausschlagung einer Erbschaft (§§ 1942 ff.) sowie der Verzicht auf einen Pflichtteil (§§ 2303 ff.) genehmigungspflichtig.
(Die erbrechtlichen Vorschriften *müssen* Sie jetzt nicht lesen!)

Zur Wiederholung: 395
In Übungsfall 19 und andernorts war von *Einwilligung* und nunmehr ist von *Genehmigung* die Rede; Begriffe, die Sie aus dem »Recht der Geschäftsfähigkeit« des BGB AT[598] kennen.

■ Worin besteht der Unterschied zwischen Einwilligung und Genehmigung?
▷ Antwort: Einwilligung → vgl. § 183 S. 1 = Legaldefinition.
Genehmigung → vgl. § 184 Abs. 1 S. 1 = Legaldefinition.
Zustimmung ist demnach der Oberbegriff.[599]

Bis zur Erteilung der Genehmigung[600] ist ein durch die Eltern für das Kind geschlossener genehmigungspflichtiger Vertrag schwebend unwirksam (vgl. §§ 1643 Abs. 3, 1829 Abs. 1 S. 1). Das Familiengericht erteilt den Eltern die Genehmigung gem. §§ 1643 Abs. 3, 1828 analog. 396

■ Wenn Sie die Vorschriften gelesen haben, wissen Sie, warum § 1828 »analog« gilt?
▷ Weil dort vom »Vormundschaftsgericht« und von dem »Vormund« die Rede ist, während es in § 1643 um das »Familiengericht« und die »Eltern« geht[601].

Die Genehmigung und damit der Vertrag wird gegenüber dem Vertragspartner (des Kindes) erst wirksam, wenn die Eltern diesem die Genehmigung mitteilen (§ 1643 Abs. 3 i. V. m. § 1829 Abs. 2 S. 2 analog). Der Vertrag wird unwirksam, wenn das Gericht die Genehmigung verweigert.

(2) Ausschluss

(a) Die Vertretungsmacht der Eltern ist zunächst ausgeschlossen, wenn das Gesetz eine *höchstpersönliche Vornahme des Rechtsgeschäfts* (durch das Kind) vorschreibt. 397

Beispiele:
- *Eheschließung* eines minderjährigen (z. B. 17 Jahre alten) Kindes: § 1311 S. 1,
- Nach der Eheschließung dieses Kindes bleibt zwar, wie wir oben (Rdnr. 391) gesehen haben, gem. § 1633 die Personensorge unter Beschränkung auf die Vertretung in persönlichen Angelegenheiten bestehen. Schließt das Kind aber mit seinem Ehepartner einen *Ehevertrag,*

597 Falls Sie nicht wissen, was eine Prokura ist, vgl. *mein* HR, Rdnrn. 74–85.
598 Vgl. dazu ggf. *mein* BGB AT, Rdnrn. 105–117.
599 *Ebenda*, Rdnrn. 51 und 55.
600 *Der Gesetzgeber ist mit seinen Formulierungen bisweilen inkonsequent: In § 184 Abs. 1 HS. 1 wird die »Genehmigung« legal als »nachträgliche Zustimmung« definiert, doch die Überschrift von § 1829 lautet pleonastisch (vgl. Duden, Fremdwörterbuch!) »Nachträgliche Genehmigung«. Das ist ähnlich überflüssig wie der »schwarze Rappe« oder der »weiße Schimmel«. Auf die Inkonsequenz bei der Begriffsbildung weist auch Muscheler, FamR, Rdnr. 752 hin. Sie lässt sich seiner Ansicht nach allenfalls damit rechtfertigen, dass es sich bei der vormundschaftsgerichtlichen Genehmigung nicht um eine private Willenserklärung, sondern um einen Hoheitsakt handelt.* Zur »Sprache der Juristen« vgl. *mein* BGB AT, Rdnrn. 1–3!
601 Zur Analogie vgl. ggf. *mein* BGB AT, Rdnr. 160.

so ist die gesetzliche Vertretung durch die Eltern gem. § 1411 Abs. 1 S. 4 ausgeschlossen (vgl. aber auch § 1411 Abs. 1 S. 1).
- Testamentserrichtung (§ 2064 i. V. m. § 2229 Abs. 1 und 2),
- Abschluss eines Erbvertrags (§ 2274 i. V. m. § 2275 Abs. 2),
- Erbverzichtsvertrag (§ 2247 Abs. 1 S. 1).

■ Wenn Sie sich an das erinnern, was Sie zum Allgemeinen Teil des BGB gelernt haben, sollten Sie die Frage beantworten können, unter welchen Voraussetzungen ein beschränkt geschäftsfähiger *Minderjähriger* teilweise *unbeschränkt geschäftsfähig* ist?

▷ Das ist der Fall, wenn der gesetzliche Vertreter den Minderjährigen zum selbstständigen Betrieb eines Erwerbsgeschäfts (§ 112) oder zur Eingehung eines Dienst- oder Arbeitsverhältnisses (§ 113) ermächtigt hat.

■ Was bedeutet das für die Vertretung des Kindes nach § 1629?

▷ Dann ist die Vertretungsmacht der Eltern in diesen Bereichen, in denen der (die) Minderjährige unbeschränkt geschäftsfähig ist, ausgeschlossen.

398 (b) Gem. § 1641 gilt für die Eltern ein *Schenkungsverbot*, d. h. sie können keine Schenkungen in Vertretung des Kindes, also in dessen Namen machen.

399 (c) Der wichtigste Fall des Ausschlusses der Vertretungsmacht ist der des § 1629 Abs. 2 S. 1 i. V. m. § 1795[602], der Ausschluss wegen möglicher *Interessenkollisionen*[603]. Solche Interessenkollisionen liegen etwa in den Fällen von § 1795 Abs. 1 Nrn. 1–3 vor.

400 Nach § 1795 Abs. 2 bleibt § 181 (lesen!) unberührt, d. h. das *Verbot des Selbstkontrahierens oder der Mehrfachvertretung* gilt nicht nur für die rechtsgeschäftliche (§§ 164 ff.), sondern auch für die gesetzliche Vertretung nach § 1793 Abs. 1 S. 1 (Vormund) und § 1629 Abs. 1 S. 1 (Eltern).

Der Vertretene (hier das minderjährige Kind) soll durch § 181 beim Selbstkontrahieren davor geschützt werden, dass die Eigeninteressen des Vertreters (Eltern oder Vormund) die Oberhand gewinnen. Bei der Mehrfachvertretung soll § 181 verhindern, dass einer der Vertretenen vom Vertreter bevorzugt wird[604]. Haben z. B. die Eltern mehrere minderjährige Kinder, die sie gesetzlich vertreten, können sie nicht ohne Weiteres Vermögen des einen auf den anderen übertragen[605].

Der Ausschluss der Vertretungsmacht gem. § 181 entfällt seinem Wortlaut nach, wenn das Rechtsgeschäft ausschließlich in der Erfüllung einer Verbindlichkeit besteht.

Eine Ausnahme von § 181 macht die h. M. auch, wenn das »Insichgeschäft« seiner Art nach keine Interessenkollision befürchten lässt, weil es dem Kind *lediglich einen rechtlichen Vorteil* (vgl. § 107) bringt (z. B. Erlass einer Forderung oder Schenkung eines unbelasteten Grundstücks)[606]. Gäbe es diese Ausnahme von § 181 nicht, würde überspitzt ausgedrückt der Satz gelten »Keine Weihnachtsfeier ohne Ergänzungspfleger«[607]; denn wenn die gesetzliche Vertretung der Eltern oder des Vormundes ausgeschlossen ist, sind diese an der Vertretung »verhindert«. In diesem Fall erhält das Kind gem. § 1909 Abs. 1 S. 1 einen Pfleger (»Ergänzungspflegschaft«, dazu etwas mehr unten, Rdnr. 443).

Wiederholen Sie das zur »elterlichen Sorge« Gelernte nun anhand der folgenden Übersicht (25).

602 Auch hier ist die Verweisung von den Eltern auf den Vormund wenig einsichtig (vgl. oben Exkurs, Rdnr. 393).
603 Vgl. *Lüderitz/Dethloff*, § 13, Rdnrn. 117 ff.; *Schwab*, Rdnrn. 569 ff.
604 Vgl. *Petersen*, JURA 2007, 418.
605 *Ebenda*, unter Verweis auf *Medicus*, BGB AT, Rdnr. 956.
606 Vgl. *Schwab*, Rdnr. 570; *Gernhuber/Coester-Waltjen*, § 61, Rdnrn. 17–20.
607 *Petersen*, JURA 2007, 419.

Übersicht 25 401

Elterliche Sorge
§§ 1626 – 1698b

Träger der elterlichen Sorge

- Gemeinsames Sorgerecht verheirateter Eltern
  - § 1626 Abs. 1 S. 1 i. V. m. § 1626a Abs. 1 Nr. 2
- Gemeinsames Sorgerecht nicht verheirateter Eltern
  - § 1626a Abs. 1 Nr. 1
- Alleiniges Sorgerecht eines Elternteils
  - § 1626a Abs. 2
  - § 1671 Abs. 1
  - § 1678 Abs. 1
  - § 1687b Abs. 1
- Eingriffe in die elterliche Sorge
  - § 1666
  - § 1666a
  - § 1667

Inhalt der elterlichen Sorge

Personensorge

§ 1626

Schwerpunkte:

- Pflicht und Recht, das Kind zu pflegen, zu erziehen, zu beaufsichtigen und seinen Aufenthalt zu bestimmen; gewaltlose Erziehung!

  § 1631
- Recht, den Umgang des Kindes auch mit Wirkung gegen Dritte zu bestimmen

  § 1632 Abs. 2

Vermögenssorge

§ 1626 Abs. 1

- Pflicht und Recht, grundsätzlich das gesamte Vermögen des Kindes zu verwalten und das Kind bei Rechtsgeschäften, die sich auf das Vermögen beziehen, zu vertreten
- *Beschränkungen:*

  §§ 1638, 1639

Vertretung des Kindes

§ 1629

Grundsätzlich *gemeinschaftliche* Vertretung durch Eltern im Rahmen der Personen- und Vermögenssorge

§ 1629 Abs. 1 S. 2

- *Ausnahme:* Alleinvertretung durch einen Elternteil: **§ 1629 Abs. 1 S. 3** i. V. m. § 1628
- *Beschränkungen und Ausschluss:*
  - § 1633 (Personensorge)
  - **§ 1643** i. V. m. § 1821 oder § 1822 → Genehmigung durch Familiengericht erforderlich
  - **§ 1641** (Schenkungsverbot)
  - § 1629 Abs. 2 S. 1 i. V. m. **§§ 1795, 181**

VI. Beistandschaft

402 Auf schriftlichen *Antrag* eines sorgeberechtigten (vgl. § 1713 Abs. 1 S. 1) Elternteils wird das *Jugendamt* (§ 55 SGB III) gem. § 1712 Abs. 1 als *Beistand* des Kindes für die *Feststellung der Vaterschaft* und die *Geltendmachung von Unterhaltsansprüchen* tätig.

Diese freiwillige (vgl. § 52a SGB VIII) *Beistandschaft* ist als Folge des KindRG an die Stelle der früher obligatorischen Amtspflegschaft zur Unterstützung von Müttern nichtehelicher Kinder getreten.[608]

Lesen Sie bei Interesse die §§ 1712–1717 einmal ganz durch und ggf. Näheres in der folgenden Literatur zur Vertiefung.

Literatur zur Vertiefung (Rdnrn. 367–402):

Alpmann/Schmidt, 2. Teil, 1. Abschn., 3. und 4.; *Brauner/Roßmann,* § 1629a BGB – eine Fallstudie, JA 2001, 381; *Coester,* No risk, no fun – Zum Überschuldungsschutz für Volljährige, § 1629a BGB –, JURA 2002, 88; *ders.,* Elterliche Gewalt, FS Schwab 2005, 474; *ders.,* Verfassungsrechtliche Vorgaben für die gesetzliche Ausgestaltung des Sorgerechts nicht miteinander verheirateter Eltern, FPR 2005, 60; *Coester-Waltjen,* Elterliche Sorge – Inhaberschaft, JURA 2005, 97; *dies.,* Kinderarm, aber elternreich, FS Schwab 2005, 761; *Gernhuber/Coester-Waltjen,* §§ 57, 58, 60 - 64; *Lipp,* § 20; *Lüderitz/Dethloff,* § 13; *Motzer,* Das Umgangsrecht Verwandter und enger Bezugspersonen des Kindes – Zur Neufassung von § 1685 Abs. 2 BGB –, FamRB 2004, 231; *ders.,* Die neueste Rechtsprechung und Gesetzgebung auf dem Gebiet von Sorgerecht und Umgangsrecht, FamRZ 2001, 1034; *Muscheler,* FamR, §§ 34–38; *Oberloskamp,* Rechtlicher Schutz für Kinder bei häuslicher Gewalt, ZfJ 2004, 267; *Petersen,* Das familienrechtliche Schutzverhältnis als gesetzliches Schutzverhältnis - § 1664 BGB in der Fallbearbeitung, JURA 1998, 399; *ders.,* Der Minderjährige im Familien- und Erbrecht, JURA 2006, 280; *ders.,* Insichgeschäfte, JURA 2007, 418; *Schlüter,* § 25; *Schmidt (Karsten),* Gewaltschutz in Paarbeziehungen mit gemeinsamen Kindern, JuS 2004, 361 ff.; *Schwab,* §§ 53–65; *Wertenbruch,* Familienrechtliche Genehmigungserfordernisse bei der GbR mit minderjährigen Gesellschaftern, FamRZ 2003, 1714.

VII. Annahme als Kind

1. Einführung

403 Die Annahme als Kind, gemeinhin »Adoption« genannt, bedeutet die künstliche Begründung eines Kindschaftsverhältnisses durch einen Rechtsakt. Sie ist im Titel 7 von Abschnitt 2 in Buch 4 in den §§ 1741 bis 1772 geregelt.

Während die Adoption ursprünglich dazu diente, dem *Annehmenden* einen *Ersatz für fehlende eigene Nachkommen* zu bieten, wird das heutige Adoptionsrecht maßgeblich vom Gedanken der *Fürsorge für das anzunehmende Kind* bestimmt[609]. Grundlagen für diesen Wandel waren das *Adoptionsgesetz* vom 2.7.1976[610], das *Adoptionsvermittlungsgesetz* von 1976 i. d. F. vom 22.12.2001[611] sowie das KindRG von

608 *Creifelds,* »Beistand« (1).
609 Vgl. *Schlüter,* Rdnr. 414.
610 BGBl. I, S. 1749.
611 BGBl. I (2002), S. 354.

1998. Den Schwerpunkt des geltenden Adoptionsrechts bildet die Annahme Minderjähriger (§§ 1741–1766); möglich ist ausnahmsweise auch die Annahme Volljähriger (§§ 1767–1772).

2. Annahme Minderjähriger

a) Voraussetzungen der Adoption 404

■ Gedächtnistraining: Welchen Begriff hatten wir als den *zentralen Begriff des Kindschaftsrechts* bezeichnet?
▷ Anwort: Vgl. Rdnr. 373 am Anfang!

An diesem Begriff ist auch das Adoptionsrecht ausgerichtet: Nach § 1741 Abs. 1 S. 1 ist die Annahme als Kind *zulässig,* wenn sie dem *Wohl des Kindes* dient und zu erwarten ist, dass zwischen dem Annehmenden und dem Kind ein *Eltern-Kind-Verhältnis* entsteht.

aa) Wohl des Kindes

Das »Wohl des Kindes« ist ein unbestimmter Rechtsbegriff[612]. Unbestimmte Rechts- 405
begriffe sind inhaltlich nicht durch einen fest umschriebenen Sachverhalt ausgefüllt, sondern bedürfen bei der Rechtsanwendung einer konkreten Fixierung, die insbesondere in einer Wertausfüllung bestehen kann. Um dem Wohl des Kindes zu dienen, muss die Adoption die Lebensbedingungen des Kindes so ändern, dass eine merkliche *bessere Entwicklung* der Persönlichkeit des Kindes zu erwarten ist[613].

bb) Eltern-Kind-Verhältnis

Mit der Annahme soll zwischen dem Kind und den Adoptivbewerbern ein Eltern- 406
Kind-Verhältnis hergestellt werden, d. h., das Kind soll nun in einer Familie aufwachsen, die ihm die Chancen für eine glückliche Entwicklung bietet[614].

Gemeint ist dabei nicht die leibliche, sondern die *»soziale Elternschaft«* als ein Verhältnis, das sich an den durchschnittlichen Beziehungen zwischen leiblichen Eltern und Kindern bezüglich Fürsorge und Erziehung orientiert[615]. Die Adoption darf nicht nur der Weitergabe von Namen und Vermögen des (der) Annehmenden dienen[616].

cc) Annahmeberechtigte

Wer *nicht verheiratet* ist, kann gem. § 1741 Abs. 2 S. 1 ein Kind *nur allein* annehmen, 407
wenn er das 25. Lebensjahr (§ 1743 S. 1) vollendet hat.

Nach § 1741 Abs. 2 S. 1 kann ein *Ehepaar* ein Kind *nur gemeinschaftlich* annehmen. In diesem Fall muss ein Ehepartner das 25. und der andere das 21. Lebensjahr vollendet haben (§ 1743 S. 2).

612 MüKo/*Maurer*, § 1741, Rdnr. 8.
613 MüKo/*Maurer*, § 1741, Rdnr. 8.
614 AnwK-BGB/*Finger*, § 1741, Rdnr. 7.
615 Vgl. Palandt/*Diederichsen*, § 1741, Rdnr. 5; MüKo/*Maurer*, § 1741, Rdnr. 16.
616 *Muscheler*, FamR, Rdnr. 712.

Ausnahmsweise kann *ein Ehepartner* ein Kind gem. § 1741 Abs. 2 S. 3 und S. 4 (lesen) *allein* annehmen. Der Annehmende muss dann das 21. Lebensjahr vollendet haben (§ 1743 S. 1).

dd) Antrag des Annehmenden

408 Die Annahme als Kind erfolgt nach dem sog. *Dekretsystem* durch staatlichen Hoheitsakt, d. h. auf Antrag des Annehmenden durch Beschluss des Vormundschaftsgerichts (§ 1752 Abs. 1 – lesen Sie auch § 1752 Abs. 2!).

Eine Zweitadoption ist grundsätzlich (Ausnahme: § 1742) unzulässig. Andernfalls stände das Adoptivkind in der Gefahr, dass das erstrebte Eltern-Kind-Verhältnis i. S. v. § 1741 Abs. 1 S. 1 nicht zustande kommt und das Kind dann von Adoptiveltern zu Adoptiveltern »weitergereicht« wird (sog. »Kettenadoption«)[617].

ee) Einwilligung der Betroffenen

409 Zur Adoption ist nach § 1746 Abs. 1 S. 1 zunächst die Einwilligung *des Kindes* Voraussetzung. Es bedarf dazu der Zustimmung des gesetzlichen Vertreters (§ 1746 Abs. 1 S. 3, HS. 2). Ist das Kind geschäftsunfähig oder noch nicht 14 Jahre alt, kann nur sein gesetzlicher Vertreter (vgl. § 1629 Abs. 1 S. 2) die Einwilligung erteilen (§ 1746 Abs. 1 S. 2).

Gem. § 1747 Abs. 1 S. 1 ist auch die Einwilligung der Eltern erforderlich, die erst acht Wochen nach der Geburt des Kindes erteilt (§ 1747 Abs. 2 S. 1) und ggf. nach § 1748 durch das Vormundschaftsgericht ersetzt werden kann. Dies gilt gem. § 1749 Abs. 1 S. 2 auch für die nach § 1749 Abs. 1 S. 1 erforderliche Einwilligung des anderen Ehepartners, wenn ein Ehepartner das Kind alleine adoptieren will.

Die Einwilligungen sind gegenüber dem Vormundschaftsgericht zu erklären (§ 1750 Abs. 1 S. 1) und müssen notariell beurkundet werden (§ 1750 Abs. 1 S. 2).

ff) Probezeit

410 Gem. § 1744 soll die Annahme in der Regel erst ausgesprochen werden, wenn der Annehmende das Kind eine angemessene Zeit in Pflege gehabt hat.

Als Regelfrist dieser Sollvorschrift kann der Zeitraum von einem Jahr gelten[618].

gg) Kein Verbot der Annahme

411 Die Adoption darf nicht ausgesprochen werden, wenn eine Interessenkollision i. S. v. § 1745 S. 1 vorliegt, wobei vermögensrechtliche Interessen nicht ausschlaggebend sein sollen (§ 1745 S. 2).

b) Wirkungen der Adoption

aa) Entstehung eines Kindschaftsverhältnisses

412 Durch die Adoption erlangt das Kind die rechtliche Stellung eines Kindes des Annehmenden.

Nimmt ein *Ehepaar* ein Kind an *oder* nimmt *ein Ehepartner* ein Kind des anderen Ehepartners an, wird das Kind *gemeinschaftliches Kind* der Eheleute (§ 1754 Abs. 1), andernfalls (§ 1754 Abs. 2) Kind des Annehmenden. Diese *Volladoption* bewirkt

617 Vgl. Palandt/*Diederichsen*, § 1742, Rdnr. 1.
618 *Gernhuber/Coester-Waltjen*, § 68, Rdnr. 5, Fn. 15; *Schlüter*, Rdnr. 428.

zugleich, dass zwischen dem Kind und den *Verwandten des (der) Annehmenden* ein *Verwandtschaftsverhältnis* begründet wird.

Nach § 1754 Abs. 3 steht dem (den) Annehmenden die elterliche Sorge zu.

bb) Erlöschen von Verwandtschaftsverhältnissen

Mit der Adoption erlöschen das Verwandschaftsverhältnis des Kindes und seiner Abkömmlinge zu seinen *bisherigen* (leiblichen) Verwandten und die sich aus ihm ergebenden Rechte und Pflichten (§ 1755 Abs. 1 S. 1). **413**

»Abkömmlinge« (vgl. Erbrecht: § 1924) sind die Kinder und weitere Nachkommen eines Menschen (z. B. Enkel). Es wird »in der Praxis« sicher sehr selten vorkommen, dass ein adoptiertes minderjähriges Kind (auf das die §§ 1741–1766 zugeschnitten sind) bereits Abkömmlinge hat?

Ausnahmen enthalten § 1755 Abs. 2 und § 1756 (lesen!).

■ Lösen Sie zu § 1755 Abs. 2 folgenden Fall *(= Beispiel)*:
Ehefrau F adoptiert das Kind K ihres Ehemanns M. Das Kind stammt aus der ersten Ehe von M mit Frau X. Welche Verwandtschaftsverhältnisse bestehen (noch)?

▷ Das Verwandtschaftsverhältnis des Kindes zu M bleibt bestehen. Das Verwandtschaftsverhältnis des Kindes zu X und deren Verwandten erlischt.

■ *Beispiel* zu § 1756 Abs. 1: Die Großeltern GM & GV adoptieren das (minderjährige) Kind K, das keine Abkömmlinge (!) hat. K ist eines von drei Kindern der Eltern F und M. K hat einen Bruder B und eine Schwester S. Welche Verwandtschaftsverhältnisse bleiben bestehen bzw. welches Verhältnis erlischt?

▷ Es erlischt nur das Verwandtschaftsverhältnis von K zu seinen leiblichen Eltern. Alle anderen verwandtschaftlichen Beziehungen bleiben unverändert.

cc) Name des Kindes

Mit der Adoption erhält das Kind gem. § 1757 Abs. 1 S. 1 als Geburtsnamen den *Familiennamen des Annehmenden.* **414**

Begleitnamen (vgl. oben Rdnr. 165) i. S. v. § 1355 Abs. 4 (und § 3 Abs. 2 LPartG) gelten nicht als Familienname (§ 1757 Abs. 1 S. 2).

Einzelheiten finden Sie bei Bedarf in § 1757 Abs. 2 bis Abs. 4.

dd) Staatsangehörigkeit des Kindes

Ein ausländisches (minderjähriges) Kind erwirbt mit der Adoption durch einen deutschen Staatsbürger gem. § 6 S. 1 StAG die deutsche Staatsangehörigkeit. **415**

Nach § 6 S. 2 StAG erstreckt sich der Erwerb der Staatsangehörigkeit auch auf die »Abkömmlinge« des (adoptierten) Kindes. Angesichts der im Vergleich zu Deutschland durchaus höheren Geburtenfreudigkeit mancher ausländischer minderjähriger Frauen erscheint dieser Verweis hier angebrachter als in § 1755 Abs. 1 S. 1 (vgl. oben Rdnr. 413).

c) Aufhebung der Adoption

Die grundsätzlich unwiderrufliche[619] Adoption kann gem. § 1759 nur in Ausnahmefällen i. S. v. § 1760 (Aufhebung wegen fehlender Erklärungen des Annehmenden, des Kindes oder eines Elternteils) und § 1763 (Aufhebung von Amts wegen, wenn dies aus schwerwiegenden Gründen *zum Wohl des Kindes* erforderlich ist) *ex nunc* (vgl. § 1764 Abs. 1 S. 1) aufgehoben werden. **416**

619 Vgl. *Lüderitz/Dethloff*, § 15, Rdnr. 58.

3. Annahme Volljähriger

417 Die Adoption eines Volljährigen als »Kind« kommt, wie eingangs (Rdnr. 403) erwähnt, nur ausnahmsweise in Betracht. Sie ist nach § 1767 Abs. 1 nur zulässig, wenn die *Annahme sittlich gerechtfertigt* ist, was insbesondere der Fall ist, wenn zwischen dem Annehmenden und dem Anzunehmenden ein Eltern-Kind-Verhältnis *bereits entstanden* ist. Für die Annahme Volljähriger gelten die Vorschriften über die Annahme Minderjähriger sinngemäß, soweit sich aus den §§ 1767 Abs. 2 S. 2 bis 1772 nichts anderes ergibt (§ 1767 Abs. 2 S. 1). Daraus folgt u. a. (vgl. § 1741 Abs. 1 S. 1!), dass ein Volljähriger auch adoptiert werden kann, wenn zu *erwarten* ist, dass zwischen ihm und den Annehmenden ein Eltern-Kind-Verhältnis entsteht.

Angesichts der relativ geringen Bedeutung und selten vorkommenden Annahme Volljähriger darf ich Sie auch hier auf die Gesetzeslektüre (s. o.: § 1767 bis 1772) sowie auf die Literatur zur Vertiefung verweisen. Bevor Sie letztere befragen, vertiefen Sie das zur Adoption Gelernte anhand der folgenden Übersicht (26).

Literatur zur Vertiefung (Rdnrn. 403–418):

Alpmann/Schmidt, 2. Teil, 2. Abschn.; *Dethloff,* Adoption durch gleichgeschlechtliche Paare, ZRP 2004, 195; *Gernhuber/Coester-Waltjen,* §§ 68 f.; *Lipp,* Rdnr. 333 (Fallbeispiel); *Lüderitz/Dethloff,* § 15; *Muscheler,* FamR, § 41; *ders.,* Das Recht der Stiefkindfamilie, FamRZ 2004, 913; *Paulitz,* Auswirkungen der Rechtsprechung des BVerfG zu § 1626a BGB auf § 1748 IV BGB im Adoptionsrecht, FamRZ 2003, 1523; *Schlüter,* § 26; *Schwab,* §§ 68–71.

Übersicht 26 418

Annahme als Kind (Adoption)
§§ 1741–1772

- *Sinn und Zweck* (im Gesetz – so – nicht geregelt)
  - → Annehmender kann Ersatz für fehlende Nachkommen erhalten (»antik«)
  - → Fürsorge für das anzunehmende Kind (»modern«)

Annahme Minderjähriger
§§ 1741–1766

»Normalfall«

Voraussetzungen

- Wohl des Kindes
- Eltern-Kind-Verhältnis soll entstehen

§ 1741 Abs. 1 S. 1

- Recht, den Umgang des Kindes auch mit Wirkung gegen Dritte zu bestimmen
- Annahmeberechtigte: § 1741 Abs. 2, § 1742, § 1743
- Antrag des Annehmenden: § 1752
- Einwilligung der Betroffenen:
  - → Kind § 1746
  - → Eltern § 1747
  - → Gericht § 1748
  - → Ehepartner § 1749
- Probezeit: § 1744
- Verbot der Annahme: § 1745

Wirkungen

- Entstehung eines Eltern-Kind-Verhältnisses + Verwandtschaftsverhältnis mit Annehmenden und dessen Verwandten

§§ 1754, 1756

- Erlöschen von Verwandtschaftsverhältnissen des Kindes: § 1755
- Name des Kindes: §§ 1757; 1355 Abs. 4 (§ 3 Abs. 2 LPartG)

Aufhebung

§ 1759 bis § 1765

Annahme Volljähriger
§§ 1767–1772

»Ausnahmefall«

Dritter Teil: Vormundschaft, rechtliche Betreuung, Pflegschaft

§ 1793 Aufgaben des Vormunds, Haftung des Mündels. (1) [1]Der Vormund hat das Recht und die Pflicht, für die Person und das Vermögen des Mündels zu sorgen, insbesondere den Mündel zu vertreten. [2]§ 1626 Abs. 2 gilt entsprechend. [3]Ist der Mündel auf längere Dauer in den Haushalt des Vormunds aufgenommen, so gelten auch die §§ 1618a, 1619, 1664 entsprechend.

(2) Für Verbindlichkeiten, die im Rahmen der Vertretungsmacht nach Absatz 1 gegenüber dem Mündel begründet werden, haftet der Mündel entsprechend § 1629a.

Einführung

419 Der dritte Teil dieses Buchs über »Familienrecht« entspricht dem dritten Abschnitt des gleichnamigen Buchs 4 des BGB. Dieser Abschnitt ist nach den in der Überschrift genannten drei Rechtsbereichen in drei Titel unterteilt.

Die *Vormundschaft* (Titel 1: §§ 1773–1895) ersetzt umfassend die *elterliche Sorge für Minderjährige*.

Das Betreuungsgesetz vom 12.9.1990[620] ist am 1.1.1992 in Kraft getreten und hatte neben der Neufassung der §§ 1896–1908i in Titel 2 (die frühere Überschrift dieses Titels lautete *»Vormundschaft über Volljährige«*) die Aufhebung der §§ 6, 104 Nr. 3, 114, 115 und 1910 zur Folge, denen eine mögliche »Entmündigung« Volljähriger zugrunde lag. Die damit verbundene diffamierend und diskriminierend anmutende »Bevormundung« Erwachsener wurde zur *rechtlichen Betreuung*. Das Betreuungsrecht wurde durch das 1. BtÄndG vom 25.6.1998[621] und das 2. BtÄndG vom 21.4.2005[622] novelliert.

Im Unterschied zur Vormundschaft, welche die Besorgung *aller* Angelegenheiten des Minderjährigen betrifft, ist die *Pflegschaft* (Titel 3: §§ 1909–1921) auf die Wahrnehmung *einzelner* Angelegenheiten beschränkt oder sie dient nur einem vorübergehenden Zweck.

620 BGBl. I, S. 2002.
621 BGBl. I, S. 1580.
622 BGBl. I, S. 1073.

1. Kapitel: Vormundschaft

Hauptzweck der Vormundschaft ist es, für Minderjährige, die nicht unter elterlicher Sorge stehen oder deren Eltern weder in den die Person noch das Vermögen betreffenden Angelegenheiten zur Vertretung des Kindes berechtigt sind (§ 1773 Abs. 1), die Möglichkeit zu schaffen, am Rechtsverkehr teilzunehmen. Ein Minderjähriger erhält gem. § 1773 Abs. 2 einen Vormund auch dann, wenn sein Familienstand nicht zu ermitteln ist. § 1773 Abs. 2 gilt namentlich für sog. Findelkinder (§ 25 PStG)[623]. 420

Nach § 1773 müssen für die Bestellung eines Vormunds bestimmte Voraussetzungen erfüllt sein, die Sie aus dem Text herauslesen können:

I. Voraussetzungen

■ Welche Voraussetzung muss die Person, die einen Vormund erhält, nach § 1773 Abs. 1 zunächst erfüllen? 421

▷ Die Person muss minderjährig sein!

■ Zweite Voraussetzung = alternativ?

▷ Die minderjährige Person hat keine Eltern (z. B. weil sie tödlich verunglückt sind), unter deren elterlichen Sorge sie steht, oder:
Es sind zwar Eltern vorhanden, aber sie sind nicht zur elterlichen Sorge (Personensorge, Vermögenssorge, Vertretung) berechtigt.

■ Dritte (alternativ zur zweiten) Voraussetzung?

▷ § 1773 Abs. 2: Es mögen (noch) Eltern existieren, aber sie sind unbekannt, da der Familienstand nicht zu ermitteln ist (s. o.: »Findelkind«).

In § 1666 (und unter Rdnr. 373) haben Sie gelesen, dass das Familiengericht unter bestimmten Voraussetzungen in die elterliche Sorge eingreifen bzw. diese an sich ziehen kann. Dann sind die Eltern (s. o.: zweite alternative Voraussetzung) nicht zur elterlichen Sorge *berechtigt.*

Die Berechtigung zur elterlichen Sorge kann auch fehlen, wenn die elterliche Sorge ruht (vgl. § 1675). Das *Ruhen der elterlichen Sorge* ist in § 1673 *bei rechtlichem Hindernis* (z. B. Geschäftsunfähigkeit eines Elternteils) und in § 1674 Abs. 1 *bei tatsächlichem Hindernis* (Feststellung des Familiengerichts) geregelt.

II. Begründung der Vormundschaft

Die Vormundschaft ist gem. § 1774 S. 1 grundsätzlich *durch das Vormundschaftsgericht* von Amts wegen *anzuordnen,* was unter der Voraussetzung von § 1774 S. 2 auch schon vor der Geburt des Kindes erfolgen kann. Ohne Anordnung durch das Vormundschaftsgericht wird in den Fällen von § 1791c Abs. 1 S. 1 und § 1751 Abs. 1 S. 2 (Adoption) das *Jugendamt*[624] Vormund *kraft Gesetzes* (»gesetzliche Amtsvormundschaft«)[625]. 422

623 MüKo/*Wagnitz*, § 1773, Rdnr. 14.
624 Zur *Mitwirkung des Jugendamts* vgl. § 1851!
625 *Lüderitz/Dethloff*, § 16, Rdnr. 8.

Nach § 1775 kann das Vormundschaftsgericht *mehrere Vormünder* für das Kind und ggf. seine Geschwister bestellen, wenn besondere Gründe vorliegen.

In § 1775 erfahren wir auch, dass die unter Vormundschaft gestellte Person »*Mündel*« heißt. Dieser seit dem 16. Jahrhundert bezeugte Rechtsbegriff ist vom Begriff Vormund abgeleitet, welcher sich aus der germanischen Schutzherrschaft der Sippe, der sog. »Munt«[626], entwickelt hat.

III. Auswahl und Bestellung des Vormunds

423 Die *Auswahl* des Vormunds erfolgt nach Anhörung des Jugendamts gem. § 1779 Abs. 1 *durch das Vormundschaftsgericht,* wenn jener von den dazu Berechtigten (vgl. §§ 1776–1778) *benannt* worden ist. Bei der Auswahl hat das Vormundschaftsgericht § 1779 Abs. 2 und Abs. 3 sowie die §§ 1780–1784 zu beachten.

Nach § 1785 ist jeder Deutsche, der ausgewählt wurde, *zur Übernahme* der Vormundschaft *verpflichtet,* sofern nicht ein *Ablehnungsrecht* nach § 1786 Abs. 1 Nr. 1–8 besteht.

Auch die Bestellung des Vormunds erfolgt durch das Vormundschaftsgericht (§ 1789).

Einzelheiten über die Bestellung sind in den §§ 1790–1792 geregelt. Nach § 1792 ist die Bestellung eines *Gegenvormunds* möglich.

IV. Führung der Vormundschaft

424 Unter dieser Überschrift (für die §§ 1793–1836e) sind die *Rechtsstellung des Vormunds und seine Aufgaben* geregelt.

1. Personensorge

424a Gem. § 1793 Abs. 1 S. 1 hat der Vormund (wie Eltern, denen die elterliche Sorge nach § 1626 Abs. 1 obliegt und zusteht) das Recht und die Pflicht[627], für die Person und das Vermögen des Mündels zu sorgen, insbesondere *den* Mündel[628] zu vertreten. Im Einzelnen bestimmt sich die *Personensorge* gem. § 1800 nach den §§ 1631 bis 1633.

2. Vermögenssorge

425 Bei der *Vermögenssorge* gelten für den Vormund die gleichen Grundregeln wie für die Eltern; allerdings ist der Handlungsspielraum eines Vormunds dabei zum Schutz des Mündels durch eine Reihe von Vorschriften stärker eingeschränkt als der der Eltern. So hat der Vormund z. B. gem. § 1802 ein Vermögensverzeichnis anzulegen, und gem. § 1806 muss er das zum Vermögen des Mündels gehörende *Geld* grundsätzlich verzinslich, d. h. *mündelsicher*[629] anlegen. Die *Art der Anlegung* bestimmen § 1807 und § 1809, der einen *Sperrvermerk* vorsieht.

Weitere Beschränkungen enthalten u. a. die §§ 1803–1805, 1810–1812 sowie 1814–1816.

626 Bei Interesse vgl. *Conrad* I, S. 407 f.

627 Anders als in § 1626 Abs. 1 S. 2 wird hier das Recht vor der Pflicht genannt. Zu Recht stellt *Muscheler* (FamR, Rdnr. 750) die unbeantwortete Frage, *warum* das so ist.

628 Warum nicht *das* Mündel, da es doch im Regelfall *das* Kind ist?

629 *Lüderitz/Dethloff*, § 16, Rdnr. 37.

3. Vertretung des Mündels

Die aus § 1793 Abs. 1 S. 1 folgende gesetzliche Vertretungsmacht des Vormunds unterliegt ebenfalls einigen Beschränkungen, insbesondere in den §§ 1794–1796. 426

So erstreckt sich seine Vertretungsmacht nach § 1794 *nicht* auf Angelegenheiten, für die ein Pfleger bestellt ist.

Der in § 1795 geregelte *Ausschluss der Vertretungsmacht* (der über § 1629 Abs. 2 S. 1 – vgl. oben Rdnrn. 399 f. – auch für Eltern gilt) betrifft die in § 1795 Abs. 1 Nr. 1–3 genannten Fälle der *Interessenkollisionen* sowie das *Verbot des Selbstkontrahierens und der Mehrfachvertretung* nach § 1795 Abs. 2 i. V. m. § 181 (vgl. oben Rdnr. 400).

Während § 1813 Abs. 1 einige genehmigungsfreie Geschäfte vorsieht, bedürfen manche Rechtsgeschäfte des Vormunds ggf. der *Mitwirkung des Gegenvormunds* (vgl. § 1810) und viele Rechtsgeschäfte der *Genehmigung des Vormundschaftsgerichts.* Dies sind insbesondere die in den §§ 1821, 1822 enumerativ aufgezählten Geschäfte, für die zum Teil auch Eltern gem. § 1643 der Genehmigung bedürfen. Die wichtigsten davon wurden oben (Rdnr. 394) bereits erwähnt.

Ebenso wurde schon (Rdnr. 396) darauf hingewiesen, dass die Legaldefinition der »Genehmigung« des § 184 Abs. 1 HS. 1 im Vormundschaftsrecht nicht gilt, da hier darunter sowohl die vorherige als auch die nachträgliche Zustimmung zu verstehen ist[630].

V. Beendigung der Vormundschaft

■ Wenn Sie in § 1773 (und oben, Rdnr. 421) die Voraussetzungen für die Bestellung eines Vormunds erkannt haben, sollten Sie auch feststellen können, wann die Vormundschaft endigt? Überlegen Sie! 427

▷ Die Vormundschaft endigt mit dem Wegfall der in § 1773 für die Begründung der Vormundschaft bestimmten Voraussetzungen.

Falls Sie dies ähnlich formuliert haben, könnten Sie »Gesetzgeber« werden; denn dies ist der Wortlaut von § 1882. Also endigt die Vormundschaft mit der Volljährigkeit des Mündels, mit Eintritt oder Wiedereintritt der elterlichen Sorge bzw. mit der Beendigung ihres Ruhens.

Das Amt des Vormunds endet zwangsläufig mit seinem Tod (wie es auch beim Tod des Mündels endet) oder mit der *Entlassung* des Vormunds durch das Vormundschaftsgericht nach §§ 1886 ff.

Lösen Sie nun zum Vormundschaftsrecht folgenden kleinen Fall und lesen Sie dann die zusammenfassende Übersicht 24 (Rdnr. 429).

Übungsfall 20	

428

Mündel M beerbt einen reichen Onkel. Zu der Erbschaft gehören u. a. ein Auto und ein Grundstück. M's Vormund V will das Auto an seinen volljährigen Sohn S verkaufen und das Grundstück des M mit einer Hypothek belasten.

Sollte das nicht möglich sein, erwägt V, das Auto selbst zu kaufen oder die Erbschaft des M auszuschlagen. Kann V die von ihm beabsichtigten Rechtsgeschäfte als gesetzlicher Vertreter des M durchführen?

630 Näheres zur Rechtsnatur der vormundschaftsgerichtlichen Genehmigung bei *Muscheler*, FamR, Rdnr.753.

■ Um die Fallfrage zu beantworten (Sie haben gemerkt, dass hier nicht nach »Ansprüchen« des V gefragt ist?), ordnen Sie die Rechtsgeschäfte, die V vornehmen will, zunächst einmal der Reihenfolge nach von (1) bis (4). Welche vier Rechtsgeschäfte sind das?

▷ (1) Verkauf des Autos an V's Sohn S.
(2) Belastung des Grundstücks des M mit einer Hypothek.
(3) Kauf des Autos durch V.
(4) Ausschlagung der Erbschaft des M.

■ Die folgende Lösung sollten Sie zunächst selbst zu finden versuchen, bevor Sie weiterlesen!

▷ Lösung:
V ist gem. § 1793 Abs. 1 S. 1 gesetzlicher Vertreter des M. Für bestimmte Rechtsgeschäfte ist die Vertretungsmacht des Vormunds ausgeschlossen und für bestimmte Geschäfte bedarf er der Genehmigung des Vormundschaftsgerichts.
Zu (1):
Gem. § 1795 Abs. 1 Nr. 1 kann der Vormund den Mündel u. a. nicht vertreten bei einem Rechtsgeschäft mit einem seiner Verwandten in gerader Linie. V ist mit S in gerader Linie verwandt (§ 1589 S. 1). Somit ist die Vertretungsmacht des V nach § 1795 Abs. 1 Nr. 1 ausgeschlossen.
Zu (2):
Die Belastung des Grundstücks des M mit einer Hypothek ist eine Verfügung über ein Grundstück. Zu dieser Verfügung bedarf V gem. § 1821 Abs. 1 Nr. 1 der Genehmigung des Vormundschaftsgerichts.
Zu (3):
Wenn V das Auto von M selbst kaufen will, handelt es sich um ein »Insichgeschäft« i. S. v. § 1795 Abs. 2 i. V. m. § 181. Somit kann V dieses Rechtsgeschäft gem. § 181 nicht vornehmen.
Zu (4):
Gem. § 1822 Nr. 2 kann der Vormund die Erbschaft des M nur mit Genehmigung des Vormundschaftsgerichts ausschlagen.

■ *Zusatzfrage:* Könnten die *Eltern* des minderjährigen K im Rahmen ihrer elterlichen Sorge eine Erbschaft des K ausschlagen? Falls Sie nicht gleich (im Gesetz suchen!) auf die Antwort kommen, lesen Sie nochmals oben Rdnr. 394!

▷ Gem. § 1643 Abs. 1 bedürfen die Eltern in bestimmten Fällen der Genehmigung des Familiengerichts. Da § 1643 Abs. 1 nicht auf § 1822 Nr. 2 verweist, könnten die Eltern die Erbschaft des K ohne Genehmigung ausschlagen (Eltern haben *mehr* Rechte – vgl. Rdnr. 425 – als ein Vormund).

Literatur zur Vertiefung (Rdnrn. 419–429):

Gernhuber/Coester-Waltjen, §§ 70–74; *Hansbauer/Oelerich/Wunsch,* Perspektiven der Vormundschaft, JAmt 2002, 229; *Lüderitz/Dethloff,* § 16; *Muscheler,* FamR, §§ 42, 43; *Schwab,* §§ 77–83; *Wolf,* Die Entwicklungen im Vormundschafts-, Pflegschafts- und Betreuungsrecht seit 2003, Rpfleger 2005, 501.

Übersicht 27 429

Vormundschaft
§§ 1773–1895

■ *Zweck*

→ Minderjährige/r ohne Eltern oder ohne zur elterlichen Sorge berechtigten Eltern (§ 1773 Abs. 1) oder Findelkind (§ 1773 Abs. 2) soll Möglichkeit bekommen, durch Vormund am Rechtsverkehr teilzunehmen.

Voraussetzungen

- Minderjährigkeit des *Mündels*
- Eltern nicht vorhanden

  oder
- elterliche Sorge entzogen

  oder
- elterliche Sorge ruht

§ 1773 Abs. 1 i. V. m. § 1666 oder §§ 1673–1675

oder
- Eltern nicht bekannt (Findelkind = § 1773 Abs. 2)

Begründung

§ 1774 S. 1

→ Anordnung durch Vormundschaftsgericht (VG)

§§ 1774 S. 2

→ ggf. vor der Geburt des Mündels

- Gesetzliche Amtsvormundschaft des Jugendamts (ohne Anordnung des VG): § 1791c Abs. 1 S.1 § 1651 Abs. 1 S. 2

Auswahl und Bestellung des Vormunds

§ 1779 Abs. 1

→ *Auswahl* durch VG nach Anhörung des Jugendamts

→ Benennung durch Berechtigte: §§ 1776–1778

→ *Bestellung* durch VG: §§ 1789–1792

Führung

Personensorge

§ 1800 i. V. m. §§ 1631–1633

Vermögenssorge

§§ 1802–1812; 1814–1818

Vertretung

§ 1793 Abs. 1
- Gegenvormund: § 1810
- Genehmigungsfreie Geschäfte: § 1813
- Genehmigungspflichtige Geschäfte: §§ 1821, 1822
- Ausschluss der Vertretungsmacht: §§ 1794, 1795

Beendigung

- Wegfall der Voraussetzungen von § 1773 → 1882
- Entlassung des Vormunds → §§ 1886 ff.
- Tod des Vormunds oder des Mündels

2. Kapitel: Rechtliche Betreuung

I. Überblick

430 Die rechtliche Betreuung dient der Regelung der Rechtsstellung psychisch kranker oder körperlich, geistig oder seelisch behinderter volljähriger Personen und ersetzt seit Inkrafttreten des Betreuungsgesetzes am 1.1.1992 (vgl. oben Rdnr. 419) die Vormundschaft oder die »Gebrechlichkeitspflegschaft« (i. S. v. § 1910 a. F.) über Volljährige. Das einheitliche Rechtsinstitut der Betreuung ist darauf gerichtet, Eingriffe in die Rechte der betroffenen Person, des *Betreuten,* durch den *Betreuer* möglichst gering zu halten. Das Betreuungsrecht soll die Rechtsstellung des *Betroffenen*[631] entscheidend dadurch verbessern, dass eine auf den Einzelfall abgestellte, nur den konkret erforderlichen Schutz bezweckende, persönliche Betreuung hilfsbedürftiger Menschen unter verfahrensrechtlichen Absicherungen und der Achtung des Selbstbestimmungsrechts des Betroffenen ermöglicht wird[632].

Nicht nur bei älteren Menschen besteht heutzutage in zunehmenden Maß das Bedürfnis, ihre rechtlichen und persönlichen Angelegenheiten für die Zukunft zu regeln, bevor sie infolge einer Krankheit oder Behinderung dazu nicht mehr fähig sind. Die rechtliche Betreuung ermöglicht es, einem hilfsbedürftigen Erwachsenen eine Hilfsperson beizuordnen, die ihn im Rechtsverkehr vertritt, *ohne dass dieser seine Geschäftsfähigkeit verliert,* wie das früher (vgl. Rdnr. 419) bei der Entmündigung Erwachsener der Fall war.

II. Voraussetzungen für die Bestellung eines Betreuers

431 1. Nach § 1896 Abs. 1 S. 1 HS. 1 ist zunächst Voraussetzung, dass ein *Volljähriger* auf Grund einer *psychischen Krankheit* oder einer *körperlichen, geistigen oder seelischen Behinderung* seine Angelegenheiten ganz oder teilweise nicht besorgen kann. Ob dies der Fall ist, ist gem. § 68b FGG durch ein Sachverständigengutachten bzw. durch ein ärztliches Zeugnis festzustellen.

2. Bei nur körperlicher Behinderung einer Person darf der Betreuer vom Vormundschaftsgericht nur auf deren Antrag (§ 1896 Abs. 1 S. 3), andernfalls von Amts wegen (§ 1896 Abs. 1 S. 1 HS. 2) bestellt werden.

3. Die *Betreuung* muss *erforderlich* sein (§ 1896 Abs. 2 S. 1). Dies ist nach § 1896 Abs. 2 S. 2 nicht der Fall, soweit die Angelegenheiten des Volljährigen durch einen berechtigten Bevollmächtigten oder durch *andere Hilfen,* bei denen kein *gesetzlicher* Vertreter bestellt wird, ebenso gut wie durch einen Betreuer besorgt werden können *(Subsidiarität der Betreuung*[633]*).* Indem § 1896 Abs. 2 die Erforderlichkeit und die Subsidiarität der Betreuung sowie den Aufgabenkreis des Betreuers regelt, hat er den Charakter einer Eingriffsschwelle[634].

Als andere Hilfen i. S. v. § 1896 Abs. 2 S. 2 kommen Vollmachten für bestimmte Geschäfte, Generalvollmachten und speziell für den Fall der Betreuungsbedürfigkeit erteilte *Vorsorgevollmachten* in Betracht. Unter Vorsorgevollmacht versteht man eine Vollmacht, von welcher der Bevollmächtigte (= rechtsgeschäftlicher, nicht gesetzlicher Vertreter) im Innenverhältnis erst Gebrauch machen soll, wenn der Vollmacht-

631 So heißt der Betreute im Verfahrensrecht (vgl. §§ 65 ff. FGG).
632 *Gernhuber/Coester-Waltjen*, § 76, Rdnr. 3.
633 AnwK-BGB/*Heitmann*, § 1896, Rdnr. 52.
634 *Metzler-Müller*, S. 1.

geber nicht mehr in der Lage ist, die in der Vollmacht übertragenen Angelegenheiten selbst zu regeln[635].

III. Umfang der Betreuung

432 Nach dem *Erforderlichkeitsgrundsatz* von § 1896 Abs. 2 S. 1 ist eine Betreuung auf die Aufgabenkreise beschränkt, in denen in subjektiver Hinsicht *Betreuungsbedürftigkeit* und in objektiver Hinsicht *Betreuungsbedarf* bestehen[636]. Subjektiv muss der Betroffene unfähig sein, die zu betreuende Aufgabe selbst zu erledigen; objektiv muss die Erledigung dieser Aufgabe notwendig sein[637]. Aufgabenkreise i. S. v. § 1896 Abs. 2 S. 1 können z. B. sein: Aufenthaltsbestimmung, Gesundheitsfürsorge, Postkontrolle, Sterbehilfe, Sterilisation (vgl. § 1905) und/oder Vermögenssorge[638]. Nach § 1901 Abs. 1–Abs. 3 erstreckt sich der Umfang der Betreuung auf alle Tätigkeiten, die erforderlich sind, um Angelegenheiten des Betreuten *zu dessen Wohl und nach seinen Wünschen* zu besorgen (dazu sogleich, Rdnr. 435).

IV. Person und Auswahl des Betreuers

433 Die Betreuung eines kranken oder behinderten Menschen setzt ein hohes Maß an Verantwortungsbewusstsein und Einfühlungsvermögen des Betreuers voraus. Es ist nicht einfach, geeignete Personen zu finden, die bereit und fähig sind, eine Betreuung zu übernehmen. Daraus erklärt sich die Vielfalt der Betreuertypen, die das Gesetz vorsieht:

Wer als Betreuer in Betracht kommt, ist vor allem in § 1897 geregelt. Zum Betreuer bestellt das Vormundschaftsgericht gem. § 1897 Abs. 1 vorrangig eine *natürliche* (private) *Person*, die *geeignet* ist, in dem *gerichtlich bestimmten Aufgabenkreis* die Angelegenheiten des Betreuten rechtlich zu besorgen und ihn in dem hierfür erforderlichen Umfang *persönlich* zu betreuen, sei es als nicht professioneller (= ehrenamtlicher) Einzelbetreuer oder als berufsmäßiger Betreuer[639]. Betreuer kann auch ein *Vereinsbetreuer* (§ 1897 Abs. 2 S. 1) oder ein *Behördenbetreuer* (§ 1897 Abs. 2 S. 2), ein *Betreuungsverein* (§ 1900 Abs. 1) oder eine *Betreuungsbehörde* (§ 1900 Abs. 4) sein.

Bei der *Auswahl* des Betreuers ist dem Vorschlag des Volljährigen zu entsprechen, wenn dies dem *Wohl* des Volljährigen nicht zuwiderläuft (§ 1897 Abs. 4 S. 1). Schlägt der Volljährige niemanden vor, so ist bei der Auswahl auf die verwandtschaftlichen und sonstigen persönlichen Bindungen des Volljährigen sowie auf die Gefahr von Interessenkollisionen Rücksicht zu nehmen (vgl. § 1897 Abs. 5).

Grundsätzlich hat die Betreuung durch einen *ehrenamtlichen* Betreuer *Vorrang* vor der berufsmäßig ausgeübten Betreuung (§ 1897 Abs. 6).

635 AnwK-BGB/*Heitmann*, § 1896, Rdnr. 59.
636 MüKo/*Schwab*, § 1896, Rdnr. 39.
637 *Lüderitz/Dethloff*, § 17, Rdnr. 11; OLG Zweibrücken, FamRZ 2005, 748.
638 Zu weiteren Aufgabenkreisen vgl. Palandt/*Diederichsen*, § 1896, Rdnr. 20; Hk-BGB/*Kemper*, § 1896, Rdnrn. 21–28; AnwK-BGB/*Heitmann*, § 1896, Rdnrn. 23–41; MüKo/*Schwab*, § 1896, Rdnrn. 59 ff.
639 Vgl. *Schwab*, Rdnr. 820.

V. Pflichten des Betreuers

434 Nach § 1898 Abs. 1 hat der vom Vormundschaftsgericht Ausgewählte die (allerdings sanktionslose[640]) Pflicht, die Betreuung zu übernehmen, wenn er zur Betreuung geeignet ist und ihm die Übernahme unter Berücksichtigung seiner familiären, beruflichen und sonstigen Verhältnisse zugemutet werden kann. Nach § 1898 Abs. 2 setzt die Bestellung zum Betreuer aber voraus, dass er sich zur Übernahme der Betreuung bereit erklärt. Anders als im Vormundschaftsrecht in § 1786 (vgl. oben Rdnr. 423) sind im Betreuungsrecht keine Gründe katalogmäßig aufgezählt, die den Betreuer zur Ablehnung der Übernahme berechtigen, da der Gesetzgeber einen solchen Katalog als zu unflexibel ansah[641].

435 Die *eigentlichen Pflichten des Betreuers* sind in den §§ 1901 bis 1908 unmittelbar oder mittelbar geregelt. Der Betreuer hat gem. § 1901 Abs. 2 S. 1 die Pflicht, die Angelegenheiten des Betreuten so zu besorgen, wie es dem *Wohl des Betreuten* entspricht. Zum Wohl des Betreuten gehört nach § 1901 Abs. 2 S. 2 auch die Möglichkeit, im Rahmen seiner Fähigkeiten sein Leben nach seinen Wünschen und Vorstellungen selbst zu gestalten (= Betreuung soll ja gerade keine »Bevormundung« sein). Gem. § 1901 Abs. 3 S. 1 hat der Betreuer grundsätzlich den Wünschen des Betreuten zu entsprechen, soweit dies nicht dessen Wohl zuwiderläuft sowie dem Betreuer zuzumuten ist. Nach § 1901 Abs. 3 S. 2 hat der Betreuer grundsätzlich Wünsche des Betreuten zu berücksichtigen, die dieser bereits *vor* der Bestellung des Betreuers geäußert hat.

436 Solche Wünsche kann der Betreute etwa in der bereits erwähnten (Rdnr. 431) *Vorsorgevollmacht* (auch »Vorsorgetestament«), einer *Betreuungsverfügung* oder einer *Patientenverfügung* (auch »Patiententestament«) niedergelegt haben. Dies sind keine Verfügungen von Todes wegen (wie das echte Testament i. S. v. § 1937), sondern im Zustand der Einwilligungs*fähigkeit* abgegebene Erklärungen. Speziell für die Patientenverfügung bedeutet dies, dass für den Fall der Einwilligungs*unfähigkeit* auf Aufklärung verzichtet und die Einwilligung in bestimmte Maßnahmen zur Lebensverlängerung bei aussichtsloser Lage verweigert wird. Bedeutsam ist die Patientenverfügung insbesondere für die *Sterbehilfe*.[642] Nach h. M.[643] ist die Patientenverfügung für den Betreuer (wie auch für Ärzte, Pflegepersonal und das Vormundschaftsgericht) verbindlich[644]. Mehr zu diesem brisanten Thema lesen Sie bitte in der Literatur zur Vertiefung (insbes. bei *Vetter*, die im Anhang ihres Buchs auch ein *Muster einer Patientenverfügung*[645] formuliert) nach.

437 Innerhalb seines Aufgabenkreises ist der Betreuer verpflichtet, dazu beizutragen, dass Möglichkeiten genutzt werden, die Krankheit oder Behinderung des Betreuten zu beseitigen, zu bessern, ihre Verschlimmerung zu verhüten oder ihre Folgen zu mindern[646] (§ 1901 Abs. 4 S. 1) sowie den Betreuten gerichtlich und außergerichtlich zu vertreten (§ 1902).

Für den Betreuer gelten bei der Vertretung des Betreuten im Wesentlichen die gleichen Beschränkungen wie für den Vormund bei der Vertretung des Mündels (vgl.

640 Palandt/*Diederichsen*, § 1898, Rdnr. 1.
641 Vgl. MüKo/*Schwab*, § 1898, Rdnr. 2 – Einzelheiten zu Ablehnungsgründen vgl. ebenda, Rdnrn. 3–7.
642 Vgl. *Creifelds*, »Patientenverfügung«.
643 BGH ZEV 2005, 485; *Gernhuber/Coester-Waltjen*, § 76, Rdnr. 63.
644 Zur Verbindlichkeit der Patientenverfügung vgl. etwa *Roth*, JZ 2004, 494 ff.
645 Ein solches befindet sich auch verkürzt bei *Alpmann/Schmidt*, S. 167 f.
646 Falls in einer Patientenverfügung nicht etwas anderes bestimmt ist.

oben Rdnr. 426), insbesondere was die *Genehmigung von bestimmten Geschäften* (etwa solche i. S. v. §§ 1821, 1822) *durch das Vormundschaftsgericht* betrifft. Dies ergibt sich aus der Verweisung des § 1908i auf die entsprechende Anwendung einer Vielzahl von Vorschriften aus dem Vormundschaftsrecht.

§ 1908i »müssen« Sie jetzt ausnahmsweise nicht *lesen;* aber *gucken*[647] Sie sich diese Vorschrift ruhig einmal *an,* dann wissen Sie, warum die Lektüre im Rahmen dieses Einführungsbuchs nicht notwendig erscheint.

Soweit dies zur Abwendung einer erheblichen Gefahr für die Person oder das Vermögen des Betreuten erforderlich ist, ordnet das Vormundschaftsgericht nach § 1903 Abs. 1 S. 1 an, dass der Betreute zu einer Willenserklärung, die den Aufgabenkreis des Betreuers betrifft, dessen Einwilligung bedarf. Dieser sog. *Einwilligungsvorbehalt* gilt *nicht,* wenn die Willenserklärungen des Betreuten sich auf höchstpersönliche familien- oder erbrechtliche Rechtsgeschäfte beziehen (§ 1903 Abs. 2), wenn sie dem Betreuten *lediglich einen rechtlichen Vorteil* bringen (§ 1903 Abs. 3 S. 1) oder wenn sie eine *geringfügige* Angelegenheit des täglichen Lebens betreffen (§ 1903 Abs. 3 S. 2). **438**

Nicht nur bei der Vertretung des Betreuten bezüglich bestimmter Rechtsgeschäfte (vgl. soeben Rdnr. 437), sondern auch bei einigen anderen Handlungen bedarf der Betreuer grundsätzlich der Genehmigung des Vormundschaftsgerichts; so etwa bei der Einwilligung in ärztliche Maßnahmen (§ 1904 Abs. 1 S. 1), in eine Sterilisation des Betreuten (§ 1905 Abs. 2 S. 1), bei der »freiheitsentziehenden« Unterbringung des Betreuten (§ 1906 Abs. 2 S. 1) sowie in den Fällen von § 1907 (Aufgabe der Mietwohnung des Betreuten) und § 1908 (Ausstattung aus dem Vermögen des Betreuten). **439**

VI. Beendigung der Betreuung

Die Überschrift müsste eigentlich heißen »Beendigung der Betreuung durch den bisherigen Betreuer«; denn gem. § 1908c ist ein neuer Betreuer zu bestellen, wenn der Betreuer stirbt oder entlassen wird. **440**

Die Betreuung des bisherigen Betreuers endet also außer mit seinem Tod oder dem Tod des Betreuten durch die *Entlassung des Betreuers* nach § 1908b (lesen Sie nur Abs. 1).

Unter den Voraussetzungen von § 1908d ist die Betreuung *aufzuheben* oder zu *ändern.*

Literatur zur Vertiefung (Rdnrn. 430–441):

Alpmann/Schmidt, 3. Teil, 2.; *Gernhuber/Coester-Waltjen,* § 76; *Holzhauer,* Patientenautonomie, Patientenverfügung und Sterbehilfe, FamRZ 2006, 518; *Lipp,* Sterbehilfe und Patientenverfügung, FamRZ 2004, 317; *ders./Nagel,* Die Patientenverfügung – Bemerkungen zur aktuellen rechtspolitischen Debatte, FF 2005, 83; *Lüderitz/Dethloff,* § 17; *Metzler-Müller; Muscheler,* FamR, §§ 45–48; *Roth,* Die Verbindlichkeit der Patientenverfügung und der Schutz des Selbstbestimmungsrechts, JZ 2004, 494; *Schlüter,* § 27; *Schwab,* §§ 87–90; *Vetter; Wolf,* Rpfleger 2005, 501 (vgl. oben, Rdnr. 428).

647 Umgangssprachlich »kucken«, vgl. *Duden*, »gucken«.

441 **Übersicht 28**

Rechtliche Betreuung
§§ 1896–1908k

■ *Zweck*

→ Menschliche Betreuung physisch oder psychisch kranker bzw. behinderter Volljähriger *(Betreuter)* ohne diskriminierende Entmündigung durch *Betreuer*, um Teilnahme am Rechtsverkehr zu ermöglichen.

■ **Voraussetzungen für die Bestellung eines Betreuers**

(1) Volljähriger kann aufgrund psychischer Krankheit oder körperlicher, geistiger oder seelischer Behinderung seine Angelegenheiten nicht mehr besorgen → § 1896 Abs. 1 S. 1 HS. 1.

(2) Bei nur körperlicher Behinderung Betreuung nur auf Antrag des Volljährigen, andernfalls von Amts wegen (Anordnung durch Vormundschaftsgericht = VG) → § 1896 Abs. 1 S. 1 HS. 2.

(3) a) *Erforderlichkeit* der Betreuung → § 1896 Abs. 2 S. 1.
b) Keine anderen Hilfen als Betreuung (z. B. Vorsorgevollmacht) möglich *(Subsidiarität)* → § 1896 Abs. 2 S. 2.

■ **Publizität**

Bei (subjektiver) *Betreuungsbedürftigkeit* und (objektivem) *Betreuungsbedarf* für *Aufgabenkreise* i. S. v. § 1896 Abs. 2 S. 1, wie *z. B.* Aufenthaltsbestimmung, Gesundheitsfürsorge, Sterbehilfe, Vermögenssorge. Umfang erstreckt sich auf alle Tätigkeiten, die erforderlich sind, um Angelegenheiten *des Betreuten* zu dessen *Wohl* und nach seinen Wünschen zu besorgen → § 1901 Abs. 3 S. 1.

■ **Person und Auswahl des Betreuers**

- *Person:* – *Geeignete* natürliche Person → § 1897 Abs. 1 (ehrenamtlich oder berufsmäßig), – Vereinsbetreuer → § 1897 Abs. 2 S. 1, – Behördenbetreuer → § 1897 Abs. 2 S. 2, – Betreuungsverein → § 1900 Abs. 1, – Betreuungsbehörde → § 1900 Abs. 4.
- *Auswahl:* – Bestellung des Betreuers durch VG auf Vorschlag des Volljährigen zu seinem Wohl → § 1897 Abs. 4 S. 1, – Ohne Vorschlag → § 1897 Abs. 5.
  – Vorrang von ehrenamtlichem vor berufsmäßigem Betreuer → § 1897 Abs. 6.

■ **Plichten des Betreuuers**

- Übernahmepflicht → § 1898
- Besorgung der Angelegenheiten zum Wohl des Betreuten → § 1901 Abs. 2 S. 2
- Berücksichtigung der Wünsche des Betreuten → § 1901 Abs. 3 (auch Wünsche, die vor Bestellung des Betreuers geäußert wurden, z. B. in Vorsorgevollmacht, Betreuungsverfügung oder Patientenverfügung)
- Nutzung der Möglichkeiten zur Krankheitsbeseitigung → § 1901 Abs. 4
- Vertretung des Betreuten → § 1902 → 1908i beachten (Genehmigung bestimmter Geschäfte durch VG)

■ **Beendigung« der Betreuung**

- Tod des Betreuers oder des Betreuten
- Entlassung des Betreuten durch VG → § 1908b (vgl. auch § 1908d)

3. Kapitel: Pflegschaft

I. Inhalt und Zweck

Ähnlich der elterlichen Sorge (§§ 1626 ff.), der Vormundschaft (§§ 1773 ff.) und der Betreuung (§§ 1896 ff.) dient die Pflegschaft (§§ 1909–1921) der Fürsorge für schutzbedürftige Personen, die ihre Angelegenheiten nicht wahrnehmen können *(Personenfürsorge).* Eine *Ausnahme* bildet die im Familienrecht systemwidrig angeordnete[648] »Pflegschaft für gesammeltes Vermögen« (§ 1914) als *Sachpflegschaft.* 442

■ Wenn Sie § 1909 Abs. 1 S. 1 (dazu sogleich) lesen, wonach die unter Pflegschaft stehende Person[649] einen Pfleger »für Angelegenheiten, an deren Besorgung die Eltern oder der Vormund verhindert sind«, erhält, könnten Sie selbst darauf kommen, worin der wesentliche Unterschied zwischen Vormundschaft und Pflegschaft besteht?

▷ Im Unterschied zur Vormundschaft bezieht sich die Pflegschaft *nicht auf alle Angelegenheiten* der Personensorge, Vermögenssorge und Vertretung der unter Pflegschaft stehenden Person, sondern nur auf bestimmte, *einzelne Angelegenheiten* (vgl. schon Rdnr. 419).

Daraus folgt als weiterer Unterschied, dass der Pfleger, anders als grundsätzlich der Vormund, *keine umfassende Vertretungsmacht* hat, sondern nur für die Besorgung der Angelegenheit(en), für die er bestellt wurde, vertretungsberechtigt ist. Anders als die Vormundschaft kann die Pflegschaft zudem auch Volljährige betreffen. Wie die Betreuung lässt auch die Pflegschaft in aller Regel die Geschäftsfähigkeit des Pfleglings unberührt. Dieser kann also neben dem Pfleger – in Angelegenheiten, für welche dieser nicht bestellt ist – selbst Rechtsgeschäfte abschließen[650].

Gem. § 1915 Abs. 1 S. 1 finden auf die Pflegschaft die für die Vormundschaft geltenden Vorschriften *grundsätzlich* entsprechende Anwendung. *Ausnahmen* von diesem Grundsatz enthalten vor allem § 1915 Abs. 2 (Entbehrlichkeit der Bestellung eines »Gegenpflegers«) und § 1916 (Berufung als Ergänzungspfleger). Der »Ergänzungspfleger« führt uns zu den

II. Arten der Pflegschaft

1. Ergänzungspflegschaft

Die Ergänzungspflegschaft wird vom Vormundschaftsgericht angeordnet, wenn die Eltern oder der Vormund an der Besorgung bestimmter Angelegenheiten für das Kind bzw. den Mündel *verhindert* sind (§ 1909 Abs. 1 S. 1). 443

Ein *Beispiel* für eine solche Verhinderung wurde bereits genannt, als wir uns mit dem Ausschluss der Vertretung durch die Eltern (bzw. des Vormunds) befasst haben (vgl. oben, Rdnr. 399): Sind die Eltern etwa nach § 1629 Abs. 2 S. 1 i. V. m. §§ 1795, 181 von der Vertretung ausgeschlossen, so sind sie in einer Angelegenheit des Kindes an dessen Vertretung »verhindert«. Daher ist gem. § 1909 Abs. 1 S. 1 ein Ergänzungspfleger zu bestellen.

648 *Lüderitz/Dethloff*, § 18, Rdnr. 1.
649 *Diese Person wird im Folgenden »Pflegling« genannt* – so auch *Gernhuber/Coester-Waltjen* in § 75.
650 Vgl. *Gernhuber/Coester-Waltjen*, § 75, Rdnr. 11.

Die Ergänzungspflegschaft ist nach § 1909 Abs. 3 auch dann anzuordnen, wenn die Voraussetzungen einer Vormundschaft vorliegen, ein Vormund aber noch nicht bestellt ist (sog. *Ersatzpflegschaft*[651]).

2. Abwesenheitspflegschaft

444 ■ Lesen Sie § 1911 ganz und listen Sie die wichtigsten *Voraussetzungen* für diese Art der Pflegschaft auf (wobei die Reihenfolge nicht »zwingend« ist)!

▷ (1) Der »Pflegling« muss *volljährig und*
(2) (örtlich!) *abwesend* sein.
(3) Der *Aufenthalt* des Pfleglings ist unbekannt.
(4) Es muss sich um eine fürsorgebedürftige[652] *Vermögensangelegenheit* (des Pfleglings) handeln.
Soweit die in § 1911 Abs. 1 niedergelegten Voraussetzungen.
(5) § 1911 Abs. 2: Der *Aufenthalt* des abwesenden Pfleglings ist zwar *bekannt,* aber der *Abwesende ist* an der *Rückkehr* und der Besorgung seiner *Vermögensangelegenheiten verhindert.*

3. Pflegschaft für eine Leibesfrucht

445 Die »Leibesfrucht« ist das bereits gezeugte, aber noch nicht geborene Kind (lat.: »nasciturus«[653]), das gem. § 1923 Abs. 2 auch Erbe sein kann[654]. Gem. § 1912 Abs. 1 erhält der *nasciturus* zur Wahrung seiner künftigen Rechte, soweit diese einer Fürsorge bedürfen, einen Pfleger[655], falls nicht § 1912 Abs. 2 (lesen) eingreift.

4. Pflegschaft für unbekannte Beteiligte

446 Lesen Sie dazu nur § 1913 und ggf. in der Literatur zur Vertiefung nach.

5. Pflegschaft für gesammeltes Vermögen

447 Lesen Sie § 1914, der eigentlich nicht ins personenfürsorglich ausgerichtete Familienrecht gehört[656].

651 *Schwab*, Rdnr. 813.
652 Ein Fürsorgebedürfnis besteht nicht, wenn Betreuung angeordnet oder Vollmacht erteilt ist. Ausnahme: § 1911 Abs. 1 S. 2. Vgl. *Muscheler*, FamR, Rdnr. 768.
653 Vgl. *Meyer*, wörtlich übersetzt »der noch zu Gebärende«.
654 § 1923 brauchen Sie erst lesen, wenn Sie »Erbrecht« studieren.
655 Ausführlicher dazu, wie auch zur Abwesenheitspflegschaft (Rdnrn. 768–770) *Muscheler*, FamR, Rdnrn. 771–774.
656 Vgl. Rdnr. 442 mit Fn. 648.

III. Ende der Pflegschaft

Die Pflegschaft endet nach §§ 1918–1921! (Lesen; die §§ sind kurz und bündig.) Besonders »interessant« ist § 1921 Abs. 2 S. 1: Danach endigt die Pflegschaft nicht schon mit dem Tod des (abwesenden) Pfleglings, sondern erst, wenn das Vormundschaftsgericht die Pflegschaft aufhebt! **448**

Mit § 1921 endet Buch 4 »Familienrecht« des BGB, aber dieses Buch noch nicht! Während das Pflegschaftsrecht in nahezu allen Familienrechtslehrbüchern im Vergleich zu anderen »Titeln« sehr »stiefmütterlich« behandelt wird[657], widmet jedes Familienrechtslehrbuch den außer- bzw. nicht*ehelichen* Lebensgemeinschaften, die im BGB nicht (oder nicht unmittelbar) geregelt sind, einen »Besonderen Teil« (bzw. Abschnitt). Das geschieht auch *hier* im folgenden *Teil vier.* **449**

Literatur zur Vertiefung (Rdnrn. 442–449):

Gernhuber/Coester-Waltjen, § 75; *Lüderitz/Dethloff,* § 18; *Muscheler,* FamR, § 44; *Schwab,* §§ 85, 86 (= zwei *Seiten;* allerdings kommentiert er – auch – die §§ 1909–1921 im »MüKo« auf 70 Seiten…); *Wolf,* Rpfleger 2005, 501 (vgl. Rdnr. 428).

657 Also kann es *so* »wichtig« (= prüfungsrelevant) nicht sein?

Vierter Teil: Außereheliche Lebensgemeinschaften

LPartG § 2 Partnerschaftliche Lebensgemeinschaft. [1]Die Lebenspartner sind einander zu Fürsorge und Unterstützung sowie zur gemeinsamen Lebensgestaltung verpflichtet. [2]Sie tragen füreinander Verantwortung.

Partnerschaftsvertrag

Einführung

450 Das Familienrecht, insbesondere das Eherecht des BGB, geht davon aus, dass eine Frau und ein Mann gem. §§ 1310 ff. standesamtlich (»mit Trauschein«) heiraten und damit eine eheliche Lebensgemeinschaft i. S. v. § 1353 begründen, die für beide Ehepartner eine Reihe von gesetzlich geregelten Rechten und Pflichten mit sich bringt.

»Frau im Sinne des Gesetzes kann auch der Mann sein« hat ein Gericht einmal entschieden[658]. Vielleicht war diese Entscheidung die Initialzündung für den Gesetzgeber, durch das »Gesetz über die Eingetragene Lebenspartnerschaft (Lebenspartnerschaftsgesetz – LPartG)« vom 16.2.2001 (mit Änderungen 2004 und 2005[659]) die Lebensgemeinschaft zweier gleichgeschlechtlicher Personen zu legalisieren. Die Lebenspartnerschaft erfüllt bei Personen gleichen Geschlechts die Aufgabe, die bei Mann und Frau der Ehe zukommt. Viele Vorschriften des Eherechts sind daher aufgrund von Verweisungsnormen des LPartG auf gleichgeschlechtliche Partner, die eine Lebenspartnerschaft begründet haben, entsprechend anzuwenden[660]. Dazu gleich mehr im 1. Kapitel dieses Teils.

451 Im wahrsten Sinn des Wortes »ungesetzlich« ist die im Volksmund sog. »Ehe ohne Trauschein«, d. h. die nichteheliche Lebensgemeinschaft zwischen Mann und Frau; denn sie ist gesetzlich weder innerhalb noch außerhalb des BGB geregelt. Welche rechtlichen Probleme die nichteheliche Lebensgemeinschaft mit sich bringen kann und wie sie gelöst werden können, wird im 2. Kapitel dieses Teils dargestellt.

658 Vgl. oben, Rdnr. 174.
659 S. o., Rdnrn. 1 und 11.
660 Eine ausführliche Auflistung der Verweisungsnormen des LPartG auf die Zielnormen des BGB befindet sich z. B. bei *Schlüter*, Rdnr. 465 gegen Ende.

1. Kapitel: Eingetragene Lebenspartnerschaft

I. Entstehung

Das Lebenspartnerschaftsgesetz ist am 1.8.2001 in Kraft getreten und hat mit der »Eingetragenen Lebenspartnerschaft« ein für gleichgeschlechtliche Partner völlig neues familienrechtliches Rechtsinstitut geschaffen[661]. **452**

Ziel des Gesetzes, das die Veränderung der gesellschaftlichen Bewertung und rechtlichen Behandlung der Homosexualität widerspiegelt, war der Abbau der Diskriminierung gleichgeschlechtlicher Paare. Das BVerfG sah in dem LPartG keinen Verstoß gegen Art. 6 Abs. 1 GG, der den Schutz der Ehe bezweckt, sondern hat die Vereinbarkeit des LPartG mit dem Grundgesetz bestätigt[662].

Durch die Novellierung des LPartG durch das LPartÜG[663] wurde die Lebenspartnerschaft familienrechtlich nahezu vollständig der Ehe angeglichen[664]. Rechtliche Unterschiede im Vergleich zur Ehe, auf die hier nicht eingegangen wird, gibt es bei der Lebenspartnerschaft vor allem noch im Steuerrecht und im Beamtenrecht. Das LPartG[665] ist in fünf Abschnitte gegliedert, deren wesentlicher Inhalt im Folgenden dargestellt wird.

II. Begründung der Lebenspartnerschaft

Form und Voraussetzungen für die Begründung einer Lebenspartnerschaft sind in § 1 LPartG, dem einzigen Paragrafen von Abschnitt 1, geregelt.

1. Form

Nach § 1 Abs. 1 S. 1 LPartG wird eine Lebenspartnerschaft dadurch begründet, dass zwei Personen gleichen Geschlechts *gegenseitig persönlich* und bei *gleichzeitiger Anwesenheit* erklären[666], miteinander eine Partnerschaft auf Lebenszeit führen zu wollen. Die Erklärungen der Lebenspartner können nach § 1 Abs. 1 S. 2 LPartG nicht bedingt oder zeitbestimmt abgegeben werden. Sie werden wirksam, wenn sie vor der *zuständigen Behörde* erfolgen (§ 1 Abs. 1 S. 3 LPartG). Welche Behörden zuständig sind, ist durch Landesgesetze geregelt. In den meisten Bundesländern ist dies das Standesamt (z. B. auch in NRW), bisweilen ist es die Gemeinde oder die Kreis- oder Stadtverwaltung; in Bayern ist es ein Notar. **453**

661 *Muscheler*, FamR, Rdnr. 832; *Schlüter*, Rdnr. 465; *Lüderitz/Dethloff*, § 7, Rdnr. 1.
662 BVerfGE 105, 313 ff.
663 Vgl. oben, Rdnr. 11.
664 *Schlüter*, Rdnr. 465.
665 Gesetzessammlung *Schönfelder*, Nr. 43 bzw. Beck-Texte im dtv BGB Nr. 11.
666 Das klingt ähnlich wie in §§ 1310, 1311 BGB.

2. Voraussetzungen

454 a) Die Voraussetzung der Gleichgeschlechtlichkeit der Lebenspartner nach § 1 Abs. 1 S. 1 LPartG bedeutet, dass das Rechtsinstitut der eingetragenen Lebenspartnerschaft[667] verschiedengeschlechtlichen Partnern nicht offen steht[668].

Nicht erforderlich ist, dass die gleichgeschlechtlichen Personen *homosexuelle Beziehungen* haben oder überhaupt homosexuell *sind*[669].

455 b) Weitere Voraussetzungen für die Begründung der Lebenspartnerschaft ergeben sich im Umkehrschluss aus den *Partnerschaftsverboten* von § 1 Abs. 2 Nr. 1–4 LPartG.

■ Versuchen Sie selbst, diese Voraussetzungen zu formulieren!

▷ (1) Beide Personen müssen *volljährig* und dürfen *nicht verheiratet* sein oder *bereits einer anderen Lebenspartnerschaft* angehören (§ 1 Abs. 2 Nr. 1 LPartG).
(2) Die Lebenspartner(innen) dürfen *nicht miteinander in gerader Linie verwandt* (§ 1 Abs. 2 Nr. 2 LPartG) und
(3) keine voll- oder halbbürtigen Geschwister sein (§ 1 Abs. 2 Nr. 3 LPartG).
(4) Die Lebenspartner müssen sich darüber einig sein, dass sie die *Verpflichtungen zur partnerschaftlichen Lebensgemeinschaft* i. S. v. § 2 übernehmen wollen (§ 1 Abs. 2 Nr. 4 LPartG).

456 c) Aus § 1 Abs. 3 S. 1 LPartG[670] folgt, dass die Lebenspartner ein *dem Verlöbnis entsprechendes Versprechen* zur Begründung einer Lebenspartnerschaft abgeben, aus dem sich aber kein einklagbarer Anspruch auf die Begründung der Lebenspartnerschaft ergibt (ähnlich § 1297 Abs. 1 BGB).

Konsequenterweise sind daher die §§ 1297 Abs. 2, 1298–1302 BGB auf dieses Versprechen analog anzuwenden (§ 1 Abs. 3 S. 2 LPartG).

III. Wirkungen der Lebenspartnerschaft

1. Verpflichtung zur partnerschaftlichen Lebensgestaltung

457 Gem. § 2 S. 1 LPartG sind die Lebenspartner einander zu Fürsorge und Unterstützung sowie *gemeinsamen Lebensgestaltung* verpflichtet und nach § 2 S. 2 LPartG tragen sie *füreinander Verantwortung.* Diese Formulierung erinnert Sie sicher (hoffentlich) an § 1353 Abs. 1 S. 2 BGB. Anders als die Verpflichtung zur ehelichen Lebens*gemeinschaft,* die sich auf »Tisch und Bett« bezieht[671], lässt die Lebens*gestaltung* es durchaus zu, auf die »häusliche« oder »sexuelle Gemeinschaft« zu verzichten[672].

Der Grund für die fehlende Verpflichtung zu einer partnerschaftlichen Haus- und Geschlechtsgemeinschaft ist zum einen darin zu sehen, dass aus der gleichgeschlechtlichen Lebenspartnerschaft (nach dem Stand der bisherigen Fortpflanzungsmedizin) keine leiblichen Kinder hervorgehen können. Zum anderen darf auch der Aspekt nicht außer Betracht bleiben, dass »der

667 *Im Folgenden vereinfacht nur »Lebenspartnerschaft« genannt.*
668 *Muscheler*, FamR, Rdnr. 836; *Schlüter*, Rdnr. 167.
669 *Muscheler*, JURA 2004, 217.
670 Der zum 1.1.2005 durch das LPartÜG eingefügt wurde.
671 Vgl. ggf. oben Rdnrn. 118, 120 ff.
672 Vgl. Palandt/*Brudermüller*, § 2 LPartG, Rdnr. 2.

Gesetzgeber wohl… Hemmungen hatte, einen gesetzlichen Anspruch auf das zu schaffen, was er gute 30 Jahre zuvor unter dem Begriff der Unzucht noch unter Strafe[673] gestellt hatte«[674].

»Gemeinsame Lebensgestaltung« zweier Menschen bedeutet nach *Muscheler*[675] ein in Abstimmung mit dem Partner erfolgendes selbstbestimmtes und verantwortliches, an Werten orientiertes Entscheiden über die wesentlichen Linien des jeweils eigenen Lebens, z. B. über die Wahl eines gemeinsamen oder getrennten Wohnsitzes, die gemeinsame oder nicht gemeinsame Führung der Haushaltstätigkeit und Kinderbetreuung[676] durch einen oder beide Partner, über sexuelle Ausschließlichkeit oder Offenheit sowie über intensive oder weniger intensive Gemeinsamkeit bei der Freizeitgestaltung.

2. Lebenspartnerschaftsname

Lesen Sie dazu § 3 LPartG, dann brauchen Sie hier nicht mehr viel lesen! **458**

■ Wenn Sie diese Vorschrift artig gelesen haben, müsste Ihnen etwas auf- oder eingefallen sein?

▷ § 3 LPartG ist im Wesentlichen § 1355 BGB (Ehename), den wir (unter Rdnrn. 162–167) recht ausführlich behandelt haben, nachempfunden.

■ Wenn Sie § 3 Abs. 1 S. 1 LPartG und § 1355 Abs. 1 S. 1 nun nochmals lesen, könnte bzw. sollte Ihnen *ein* Unterschied auffallen?

▷ § 3 Abs. 1 S. 1 ist eine Kann-Vorschrift und § 1355 Abs. 1 S. 1 eine Soll-Vorschrift[677].

3. Sorgfaltspflicht und gegenseitige Haftung

Lesen Sie § 4 LPartG und Sie werden merken, dass es hier um die gleiche *Haftungsbeschränkung* geht, die § 1359 BGB für Eheleute normiert. **459**

4. Unterhaltspflicht

§ 5 S. 1 LPartG formuliert § 1360 S. 1 BGB auf die Lebenspartner um, indem er sie einander verpflichtet, durch ihre Arbeit und mit ihrem Vermögen die *partnerschaftliche Lebensgemeinschaft* angemessen zu unterhalten. Nach § 5 S. 2 LPartG gelten die §§ 1360 S. 2, 1360a und 1360b BGB entsprechend. Ebenso gelten gem. § 16 Abs. 1 LPartG nach Aufhebung der Lebenspartnerschaft die Unterhaltsvorschriften der **460**

673 Bis 1969 war Erwachsenenhomosexualität nach § 175 StGB strafbar. § 175 StGB wurde 1969 in eine Jugendschutzvorschrift umgewandelt und 1994 ganz aufgehoben.

674 AnwK-BGB/*Ring/Olsen-Ring*, § 2 LPartG, Rdnr. 6 unter Bezugnahme auf *Wellenhofer-Klein*, Rdnr. 107.

675 Vgl. EL, Rdnr. 338.

676 Gleichgeschlechtliche Partner können zwar (siehe soeben: Fortpflanzungsmedizin…) keine *gemeinsamen* Kinder haben, aber Kinder in die Partnerschaft einbringen. Dazu unten Rdnr. 463.

677 Zum Unterschied, falls nicht mehr bekannt, von Muss-, Soll- und Kann-Vorschriften vgl. *mein* BGB AT, Rdnr. 156.

§§ 1570–1581 und 1583–1586b BGB entsprechend. Zum *Unterhalt bei Getrenntleben* lesen Sie nur § 12 LPartG und ggf. die Vorschriften, auf die dort verwiesen wird.

5. Güterstand

461 Durch das LPartÜG wurde das Güterrecht der Lebenspartner durch § 6 S. 1 LPartG (vgl. § 1363 Abs. 1 BGB) dem ehelichen Güterrecht völlig angeglichen. Gesetzlicher Güterstand ist die *Zugewinngemeinschaft,* soweit durch *Lebenspartnerschaftsvertrag* (§ 7 LPartG) nicht etwas anderes bestimmt ist. Somit sind gem. § 6 S. 2 LPartG die §§ 1363 Abs. 2, 1364–1390 BGB entsprechend anzuwenden.

6. Sonstige vermögensrechtliche Wirkungen

462 Dazu gehört zunächst die *Eigentumsvermutung* nach § 8 Abs. 1 S. 1 LPartG, die der von § 1362 Abs. 1 S. 1 BGB entspricht, sodass gem. § 8 Abs. 1 S. 2 LPartG § 1362 Abs. 1 S. 2 und 3 sowie Abs. 2 BGB entsprechend gelten.

Auch die *Schlüsselgewalt* i. S. v. § 1357 BGB (die ich unter Rdnr. 182 den personenrechtlichen Wirkungen der Ehe zugeordnet habe) gehört zu den vermögensrechtlichen Wirkungen der Lebenspartnerschaft (§ 8 Abs. 2 LPartG).

7. Sorgerecht für Kinder eines Lebenspartners

a) Vorbemerkung

463 Wurde soeben (Rdnr. 457) auf den »Stand der bisherigen Fortpflanzungsmedizin« hingewiesen, so darf nicht übersehen werden, dass es moderne, reproduktionstechnische Methoden gibt, die eine künstliche Fortpflanzung ermöglichen. Die Anwendung dieser Methoden ist allerdings in gleichgeschlechtlichen Beziehungen nach den einschlägigen Richtlinien der Bundesärztekammer nicht zulässig. Wenngleich möglicherweise manche homosexuellen Paare dieses Verbot (durch einen Aufenthalt im Ausland, in dem die künstliche Fortpflanzung Gleichgeschlechtlicher zugelassen ist) umgehen, ist doch die »abgeleitete« Elternschaft bei solchen Paaren der Regelfall[678]. Eine abgeleitete Elternschaft kann entstehen, wenn einer der (oder beide) homosexuellen Partner ihre Kinder aus früheren heterosexuellen Beziehungen in die homosexuelle Partnerschaft mitbringen[679], oder Kinder während der Partnerschaft zeugen[680] oder adoptieren. Dies hat der Gesetzgeber bei der Novellierung des LPartG durch das LPartÜG zum 1.1.2005 durch die Erweiterung von § 9 LPartG berücksichtigt, welcher *Regelungen in Bezug auf Kinder eines Lebenspartners* enthält. Zur Verstärkung der kindschaftsrechtlichen Wirkungen der Lebenspartnerschaft[681], wurde § 9 LPartG um Abs. 5, 6 und 7 ergänzt.

b) Mitentscheidungsbefugnis

464 Nach § 9 Abs. 1 S. 1 LPartG hat ein Lebenspartner, der mit einem allein sorgeberechtigten Elternteil eine Lebenspartnerschaft führt, im Einvernehmen mit dem sorgeberechtigten Elternteil die Befugnis zur *Mitentscheidung in Angelegenheiten des tägli-*

678 Vgl. *Muscheler*, FamR, Rdnr. 859.

679 *Muscheler*, a. a. O.

680 »Als Vater, als Mutter, mit oder ohne medizinische Assistenz«: *Gernhuber/Coester-Waltjen*, § 42, Rdnr. 44, Fn. 71.

681 Vgl. *Schwab*, Rdnr. 886.

chen Lebens. Nach § 9 Abs. 1 S. 2 LPartG gilt § 1629 Abs. 2 S. 1 BGB (für den Ausschluss der Vertretungsmacht – vgl. Rdnrn. 399 f.) entsprechend. § 9 Abs. 2 LPartG berechtigt den Lebenspartner zu *Rechtshandlungen* zum Wohl des Kindes *bei Gefahr im Verzug,* § 9 Abs. 3 LPartG lässt die Einschränkung der Befugnisse durch das Familiengericht zum Wohl des Kindes zu und § 9 Abs. 4 LPartG schließt die Befugnisse aus, wenn die Lebenspartner (nicht nur vorübergehend) getrennt leben.

Damit entsprechen § 9 Abs. 1 bis Abs. 4 LPartG fast wörtlich dem für die elterliche Stiefkindschaft (Rdnr. 372) geltenden § 1687b (Abs. 1 – Abs. 4) BGB (»kleines Sorgerecht«), der durch das LPartG in das BGB eingeführt wurde[682].

c) Einbenennung

Nach § 9 Abs. 5 S. 1 LPartG können ein Elternteil, der allein sorgeberechtigt ist, und sein Lebenspartner dem (unverheirateten) Kind, das sie in ihren Haushalt aufgenommen haben, ihren *Lebenspartnerschaftsnamen erteilen.* Diese Vorschrift ist § 1618 S. 1 BGB (Einbenennung, s. o. Rdnr. 361) nachempfunden. Folgerichtig gilt gem. § 9 Abs. 5 S. 2 LPartG § 1618 S. 2–6 BGB entsprechend. **465**

d) Alleinadoption

Wenn ein Lebenspartner ein Kind *allein adoptieren* will, ist hierfür – wie nach § 1749 Abs. 1 S. 1 BGB bei Eheleuten – nach § 9 Abs. 6 S. 1 die *Einwilligung des anderen Lebenspartners* erforderlich. § 1749 Abs. 1 S. 2 und 3 sowie Abs. 3 (*nicht* Abs. 2!) BGB gelten dann entsprechend (§ 9 Abs. 6 S. 2 LPartG). Eine *gemeinschaftliche Adoption* (vgl. § 1741 Abs. 2 S. 2 BGB) eines fremden Kindes durch Lebenspartner ist *nicht möglich*[683]. **466**

e) Stiefkind-Adoption

Durch die Novellierung des LPartG durch das LPartÜG ist den Lebenspartnern in § 9 Abs. 7 S. 1 die Möglichkeit der Stiefkind-Adoption eingeräumt worden, d. h. die Möglichkeit, das leibliche (nicht adoptierte) Kind des anderen Lebenspartners anzunehmen[684]. Aus den Verweisungen von § 9 Abs. 7 S. 2 LPartG auf Adoptionsvorschriften des BGB ergibt sich als Rechtsfolge der Adoption u. a., dass das Kind die rechtliche Stellung eines gemeinschaftlichen Kindes der Lebenspartner erhält (vgl. § 1754 Abs. 1 BGB) und unter ihrer gemeinsamen elterlichen Sorge steht (vgl. § 1754 Abs. 3 BGB)[685]. **467**

8. Erbrecht

Im Erbrecht (mit dem Sie sich hier aber nicht näher befassen müssen) ist die Gleichstellung von Ehepartnern und Lebenspartnern fast vollständig vollzogen[686]. § 10 Abs. 1 S. 1 und S. 2 LPartG entspricht nahezu wörtlich § 1931 Abs. 1 S. 1 BGB. **468**

Lesen Sie zur kurzen Erstinformation nur diese genannten Vorschriften; den »Rest« von § 10 LPartG brauchen Sie erst lesen, wenn Sie Erbrecht – Buch 5 des BGB – lernen!

682 Vgl. Palandt/*Diederichsen*, § 1687b, Rdnr. 1.
683 *Muscheler*, FamR, Rdnr. 863.
684 Vgl. *Schlüter*, Rdnr. 486.
685 Vgl. *Schwab*, Rdnr. 888.
686 *Gernhuber/Coester-Waltjen*, § 42, Rdnr. 47.

9. »Verwandtschaft«

469 Lesen Sie dazu § 11 LPartG ganz und vergleichen Sie den Wortlaut mit dem von §§ 1589, 1590 BGB.

■ Meine Frage dazu: Ist ein Lebenspartner Familienangehöriger des anderen und sind die Verwandten eines Lebenspartners mit dem anderen Lebenspartner verschwägert? Überlegen Sie!

▷ Um Sie vom sofortigen Lesen der Antwort abzulenken, zunächst zu §§ 1589 und 1590 BGB: Nach § 1589 S. 1 *sind* Personen... verwandt und nach § 1590 S. 1 *sind* die Verwandten... verschwägert.
Nach § 11 Abs. 1 LPartG *gilt* ein Lebenspartner als Familienangehöriger des anderen und nach § 11 Abs. 2 *gelten* die Verwandten eines Lebenspartners mit dem anderen als verschwägert.

■ Was bedeutet dies?

▷ Der Lebenspartner ist *tatsächlich nicht* Familienangehöriger des anderen und die Verwandten eines Lebenspartners sind *tatsächlich nicht* mit dem anderen verschwägert. Vielmehr *fingiert* der Gesetzgeber die Familienangehörigkeit und die Schwägerschaft. Durch die Formulierungen »gilt« und »gelten« schafft der Gesetzgeber also einen Zustand, der in Wirklichkeit nicht vorliegt.

Die Rechtsfolge dieser Fiktionen[687] ist, dass auf die Lebenspartner i. S. v. § 11 LPartG alle Vorschriften anzuwenden sind, die in anderen Gesetzen für »Familienangehörige« (bisweilen auch nur: »Angehörige« genannt), für die »Familie« und für »Verschwägerte« bestimmten Grades gültig sind[688].

Beispiele solcher Vorschriften für (Familien-)Angehörige sind aus dem BGB die §§ 530 Abs. 1, 554 Abs. 2 S. 2, 1093 Abs. 2, 1969 Abs. 1 S. 1. Die gesetzliche Fiktion des § 11 Abs. 1 LPartG, welche die Lebenspartner zu Familienangehörigen macht, ist in gewisser Weise ein Kuriosum: »Lebenspartner bilden keine Familie, gehören aber derselben Familie an«.[689]

IV. Getrenntleben der Lebenspartner

470 Der Begriff des Getrenntlebens ist für Lebenspartner in § 15 Abs. 5 S. 1 LPartG definiert wie für Ehepartner in § 1567 Abs. 1 S. 1 BGB. Folglich gilt § 1567 Abs. 1 S. 2 und Abs. 2 BGB nach § 15 Abs. 5 S. 2 LPartG für Lebenspartner entsprechend (§§-Lesen nicht vergessen!). So verwundert es nicht, dass auch die Rechtsfolgen des Getrenntlebens, *Unterhalt* (§ 12 LPartG), *Hausratsverteilung* (§ 13 LPartG) und *Wohnungszuweisung* (§ 14 LPartG) den Rechtsfolgen des Getrenntlebens von Eheleuten nachgebildet sind: Vgl. § 1361 BGB *(Unterhalt)*[690], § 1361a BGB *(Hausrat)*[691] und

687 Vgl. dazu etwa *mein* BGB AT, Rdnrn. 45 f., 102, 112, 170.
688 Vgl. *Muscheler*, FamR, Rdnr. 857. Als ein Beispiel für solche Vorschriften nennt *Muscheler* § 383 Abs. 1 Nr. 3 ZPO, der ein *Zeugnisverweigerungsrecht* »denjenigen, die mit einer Partei in gerader Linie verwandt oder verschwägert... sind« gibt. Da § 383 Abs. 1 Nr. 2a ZPO dem Lebenspartner einer Partei (d. h. des anderen Lebenspartners) ein Zeugnisverweigerungsrecht gibt, stellt § 383 Abs. 1 Nr. 3 ZPO somit klar, dass auch Verwandte und Verschwägerte des anderen Lebenspartners (§ 11 Abs. 2 LPartG) ein Zeugnisverweigerungsrecht gegenüber dem Lebenspartner haben, der Prozesspartei ist.
689 AnwK-BGB/*Ring/Olsen-Ring*, § 11 LPartG, Rdnr. 3 unter Bezugnahme auf *Kaiser*, JZ 2001, 617 (624).
690 S. o. Rdnrn. 200 ff.
691 Rdnr. 207.

§ 1361b BGB *(Wohnung)*[692]. Aus § 8 Abs. 2 LPartG i. V. m. § 1357 Abs. 3 BGB folgt zudem, dass bei Getrenntleben der Lebenspartner auch die *Schlüsselgewalt* (s. o. Rdnr. 462) ruht.

V. Aufhebung

Der Begriff der »Aufhebung« in § 15 LPartG wird mit Recht überwiegend als verwirrend[693] empfunden, da der Aufhebung der Lebenspartnerschaft teilweise die Funktionen der *»Aufhebung«* der Ehe (§§ 1313 ff. BGB[694]) und teilweise bzw. überwiegend die Funktionen der *Scheidung* der Ehe (§§ 1564 ff. BGB[695]) zukommen[696].

1. Voraussetzungen

Die Lebenspartnerschaft wird außer durch den Tod eines Lebenspartners gem. § 15 Abs. 1 LPartG auf Antrag eines oder beider Lebenspartner durch gerichtliches[697] Urteil unter den Voraussetzungen von § 15 Abs. 2 S. 1 Nr. 1–3 LPartG oder von § 15 Abs. 2 S. 2 LPartG aufgehoben. Dabei entsprechen die *Aufhebungsgründe* des § 15 Abs. 2 S. 2 LPartG den Gründen für die Aufhebung der Ehe nach den §§ 1314 ff. BGB, während die Aufhebung der Lebenspartnerschaft nach § 15 Abs. 2 S. 1 Nr. 1–3 LPartG der Ehescheidung gleicht[698], wobei die hier genannten »Aufhebungsgründe« den Scheidungsgründen der §§ 1564, 1565 BGB entsprechen, während § 15 Abs. 3 LPartG der Härteklausel des § 1568 BGB[699] angepasst ist. (Lesen Sie – sofern noch nicht geschehen – § 15 Abs. 1–3 LPartG!) 471

2. Folgen

Auch die Folgen der (lebzeitigen) Aufhebung der Lebenspartnerschaft für nach- 472
partnerschaftlichen *Unterhalt* (§ 16 LPartG), *Wohnung* (§§ 17, 18 LPartG) und *Hausrat* (§ 19 LPartG) sind im Wesentlichen in Anlehnung an das *Scheidungsfolgenrecht* der §§ 1569 ff. BGB[700] und die *Hausratsverordnung* geregelt. Durch das LPartÜG wurde zum 1.1.2005 auch die Durchführung des *Versorgungsausgleichs* in § 20 LPartG aufgenommen, der inhaltlich vollständig dem Versorgungsausgleich unter geschiedenen Eheleuten (§§ 1587 ff. BGB)[701] entspricht.

Güterrechtliche Folgen richten sich danach, ob die Lebenspartner bis zur Aufhebung der Lebenspartnerschaft im gesetzlichen Güterstand der Zugewinngemeinschaft

692 Rdnr. 208.
693 Vgl. *Lüderitz/Dethloff*, § 7, Rdnr. 40; vgl. auch kritisch *Muscheler*, FamR, Rdnr. 865; *Schlüter*, Rdnr. 487.
694 S. o. Rdnrn. 78–82 und 103–116.
695 S. o. Rdnrn. 274 ff.
696 Vgl. *Schwab*, Rdnr. 891.
697 Familiengericht (vgl. § 23b Abs. 1 S. 2 Nr. 15 GVG und §§ 606 Abs. 2 S. 1, 661 Abs. 2 ZPO).
698 Vgl. *Lipp*, Rdnr. 422.
699 S. o. Rdnrn. 274–292.
700 S. o. Rdnrn. 293–310.
701 Vgl. oben Rdnrn. 311–317.

(§ 6 S. 1 LPartG) gelebt (dann Zugewinnausgleich nach § 6 S. 2 LPartG) oder einen anderen Güterstand nach § 7 LPartG vereinbart haben.

473 Abschnitt 5 des LPartG, dem wir hier keinen eigenen Abschnitt widmen wollen, enthält in § 21 LPartG *Übergangsvorschriften* für Lebenspartnerschaften, die *vor* Inkrafttreten des LPartÜG am 1.1.2005 begründet worden sind.

Zur »Aufhebung der Lebenspartnerschaft« wollen wir einiges von dem, was wir aus dem LPartG gelernt haben, abschließend auf einen Übungsfall anwenden.

474

Übungsfall 21

Guido Wüstenhahn und Klaus Rheidt haben im Dezember 2003 während eines schönen gemeinsamen Winterurlaubs beim Après-Ski beschlossen, eine Lebenspartnerschaft zu begründen, dies auch im Februar 2004 wirksam (§ 1 Abs. 1 LPartG) vollzogen und als Lebenspartnerschaftsnamen (§ 3 LPartG) Wüstenhahn bestimmt. Die gemeinsame Wohnung befindet sich in Köln; der gemeinsame Unterhalt wird von Guido erwirtschaftet, während Klaus den Haushalt führt.

Im Sommerurlaub 2005 lernt Guido in einer Bar auf Mallorca Detlef Ballermann kennen, was zur Folge hatte, dass Guido sich am 15. Januar 2006 von Klaus trennte und zu Detlef nach Bonn zog. Gut ein Jahr später sucht Klaus seinen Rechtsanwalt auf, um die Aufhebung der Lebenspartnerschaft mit Guido einzuleiten, da die Beziehung zwischen Guido und Detlef nunmehr so gefestigt ist, dass die Lebenspartnerschaft von Klaus und Guido nicht wieder hergestellt werden kann.

Klaus beauftragt im Februar 2007 seinen Rechtsanwalt, zu prüfen, ob er

(1) jetzt einen Antrag auf Aufhebung der Lebenspartnerschaft mit Guido stellen kann und welches Gericht dafür zuständig ist,
(2) nach Aufhebung der Lebenspartnerschaft seinen früheren Namen wieder annehmen kann,
(3) nach Aufhebung der Lebenspartnerschaft Unterhaltsansprüche gegen Guido habe (Guido verdient als Unternehmensberater 8.000 € monatlich, während Klaus trotz nachweisbarer Bemühungen derzeit keine Möglichkeit hat, seinen früheren Beruf als Krankenpfleger wieder aufzunehmen),
(4) einen Ausgleichanspruch gegen Guido habe, der sein Sparguthaben während der Lebenspartnerschaft von 50.000 € auf 70.000 € erhöhen konnte, während Klaus nie eigenes Vermögen besessen hatte.

Wie wird der Rechtsanwalt die Fragen des Klaus beantworten (falls er keinen Rechtsanwendungsfehler begeht)?

■ Versuchen Sie erst (wieder), selbst eine gutachtliche Lösungsskizze anzufertigen, bevor Sie die hier angebotene Lösung lesen!

▷ Lösung…

… zu Frage (1):

(a) Voraussetzungen der Aufhebung

475 Gem. § 15 Abs. 1 LPartG kann die Lebenspartnerschaft durch gerichtliches Urteil aufgehoben werden, wenn Klaus einen entsprechenden Antrag stellt und wenn eine der Voraussetzungen von § 15 Abs. 2 Nr. 1–3 LPartG (lesen!) erfüllt ist. Da Klaus und Guido seit über einem Jahr (15. Januar 2006 bis Februar 2007) getrennt leben und angesichts der Festigung der Beziehung zwischen Guido und Detlef nicht *erwartet werden kann*, dass die partnerschaftliche Lebensgemeinschaft zwischen Guido und Klaus wieder hergestellt *wird*[702], ist die Voraussetzung von § 15 Abs. 2 Nr. 1b (»oder«) bei alleinigem Antrag des Klaus erfüllt. Er kann den Antrag stellen und wird damit Erfolg haben.

702 Der Gesetzgeber formuliert in § 15 Abs. 2 Nr. 1: *»wieder hergestellt werden kann«*. Das ist (= »Sprache der Juristen«) nicht korrekt! Die Lebenspartnerschaft zwischen Klaus und Guido *kann* (= könnte) jederzeit wieder hergestellt werden, wenn Guido will (und Klaus wieder mitmachen würde…)!

(b) *Das zuständige Gericht*
ist örtlich (§§ 661 Abs. 1 Nr. 1 und Abs. 2, 606 Abs. 2 ZPO) und sachlich (§ 23b Abs. 1 S. 2 Nr. 15 GVG) das Amtsgericht – Familiengericht – Köln (»Wo der Esel sich wälzt, muss er Haare lassen«[703]).

... zu Frage (2):

Lebenspartnerschaftname
Nach Beendigung der Lebenspartnerschaft kann Klaus gem. § 3 Abs. 3 S. 1 und 2 LPartG seinen zuvor geführten Namen wieder annehmen. **476**

... zu Frage (3):

Unterhaltsansprüche
Kann ein Lebenspartner nach der Aufhebung der Lebenspartnerschaft nicht selbst für seinen Unterhalt sorgen, hat er gem. § 16 Abs. 1 LPartG gegen den anderen Lebenspartner einen Anspruch auf Unterhalt *entsprechend* den dort genannten BGB-Vorschriften für den Unterhalt nach der Ehescheidung. Hiernach kann Klaus von Guido *Erwerbslosenunterhalt* nach § 1573 Abs. 1 BGB analog verlangen. **477**

... zu Frage (4):

Zugewinnausgleich
Guido und Klaus haben ihre Lebenspartnerschaft im Februar 2004 begründet, als noch das »alte« LPartG gegolten hat, das in seinem § 6 a. F. eine sog. »Ausgleichsgemeinschaft« vorgesehen hatte. Gem. § 21 LPartG gelten seit dem 1.1.2005 die Vorschriften über den Güterstand der Zugewinngemeinschaft, also § 6 LPartG n. F. – i. V. m. §§ 1363 Abs. 2 und 1364 bis 1390 BGB entsprechend –, sofern die Lebenspartner gem. § 7 LPartG nichts anderes vereinbart haben. Letzteres ist hier nicht der Fall. Wie der Zugewinnausgleich zu Lebzeiten (nach der Scheidung) der Ehepartner berechnet wird, haben Sie bereits[704] erfahren. **478**

■ Wenden Sie daher die §§ 1372, 1373, 1374 Abs. 1, 1375 Abs. 1 S. 1 und 1378 Abs. 1 BGB[705] entsprechend an, um zum folgenden *Ergebnis* zu kommen. »Do it yourself«, bevor Sie weiterlesen!

▷ Das Ergebnis ist hier einfach (ohne alle §§ zu nennen):
Guido hat während der Lebenspartnerschaft einen Zugewinn von 20.000 € erwirtschaftet, Klaus hatte und hat nichts. Also: § 1378 Abs. 1 BGB! Danach hat Klaus gegen Guido eine Ausgleichsforderung in Höhe von 10.000 €.

Lesen Sie zum Recht der »Eingetragenen Lebenspartnerschaft« nun die zusammenfassende Übersicht 29.

703 *Simrock*, Nr. 2177.
704 Oben, Rdnrn. 244–253 mit Übungsfall 13.
705 S. o. Rdnrn. 244–248.

479 **Übersicht 29**

Eingetragene Lebenspartnerschaft (EL)

- **Gesetzliche Regelung:** §§ 1–21 LPartG mit vielen Verweisen auf das Eherecht des BGB

- **Begriff:** Lebenspartnerschaft besteht aus zwei Personen gleichen Geschlechts, die eine Partnerschaft (ähnlich der ehelichen Lebensgemeinschaft, § 1353 BGB) auf Lebenszeit (§ 1 Abs. 1 S. 1 LPartG) führen wollen. → Vgl. Rdnr. 452.

- **Begründung der EL**
  - Form → § 1 Abs. 1 LPartG (vgl. §§ 1310, 1311 BGB) → Vgl. Rdnr. 453
  - Voraussetzungen → § 1 Abs. 2 und 3 LPartG mit Unterschieden zum BGB → Vgl. Rdnrn. 454–456

- **Wirkungen der EL**
  - Verpflichtung zur *gemeinsamen Lebensgestaltung* (Unterschied zu § 1353 BGB) und *Verantwortung* füreinander → § 2 LPartG → Vgl. Rdnr. 457.
  - *Lebenspartnerschaftname* → § 3 LPartG (ähnlich § 1355 BGB) → Vgl. Rdnr. 458.
  - *Sorgfaltspflicht und gegenseitige Haftung* → § 4 LPartG (ähnlich § 1359 BGB) → Vgl. Rdnr. 459.
  - *Unterhaltspflicht* → § 5 LPartG + §§ 1360 S. 2, 1360a, 1360b BGB analog → Vgl. Rdnr. 460.
  - *Güterstand* → § 6 LPartG + §§ 1363 Abs. 2, 1364 – 1390 BGB analog oder § 7 LPartG + §§ 1409, 1563 BGB analog → Vgl. Rdnr. 461.
  - *Eigentumsvermutung und Schlüsselgewalt* → § 8 LPartG + §§ 1362 Abs. 1 S. 2 und 3 und Abs. 2 BGB analog sowie § 1357 BGB analog → Vgl. Rdnr. 462.
  - *Sorgerecht für Kinder* → § 9 LPartG + Verweisungen auf analog anwendbare BGB-§§ (vgl. § 9 Abs. 1 S. 2, Abs. 5 S. 2, Abs. 6 S. 2, Abs. 7 S. 2 LPartG) → Vgl. Rdnrn. 463 – 467.
  - *Erbrecht* → § 10 LPartG → Vgl. Rdnr. 468.
  - *»Verwandtschaft«* → § 11 LPartG + §§ 1589, 1590 BGB analog + BGB-§§ betr. »Familie«, »Familienangehörige« bzw. »Angehörige« → Vgl. Rdnr. 469.

- **Getrenntleben der Lebenspartner**
  Begriff → § 15 Abs. 5 S. 1 LPartG (wie § 1567 Abs. 1 S. 1 BGB), daher in § 15 Abs. 5 S. 2 LPartG Verweisung auf § 1567 Abs. 1 S. 2 und Abs. 2 BGB analog
  Rechtsfolgen → §§ 12–14 LPartG (ähnlich §§ 1361 ff. BGB) → Vgl. Rdnr. 470

- **Aufhebung der EL**
  Voraussetzungen → § 15 LPartG → Abs. 2 S. 1 Nr. 1 – 3 = wie »Scheidungsgründe«; → Abs. 2 S. 2 = eigentliche »Aufhebungsgründe«, daher Verweisungen auf Eheaufhebungsrecht der §§ 1314 ff. BGB analog → Vgl. Rdnr. 471
  Folgen → §§ 16–20 LPartG → vgl. Rdnr. 472

Literatur zur Vertiefung (Rdnrn. 450–479):

Alpmann/Schmidt, 4. Teil, 2. Abschn.; *Dethloff,* Adoption durch gleichgeschlechtliche Paare, ZRP 2004, 195; *Gernhuber/Coester-Waltjen,* §§ 41, 42; *Lipp,* §§ 21, 22; *Löhnig,* Das neue Lebenspartnerschaftsgesetz – Eine Einführung, JA 2001, 651; *Lüderitz/Dethloff,* § 7; *Kaiser,* Das Lebenspartnerschaftsgesetz – Zur Gleichstellung homosexueller Partnerschaften aus familienrechtlicher Sicht, JZ 2001, 617; *Möller,* Der Ehebegriff des Grundgesetzes und die gleichgeschlechtliche Ehe, DÖV 2005, 64; *Muscheler,* EL; *ders.*, FamR, § 49; *ders.*, Die eingetragene Lebenspartnerschaft nach deutschem Recht, JURA 2004, 217; *Schlüter,* § 28; *Schwab,* §§ 94–101; *ders.*, Eingetragene Lebenspartnerschaft – ein Überblick, FamRZ 2001, 385; *Stüber,* Gesetz zur Überarbeitung des Lebenspartnerschaftsrechts, FamRZ 2005, 574; *von Koppenfels-Spies,* Voraussetzungen und Folgen der Aufhebung der Lebenspartnerschaft, FPR 2003, 5; *Weber,* Die vermögensrechtlichen Beziehungen in der eingetragenen Lebenspartnerschaft, ZFE 2003, 8; *Wellenhofer-Klein.*

2. Kapitel: Die nichteheliche Lebensgemeinschaft

I. Einführung/Begriff

480 ■ Wie eine »nichteheliche« (auch: »eheähnliche«) Lebensgemeinschaft definiert wird, haben Sie bereits im 1. Kapitel des 1. Teils dieses Buches gelesen.[706] Ich gehe davon aus, dass Sie die Definition des BVerfG nicht auswendig können (mir geht es genauso), doch sollten Sie zumindest wissen, welche Personen an dieser Lebensgemeinschaft teilnehmen?

▷ Da diese Lebensgemeinschaft »nichtehelich« ist, können die Beteiligten nicht verheiratet sein! Da zwei gleichgeschlechtliche Personen zwar eine Partnerschaft nach dem LPartG begründen, aber nicht »heiraten« können, kann die nichteheliche Lebensgemeinschaft nur zwischen einer Frau und einem Mann bestehen, die eine »Ehe ohne Trauschein« bzw. eine volkstümlich sog. »wilde Ehe« führen.

Das BVerfG[707] hat die eheähnliche Lebensgemeinschaft definiert als eine »Lebensgemeinschaft zwischen Mann und Frau, die auf Dauer angelegt ist, daneben typischerweise keine weitere Lebensgemeinschaft gleicher Art zulässt und sich durch innere Bindungen auszeichnet, die ein gegenseitiges Einstehen der Partner füreinander begründen, also über die Beziehungen in einer reinen Haushalts- und Wirtschaftsgemeinschaft hinausgehen«.

Diese Definition wurde von der Rechtsprechung des BGH[708] und der familienrechtlichen Literatur als kennzeichnend für den Regelfall[709] einer nichtehelichen Lebensgemeinschaft übernommen.

»Das Zusammenleben zweier Personen verschiedenen Geschlechts über längere Zeit hinweg ohne förmliche Eheschließung«[710] wurde früher[711] als *Konkubinat* bestraft und galt lange Zeit als sittenwidrig (vgl. § 138). Heutzutage gehört die nichteheliche Lebensgemeinschaft zu den gesellschaftlich akzeptierten Gemeinschaftsformen und ist rechtlich als solche nicht mehr sittenwidrig, doch ist die Frage, ob die nichteheliche Lebensgemeinschaft eine *positive Rechtsgestalt* hat[712], bis heute nicht abschließend geklärt. Die nichteheliche Lebensgemeinschaft ist nach wie vor gesetzlich nicht geregelt und Rechtsprechung und Lehre tun sich schwer, die Rechtslage, in der sich die nichteheliche Lebensgemeinschaft befindet, allgemein- und juristischverständlich in den Griff zu bekommen.

Bevor wir auf die hierzu vertretenen (drei) Grundauffassungen[713] bzw. *rechtlichen Regelungsmodelle*[714] etwas näher eingehen, möchte ich Ihnen die kritisch-ironische Darstellung über die Entwicklung der rechtlichen Behandlung der nichtehelichen Lebensgemeinschaft von *Wesel* (auszugsweise) nicht vorenthalten. Nachdem *Wesel* in seinem Buch »für Nichtjuristen«[715] den

706 S. o. Rdnr. 22 mit Fn. 50 = brauchen Sie jetzt nicht nachschlagen, die Definition kommt sogleich nochmal.
707 BVerfGE 87, 234 (264) = NJW 1993, 463 (645).
708 Vgl. dazu *Grziwotz*, FamRZ 2003, 1417.
709 *Schlüter*, Rdnr. 493.
710 *Duden*, Fremdwörterbuch, »Konkubinat«.
711 Z. B. im Spätmittelalter aufgrund der »Peinlichen Gerichtsordnung« Kaiser Karls V. von 1532 (»Constitutio Criminalis Carolina«); vgl. *Conrad* II, S. 415; in Bayern wurde die Strafbarkeit 1970 aufgehoben.
712 Vgl. *Schwab*, Rdnr. 830.
713 *Schwab*, Rdnr. 831.
714 *Muscheler*, FamR, Rdnr. 490.
715 Vgl. dort S. 173–175. Hervorhebungen sind von mir eingefügt.

Wandel vom unehelichen bis zum nichtehelichen Kind bzw. bis zur Abschaffung der Unterscheidung von nichtehelichen und ehelichen Kindern durch das KindRG von 1998 dargestellt hat, berichtet er weiter:

»Das gemeinsame Sorgerecht für nicht verheiratete Eltern war schon 1991 vom Bundesverfassungsgericht durchgesetzt worden für den Fall, dass sie zwar nicht verheiratet sind, aber zusammenlebten. Damit sind wir beim zweiten Ärgernis für konservative Familienrechtler. Es gibt nämlich noch mehr Nichteheliches seit vielen Jahren: *die nichteheliche Lebensgemeinschaft.*

1972 gab es ungefähr 300.000 Männer und Frauen in der Bundesrepublik, die zusammen lebten, ohne verheiratet zu sein. Zehn Jahre später, 1982, war es schon über eine Million. Warum heiraten die nicht? Manche meinen, das sei die allmähliche Auflösung der Ehe durch die Liebe. Vielleicht haben sie Recht. Überall in westlichen Ländern beobachtet man diese rapide Zunahme 'wilder Ehen'. Ein Zeichen von Sittenverfall ist das sicher nicht. Es spricht wohl tatsächlich eher dafür, dass die Liebe jetzt wichtiger geworden ist für das Zusammenleben und dass man sich *die Möglichkeit* erhalten will, *schnell auseinanderzugehen, wenn man sich nicht mehr liebt.* Außerdem sind Frauen freier geworden, müssen nicht mehr so schnell wie möglich einen Mann finden, was früher für sie oft die einzige Versorgungsmöglichkeit gewesen ist.

Nach dem letzten Krieg fing es an mit den »Onkelehen«[716] von Kriegerwitwen, denen die Rente gestrichen worden wäre, wenn sie wieder geheiratet hätten. Der Boom kam in den siebziger Jahren. Damals fiel auch der Kuppeleiparagraph[717], 1974, in der allgemeinen Liberalisierung des Sexualstrafrechts. Vermieter und Hoteliers liefen seitdem nicht mehr Gefahr, dass sie vor Gericht gezogen würden, wenn sie Wohnungen oder Zimmer an Unverheiratete überließen. Das war nun Vergangenheit, ebenso wie die ständige Rechtsprechung der Gerichte über Testamente, in denen Frauen als Erbinnen eingesetzt waren, mit denen der Mann zusammengelebt hatte, ohne verheiratet zu sein. Die Wende kam 1970, mit einem Urteil des Bundesgerichtshofes im 53. Band seiner Entscheidungen.[718] Seit 1980 häuft sich die juristische Literatur zu den nichtehelichen Lebensgemeinschaften. Die meisten *Probleme* entstehen *bei der Auflösung.* Wer bleibt in der Wohnung? Wie ist es mit dem Unterhalt und mit den Sachen, die man gemeinsam angeschafft hat? Welche Rechte hat der Vater des Kindes? Konservative Juristen verhalten sich ganz formalistisch. Sie nehmen die Gemeinschaft überhaupt nicht zur Kenntnis und lösen das Ganze nach den *allgemeinen Regeln,* als wären da zwei ganz zufällig zusammengekommen, die überhaupt nichts miteinander gemein hätten. Andere meinen, man solle die *Regeln über die Ehe analog* anwenden. Und die meisten lavieren *in der Mitte* herum, Methode Stange im Nebel. Auch in den Gerichtsentscheidungen gibt es noch ein großes Durcheinander. Nur die staatliche Verwaltung weiß, was sie zu tun hat. Einiges steht nämlich schon im Gesetz, im Sozialhilfegesetz zum Beispiel oder im Arbeitsförderungsgesetz. Wenn eine Frau Sozialhilfe beantragt oder Arbeitslosengeld, und sie lebt mit einem Mann zusammen, der ein Einkommen hat, dann wird die nichteheliche Lebensgemeinschaft wie eine Ehe behandelt. Sein Einkommen muss sie sich anrechnen lassen, wie eine verheiratete Frau. Der Mann wird dafür nicht wie ein Verheirateter besteuert, profitiert auch nicht vom Ehegattensplitting, darf aber immerhin den Unterhalt für die Lebensgefährtin als Sonderausgaben von der Steuer absetzen. So entschieden vom Bundesfinanzhof in München (Neue Juristische Wochenschrift 1994 Seite 2911). Im Übrigen wird es noch eine ganze Weile dauern, bis sich zur Lösung der anderen Fragen die nichteheliche Lebensgemeinschaft zu einem *Rechtsinstitut mit festen und gerechten Regeln* entwickelt hat. Vielleicht ist das auch ganz gut so. *Für die Liebe.*«

Während bei *Wesel* die Steigerung der nichtehelichen Lebensgemeinschaften von **481**
300.000 (1972) auf mehr als 1 Mio. (1982) verzeichnet wird und 2004 bereits ca. 2,4

716 »Onkelehe« ist das Zusammenleben einer verwitweten Frau mit einem Mann, den sie nicht heiratet, um ihre Witwenrente o. Ä. nicht zu verlieren (*Duden*, Deutsches Universalwörterbuch).

717 § 180 StGB a. F., der es nicht gestattete, dass man einem Mann und einer Frau ohne Trauschein die Gelegenheit zur »Unzucht« verschaffte.

718 BGHZ 53, 369.

Mio. solcher Gemeinschaften existierten[719], ergibt sich aus dem »Statistischen Jahrbuch 2006 für die Bundesrepublik Deutschland«[720] die Zahl von fast 2,5 Mio. Auffallend ist dabei, dass besonders geschiedene Männer und Frauen die nichteheliche Lebensgemeinschaft einer erneuten Ehe vorziehen.[721]

II. Rechtliche Einordnung: Regelungsmodelle

481a Zur rechtlichen Einordnung der nichtehelichen Lebensgemeinschaft gibt es, wie soeben angedeutet, im Wesentlichen drei Auffassungen, die sich nach *Muscheler*[722] mit den Begriffen »Außerrechtlichkeit«, »Anlehnungsrechtlichkeit« und »Eigenrechtlichkeit« kennzeichnen lassen. Damit ist die der nichtehelichen Lebensgemeinschaft durch den Gesetzgeber zuzuordnende Rechtswirklichkeit angesprochen.

1. Außerrechtlichkeit

482 Nach dieser Auffassung soll die nichteheliche Gemeinschaft möglichst außerhalb der Rechtsordnung bleiben. Danach sind *besondere* Rechtsregeln für die nichteheliche Gemeinschaft abzulehnen und die Anwendung *allgemeiner* Vorschriften des Bürgerlichen Rechts auf ein Minimum zu reduzieren[723], weil die »Partner« der nichtehelichen Lebensgemeinschaft bewusst auf die rechtliche Formalisierung ihrer Beziehung (durch Heirat) verzichten[724].

2. Anlehnungsrechtlichkeit

483 Nach dieser Ansicht, die von der *tatsächlichen* Ähnlichkeit der nichtehelichen Gemeinschaft mit der Ehe ausgeht, sollte jene auch *rechtlich* der Ehe angeglichen werden, da der nichtehelichen Gemeinschaft »eheähnliche« Wirkungen zukämen[725].

3. Eigenrechtlichkeit

484 Nach dieser »Mittelmeinung« wird die nichteheliche Gemeinschaft als etwas *grundsätzlich anderes* als die Ehe angesehen! Da den Partnern dieser Gemeinschaft bei Streitigkeiten untereinander aber ein Mindestmaß an Rechtsschutz gebührt, soll dieser Rechtsschutz durch Regelung der nichtehelichen Gemeinschaft als eigenständiges Rechtsinstitut gewährt werden, ohne dass ein »eheähnliches Institut« entsteht. Diese Auffassung wird von *Schwab* bevorzugt[726], während *Muscheler*[727] darauf hinweist,

719 *Lüderitz/Dethloff*, § 8, Rdnr. 4.
720 Vgl. dort S. 47 (unter 2.18).
721 Zu den Gründen für das Ansteigen der nichtehelichen Lebensgemeinschaften vgl. etwa *Gernhuber/Coester-Waltjen*, § 41, Rdnr. 2.
722 FamR, Rdnr. 490.
723 *Schwab*, Rdnr. 831.
724 *Muscheler*, FamR, Rdnr. 490.
725 Vgl. *Schwab*, Rdnr. 831.
726 A. a. O.
727 FamR, Rdnr. 490.

dass der Gesetzgeber sich »zu Recht« für das Regelungsmodell der Außerrechtlichkeit entschieden hat, das der h. M.[728] entspricht.

»Zu Recht« hat der Gesetzgeber diese Entscheidung getroffen, wie *Muscheler*[729] überzeugend darlegt; denn »jede Regelung, und mag sie sich auch noch so sehr vom Eherecht fernhalten, ist ein Stück Zwangsehe ohne Eheschließungswillen und missachtet den Willen der Beteiligten, von einer Bindung abzusehen und jederzeit auseinander gehen zu können«.

Die Mittelmeinung (»Mindestrechtsschutz«) hat hingegen den Vorteil der Rechtssicherheit; denn eine behutsame, eigengesetzliche Regelung der nichtehelichen Lebensgemeinschaft [ohne dass ein eheähnliches Institut entsteht und ohne dass eine verfassungswidrige (Art. 6 Abs. 1 GG) Gleichstellung mit der Ehe erfolgt], könnte die Entscheidung der Gerichte bei Streitigkeiten, namentlich nach Auflösung der ehelichen Lebensgemeinschaft, durchaus erleichtern und zu einer einheitlichen Rechtsprechung führen.

III. Rechtslage während Bestehens der nichtehelichen Lebensgemeinschaft

1. Vertragsfreiheit

Der Gesetzgeber hat, wie soeben festgestellt, davon abgesehen, Rechtsprobleme, auch dringend lösungsbedürftige Probleme[730], der nichtehelichen Lebensgemeinschaft zu regeln. Nach h. M. ist weder das Ehe- noch das Verlöbnisrecht anwendbar. Das hindert aber nicht, die sonstigen Vorschriften des BGB auf die nichteheliche Lebensgemeinschaft anzuwenden, soweit es sich nicht um ehespezifische Regelungen handelt[731] und *soweit die Partner der nichtehelichen Gemeinschaft nichts anderes vertraglich vereinbart haben.* 485

■ Wiederholungs- und Verständnisfrage: Aufgrund welcher Vorschrift sind die Partner einer nichtehelichen Lebensgemeinschaft berechtigt, ihre Beziehungen vertraglich zu regeln und welche Vorschrift des Familienrechts steht dem nicht entgegen?

▷ Die Nichtanwendung familienrechtlicher, ehespezifischer Vorschriften auf die nichteheliche Lebensgemeinschaft hat zur Folge, dass für diese die allgemeine schuldrechtliche Vertragsfreiheit des § 311 Abs. 1 gilt, sodass die eherechtliche Beschränkung der Vertragsfreiheit i. S. v. § 1409[732] hier nicht entgegensteht.

Die Partner der nichtehelichen Lebensgemeinschaft können daher aufgrund ihrer Privatautonomie fast »alles«, vor allem für den Fall einer Trennung[733], durch einen *Partnerschaftsvertrag* (§§ 311 Abs. 1, 241) vereinbaren, sofern sie dabei nicht gegen ein gesetzliches Verbot (§ 134) oder die guten Sitten (§ 138)[734] verstoßen.

Darin liegt gerade der Vorteil der »Ehe ohne Trauschein«, deren Partner nicht an das bisweilen starre und strenge Familienrecht, insbesondere das Scheidungsrecht, gebunden sein wollen.

Angesichts der kaum überschaubaren Risiken, die das Scheidungsrecht trotz Ausschlusses der ärgsten Missbrauchsmöglichkeiten des »schuldigen« Ehepartners in sich birgt, wollen viele

728 Vgl. Palandt/*Brudermüller*, Einl v § 1297, Rdnr. 18.
729 FamR, Rdnr. 490.
730 *Schlüter*, Rdnr. 494.
731 Palandt/*Brudermüller*, Einl v § 1297, Rdnr. 18.
732 S. o. Rdnr. 256 sowie auch Rdnrn. 121 ff.
733 *Schlüter*, Rdnr. 495.
734 *Die verbreitete Vereinbarung über den Gebrauch empfängnisverhütender Mittel ist nach h. M.* (vgl. nur Palandt/*Brudermüller*, Einl v § 1297, Rdnr. 25) *sittenwidrig*. A. A. mit gutem Grund *Muscheler*, FamR, Rdnr. 499, *der einen Schadensersatzanspruch in Form von Freistellung von Unterhaltsansprüchen des ungewollten Kindes für gerechtfertigt hält.*

Paare die eheliche Bindung vermeiden und statt dessen in einer eheähnlichen Gemeinschaft zusammenleben[735].

Leider wird von der Möglichkeit, einen Partnerschaftsvertrag zu schließen, relativ selten Gebrauch gemacht, sodass die Gerichte vor der schwierigen Aufgabe stehen, mit einem unzureichenden gesetzlichen Instrumentarium im Einzelfall zu einem erträglichen Ergebnis zu gelangen[736].

Bereiche, die der Regelung durch einen Partnerschaftsvertrag nicht offen stehen, sind vor allem: das Namensrecht, das gesetzliche Erbrecht, das Pflichtteilsrecht sowie das Erb- und Schenkungssteuerrecht.[737]

2. Unterhalt

486 Eine gesetzliche Unterhaltspflicht zwischen den Partnern einer nichtehelichen Lebensgemeinschaft gibt es nicht, falls nicht wegen Kinderbetreuung § 1615 l eingreift. Weder die §§ 1360, 1360a und 1361 noch die §§ 1569 ff. sind unmittelbar oder analog anwendbar[738]. Unterhaltsansprüche können aber durch Partnerschaftsvertrag begründet werden.

3. Vermögens- und Eigentumszuordnung

487 Jeder Partner behält das Eigentum an eingebrachten Vermögensgegenständen und erhält es an denen, die er während des Bestehens der nichtehelichen Lebensgemeinschaft erwirbt. Es gelten die allgemeinen bzw. sachenrechtlichen Vorschriften der §§ 929 ff. Mitbesitz begründet nach § 1006[739] die (widerlegbare) Vermutung von Miteigentum. Bei Zweifeln über den Eigentumserwerb sind die Grundsätze über das »Geschäft für den, den es angeht«[740] maßgeblich[741].

4. Mietwohnung

488 Durch die Aufnahme des nichtehelichen Lebenspartners in die Mietwohnung wird dieser nicht Partei des Mietvertrags i. S. v. § 535, sondern es gilt § 553 (lesen!), d. h. der Vermieter muss seine Erlaubnis zur Aufnahme erteilen. Darauf besteht grundsätzlich ein *Anspruch* (§ 553 Abs. 1 S. 1), sofern der Vermieter keinen wichtigen Grund zur Versagung der Erlaubnis nach § 553 Abs. 1 S. 2 hat.

735 Vgl. *Kroeschell*, S. 286.
736 *Schlüter*, Rdnr. 495.
737 *Muscheler*, FamR, Rdnr. 490.
738 Vgl. nur Palandt/*Brudermüller*, Einl v § 1297, Rdnr. 19.
739 Vgl. ggf. *mein* SachR, u. a. Rdnrn. 72 ff.
740 Falls nicht mehr parat, vgl. *mein* BGB AT, Rdnr. 314.
741 Palandt/*Brudermüller*, Einl v § 1297, Rdnr. 22.

5. Gemeinsame Kinder

Da die Partner einer nichtehelichen *(nomen est omen*[742]*)* Lebensgemeinschaft nicht verheiratet sind, gelten die §§ 1626a ff. über die »*Elterliche Sorge* nicht miteinander verheirateter Eltern«, wenn die Partner ein gemeinsames Kind haben. Das *Umgangsrecht* ist in § 1684 geregelt. Durch die Gleichstellung von nichtehelichen mit ehelichen Kindern gilt für Kinder der Partner das *Namensrecht* der §§ 1616 ff.! **489**

6. Haftung für eigenübliche Sorgfalt/Persönliche Pflichten

Hier gilt die Haftungsbeschränkung für Ehepartner nach h. M. gem. § 1359 analog, da die nichteheliche Gemeinschaft (nun doch ähnlich der ehelichen Lebensgemeinschaft?) durch die enge persönliche Verbundenheit der Partner zueinander geprägt ist.[743] **490**

Die §§ 1353, 1356 und 1357 sind hingegen auf die nichteheliche Partnerschaft weder direkt noch analog anwendbar.

IV. Rechtslage nach Beendigung der nichtehelichen Lebensgemeinschaft

Die nichteheliche Lebensgemeinschaft endet (außer durch Tod eines Partners) durch einvernehmliche Trennung oder durch (formlose) Erklärung eines Partners. Dabei kann es häufig zu Streitigkeiten kommen. Sofern kein *Partnerschaftsvertrag* geschlossen wurde, können je nach Fallkonstellation eine Vielzahl von Ansprüchen eines Lebenspartners gegen den anderen in Betracht kommen, von denen wir einige anhand eines Übungsfalls überprüfen wollen. **491**

742 (Lat.) »Im Namen liegt eine Vorbedeutung«.
743 Palandt/*Brudermüller*, Einl v § 1297, Rdnr. 25.

492 **Übungsfall 22**

In dem ehrenwerten Haus [vgl. dazu den Hit von *Udo Jürgens*, in dem er die Spießer unserer Gesellschaft kritisiert, welche dort u. a. auch über die nichteheliche Lebensgemeinschaft die Nase rümpfen], in dem sich Guido und Klaus im Dezember 2003 näher kennen lernten, trafen an der Bar beim Aprés-Ski auch der 40-jährige Manni (M) und die ebenfalls 40-jährige verwitwete Fanny (F), beide aus München, aufeinander. Auch bei ihnen flogen Funken über und sie verabredeten ein nächstes Treffen in München. Es dauerte nicht lange, bis sie eine gemeinsame Wohnung bezogen und planten, zu heiraten. Als F dann erfuhr, dass sie bei einer Heirat mit M ihre Witwenrente (monatlich 1.000 €) verlieren würde, waren sich beide einig, eine »Ehe ohne Trauschein« zu führen und versprachen sich gegenseitige Treue bis zum Lebensende. F hat außer der Witwenrente ein monatliches Sekretärinnengehalt von 1.200 €; M verdient zum Zeitpunkt des Zusammenziehens als Broker 5.000 € pro Monat.

Als F von einem Onkel 150.000 € erbt, kauft sie ein Haus, zu dessen Kaufpreis M seinen Lottogewinn von 50.000 € beisteuert, ohne Miteigentümer zu werden! Die Lebenshaltungskosten bestreiten beide wechselseitig von ihren Einkommen. F gibt ihren Beruf nach einem Jahr auf und führt den Haushalt, um M den »Rücken frei« zu halten. M verdient immer besser und konnte sich einen Aktienfonds im Wert von 50.000 € anlegen. Außerdem reicht sein Geld, der F 30.000 € zu überlassen, um davon das Haus renovieren zu lassen und eine neue, speziell angefertigte Einbauküche anzuschaffen. Weiterhin kauft er in eigenem Namen einen hochwertigen Fernsehapparat für 2.500 €, zu dem F 500 € zuschießt. Als F Anfang Juli 2007 unter einer schweren Sommergrippe litt, flog M alleine in Urlaub nach Fuerteventura. Nachdem er drei Wochen später zurückkehrt, eröffnet er der F, dass er im Urlaub gemerkt habe, dass F eigentlich gar nicht zu ihm passe und er jetzt zu seiner 20 Jahre jüngeren Urlaubsliebe Daisy ziehen werde, was er auch unverzüglich im August 2007 tut und was dann nicht ohne Streit abläuft:

M verlangt von F Rückzahlung seines Beitrags zur Hausfinanzierung (50.000 €), die 30.000 € für die Hausrenovierung und die Einbauküche sowie Herausgabe des Fernsehapparats.

F, die kurz vor M`s Auszug einen schweren Autounfall hatte, der sie erwerbsunfähig machte, verlangt von M Unterhalt, da ihre Witwenrente für ihren Lebensbedarf nicht mehr ausreiche. Außerdem will sie einen Ausgleich von dem Aktienfonds, den M während ihres Zusammenlebens angehäuft hat und die 500 € zurück, die sie ihm zum Kauf des Fernsehers beigesteuert hat.

Sind die wechselseitigen Ansprüche von M und F begründet?

493 **Anmerkung:**

Achtung! Sie werden bei der Lektüre des Falles vielleicht gemerkt haben, dass dieser sehr »konstruiert« ist. Zum einen, um zu verdeutlichen, dass die Partner der nichtehelichen Gemeinschaft *tatsächlich* durchaus eheähnlich zusammenleben. Zum anderen, um hervorzuheben, dass sich die nicht verheirateten Partner, sofern sie keinen Partnerschaftsvertrag geschlossen haben, *rechtlich* wie Fremde gegenüberstehen, denen das Familienrecht weder Pflichten von Eheleuten auferlegt noch Rechte und deren Schutz gewährt.

Entsprechend dem Fall ist auch die Lösungsskizze konstruiert, die nicht als Musterbeispiel einer gutachtlichen Prüfungsklausur dienen kann, sondern nur aufzeigen soll, welche Ansprüche für nichteheliche Lebensgemeinschaftspartner gemeinhin in *Erwägung* gezogen werden.

- Ansprüche des M gegen F, die bei dieser Fallkonstellation in Erwägung gezogen werden, sind vor allem folgende:
  (1) Partnerschaftsvertrag?, (2) Zugewinnausgleich (analog)?, (3) Verlöbnis (analog)?, (4) Darlehensvertrag?, (5) Auftrag?, (6) Schenkung?, (7) Auseinandersetzung von BGB-Gesellschaft (analog)?, (8) GoA?, (9) Ungerechtfertigte Bereicherung?, (10) Wegfall der Geschäftsgrundlage?, (11) Sachenrechtlicher Herausgabeanspruch?
  Als Ansprüche der F gegen M können in Betracht kommen:
  (1) Unterhalt?, »(2) – (11)« wie M gegen F (1) – (10)?

Versuchen Sie, bevor Sie die Lösungsskizze lesen, mit Ehrgeiz, Phantasie und Ihren Kenntnissen (der ersten vier Bücher des BGB), sich zu jedem angedeuteten Anspruch zumindest einige §§-Zahlen zu notieren!

▷ **Lösungsskizze:**

(A) Ansprüche M gegen F

(I) Ansprüche M gegen F auf Rückzahlung der 50.000 € Hausfinanzierungsbeitrag sowie der 30.000 € für die Einbauküche.

(1) Ansprüche aus Partnerschaftsvertrag i. S. v. §§ 311 Abs. 1, 241?

Da M und F von der grundsätzlichen Möglichkeit, im Rahmen von §§ 311 Abs. 1, 241 **494** einen Partnerschaftsvertrag zu schließen, keinen Gebrauch gemacht haben, scheiden entsprechende vertragliche Ansprüche aus.

(2) Anspruch auf Zugewinnausgleich aus § 1378 Abs. 1 analog?

Da F und M ihr Vermögen während ihrer Lebensgemeinschaft um die Erbschaft **495** (150.000 €) und den Lottogewinn (50.000 €) vermehrt haben, erscheint es nicht abwegig, diese Beträge als »Zugewinn« i. S. v. § 1373 zu qualifizieren? Weil die Partner einer nichtehelichen Lebensgemeinschaft aber bewusst auf die für die Ehe geltenden Rechtsfolgen, insbesondere die einer Scheidung verzichten wollen, sind die *Vorschriften* des Eherechts *über den Zugewinnausgleich (§§ 1371–1378) nicht analog* anwendbar! Somit besteht kein entsprechender Ausgleichsanspruch.

(3) Anspruch aus § 1298 Abs. 1 analog?

Selbst wenn man das Versprechen der gegenseitigen Treue als verlöbnisähnliches Versprechen i. S. v. § 1297 Abs. 1 interpretieren wollte, ändert das nichts daran, dass auch **496** die *§§ 1297 Abs. 2 bis 1302* (anders als bei der Partnerschaft nach dem LPartG, vgl. dessen § 1 Abs. 3 S. 2) auf die nichteheliche Lebensgemeinschaft *nicht analog* angewendet werden können.

(4) Anspruch auf Darlehensrückzahlung aus § 488 Abs. 1 S. 2?

Dieser Anspruch setzt einen Darlehensvertrag nach § 488 voraus, der grundsätzlich auch konkludent geschlossen werden kann. Der BGH[744] ist allerdings bei der Annahme konkludent geschlossener Verträge von Partnern einer nichtehelichen Lebensgemeinschaft sehr zurückhaltend[745]. Aus der bloßen Hingabe von 50.000 € zum Hauskauf und der 30.000 € zur Hausrenovierung sowie zur Anschaffung der Einbauküche kann jedenfalls *nicht* geschlossen werden, dass F *zur Rückzahlung* dieser Beträge *verpflichtet* sein sollte. Auch ein Anspruch aus § 488 Abs. 1 S. 2 scheidet somit aus.

(5) Anspruch auf Aufwendungsersatz aus § 670?

Auch § 670 setzt mit dem Auftrag i. S. v. § 662 einen *Vertrag*[746] voraus. Ein solcher **497** wurde hier ebenfalls nicht geschlossen. M hat die Beträge *»ohne Auftrag«* freiwillig zur Verfügung gestellt.

(6) Anspruch wegen Widerrufs einer Schenkung aus §§ 531 Abs. 2, 530 Abs. 1 i. V. m. §§ 812 Abs. 1 S. 2, 1. Var., 818 Abs. 2?

Dann müssten die Zuwendungen, die M der F gemacht hat, als Schenkung nach **498** § 516 Abs. 1 anzusehen sein. M hat die 50.000 € und 30.000 € jedoch nicht der F geschenkt, sondern damit einen Beitrag zur Gestaltung der gemeinsamen Lebensführung geleistet, der keine Schenkung, sondern eine *»unbenannte Zuwendung«*[747] darstellt.

744 FamRZ 1981, 530.
745 Vgl. *Schlüter*, Rdnr. 3; *Schwab*, Rdnr. 841.
746 Vgl. z. B. *mein* SchR BT, Rdnr. 299.
747 Vgl. *Gernhuber/Coester-Waltjen*, § 44, Rdnr. 21; *Schwab*, Rdnr. 858.

Selbst wenn man dieser Auffassung nicht folgen mag[748], stellt die Untreue des M keinen *Widerrufsgrund* i. S. d. § 530 Abs. 1 (schwere Verfehlung, grober Undank) dar[749], sodass auch dieser Anspruch ausscheidet.

(7) Anspruch auf Auseinandersetzung aus §§ 730 Abs. 1, 726, 705?

499 Dann müssten M und F (ggf. konkludent) einen *Gesellschaftsvertrag* geschlossen haben. Allein der Zusammenschluss zu einer nichtehelichen Lebensgemeinschaft begründet jedoch noch kein Gesellschaftsverhältnis i. S. d. §§ 705 ff.! Dazu wäre Voraussetzung gewesen, dass M und F sich zur Förderung eines *gemeinsamen Zwecks* zusammengefunden hätten, der über das nichteheliche Zusammenleben hinausgeht, d. h. wenn sie von der Vorstellung ausgegangen wären, dass das Haus und die Einbauküche nicht nur während des Zusammenlebens von beiden genutzt würden, sondern dass der *Wert* derselben »schuldrechtlich gesehen« beiden zugute kommen sollte[750]. Entsprechende Abreden zwischen M und F sind hier nicht ersichtlich, sodass auch ein Anspruch auf Auseinandersetzung aus §§ 730 Abs. 1, 726, 705 nicht begründet ist.

(8) Anspruch aus GoA nach §§ 677, 683 Abs. 1, 670?

500 Hier fehlt es schon an der ersten Voraussetzung[751] von § 677, da M *kein objektiv »fremdes Geschäft«* führte; vielmehr wollte M mit seinen Zuwendungen seinen eigenen Beitrag zur nichtehelichen Lebensgemeinschaft erfüllen.

(9) Anspruch aus ungerechtfertigter Bereicherung gem. §§ 812 Abs. 1 S. 2, 2. Var., 818 Abs. 2?

501 F hat durch die Zuwendung der Beträge von 50.000 € und 30.000 € »etwas erlangt«[752] (Besitz und Eigentum an dem Geld[753]). Dies geschah auch »durch Leistung« des M, indem dieser seine Beträge der F bewusst und zweckgerichtet zur Förderung der nichtehelichen Lebensgemeinschaft zugewendet hat. Schließlich müsste der mit der Leistung nach dem Inhalt des Rechtsgeschäfts bezweckte Erfolg nicht eingetreten sein *(»Zweckverfehlung«)*. Dies setzt jedoch eine *Zweckvereinbarung* voraus[754], die auch konkludent erfolgen kann. Bei Zuwendungen zwischen nichtehelichen Lebensgemeinschaftspartnern kann eine konkludente Zweckvereinbarung bei größeren Investitionen, wie im vorliegenden Fall, in Betracht kommen[755]. Hinzu kommen muss aber die *Absicht der Partner*, mit der Zuwendung (hier Hausfinanzierungsbeitrag, Renovierungszuschuss und Einbauküchenfinanzierung) einen *Wert* (*gemeinsame* Wertschöpfung, s. o. Rdnr. 499) zu schaffen, der ihnen nach ihren Vorstellungen *gemeinsam* zustehen sollte[756]. Dagegen spricht die Tatsache, dass M nicht Miteigentümer des Hauses wurde. Mangels einer entsprechenden Zweckvereinbarung liegt auch keine Zweckverfehlung vor, sodass der Anspruch aus § 812 Abs. 1 S. 2, 2. Var. nicht gegeben ist.

748 Vgl. dazu MüKo/*Kollhosser*, § 516, Rdnrn. 65 ff.

749 *Lüderitz/Dethloff*, § 8, Rdnr. 22; *Schlüter*, Rdnr. 506; *Schwab*, Rdnr. 858.

750 Vgl. *Schwab*, Rdnr. 60, mit einer Vielzahl von Rechtsprechungshinweisen zur strittigen, ggf. analogen Anwendung des BGB-Gesellschaftsrechts auf die nichteheliche Lebensgemeinschaft. Zum Meinungsstreit lesen Sie ggf. in der Literatur zur Vertiefung nach.

751 Vgl. *mein* SchR BT, Rdnr. 347.

752 Zur Prüfung der Voraussetzungen von Bereicherungsansprüchen vgl. ggf. *mein* SchR BT, Rdnr. 361.

753 Für die Einbauküche gilt bezüglich des Eigentums § 946 i. V. m. § 93. M wurde nicht Miteigentümer des Hauses! Vgl. *mein* SachR, Rdnrn. 128 ff.; zur Einbauküche vgl. Palandt/*Heinrichs*, § 93, Rdnr. 5.

754 Vgl. *Lüderitz/Dethloff*, § 8, Rdnr. 28.

755 A. a. O., Rdnr. 29.

756 *Schlüter*, Rdnr. 502.

(10) Anspruch wegen Störung der Geschäftsgrundlage nach § 313?

Ein solcher Anspruch setzt nach dem Wortlaut von § 313 voraus – hier bezogen auf die Zuwendungen von M an F –, dass ein *Vertrag* geschlossen wurde. Dies wird bei einer nichtehelichen Lebensgemeinschaft selten der Fall sein und ist es auch in unserem Fall nicht. Läge hier bezüglich der Zuwendungen des M eine vertragliche Vereinbarung vor, wäre dies eine *Zweckvereinbarung* i. S. v. § 812 Abs. 1 S. 2, 2. Var., welcher die Anwendung von § 313 ausschließen würde[757]. Also besteht auch über § 313 kein Ausgleichs- bzw. Rückforderungsanspruch der F gegen M. **502**

(II) Anspruch des M auf Herausgabe des Fernsehapparats

(11) Anspruch auf Herausgabe nach § 985?

Voraussetzung dafür ist – neben dem hier nicht zweifelhaften Besitz der F (§ 854 Abs. 1) –, dass M Eigentümer des »Fernsehers« ist. **503**

■ Wenn Sie sich an das unter Rdnr. 487 Gelesene erinnern, sollte Ihnen die Lösung nicht schwer fallen.

▷ Jeder Partner der nichtehelichen Lebensgemeinschaft behält das Eigentum an eingebrachten Gegenständen und erhält es an denen, die er während des Bestehens der Gemeinschaft erwirbt. Bei Zweifeln gelten die Grundsätze über das »Geschäft für den, den es angeht«. Hier bestehen keine Zweifel: Da M den Fernsehapparat *im eigenen Namen* gekauft hat, ist er (Allein-)Eigentümer nach § 929 S. 1 geworden. Der Anspruch ist daher begründet.

(B) Ansprüche F gegen M

(I) Anspruch auf Unterhalt?

■ Die Frage, ob F gegen M einen Unterhaltsanspruch hat, müssten Sie eigentlich beantworten können, ohne nochmals Rdnrn. 486 und 489 zu lesen? **504**

▷ Da F und M keine gemeinsamen Kinder haben, kommt ein Anspruch auf Unterhalt wegen Kinderbetreuung nach § 1615l nicht in Betracht. Andere Unterhaltsansprüche für Unverheiratete gibt es nicht.

(II) Anspruch auf Rückzahlung der 500 € für den Fernsehapparat?
Hier könnten Sie alle Ansprüche prüfen, die wir bereits für M gegen F erwogen haben. **505**
Das Ergebnis ist das gleiche: F hat keinerlei Ansprüche gegen M.

(III) Anspruch auf Ausgleich des Aktienfondsgewinns?
Nein, da keine analoge Anwendung der §§ 1371 ff. (vgl. Rdnr. 495) möglich ist. **506**

757 Vgl. *Schlüter*, Rdnr. 505.

507 **Übersicht 30**

Nichteheliche Lebensgemeinschaft	
■ *Gesetzliche Regelung:*	Gibt es nicht! Synonym: »Eheähnliche Gemeinschaft« Umgangssprachlich: »Ehe ohne Trauschein«, »Wilde Ehe«
■ »Definition« des Bundesverfassungsgerichts = BVerfGE 87, 234 (264): »Die nichteheliche Gemeinschaft ist eine Lebensgemeinschaft zwischen Mann und Frau, die auf Dauer angelegt ist, daneben typischerweise keine weitere Lebensgemeinschaft zulässt und sich durch innere Bindungen auszeichnet, die ein gegenseitiges Einstehen der Partner füreinander begründen, also über die Beziehungen in einer reinen Haushalts- und Wirtschaftsgemeinschaft hinausgehen.«	
Regelungsmodelle	
■ *»Außerrechtlichkeit«* → Regelung außerhalb der Rechtsordnung = keine analoge Anwendung von BGB-Vorschriften des Eherechts (h. M.). ■ *»Anlehnungsrechtlichkeit«* → Angleichung an eherechtliche Vorschriften. ■ *»Eigenrechtlichkeit«* → Nichteheliche Lebensgemeinschaft als eigenständiges, nicht eheähnliches Rechtsinstitut = *de lege ferenda* (»Mittelmeinung«)	
Partnerschaftsvertrag	
■ Aufgrund der *Vertragsfreiheit (§ 311 Abs. 1 i. V. m. § 241)* können die Partner fast alles vereinbaren, was nicht gegen ein gesetzliches Verbot (§ 134) oder die guten Sitten (§ 138) verstößt. Ausnahmen: Namensrecht, gesetzliches Erbrecht, Pflichtteilsrecht sowie Erb- und Schenkungssteuerrecht.	

Literatur zur Vertiefung (Rdnrn. 480–507):

Alpmann/Schmidt, 4. Teil, 1. Abschn.; *Czeguhn,* Das verflixte siebte Jahr, JA 2002, 769 [Klausurfall]; *Gebhardt,* Unterhaltsleistungen an den nichtehelichen Lebenspartner, EStB 2005, 150; *Gernhuber/Coester-Waltjen,* §§ 41, 43 f.; *Grziwotz,* Rechtsprechung zur ehelichen Lebensgemeinschaft, FamRZ 2003, 1417; *ders.,* Vertragsstrafen und Abfindungsklauseln in Partnerschaftsverträgen, FPR 2005, 156; *Hausmann/Hohloch; Kocher,* »Gescheiterte Pläne«, JA 2007, 108 [Klausurfall]; *Lindenberg,* Rechtsstellung nichtehelicher Lebensgemeinschaften, ZEuP 2005, 682; *Lipp,* § 15; *Looschelders,* Schadensersatz bei einseitiger Durchkreuzung der Familienplanung durch den kinderwilligen (Ehe-)Partner?, JURA 2000, 169; *Lüderitz/Dethloff,* § 8; *Messerle,* Zivilrechtliche Probleme der nichtehelichen Lebensgemeinschaft, JuS 2001, 28; *Muscheler,* FamR, § 28; *Oehlmann/Stille,* Ausgleich von Vermögensdispositionen nach Gesellschaftsrecht bei Beendigung einer nichtehelichen Lebensgemeinschaft, FamRZ 2004, 1; *Schlüter,* § 29; *Schreiber; Schwab,* §§ 91–93.

Zur Selbstkontrolle
Ob und wie gut Sie etwas von dem Inhalt dieses Buchs behalten haben, können Sie testen, wenn Sie Ihr Wissen anhand der Fragen 727–753 in *Wörlen/Metzler-Müller* (vgl. Literaturverzeichnis) überprüfen.

Anhang

Übersicht 31

Düsseldorfer Tabelle* 508

(gültig ab 1.1.2008)

A. Kindesunterhalt – in EURO

	Nettoeinkommen des Barunterhaltspflichtigen	Altersstufen in Jahren (§ 1612a Abs. 3 BGB)				Vomhundersatz	Bedarfskontrollbetrag
	(Anm. 3, 4)	0–5	6–11	12–17	ab 18		(Anm. 6)
		Alle Beträge in Euro					
1.	bis 1.500	279	322	365	408	100	770/900
2.	1.501 – 1.900	293	339	384	429	105	1.000
3.	1.901 – 2.300	307	355	402	449	110	1.100
4.	2.301 – 2.700	321	371	420	470	115	1.200
5.	2.701 – 3.100	335	387	438	490	120	1.300
6.	3.101 – 3.500	358	413	468	523	128	1.400
7.	3.501 – 3.900	380	438	497	555	136	1.500
8.	3.901 – 4.300	402	464	526	588	144	1.600
9.	4.301 – 4.700	425	490	555	621	152	1.700
10.	4.701 – 5.100	447	518	584	653	160	1.800
	ab 5.101	nach den Umständen des Falles					

* Weitere »Tabellen zum Familienrecht« finden Sie in dem gleichnamigen Buch von *Brudermüller/Schürmann.*

Anmerkungen:

1. Die Tabelle hat keine Gesetzeskraft, sondern stellt eine Richtlinie dar. Sie weist den monatlichen Unterhaltsbedarf aus, bezogen auf drei Unterhaltsberechtigte, ohne Rücksicht auf den Rang. Der Bedarf ist nicht identisch mit dem Zahlbetrag; dieser ergibt sich unter Berücksichtigung der nachfolgenden Anmerkungen.

2. Bei einer größeren/geringeren Anzahl Unterhaltsberechtigter können Ab- oder Zuschläge durch Einstufung in niedrigere/höhere Gruppen angemessen sein. Anmerkung 6 ist zu beachten. Zur Deckung des notwendigen Mindestbedarfs aller Beteiligten – einschließlich des Ehegatten – ist gegebenenfalls eine Herabstufung bis in die unterste Tabellengruppe vorzunehmen. Reicht das verfügbare Einkommen auch dann nicht aus, setzt sich der Vorrang der Kinder im Sinne von Anm. 5 Abs. 1 durch. Gegebenenfalls erfolgt zwischen den erstrangigen Unterhaltsberechtigten eine Mangelberechnung nach Abschnitt C.

   Die Richtsätze der 1. Einkommensgruppe entsprechen dem Mindestbedarf in Euro gemäß § 1612a BGB i.V.m. § 36 Nr. 4 EGZPO. Der Prozentsatz drückt die Steigerung des Richtsatzes der jeweiligen Einkommensgruppe gegenüber dem Mindestbedarf (= 1. Einkommensgruppe) aus. Die durch Multiplikation des nicht gerundeten Mindestbedarfs mit dem Prozentsatz errechneten Beträge sind entsprechend § 1612a Abs. 2 S. 2 BGB aufgerundet.

3. Berufsbedingte Aufwendungen, die sich von den privaten Lebenshaltungskosten nach objektiven Merkmalen eindeutig abgrenzen lassen, sind vom Einkommen abzuziehen, wobei bei entsprechenden Anhaltspunkten eine Pauschale von 5 % des Nettoeinkommens – mindestens 50 EUR, bei geringfügiger Teilzeitarbeit auch weniger, und höchstens 150 EUR monatlich – geschätzt werden kann. Übersteigen die berufsbedingten Aufwendungen die Pauschale, sind sie insgesamt nachzuweisen.

4. Berücksichtigungsfähige Schulden sind in der Regel vom Einkommen abzuziehen.

5. Der notwendige Eigenbedarf (Selbstbehalt)

   - gegenüber minderjährigen unverheirateten Kindern,
   - gegenüber volljährigen unverheirateten Kindern bis zur Vollendung des 21. Lebensjahres, die im Haushalt der Eltern oder eines Elternteils leben und sich in der allgemeinen Schulausbildung befinden,

   beträgt in der Regel beim nicht erwerbstätigen Unterhaltspflichtigen monatlich 770 EUR, beim erwerbstätigen Unterhaltspflichtigen monatlich 900 EUR. Hierin sind bis 360 EUR für Unterkunft einschließlich umlagefähiger Nebenkosten und Heizung (Warmmiete) enthalten. Der Selbstbehalt kann angemessen erhöht werden, wenn dieser Betrag im Einzelfall erheblich überschritten wird und dies nicht vermeidbar ist.

   Der angemessene Eigenbedarf, insbesondere gegenüber anderen volljährigen Kindern, beträgt in der Regel monatlich 1.100 EUR. Darin ist eine Warmmiete bis 450 EUR enthalten.

6. Der Bedarfskontrollbetrag des Unterhaltspflichtigen ab Gruppe 2 ist nicht identisch mit dem Eigenbedarf. Er soll eine ausgewogene Verteilung des Einkommens zwischen dem Unterhaltspflichtigen und den unterhaltsberechtigten Kindern gewährleisten. Wird er unter Berücksichtigung auch des Ehegattenunterhalts (vgl. auch B V und VI) unterschritten, ist der Tabellenbetrag der nächst niedrigeren Gruppe, deren Bedarfskontrollbetrag nicht unterschritten wird, anzusetzen.

7. Bei volljährigen Kindern, die noch im Haushalt der Eltern oder eines Elternteils wohnen, bemisst sich der Unterhalt nach der 4. Altersstufe der Tabelle.

Der angemessene Gesamtunterhaltsbedarf eines Studierenden, der nicht bei seinen Eltern oder einem Elternteil wohnt, beträgt in der Regel monatlich 640 EUR. Hierin sind bis 270 EUR für Unterkunft einschließlich umlagefähiger Nebenkosten und Heizung (Warmmiete) enthalten. Dieser Bedarfssatz kann auch für ein Kind mit eigenem Haushalt angesetzt werden.

8. Die Ausbildungsvergütung eines in der Berufsausbildung stehenden Kindes, das im Haushalt der Eltern oder eines Elternteils wohnt, ist vor ihrer Anrechnung in der Regel um einen ausbildungsbedingten Mehrbedarf von monatlich 90 EUR zu kürzen.

9. In den Unterhaltsbeträgen (Anmerkungen 1 und 7) sind Beiträge zur Kranken- und Pflegeversicherung sowie Studiengebühren nicht enthalten.

10. Das auf das jeweilige Kind entfallende Kindergeld ist nach § 1612b Abs. 1 BGB auf den Tabellenunterhalt (Bedarf) anzurechnen.

Das bis zur Einkommensgruppe 6 anzurechnende Kindergeld kann nach folgender Formel berechnet werden: Anrechnungsbetrag = ½ des Kindergeldes + Richtsatz der jeweiligen Einkommensgruppe – Richtsatz der 6. Einkommensgruppe (135 % des Regelbetrages). Bei einem Negativsaldo entfällt die Anrechnung. Die Einzelheiten ergeben sich aus der Anlage zu dieser Tabelle.

B. Ehegattenunterhalt 509

I. Monatliche Unterhaltsrichtsätze des berechtigten Ehegatten ohne unterhaltsberechtigte Kinder (§§ 1361, 1569, 1578, 1581 BGB):

1. gegen einen erwerbstätigen Unterhaltspflichtigen:

a) wenn der Berechtigte kein Einkommen hat:
3/7 des anrechenbaren Erwerbseinkommens zuzüglich ½ der anrechenbaren sonstigen Einkünfte des Pflichtigen, nach oben begrenzt durch den vollen Unterhalt, gemessen an den zu berücksichtigenden ehelichen Verhältnissen;

b) wenn der Berechtigte ebenfalls Einkommen hat:
3/7 der Differenz zwischen den anrechenbaren Erwerbseinkommen der Ehegatten, insgesamt begrenzt durch den vollen ehelichen Bedarf; für sonstige anrechenbare Einkünfte gilt der Halbteilungsgrundsatz;

c) wenn der Berechtigte erwerbstätig ist, obwohl ihn keine Erwerbsobliegenheit trifft: gemäß § 1577 Abs. 2 BGB;

2. gegen einen nicht erwerbstätigen Unterhaltspflichtigen (z. B. Rentner):
wie zu 1 a, b oder c, jedoch 50 %.

II. Fortgeltung früheren Rechts:

1. Monatliche Unterhaltsrichtsätze des nach dem Ehegesetz berechtigten Ehegatten ohne unterhaltsberechtigte Kinder:

   a) §§ 58, 59 EheG: in der Regel wie I.
   b) § 60 EheG: in der Regel ½ des Unterhalts zu I.
   c) § 61 EheG: nach Billigkeit bis zu den Sätzen I.

2. Bei Ehegatten, die vor dem 3.10.1990 in der früheren DDR geschieden worden sind, ist das DDR-FGB in Verbindung mit dem Einigungsvertrag zu berücksichtigen (Art. 234 § 5 EGBGB).

III. Monatliche Unterhaltsrichtsätze des berechtigten Ehegatten, wenn die ehelichen Lebensverhältnisse durch Unterhaltspflichten gegenüber Kindern geprägt werden:

Wie zu I bzw. II 1, jedoch wird grundsätzlich der Kindesunterhalt (Zahlbetrag; vgl. Anm. C und *Anhang*) vorab vom Nettoeinkommen abgezogen.

IV. Monatlicher Eigenbedarf (Selbstbehalt) gegenüber dem getrennt lebenden und dem geschiedenen Berechtigten in der Regel:

unabhängig davon, ob erwerbstätig oder nicht erwerbstätig: 1.000 EUR

V. Monatlicher Eigenbedarf (Existenzminimum) des unterhaltsberechtigten Ehegatten einschließlich des trennungsbedingten Mehrbedarfs in der Regel:

1. falls erwerbstätig: 900 EUR
2. falls nicht erwerbstätig: 770 EUR

VI. Monatlicher notwendiger Eigenbedarf (Existenzminimum) des Ehegatten, der in einem gemeinsamen Haushalt mit dem Unterhaltspflichtigen lebt, gegenüber minderjährigen und privilegierten volljährigen Kindern in der Regel:

1. falls erwerbstätig: 650 EUR
2. falls nicht erwerbstätig: 560 EUR

VII. Monatlicher notwendiger Eigenbedarf (Existenzminimum) des Ehegatten, der in einem gemeinsamen Haushalt mit dem Unterhaltspflichtigen lebt, gegenüber nicht privilegierten volljährigen Kindern in der Regel:

Falls erwerbstätig oder nicht erwerbstätig: 800 EUR.

Anmerkung zu I–III.

Hinsichtlich berufsbedingter Aufwendungen und berücksichtigungsfähiger Schulden gelten Anmerkungen A. 3 und 4 – auch für den erwerbstätigen Unterhaltsberechtigten – entsprechend. Diejenigen berufsbedingten Aufwendungen, die sich nicht nach objektiven Merkmalen eindeutig von den privaten Lebenshaltungskosten abgrenzen lassen, sind pauschal im Erwerbstätigenbonus von $^{1}/_{7}$ enthalten.

510 **C. Mangelfälle**

Reicht das Einkommen zur Deckung des Bedarfs des Unterhaltspflichtigen und der gleichrangigen Unterhaltsberechtigten nicht aus (sog. Mangelfälle), ist die nach Abzug des notwendigen Eigenbedarfs (Selbstbehalts) des Unterhaltspflichtigen verbleibende Verteilungsmasse auf die Unterhaltsberechtigten im Verhältnis ihrer jeweiligen Einsatzbeträge gleichmäßig zu verteilen.

Der Einsatzbetrag für den Kindesunterhalt entspricht dem Zahlbetrag des Unterhaltspflichtigen. Dies ist der nach Anrechnung des Kindergeldes oder von Einkünften auf den Unterhaltsbedarf verbleibende Restbedarf.

Beispiel:
Bereinigtes Nettoeinkommen des Unterhaltspflichtigen (M): 1.300 EUR. Unterhalt für drei unterhaltsberechtigte Kinder im Alter von 7 Jahren (K1), 5 Jahren (K2) und 18 Jahren (K3), Schüler, die bei der nicht unterhaltsberechtigten, den Kindern nicht barunterhaltspflichtigen Ehefrau und Mutter (F) leben. F bezieht das Kindergeld.

Notwendiger Eigenbedarf des M: 900 EUR
Verteilungsmasse: 1.300 EUR – 900 EUR = 400 EUR
Summe der Einsatzbeträge der Unterhaltsberechtigten:
245 EUR (322 – 77) (K1) + 202 EUR (279 – 77) (K2) + 254 EUR (408 – 154) (K3) = 701 EUR

Unterhalt:
K1: 245 × 400 : 701 = 139,80 EUR
K2: 202 × 400 : 701 = 115,28 EUR
K3: 254 × 400 : 701 = 144,94 EUR

D. Verwandtenunterhalt und Unterhalt nach § 1615l BGB 510a

I. Angemessener Selbstbehalt gegenüber den Eltern: mindestens monatlich 1.400 EUR (einschließlich 450 EUR Warmmiete) zuzüglich der Hälfte des darüber hinausgehenden Einkommens. Der angemessene Unterhalt des mit dem Unterhaltspflichtigen zusammenlebenden Ehegatten bemisst sich nach den ehelichen Lebensverhältnissen (Halbteilungsgrundsatz), beträgt jedoch mindestens 1.050 EUR (einschließlich 350 EUR Warmmiete).

II. Bedarf der Mutter und des Vaters eines nichtehelichen Kindes (§§ 1615l BGB): nach der Lebensstellung des betreuenden Elternteils, in der Regel mindestens 770 EUR.
Angemessener Selbstbehalt gegenüber der Mutter und dem Vater eines nichtehelichen Kindes (§ 1615l, 1603 Abs. 1 BGB): unabhängig davon, ob erwerbstätig oder nicht erwerbstätig: 1.000 EUR.

E. Übergangsregelung 510b

Umrechnung dynamischer Titel über Kindesunterhalt nach § 36 Nr. 3 EGZPO: Ist Kindesunterhalt als Prozentsatz des jeweiligen Regelbetrages zu leisten, bleibt der Titel bestehen. **Eine Abänderung ist nicht erforderlich.** An die Stelle des bisherigen Prozentsatzes vom Regelbetrag tritt ein neuer Prozentsatz vom Mindestunterhalt. Dieser ist für die jeweils maßgebliche Altersstufe gesondert zu bestimmen und auf eine Stelle nach dem Komma zu begrenzen (§ 36 Nr. 3 EGZPO). Der Bedarf ergibt sich aus der Multiplikation des neuen Prozentsatzes mit dem Mindestunterhalt der jeweiligen Altersstufe und ist auf volle Euro aufzurunden (§ 1612a Abs. 2 S. 2 BGB). Der Zahlbetrag ergibt sich aus dem um das jeweils anteilige Kindergeld verminderten bzw. erhöhten Bedarf.

Es sind **vier Fallgestaltungen** zu unterscheiden:

1. Der Titel sieht die Anrechnung des hälftigen Kindergeldes (für das 1. bis 3. Kind 77 EUR, an dem 4. Kind 89,50 EUR) oder eine teilweise Anrechnung des Kindergeldes vor (§ 36 Nr. 3a EGZPO).

$$\frac{\text{(Bisheriger Zahlbetrag – 1/2 Kindergeld)} \times 100}{\text{Mindestunterhalt der jeweiligen Altersstufe}} = \text{Prozentsatz neu}$$

Beispiel für 1. Altersstufe

$$\frac{(196 \text{ EUR} + 77 \text{ EUR}) \times 100}{279 \text{ EUR}} = 97{,}8\ \%$$ 279 EUR × 97,8 % = 272,86 EUR, aufgerundet 273 EUR

Zahlbetrag: 273 EUR ./. 77 EUR = 196 EUR

2. Der Titel sieht die Hinzurechnung des hälftigen Kindergeldes vor (§ 36 Nr. 3b EGZPO).

$$\frac{\text{(Bisheriger Zahlbetrag – 1/2 Kindergeld)} \times 100}{\text{Mindestunterhalt der jeweiligen Altersstufe}} = \text{Prozentsatz neu}$$

Beispiel für 1. Altersstufe

$$\frac{(273\ \text{EUR} - 77\ \text{EUR}) \times 100}{279\ \text{EUR}} = 70{,}2\ \%$$

279 EUR × 70,2 % = 195,85 EUR, aufgerundet 196 EUR

Zahlbetrag: 196 EUR + 77 EUR = 273 EUR

3. Der Titel sieht die Anrechnung des vollen Kindergeldes vor (§ 36 Nr. 3c EGZPO).

$$\frac{\text{(Zahlbetrag + 1/1 Kindergeld)} \times 100}{\text{Mindestunterhalt der jeweiligen Altersstufe}} = \text{Prozentsatz neu}$$

Beispiel für 2. Altersstufe

$$\frac{(177\ \text{EUR} + 154\ \text{EUR}) \times 100}{322\ \text{EUR}} = 102{,}7\ \%$$

322 EUR × 102,7 % = 330,69 EUR, aufgerundet 331 EUR

Zahlbetrag: 331 EUR ./. 154 EUR = 177 EUR

4. Der Titel sieht weder eine Anrechnung noch eine Hinzurechnung des Kindergeldes vor (§ 36 Nr. 3d EGZPO).

$$\frac{\text{(Zahlbetrag – 1/2 Kindergeld)} \times 100}{\text{Mindestunterhalt der jeweiligen Altersstufe}} = \text{Prozentsatz neu}$$

Beispiel für 3. Altersstufe

$$\frac{(329\ \text{EUR} + 77\ \text{EUR}) \times 100}{365\ \text{EUR}} = 111{,}2\ \%$$

365 EUR × 111,2 % = 405,88 EUR, aufgerundet 406 EUR

Zahlbetrag: 406 EUR ./. 77 EUR = 329 EUR

Anhang: Tabelle Zahlbeträge 511

Die folgenden Tabellen enthalten die sich nach Abzug des jeweiligen Kindergeldanteils (hälftiges Kindergeld bei Minderjährigen, volles Kindergeld bei Volljährigen) ergebenden Zahlbeträge. Für das 1. bis 3. Kind beträgt das Kindergeld derzeit 154 EUR, ab dem 4. Kind 179 EUR.

1. bis 3. Kind		0 – 5	6 – 11	12 – 17	ab 18	%
1.	bis 1.500	202	245	288	254	100
2.	1.501 – 1.900	216	262	307	275	105
3.	1.901 – 2.300	230	278	325	295	110
4.	2.301 – 2.700	244	294	343	316	115
5.	2.701 – 3.100	258	310	361	336	120
6.	3.101 – 3.500	281	336	391	369	128
7.	3.501 – 3.900	303	361	420	401	136
8.	3.901 – 4.300	325	387	449	434	144
9.	4.301 – 4.700	348	413	478	467	152
10.	4.701 – 5.100	370	439	507	490	160

Ab 4. Kind		0 – 5	6 – 11	12 – 17	ab 18	%
1.	bis 1.500	189,50	232,50	275,50	229	100
2.	1.501 – 1.900	203,50	249,50	294,50	250	105
3.	1.901 – 2.300	217,50	265,50	312,50	270	110
4.	2.301 – 2.700	231,50	281,50	330,50	291	115
5.	2.701 – 3.100	245,50	297,50	348,50	311	120
6.	3.101 – 3.500	268,50	323,50	378,50	344	128
7.	3.501 – 3.900	290,50	348,50	407,50	376	136
8.	3.901 – 4.300	312,50	374,50	436,50	409	144
9.	4.301 – 4.700	335,50	400,50	465,50	442	152
10.	4.701 – 5.100	357,50	426,50	494,50	474	160

Übersicht 32/1

512

Das Unterhaltsrecht vor und nach der Reform zum 1.1.2008	
Alte Fassung	**Neue Fassung**
BGB	
§ 1361 Unterhalt bei Getrenntleben. (1) Leben die Ehegatten getrennt, so kann ein Ehegatte von dem anderen den nach den Lebensverhältnissen und den Erwerbs- und Vermögensverhältnissen der Ehegatten angemessenen Unterhalt verlangen; für Aufwendungen infolge eines Körper- oder Gesundheitsschadens gilt § 1610a. Ist zwischen den getrennt lebenden Ehegatten ein Scheidungsverfahren rechtshängig, so gehören zum Unterhalt vom Eintritt der Rechtshängigkeit an auch die Kosten einer angemessenen Versicherung für den Fall des Alters sowie der verminderten Erwerbsfähigkeit. (2) Der nicht erwerbstätige Ehegatte kann nur darauf verwiesen werden, seinen Unterhalt durch eine Erwerbstätigkeit selbst zu verdienen, wenn dies von ihm nach seinen persönlichen Verhältnissen, insbesondere wegen einer früheren Erwerbstätigkeit unter Berücksichtigung der Dauer der Ehe, und nach den wirtschaftlichen Verhältnissen beider Ehegatten erwartet werden kann.	**§ 1361 Unterhalt bei Getrenntleben.** <u>Abs. 1 und Abs. 2</u> keine Änderung
(3) Die Vorschrift des § 1579 Nr. 2 bis 7 über die Herabsetzung des Unterhaltsanspruchs aus Billigkeitsgründen ist entsprechend anzuwenden.	(3) Die Vorschrift des § 1579 Nr. 2 bis 8 über die Beschränkung oder Versagung des Unterhalts wegen grober Unbilligkeit ist entsprechend anzuwenden.
(4) Der laufende Unterhalt ist durch Zahlung einer Geldrente zu gewähren. Die Rente ist monatlich im Voraus zu zahlen. Der Verpflichtete schuldet den vollen Monatsbetrag auch dann, wenn der Berechtigte im Laufe des Monats stirbt. § 1360a Abs. 3, 4 und die §§ 1360b, 1605 sind entsprechend anzuwenden.	<u>Abs. 4</u> keine Änderung
§ 1569 Abschließende Regelung. Kann ein Ehegatte nach der Scheidung nicht selbst für seinen Unterhalt sorgen, so hat er gegen den anderen Ehegatten einen Anspruch auf Unterhalt nach den folgenden Vorschriften.	**§ 1569 Grundsatz der Eigenverantwortung.** Nach der Scheidung obliegt es jedem Ehegatten, selbst für seinen Unterhalt zu sorgen. Ist er dazu außerstande, so hat er gegen den anderen Ehegatten einen Anspruch auf Unterhalt nach den folgenden Vorschriften.

Übersicht 32/2

Alte Fassung	Neue Fassung
§ 1570 Unterhalt wegen Betreuung eines Kindes. Ein geschiedener Ehegatte kann von dem anderen Unterhalt verlangen, solange und soweit von ihm wegen der Pflege oder Erziehung eines gemeinschaftlichen Kindes eine Erwerbstätigkeit nicht erwartet werden kann.	**§ 1570 Unterhalt wegen Betreuung eines Kindes.** (1) Ein geschiedener Ehegatte kann von dem anderen wegen der Pflege oder Erziehung eines gemeinschaftlichen Kindes für mindestens drei Jahre nach der Geburt Unterhalt verlangen. Die Dauer des Unterhaltsanspruchs verlängert sich, solange und soweit dies der Billigkeit entspricht. Dabei sind die Belange des Kindes und die bestehenden Möglichkeiten der Kinderbetreuung zu berücksichtigen. (2) Die Dauer des Unterhaltsanspruchs verlängert sich darüber hinaus, wenn dies unter Berücksichtigung der Gestaltung von Kinderbetreuung und Erwerbstätigkeit in der Ehe sowie der Dauer der Ehe der Billigkeit entspricht.
§ 1573 Unterhalt wegen Erwerbslosigkeit und Aufstockungsunterhalt. (1) Soweit ein geschiedener Ehegatte keinen Unterhaltsanspruch nach den §§ 1570 bis 1572 hat, kann er gleichwohl Unterhalt verlangen, solange und soweit er nach der Scheidung keine angemessene Erwerbstätigkeit zu finden vermag. (2) Reichen die Einkünfte aus einer angemessenen Erwerbstätigkeit zum vollen Unterhalt (§ 1578) nicht aus, kann er, soweit er nicht bereits einen Unterhaltsanspruch nach den §§ 1570 bis 1572 hat, den Unterschiedsbetrag zwischen den Einkünften und dem vollen Unterhalt verlangen. (3) Absätze 1 und 2 gelten entsprechend, wenn Unterhalt nach den §§ 1570 bis 1572 zu gewähren war, die Voraussetzungen dieser Vorschriften aber entfallen sind. (4) Der geschiedene Ehegatte kann auch dann Unterhalt verlangen, wenn die Einkünfte aus einer angemessenen Erwerbstätigkeit wegfallen, weil es ihm trotz seiner Bemühungen nicht gelungen war, den Unterhalt durch die Erwerbstätigkeit nach der Scheidung nachhaltig zu sichern. War es ihm gelungen, den Unterhalt teilweise nachhaltig zu sichern, so kann er den Unterschiedsbetrag zwischen dem nachhaltig gesicherten und dem vollen Unterhalt verlangen. (5) Die Unterhaltsansprüche nach Absatz 1 bis 4 können zeitlich begrenzt werden,	**§ 1573 Unterhalt wegen Erwerbslosigkeit und Aufstockungsunterhalt.** <u>Abs. 1 bis 4</u> keine Änderung <u>Abs. 5</u> aufgehoben

Übersicht 32/3

Alte Fassung	Neue Fassung
soweit insbesondere unter Berücksichtigung der Dauer der Ehe sowie der Gestaltung der Haushaltsführung und Erwerbstätigkeit ein zeitlich unbegrenzter Unterhaltsanspruch unbillig wäre; dies gilt in der Regel nicht, wenn der Unterhaltsberechtigte nicht nur vorübergehend ein gemeinschaftliches Kind allein oder überwiegend betreut hat oder betreut. Die Zeit der Kindesbetreuung steht der Ehedauer gleich.	
§ 1574 Angemessene Erwerbstätigkeit.	**§ 1574 Angemessene Erwerbstätigkeit.**
(1) Der geschiedene Ehegatte braucht nur eine ihm angemessene Erwerbstätigkeit auszuüben.	(1) Dem geschiedenen Ehegatten obliegt es, eine angemessene Erwerbstätigkeit auszuüben.
(2) Angemessen ist eine Erwerbstätigkeit, die der Ausbildung, den Fähigkeiten, dem Lebensalter und dem Gesundheitszustand des geschiedenen Ehegatten sowie den ehelichen Lebensverhältnissen entspricht; bei den ehelichen Lebensverhältnissen sind die Dauer der Ehe und die Dauer der Pflege oder Erziehung eines gemeinschaftlichen Kindes zu berücksichtigen.	(2) Angemessen ist eine Erwerbstätigkeit, die der Ausbildung, den Fähigkeiten, einer früheren Erwerbstätigkeit, dem Lebensalter und dem Gesundheitszustand des geschiedenen Ehegatten entspricht, soweit eine solche Tätigkeit nicht nach den ehelichen Lebensverhältnissen unbillig wäre. Bei den ehelichen Lebensverhältnissen sind insbesondere die Dauer der Ehe sowie die Dauer der Pflege oder Erziehung eines gemeinschaftlichen Kindes zu berücksichtigen.
(3) Soweit es zur Aufnahme einer angemessenen Erwerbstätigkeit erforderlich ist, obliegt es dem geschiedenen Ehegatten, sich ausbilden, fortbilden oder umschulen zu lassen, wenn ein erfolgreicher Abschluss der Ausbildung zu erwarten ist.	Abs. 3 keine Änderung
§ 1577 Bedürftigkeit.	**§ 1577 Bedürftigkeit.**
(1) Der geschiedene Ehegatte kann den Unterhalt nach den §§ 1570 bis 1573, 1575 und 1576 nicht verlangen, solange und soweit er sich aus seinen Einkünften und seinem Vermögen selbst unterhalten kann.	Abs. 1 keine Änderung
(2) Einkünfte sind nicht anzurechnen, soweit der Verpflichtete nicht den vollen Unterhalt (§ 1578) leistet. Einkünfte, die den vollen Unterhalt übersteigen, sind insoweit anzurechnen, als dies unter Berücksichtigung der beiderseitigen wirtschaftlichen Verhältnisse der Billigkeit entspricht.	(2) Einkünfte sind nicht anzurechnen, soweit der Verpflichtete nicht den vollen Unterhalt (§§ 1578 und 1578b) leistet. Einkünfte, die den vollen Unterhalt übersteigen, sind insoweit anzurechnen, als dies unter Berücksichtigung der beiderseitigen wirtschaftlichen Verhältnisse der Billigkeit entspricht.

Übersicht 32/4

Alte Fassung	Neue Fassung
(3) Den Stamm des Vermögens braucht der Berechtigte nicht zu verwerten, soweit die Verwertung unwirtschaftlich oder unter Berücksichtigung der beiderseitigen wirtschaftlichen Verhältnisse unbillig wäre. (4) War zum Zeitpunkt der Ehescheidung zu erwarten, dass der Unterhalt des Berechtigten aus seinem Vermögen nachhaltig gesichert sein würde, fällt das Vermögen aber später weg, so besteht kein Anspruch auf Unterhalt. Dies gilt nicht, wenn im Zeitpunkt des Vermögenswegfalls von dem Ehegatten wegen der Pflege oder Erziehung eines gemeinschaftlichen Kindes eine Erwerbstätigkeit nicht erwartet werden kann.	Abs. 3 und Abs. 4 keine Änderung
§ 1578 Maß des Unterhalts. (1) Das Maß des Unterhalts bestimmt sich nach den ehelichen Lebensverhältnissen. Die Bemessung des Unterhaltsanspruchs nach den ehelichen Lebensverhältnissen kann zeitlich begrenzt und danach auf den angemessenen Lebensbedarf abgestellt werden, soweit insbesondere unter Berücksichtigung der Dauer der Ehe sowie der Gestaltung von Haushaltsführung und Erwerbstätigkeit eine zeitlich unbegrenzte Bemessung nach Satz 1 unbillig wäre; dies gilt in der Regel nicht, wenn der Unterhaltsberechtigte nicht nur vorübergehend ein gemeinschaftliches Kind allein oder überwiegend betreut hat oder betreut. Die Zeit der Kindesbetreuung steht der Ehedauer gleich. Der Unterhalt umfasst den gesamten Lebensbedarf. (2) Zum Lebensbedarf gehören auch die Kosten einer angemessenen Versicherung für den Fall der Krankheit und der Pflegebedürftigkeit sowie die Kosten einer Schul- oder Berufsausbildung, einer Fortbildung oder einer Umschulung nach den §§ 1574, 1575. (3) Hat der geschiedene Ehegatte einen Unterhaltsanspruch nach den §§ 1570 bis 1573 oder 1576, so gehören zum Lebensbedarf auch die Kosten einer angemessenen Versicherung für den Fall des Alters sowie der verminderten Erwerbsfähigkeit.	**§ 1578 Maß des Unterhalts.** (1) Das Maß des Unterhalts bestimmt sich nach den ehelichen Lebensverhältnissen. S. 2 aufgehoben Der Unterhalt umfasst den gesamten Lebensbedarf. Abs. 2 und Abs. 3 keine Änderung

Übersicht 32/5

Alte Fassung	Neue Fassung
§ 1578b → neu eingefügt	**§ 1578b Herabsetzung und zeitliche Begrenzung des Unterhalts wegen Unbilligkeit.** (1) Der Unterhaltsanspruch des geschiedenen Ehegatten ist auf den angemessenen Lebensbedarf herabzusetzen, wenn eine an den ehelichen Lebensverhältnissen orientierte Bemessung des Unterhaltsanspruchs auch unter Wahrung der Belange eines dem Berechtigten zur Pflege oder Erziehung anvertrauten gemeinschaftlichen Kindes unbillig wäre. Dabei ist insbesondere zu berücksichtigen, inwieweit durch die Ehe Nachteile im Hinblick auf die Möglichkeit eingetreten sind, für den eigenen Unterhalt zu sorgen. Solche Nachteile können sich vor allem aus der Dauer der Pflege oder Erziehung eines gemeinschaftlichen Kindes, aus der Gestaltung von Haushaltsführung und Erwerbstätigkeit während der Ehe sowie aus der Dauer der Ehe ergeben. (2) Der Unterhaltsanspruch des geschiedenen Ehegatten ist zeitlich zu begrenzen, wenn ein zeitlich unbegrenzter Unterhaltsanspruch auch unter Wahrung der Belange eines dem Berechtigten zur Pflege oder Erziehung anvertrauten gemeinschaftlichen Kindes unbillig wäre. Absatz 1 Satz 2 und 3 gilt entsprechend. (3) Herabsetzung und zeitliche Begrenzung des Unterhaltsanspruchs können miteinander verbunden werden.
§ 1579 Beschränkung oder Wegfall der Verpflichtung. Ein Unterhaltsanspruch ist zu versagen, herabzusetzen oder zeitlich zu begrenzen, soweit die Inanspruchnahme des Verpflichteten auch unter Wahrung der Belange eines dem Berechtigten zur Pflege oder Erziehung anvertrauten gemeinschaftlichen Kindes grob unbillig wäre, weil 1. die Ehe von kurzer Dauer war; der Ehedauer steht die Zeit gleich, in welcher der Berechtigte wegen der Pflege oder Erziehung eines gemeinschaftlichen Kindes nach § 1570 Unterhalt verlangen konnte,	**§ 1579 Beschränkung oder Versagung des Unterhalts wegen grober Unbilligkeit.** Ein Unterhaltsanspruch ist zu versagen, herabzusetzen oder zeitlich zu begrenzen, soweit die Inanspruchnahme des Verpflichteten auch unter Wahrung der Belange eines dem Berechtigten zur Pflege oder Erziehung anvertrauten gemeinschaftlichen Kindes grob unbillig wäre, weil 1. die Ehe von kurzer Dauer war; dabei ist die Zeit zu berücksichtigen, in welcher der Berechtigte wegen der Pflege oder Erziehung eines gemeinschaftlichen Kindes nach § 1570 Unterhalt verlangen kann,

Übersicht 32/6

Alte Fassung	Neue Fassung
2. der Berechtigte sich eines Verbrechens oder eines schweren vorsätzlichen Vergehens gegen den Verpflichteten oder einen nahen Angehörigen des Verpflichteten schuldig gemacht hat, 3. der Berechtigte seine Bedürftigkeit mutwillig herbeigeführt hat, 4. der Berechtigte sich über schwerwiegende Vermögensinteressen des Verpflichteten mutwillig hinweggesetzt hat, 5. der Berechtigte vor der Trennung längere Zeit hindurch seine Pflicht, zum Familienunterhalt beizutragen, gröblich verletzt hat, 6. dem Berechtigten ein offensichtlich schwerwiegendes, eindeutig bei ihm liegendes Fehlverhalten gegen den Verpflichteten zur Last fällt oder 7. ein anderer Grund vorliegt, der ebenso schwer wiegt wie die in den Nummern 1 bis 6 aufgeführten Gründe.	2. der Berechtigte in einer verfestigten Lebensgemeinschaft lebt, Nr. 3–8 alte Nummern 2–7
§ 1582 Rangverhältnisse mehrerer Unterhaltsbedürftiger. (1) Bei Ermittlung des Unterhalts des geschiedenen Ehegatten geht im Falle des § 1581 der geschiedene Ehegatte einem neuen Ehegatten vor, wenn dieser nicht bei entsprechender Anwendung der §§ 1569 bis 1574, 1576 und des 1577 Abs. 1 unterhaltsberechtigt wäre. Hätte der neue Ehegatte nach diesen Vorschriften einen Unterhaltsanspruch, geht ihm der geschiedene Ehegatte gleichwohl vor, wenn er nach § 1570 oder nach § 1576 unterhaltsberechtigt ist oder die Ehe mit dem geschiedenen Ehegatten von langer Dauer war. Der Ehedauer steht die Zeit gleich, in der ein Ehegatte wegen der Pflege oder Erziehung eines gemeinschaftlichen Kindes nach § 1570 unterhaltsberechtigt war. (2) § 1609 bleibt im Übrigen unberührt.	**§ 1582 Rang des geschiedenen Ehegatten bei mehreren Unterhaltsberechtigten.** Sind mehrere Unterhaltsberechtigte vorhanden, richtet sich der Rang des geschiedenen Ehegatten nach § 1609.
§ 1585b Unterhalt für die Vergangenheit. (1) Wegen eines Sonderbedarfs (§ 1613 Abs. 2) kann der Berechtigte Unterhalt für die Vergangenheit verlangen.	**§ 1585b Unterhalt für die Vergangenheit.**

Übersicht 32/7

Alte Fassung	Neue Fassung
(2) Im Übrigen kann der Berechtigte für die Vergangenheit Erfüllung oder Schadensersatz wegen Nichterfüllung erst von der Zeit an fordern, in der der Unterhaltspflichtige in Verzug gekommen oder der Unterhaltsanspruch rechtshängig geworden ist. (3) Für eine mehr als ein Jahr vor der Rechtshängigkeit liegende Zeit kann Erfüllung oder Schadensersatz wegen Nichterfüllung nur verlangt werden, wenn anzunehmen ist, dass der Verpflichtete sich der Leistung absichtlich entzogen hat.	(2) Im Übrigen kann der Berechtigte für die Vergangenheit Erfüllung oder Schadensersatz wegen Nichterfüllung nur entsprechend § 1613 Abs. 1 fordern. Abs. 1 und Abs. 3 keine Änderung
§ 1585c Vereinbarungen über den Unterhalt. Die Ehegatten können über die Unterhaltspflicht für die Zeit nach der Scheidung Vereinbarungen treffen.	**§ 1585c Vereinbarungen über den Unterhalt.** S. 1 keine Änderung Eine Vereinbarung, die vor der Rechtskraft der Scheidung getroffen wird, bedarf der notariellen Beurkundung. § 127a findet auch auf eine Vereinbarung Anwendung, die in einem Verfahren in Ehesachen vor dem Prozessgericht protokolliert wird.
§ 1586a Wiederaufleben des Unterhaltsanspruchs. (1) Geht ein geschiedener Ehegatte eine neue Ehe oder Lebenspartnerschaft ein und wird die Ehe oder Lebenspartnerschaft wieder aufgelöst, so kann er von dem früheren Ehegatten Unterhalt nach § 1570 verlangen, wenn er ein Kind aus der früheren Ehe zu pflegen oder zu erziehen hat. Ist die Pflege oder Erziehung beendet, so kann er Unterhalt nach den §§ 1571 bis 1573, 1575 verlangen. (2) Der Ehegatte der später aufgelösten Ehe haftet vor dem Ehegatten der früher aufgelösten Ehe. Satz 1 findet auf Lebenspartnerschaften entsprechende Anwendung.	**§ 1586a Wiederaufleben des Unterhaltsanspruchs.** Abs. 1 S. 1 keine Änderung Abs. 1 S. 2 aufgehoben Abs. 2 keine Änderung
§ 1604 Einfluss des Güterstands. Besteht zwischen Ehegatten Gütergemeinschaft, so bestimmt sich die Unterhaltspflicht des Mannes oder der Frau Verwandten gegenüber so, wie wenn das Gesamtgut dem unterhaltspflichtigen Ehegatten gehörte. Sind bedürftige Verwandte beider Ehegatten vorhanden, so ist der Unterhalt aus dem Gesamtgut so zu gewähren, wie wenn die	**§ 1604 Einfluss des Güterstands.** Lebt der Unterhaltspflichtige in Gütergemeinschaft, bestimmt sich seine Unterhaltspflicht Verwandten gegenüber so, als ob das Gesamtgut ihm gehörte. Haben beide in Gütergemeinschaft lebende Personen bedürftige Verwandte, ist der Unterhalt aus dem Gesamtgut so zu gewähren, als ob die Bedürftigen

Übersicht 32/8

Alte Fassung	Neue Fassung
Bedürftigen zu beiden Ehegatten in dem Verwandtschaftsverhältnis ständen, auf dem die Unterhaltspflicht des verpflichteten Ehegatten beruht.	zu beiden Unterhaltspflichtigen in dem Verwandtschaftsverhältnis stünden, auf dem die Unterhaltspflicht des Verpflichteten beruht.
§ 1609 Rangverhältnisse mehrerer Bedürftiger. (1) Sind mehrere Bedürftige vorhanden und ist der Unterhaltspflichtige außerstande, allen Unterhalt zu gewähren, so gehen die Kinder im Sinne des § 1603 Abs. 2 den anderen Kindern, die Kinder den übrigen Abkömmlingen, die Abkömmlinge den Verwandten der aufsteigenden Linie und unter den Verwandten der aufsteigenden Linie die näheren den entfernteren vor. (2) Der Ehegatte steht den Kindern im Sinne des § 1603 Abs. 2 gleich; er geht den anderen Kindern und den übrigen Verwandten vor. Ist die Ehe geschieden oder aufgehoben, so geht der unterhaltsberechtigte Ehegatte den anderen Kindern im Sinne des Satzes 1 sowie den übrigen Verwandten des Unterhaltspflichtigen vor.	**§ 1609 Rangfolge mehrerer Unterhaltsberechtigter.** Sind mehrere Unterhaltsberechtigte vorhanden und ist der Unterhaltspflichtige außerstande, allen Unterhalt zu gewähren, so gilt folgende Rangfolge: 1. minderjährige unverheiratete Kinder und Kinder im Sinn des § 1603 Abs. 2 Satz 2, 2. Elternteile, die wegen der Betreuung eines Kindes unterhaltsberechtigt sind oder im Fall einer Scheidung wären, sowie Ehegatten bei einer Ehe von langer Dauer; bei der Feststellung einer Ehe von langer Dauer sind auch Nachteile im Sinne des § 1578b Abs. 1 Satz 2 und 3 zu berücksichtigen, 3. Ehegatten und geschiedene Ehegatten, die nicht unter Nummer 2 fallen, 4. Kinder, die nicht unter Nummer 1 fallen, 5. Enkelkinder und weitere Abkömmlinge, 6. Eltern, 7. weitere Verwandte der aufsteigenden Linie; unter ihnen gehen die Näheren den Entfernteren vor.
§ 1612 Art der Unterhaltsgewährung. (1) Der Unterhalt ist durch Entrichtung einer Geldrente zu gewähren. Der Verpflichtete kann verlangen, dass ihm die Gewährung des Unterhalts in anderer Art gestattet wird, wenn besondere Gründe es rechtfertigen. (2) Haben Eltern einem unverheirateten Kind Unterhalt zu gewähren, so können sie bestimmen, in welcher Art und für welche Zeit im Voraus der Unterhalt gewährt werden soll, wobei auf die Belange des Kindes die gebotene Rücksicht zu nehmen ist. Aus besonderen Gründen kann das Familiengericht auf Antrag des Kindes die Bestimmung der Eltern ändern. Ist das Kind minderjährig, so kann ein Elternteil, dem die Sorge für die Person des Kindes nicht zusteht, eine Bestimmung nur für die Zeit treffen, in der das Kind seinen Haushalt aufgenommen ist.	**§ 1612 Art der Unterhaltsgewährung.** <u>Abs. 1</u> keine Änderung (2) Haben Eltern einem unverheirateten Kind Unterhalt zu gewähren, können sie bestimmen, in welcher Art und für welche Zeit im Voraus der Unterhalt gewährt werden soll, sofern auf die Belange des Kindes die gebotene Rücksicht genommen wird. <u>Abs. 2 S. 2</u> aufgehoben <u>Abs. 2 S. 3 und Abs. 3</u> keine Änderung

Übersicht 32/9

Alte Fassung	Neue Fassung
(3) Eine Geldrente ist monatlich im Voraus zu zahlen. Der Verpflichtete schuldet den vollen Monatsbetrag auch dann, wenn der Berechtigte im Laufe des Monats stirbt.	
§ 1612a Art der Unterhaltsgewährung bei minderjährigen Kindern. (1) Ein minderjähriges Kind kann von einem Elternteil, mit dem es nicht in einem Haushalt lebt, den Unterhalt als Vomhundertsatz des jeweiligen Regelbetrags nach der Regelbetrag-Verordnung verlangen.	**§ 1612a Mindestunterhalt minderjähriger Kinder.** (1) Ein minderjähriges Kind kann von einem Elternteil, mit dem nicht in einem Haushalt lebt, den Unterhalt als Prozentsatz des Mindestunterhalts verlangen. Der Mindestunterhalt richtet sich nach dem doppelten Freibetrag für das sächliche Existenzminimum eines Kindes (Kinderfreibetrag) nach § 32 Abs. 6 Satz 1 des Einkommensteuergesetzes. Er beträgt monatlich entsprechend dem Alter des Kindes 1. für die Zeit bis zur Vollendung de sechsten Lebensjahrs (erste Altersstufe) 87 Prozent, 2. für die Zeit vom siebten bis zur Vollendung des zwölften Lebensjahrs (zweite Altersstufe) 100 Prozent, und 3. für die Zeit vom 13. Lebensjahr an (dritte Altersstufe) 117 Prozent eines Zwölftels des doppelten Kinderfreibetrags.
(2) Der Vomhundertsatz ist auf eine Dezimalstelle zu begrenzen; jede weitere sich ergebende Dezimalstelle wird nicht berücksichtigt. Der sich bei der Berechnung des Unterhalts ergebende Betrag ist auf volle Euro aufzurunden.	(2) Der Prozentsatz ist auf eine Dezimalstelle zu begrenzen; jede weitere sich ergebende Dezimalstelle wird nicht berücksichtigt. Der sich bei der Berechnung des Unterhalts ergebende Betrag ist auf volle Euro aufzurunden.
(3) Die Regelbeträge werden in der Regelbetrag-Verordnung nach dem Alter des Kindes für die Zeit bis zur Vollendung des sechsten Lebensjahres (erste Altersstufe), die Zeit vom siebten bis zur Vollendung des zwölften Lebensjahres (zweite Altersstufe) und für die Zeit vom dreizehnten Lebensjahr an (dritte Altersstufe) festgesetzt. Der Regelbetrag einer höheren Altersstufe ist ab dem Beginn des Monats maßgebend, in dem das Kind das betreffende Lebensjahr vollendet hat.	(3) Der Unterhalt einer höheren Altersstufe ist ab dem Beginn des Monats maßgebend, in dem das Kind das betreffende Lebensjahr vollendet.
(4) Die Regelbeträge ändern sich entsprechend der Entwicklung des durchschnittlich verfügbaren Arbeitsentgelts erstmals zum 1. Juli 1999 und danach zum 1. Juli jeden zweiten Jahres. Die neuen Regelbeträge ergeben	<u>Abs. 4 und Abs. 5</u> aufgehoben

Übersicht 32/10

Alte Fassung	Neue Fassung
sich, indem die zuletzt geltenden Regelbeträge mit den Faktoren aus den jeweils zwei der Veränderung vorausgegangenen Kalenderjahren für die Entwicklung 1. der Bruttolohn- und -gehaltssumme je durchschnittlich beschäftigten Arbeitnehmer und 2. der Belastung bei Arbeitsentgelten vervielfältig werden; das Ergebnis ist auf volle Euro aufzurunden. Das Bundesministerium der Justiz hat die Regelbetrag-Verordnung durch Rechtsordnung, die nicht der Zustimmung des Bundesrates bedarf, rechtzeitig anzupassen. (5) Die Faktoren im Sinne von Absatz 4 Satz 2 werden ermittelt, indem jeweils der für das Kalenderjahr, für das die Entwicklung festzustellen ist, maßgebende Wert durch den entsprechenden Wert für das diesem vorausgegangene Kalenderjahr geteilt wird. Der Berechnung sind 1. für das der Veränderung vorausgegangene Kalenderjahr die dem Statistischen Bundesamt zu Beginn des folgenden Kalenderjahrs vorliegenden Daten der Volkswirtschaftlichen Gesamtrechnung, 2. für das Kalenderjahr, in dem die jeweils letzte Veränderung vorgenommen wurde, die vom Statistischen Bundesamt endgültig festgestellten Daten der Volkswirtschaftlichen Gesamtrechnung, sowie 3. im Übrigen die der Bestimmung der bisherigen Regelbeträge zugrunde gelegten Daten der Volkswirtschaftlichen Gesamtrechnung zugrunde zu legen; sie ist auf zwei Dezimalstellen durchzuführen.	
§ 1612b Anrechnung von Kindergeld. (1) Das auf das Kind entfallende Kindergeld ist zur Hälfte anzurechnen, wenn an den barunterhaltspflichtigen Elternteil Kindergeld nicht ausgezahlt wird, weil ein anderer vorrangig berechtigt ist.	**§ 1612b Deckung des Barbedarfs durch Kindergeld.** (1) Das auf das Kind entfallende Kindergeld ist zur Deckung seines Barbedarfs zu verwenden: 1. zur Hälfte, wenn ein Elternteil seine Unterhaltspflicht durch Betreuung des Kindes erfüllt (§ 1606 Abs. 3 Satz 2);

Übersicht 32/11

Alte Fassung	Neue Fassung
(2) Sind beide Elternteile zum Barunterhalt verpflichtet, so erhöht sich der Unterhaltsanspruch gegen den das Kindergeld beziehenden Elternteil um die Hälfte des auf das Kind entfallenden Kindergelds. (3) Hat nur der barunterhaltspflichtige Elternteil Anspruch auf Kindergeld, wird es aber nicht an ihn ausgezahlt, ist es in voller Höhe anzurechnen. (4) Ist das Kindergeld wegen Berücksichtigung eines nicht gemeinschaftlichen Kindes erhöht, ist es im Umfang der Erhöhung nicht anzurechnen. (5) Eine Anrechnung des Kindergeldes unterbleibt, soweit der Unterhaltspflichtige außerstande ist, Unterhalt in Höhe von 135 Prozent des Regelbetrages nach der Regelbetrag-Verordnung zu leisten.	2. in allen anderen Fällen in voller Höhe. In diesem Umfang mindert es den Barbedarf des Kindes. (2) Ist das Kindergeld wegen der Berücksichtigung eines nicht gemeinschaftlichen Kindes erhöht, ist es im Umfang der Erhöhung nicht bedarfsmindernd zu berücksichtigen. neu
§ 1615l Unterhaltsanspruch von Mutter und Vater aus Anlass der Geburt. (1) Der Vater hat der Mutter für die Dauer von sechs Wochen vor und acht Wochen nach der Geburt des Kindes Unterhalt zu gewähren. Dies gilt auch hinsichtlich der Kosten, die infolge der Schwangerschaft oder der Entbindung außerhalb dieses Zeitraums entstehen. (2) Soweit die Mutter einer Erwerbstätigkeit nicht nachgeht, weil sie infolge der Schwangerschaft oder einer durch die Schwangerschaft oder die Entbindung verursachten Krankheit dazu außerstande ist, ist der Vater verpflichtet, ihr über die in Absatz 1 Satz 1 bezeichnete Zeit hinaus Unterhalt zu gewähren. Das Gleiche gilt, soweit von der Mutter wegen der Pflege oder Erziehung des Kindes eine Erwerbstätigkeit nicht erwartet werden kann. Die Unterhaltspflicht beginnt frühestens vier Monate vor der Geburt; sie endet drei Jahre nach der Geburt, sofern es nicht insbesondere unter Berücksichtigung der Belange des Kindes grob unbillig wäre, einen Unterhaltsanspruch nach Ablauf dieser Frist zu versagen.	**§ 1615l Unterhaltsanspruch von Mutter und Vater aus Anlass der Geburt.** Abs. 1 keine Änderung Abs. 2, S. 1 und S. 2 keine Änderung Abs. 2, S. 3 und S. 4 geändert: Die Unterhaltspflicht beginnt frühestens vier Monate vor der Geburt und besteht für mindestens drei Jahre nach der Geburt. Sie verlängert sich, solange und soweit dies der Billigkeit entspricht. Dabei sind insbesondere die Belange des Kindes und die bestehenden Möglichkeiten der Kinderbetreuung zu berücksichtigen.

Übersicht 32/12

Alte Fassung	Neue Fassung
(3) Die Vorschriften über die Unterhaltspflicht zwischen Verwandten sind entsprechend anzuwenden. Die Verpflichtung des Vaters geht der Verpflichtung der Verwandten der Mutter vor. Die Ehefrau und minderjährige unverheiratete Kinder des Vaters gehen bei Anwendung des § 1609 der Mutter vor; die Mutter geht den übrigen Verwandten des Vaters vor. § 1613 Abs. 2 gilt entsprechend. Der Anspruch erlischt nicht mit dem Tode des Vaters. (4) Wenn der Vater das Kind betreut, steht ihm der Anspruch nach Absatz 2 Satz 2 gegen die Mutter zu. In diesem Falle gilt Absatz 3 entsprechend.	Abs. 3, S. 3 aufgehoben Abs. 4 keine Änderung
Lebenspartnerschaftsgesetz	
§ 5 Verpflichtung zum Lebenspartnerschaftsunterhalt. Die Lebenspartner sind einander verpflichtet, durch ihre Arbeit und mit ihrem Vermögen die partnerschaftliche Lebensgemeinschaft angemessen zu unterhalten. § 1360 Satz 2 und die §§ 1360a und 1360b des Bürgerlichen Gesetzbuchs sowie § 16 Abs. 2 gelten entsprechend.	**§ 5 Verpflichtung zum Lebenspartnerschaftsunterhalt.** Die Lebenspartner sind einander verpflichtet, durch ihre Arbeit und mit ihrem Vermögen die partnerschaftliche Lebensgemeinschaft angemessen zu unterhalten. § 1360 Satz 2, die §§ 1360a, 1360b und 1609 des Bürgerlichen Gesetzbuchs gelten entsprechend.
§ 12 Unterhalt bei Getrenntleben. Leben die Lebenspartner getrennt, so kann ein Lebenspartner von dem anderen den nach den Lebensverhältnissen und den Erwerbs- und Vermögensverhältnissen der Lebenspartner angemessenen Unterhalt verlangen. § 1361 des Bürgerlichen Gesetzbuchs und § 16 Abs. 2 gelten entsprechend.	**§ 12 Unterhalt bei Getrenntleben.** Leben die Lebenspartner getrennt, so kann ein Lebenspartner von dem anderen den nach den Lebensverhältnissen und den Erwerbs- und Vermögensverhältnissen der Lebenspartner angemessenen Unterhalt verlangen. Die §§ 1361 und 1609 des Bürgerlichen Gesetzbuchs gelten entsprechend.
§ 16 Nachpartnerschaftlicher Unterhalt. (1) Kann ein Lebenspartner nach der Aufhebung der Lebenspartnerschaft nicht selbst für seinen Unterhalt sorgen, so hat er gegen den anderen Lebenspartner einen Anspruch auf Unterhalt entsprechend den §§ 1570 bis 1581 und 1583 bis 1586b des Bürgerlichen Gesetzbuchs. (2) Bei der Ermittlung des Unterhalts des früheren Lebenspartners geht dieser im Falle des § 1581 des Bürgerlichen Gesetzbuchs einem neuen Lebenspartner und den übrigen	**§ 16 Nachpartnerschaftlicher Unterhalt.** Nach der Aufhebung der Lebenspartnerschaft obliegt es jedem Lebenspartner, selbst für seinen Unterhalt zu sorgen. Ist er dazu außerstande, hat er gegen den anderen Lebenspartner einen Anspruch auf Unterhalt nur entsprechend den §§ 1570 bis 1586b und 1609 des Bürgerlichen Gesetzbuchs. Abs. 2 aufgehoben

Übersicht 32/13

Alte Fassung	Neue Fassung
Verwandten im Sinne des § 1609 Abs. 2 des Bürgerlichen Gesetzbuchs vor; alle anderen gesetzlich Unterhaltsberechtigten gehen dem früheren Lebenspartner vor.	Abs. 3, S. 3
Übergangsvorschriften	
→ § 35 UnterhRÄndG	

Sachregister

(Die Zahlen beziehen sich auf die Randnummern.)

T

U